U0062655

柏杨 著

人民东方出版传媒
东方出版社

皇后之死

目录

姑苏
响鞋

提要

1979年6月起，柏杨开始在《台湾时报》写"湖滨读史札记"专栏，内容是"皇后之死"，后来结集了三集，《姑苏响鞋》是第一集，从伊娥皇（舜帝姚重华之妻）到卫子夫（汉武帝刘彻之妻），总计十三位。

柏杨说，皇后是世界上危险性最高的职业，在历朝历代宫廷斗争中大批的皇后死于非命。他把宫廷视为最最黑暗的人间地狱，在那里面，"每个女人都为了生存，而拼命挣扎斗争"，皇后之死，不管怎么死的，都是悲剧，有时也是丑剧。柏杨写这一系列文章，就是要探其成因。

伊娥皇怎么死的？很难说，或是殉情，或是政治谋杀；施妹喜（夏桀帝姒履癸之妻）国亡被放逐而死；苏妲己（商纣王子受辛之妻）亦国亡而被杀；褒姒（周幽王姬宫涅之妻）国破夫死而下落不明；翟叔隗（周襄王姬郑及其弟姬带之妻）因各国与宫廷双重斗争最后被乱箭射死；西施（吴王夫差之妻）国亡夫死，不知所终；虞姬（西楚霸王项羽之妻）举剑自刎于垓下；戚懿（汉高祖刘邦之妻）因夺嫡之争被砍断双足双手，挖出眼珠，喝下哑药，极悲惨；张嫣（汉惠帝刘盈之妻）被囚死；薄皇后（汉景帝刘启之妻）亦被囚死；栗姬（汉景帝之妻）气死；陈娇及卫子夫（汉武帝刘彻之妻），一被废囚死，一悬梁自尽。

姑苏曾闻鞋响声，这是夫差的温柔乡；然而一旦勾践先是火烧姑苏台，再是攻陷姑苏，由越派来的西施会是一个什么样的下场呢？

序

高雄《台湾时报》得以有"湖滨读史札记"伟大的专栏，得感谢四位：一位是王杏庆先生，他通风报信。一位是苏墦基先生，他辛辛苦苦把我从台北搞到高雄医治眼疾。一位是吴基福先生，他在高雄守株待兔，为我大动干戈。另一位则是柏杨先生，脸皮是武装过的，缘竿而上。

话说1979年春天，台北《大学杂志》报道柏杨先生眼疾甚重，哀哀求医。《台湾时报》记者王杏庆先生灵机一动，四处广播苦情。《台湾时报》台北特派员苏墦基先生暨《台湾时报》董事长兼眼科权威吴基福先生，素来恤老怜贫。于是一声令下，就由苏先生把我押解南征，再由吴先生亲自动手，打针吃药，情形颇为稳定。我就誓言非给他们尊报写稿，以报大恩不可。苏墦基先生大惊曰："老头，我们施诊舍药，就是求你不要打我们的主意呀，千万别写。"我毫不为所动，而且假装没有听见。稿件排山倒海，他们遂败下阵来，只好刊登。每星期两次，每次两千字。

本集收集的是1979年6月到12月间的专栏。所谓"湖滨"者，高雄大贝湖之滨也。其实我距大贝湖滨有四百公里之遥，有点名不副实。不过天下名不副实的东西多啦，再多一件也没啥。强词夺理地说，我如果不在大贝湖滨，难道我在大贝湖底乎？"读史札记"倒是货真价实，札起来有板有眼，猛一瞧，学问似乎真大。盖我老人家六十年代后半段及七十年代前半段坐牢期间，收集了四部巨著的资料，曰："皇后之死""帝王之死""中国历代冤狱""中国英雄群"。如果可能，就慢慢道来。如果半路里杀出程咬金，就写到哪里算哪里。

是为序。

1980年1月于台北柏杨居

引言

●帝王知多少

十三世纪八十年代，蒙古帝国宰相博啰先生，曾向不幸被俘的文天祥先生，发过大哉之问，问的是："自盘古到今日，几人称帝？几人称王？"柏杨先生说博啰发的是大哉之问，实在过度温柔敦厚。严格地说，他发的是狗屁之问，假使文天祥先生反诘曰："老哥，俺可不知，请你这个主考官，把答案说出来听听。"我敢赌一块钱，他阁下包管眼如铜铃。用一种连自己都不知道答案的问题，去考别人，乃大亨之类的特权，只能表示他狗屁甚响，不能表示他学问甚大也。

然而，我们不以人废言，这问题仍是一个问题，不能因博啰先生一粒老鼠屎，搞坏了一锅汤，就说它不成为问题。中国到底有几个帝？几个王？值得考查考查。不过，这里面有两项困难，一是，自从盘古老爷开天辟地，到黄帝王朝之间，属于神话时代，历史书上出现的，全是些云里来雾里去的神仙之体，或半仙之体；像盘古老爷之后，接着是天皇、地皇、人皇，以及其他等等之皇。三皇之后，接着是有巢氏、燧人氏、伏羲氏、女娲氏、神农氏，以及其他等等之氏。一个个武林称霸，手段高强。例如天皇先生，一活就是一万八千年，这就不是一般凡夫俗子所能办到的事。因为这个缘故，从盘古老爷到黄帝王朝之间，到底有多少年，谁都不知道，连神话专家都不知道，自然更不知道出了多少头目。

第二个难题是，头目是头目，帝王是帝王。纵使我们知道了从盘古老爷到黄帝王朝，有几个头目，也不能说那些头目就是帝王。头目跟帝王不一样，就好像柿子跟茄子不一样——不一样就是不一样。所以博啰先生的狗屁之问，就更证明他不够水准。柏杨先生有位朋友，在一家大学堂当算术教习，有一次见面，我忽然询之曰："老哥，请教，二十五加汽车，减去艾克斯光，等于几？"问得他当时就翻白眼。博啰先生提出的，就是这种类型的问题，不要说文天祥先生甘拜下风，任何有鼻子有眼睛的人，都得甘拜下风。

不过，要是从黄帝王朝计算到文天祥先生那个时代，几人称帝，几人称王，倒是可以计算出来的。文天祥先生之后，距今又七百年矣，此七百年间，帝王也者，如春雨后的狗尿苔，纷纷外冒，似乎也应该归纳进去。所以现在的问题应该是："自从第一个帝王起，直到最后一个帝王止，中国共出了多少帝王？"这就比较精密啦。盖第一个帝王是被尊为中国人祖先的姬轩辕先生，最后一个帝王，则是溥仪先生——可不是清帝国的溥仪先生，而是"满洲帝国"的溥仪先生。他阁下于1912年被赶下清帝国的金銮宝殿，1932年，日本人又把他抱上"满洲帝国"的龙墩，直到1945年，再度卷铺盖，帝王这玩意儿才算在中国历史上真正地绝了种。

——在真正绝了种之前，虽然已是二十世纪，中国仍然冒出了两个：一个是哲布尊丹巴先生，在库伦当了三年零七个月的皇帝，他建立的是"蒙古帝国"，热闹了一阵之后，仍归附中华；另一个是袁世凯先生，他阁下在北京城，改国号，定年号，择吉登极。乱糟糟地搞了八十三天，被风起云涌的武装反抗力量，活活气死。

——我们可称这是帝王病的后遗症。后遗症包括形式上的后遗症和意识上的后遗症。形式上的后遗症就是屁股要坐宝座。自从袁世凯先生的屁股被踢肿、溥仪先生的屁股被踢烂之后，再没有人敢屁股发痒。可是意识上的后遗症，却瓜瓞绵绵；屁股虽然不敢发痒，心里却痒得难熬。大多数人，一旦当了头目，不管是大头目小头目，不管是哪一个行业，他就成了老虎戴念珠。老虎是帝王思想，念珠是现代潮流——念珠再漂亮，甚至是金刚钻做的，只不过为了唬人，而老虎的血盆大口不变。巧言花语不过虚晃一枪，而一家之主的做法不变。不要说远，就是台北、高雄这两个大都市，贵阁下不妨举目四观，从袁世凯模子里浇出来的朋友，固多如牛毛也。这种意识上的后遗症，如果不能跟着形式上的后遗症，一齐绝种，要想靠别的玩意儿，发愤图强，恐怕肚脐眼里赛龙舟，难难难难难难难。

好啦，现在我们该数一下啦，自从有帝有王，直到没帝没王，中国境内，共有多少帝、多少王。柏杨先生在九年零二十六天盛大坐牢期间，曾经数过，数的结果是：自黄帝起，至"满洲帝国"亡、帝王绝，公元前2698年—公元1945年，共四千六百四十三年间，中国境内共出现了八十三个像样的或不像样的、长命的或短命的王朝，也就是八十三个政府。同时也出现了五百五十九个像样的或不像样的、长命的或短命的帝王，其中包括三百九十七个帝，一百六十二个王。

柏杨先生从小算术就不及格，而竟能数得这么仔细，除了天纵英明外，别无其他解释。有些朋友恭维我了不起呀了不起，了不起当然了不起，不过，文天祥先生曰"时穷节乃见，一一垂丹青"，柏老只是"时穷智乃见，一一数帝王"罢啦。

◉皇后知多少

吾友孟浩然先生诗曰："读史不觉晓，尊号又谥号，帝王一大堆，到底有多少？"我们总算把一大堆帝王清理出来，这件庞大的工程，看起来容易，前人却没有做过。幸而天老爷钦派柏杨先生亲自坐牢，才隆重落成，如果没有点仙气儿，怎能如此叫座也哉。

我们说中国历史上共有八十三个王朝和五百五十九个帝王，必须有个界说。这界说是，我们是站在鸟瞰的和认真的科学立场，而不是站在漩涡中的泛政治、泛道德立场。像五胡乱华十九国，过去都是称十六国的。像五代十一国，过去都是称十国的。对这种数字的纠纷，最简单不过，只要伸出手指——必要时加上脚趾，那么一算就算出来啦。又像刘齐帝国、"满洲帝国"，因为它们汉奸卖国贼的性质太结实、太明显的缘故，从前的史学家就给它来个一笔勾销。然而，存在就是存在，我们的精神是"尊重事实"的精神。口诛笔伐则可，取消则不可。坏蛋犯了法，杀掉他就是啦，如果说他根本不是人，连出生证和户籍登记都毁掉灭迹，那是圣人系统的干法，不是正常人的干法也。

帝王的性质，在中国史书上更是混乱。贵阁下看过司马迁先生的《史记》乎？刘邦之后是刘盈，刘盈之后是吕雉，吕雉之后是刘恒。连《辞海》《辞源》，以及其他年表之类，都这么排列。给人的印象是，吕雉也是一位皇帝。事实上吕雉女士不过是皇太后，当时坐龙廷的，是前少帝刘恭和后少帝刘弘。吕雉女士要通过他们两个小子，才能发号施令。可是史书上却干掉了两个小子的合法地位，不但是不忠于史实，也是欺骗小民。如果说谁有权谁就可以在史书上占第一把交椅，那么清王朝就不应该把载湉先生当作皇帝，而应由皇太后那拉兰儿（慈禧）女士出面矣。英国国王是虚位的，难道女王伊丽莎白二世不算数？宰相撒切尔夫人反而成了英国元首乎哉？

在这个界说之下，我们总算弄清楚中国历史上帝王的数目。可惜博啰先生已翘了辫子，不然我们就把这答案暗暗传递给文天祥先生（柏老在学堂里是小抄能手，包管无误），教他拿去塞博啰的嘴。不过，很显然地，那是政治事件，不是考试事件，就是塞住了博啰的嘴，文天祥先生仍得栽倒他手里。然而，不管怎么样吧，我们敢肯定中国历史上帝王的数目。

可是，我们却不敢肯定中国历史上皇后妃妾的数目，即令天纵英明如柏杨先生，也不敢肯定。所以想当年博啰先生如果问的是："自盘古到今日，几人称后？几人称妃？"不要说文天祥先生张口结舌，纵是柏杨先生拔刀上阵，也无处下手，只好仍把他阁下之问，归入狗屁之列。

我们所以弄不清皇后妃妾到底有多少，主要的原因是，古中国实行的是一夫多妻制，一个小民，只要有银子，就可以拥有许多老婆，这种风气，到了二十世纪八十年代，仍然明目张胆，锣鼓喧天，成为有钱大爷的特权。报纸上常看到有些讣文，死家伙的"未亡人"常常并列着两位老奶或三四位老奶，而其中至少有一位老奶，年轻貌美，真教一些老光棍发疯。小民尚且如此，一旦称帝王，那就更不得了啦。公元前一世纪西汉王朝末期，一位皇帝仅宫女就有四万余人，呜呼，不要说上床睡觉，便是每一位美女看上一眼，都能看得精疲力尽，软瘫到椅子底下。七世纪初叶的隋王朝，皇帝杨广先生的宫女，比这个更多。历史上只有清王朝的皇帝比较收敛，但也总在两三百人左右。站在大男人沙文主义立场上，还是复古的好，最称心如意的，当然是莫过于弄个帝王干干，那可比在报上写专栏舒服多了也。

我们姑且来一个大胆假设，假设一个平均数，一个帝王如果平均有二千位如花似玉的话，五百五十九乘两千，于是乎，中国历史上，从姬轩辕先生到溥仪先生，共有皇后妃姬一百一十一万八千人，这个数目当然是不准确的，所以不作为跟任何学问庞大之士抬杠之用，只提供读者老爷一个具体的印象。然而，仅此就足够我们麻烦啦。

我们所称的"后妃姬妾"，是非官方的笼统说法，在宫廷之中，所有的女人——除了女儿和娘，在理论上或事实上，都是帝王一个人的老婆。说是"老婆"，未免有点学院派，事实上她们都是帝王一个人专用的妓女。任何一个女孩子，不管为了啥原因，或者是贫穷卖身，或者是大官巨商的女儿被父母献进去，或者是犯了罪全家处斩后，女儿被"没入"进去。只要一进那个黄圈圈的紫禁城，她们便只准穿裙子，不准穿裤子，为的是帝王老爷一旦性起，免得碍手碍脚，扫了御兴。

◉宫廷斗争

每一个男孩都希望他是王子，每一个男人都希望他是帝王。柏杨先生尤其羡慕坐在金銮殿上吆五喝六的朋友。有一次诚于中而形于外，喟然叹曰："我要是当了皇帝该多好。"老妻问曰："好在哪里？"我一时脑筋没转过来，口吐真言，曰："一当皇帝，就有三宫六院，成千成万的漂亮老奶。"只听砰的一声，桌上的茶杯祭了过来，要不是我武功盖世，闪避得快，尊头准被干出一个窟窿。急忙解释曰："阿巴桑，且听我言，我只说我如果一朝登极，你想穿啥吃啥都行，三天一件旗袍，一天一个荷包蛋。"这才总算平息民愤。

同样道理，每一个女孩都希望她是公主，每一个女人都希望她是皇后。自从我向柏杨夫人发表了上述的安抚性言论之后，她阁下也跃跃欲试。其实如果作一个民意调查，一个女孩子一旦懂事，而且又能够自由选择，恐怕愿当公主的少，愿当皇后的多也。六世纪时，北周王朝皇帝宇文赟先生的妻子杨丽华女士，是稍后才当权的隋王朝第一任皇帝杨坚先生的女儿，杨坚封她为乐平公主，她把公主的金印都扔出来。十世纪时，南吴帝国皇太子杨琏先生的妻子，是稍后才当权的南唐帝国第一任皇帝徐知诰先生的女儿，徐知诰封她为永兴公主，她坚持自己仍是太子妃，每逢有人称她公主，她就痛哭流涕。

这些故事，可能是她们身受亡国之痛，感情上一时不能适应。但五世纪时北魏王朝就有一位公主，大概写史的朋友以她为耻，没有记下她的名字。她阁下竟鼓励她丈夫割据独立，事情失败后，法官问她为啥谋反，她曰："当公主有啥意思，当皇后才过瘾。"

猛一想当皇后当然比当公主过瘾，可是仔细一想，皇后这玩意儿却是世界上危险性最大的职业。如果换了柏老，我就宁可当公主，打死我也不当皇后。盖天下最享福的女人，莫过于公主，不愁吃、不愁穿、不愁丈夫不听话，而且还可以不用大脑，傲视群伦。

——公主当然也有砸锅的，一世纪时，东汉王朝的郦邑公主，就被她丈夫照玉肚上捅了一刀，命归黄泉。但这种节目，并不常见。千千万万的公主，都享尽荣华富贵，平平安安地死在弹簧床上。

一般人只看见皇后过瘾的一面，没看见皇后悲惨的一面，如果看见悲惨的一面，恐怕八抬大轿抬到门口，都会严肃考虑。盖宫廷也者，表面上金碧辉煌，事实上却是最最黑暗的人间地狱，每个女人都为了生存而拼命挣扎斗争。没有法律、没有人性，只有当权人物——帝王，和帝王授权的人，以及管得住帝王和挟制得住帝王的人。他们操有乱伦和屠杀的特权，不受任何法律的或道德的拘束。皇后有权的时候，她是皇后；皇后一旦没有了权，她的下场就不忍卒睹。即令是猪是狗，一旦被宰，总不会连累它的父母兄弟姐妹，而皇后被宰，往往连累她的全家。

从宫廷斗争和皇后的大批死于非命，说明中国宫廷的黑暗，远超过欧洲宫廷。残酷无情，暗无天日。中华民族优秀的传统文化，至少在中国宫廷中找不出来。这种情形，越到后来越严重。女人不但是帝王一个人的玩物，也是宫廷制度下的虫豸。仪态万方，被摇尾系统歌颂为"母仪天下"的皇后，一旦失势，不如一屁。

中国历史上有多少帝王，我们已经有了答案。帝王中有多少死于非命，我们也可数得一清二楚。但中国历史上有多少皇后，我们却不知道，皇后中有多少死于非命，我们更不知道。我们只能就我们所知道的，作个案的研究。

每一个死于非命的皇后，不管她是杀死、绞死、气死、跳河、投井，都是一桩时代悲剧，有时候也是一桩时代丑剧。她们的人是孤立的，孤立在皇宫之中，但她们的遭遇，却代表说明那个时代女人的命运，也代表说明中国当时的政治和道德形态。——写到这里，读者老爷一定吓了一跳，柏老的学问真是大呀，一扯就扯十万八千里，从野鸡摊扯到学院派，乱盖。

呜呼，柏杨先生除了有时候自我推销，偶尔膨胀一下，表示确实尾大外，从不乱盖。读者老爷如果真的不相信微言大义，我也无法。俗不云乎："人命关天。"小民的命还关天，皇后的命所包含的意义就更大。但从另一个基本的角度来看，小民的命事实上并不如书上宣传的那么值钱，而皇后的命有时候连小民的命都不如。哀哉。

帝王可以独立存在，皇后则不能独立存在，只能附丽在帝王屁股底下。一个帝王被砍下尊头，可能不涉及他的妻子——有时候他根本没有妻子，像六世纪北魏王朝第十任皇帝元钊先生，他是被他的部下装进铁笼，扔到黄河里活活淹死的；他就光棍一条，没有结过婚。而一个皇后被砍下尊头，那就准跟老公有关，有时候更是死在亲爱的丈夫之手；或是夫妻二人，双双倒毙。

凡是独挑大梁，演出血流五步节目的帝王，我们有另一系列的介绍。凡是夫妻同运，事件相连，一刀两命，或两命一刀的，我们在谈"皇后之死"时，对该"帝王之死"，也一并观赏，盖硬把二人分割，就弄不清来龙去脉矣。

现在，我们且逐一报道。

娥皇

时代: 公元前二十三世纪九十年代

其夫: 黄帝王朝第七任帝

虞舜帝姚重华

遭遇: 溺死湘江

◉圣人的成名

中国历史上第一位不得善终的皇后，是黄帝王朝第七任帝虞舜帝姚重华先生的妻子娥皇女士；和她同死的，还有她的妹妹女英女士。

娥皇女士是公元前二十三世纪的美女，她爹是黄帝王朝第六任帝唐尧帝伊放勋先生。后来跟她的妹妹女英女士，一齐嫁给第七任帝虞舜帝姚重华。

——这真是应验了四千三百年后，二十世纪的新疆民歌：带着你的钱财，领着你的妹妹，跟着我的马车来。姚重华先生财色双收，好不得意。这至少说明一点，四千三百年前，中国就已经是多妻制矣。不过在公元前三世纪之前，中国元首只简单地称"帝"或称"王"，元首的妻称"妃"，元首的妾称"次妃"。其实称谓是啥，无关要旨，反正她们姐妹二人，都是姚重华先生的老婆就是啦。至于姚先生除了她们姐妹二人之外，是不是还有其他老婆，我们不知道。

姚重华先生在中国历史上属于传奇人物，他和岳父伊放勋先生，被儒家学派形容为天上少有、地下只有一双的至善至美。不但是空前绝后的标准君王，而且是空前绝后的典型完人。人类所有的美德，全部集中在翁婿两位身上，没有人性弱点，更没有人性缺点。以致看起来不像是人，而像是活宝。

当伊放勋先生在当时中国首都平阳（山西临汾）称孤道寡时，姚重华先生还是二百公里外蒲阪（山西永济）一个小部落酋长的儿子，默默无闻。可是他胸怀大志——也可以说他不知道安分——于是就发生了一连串怪事。这些怪事可能真有，也可能只不过是为了美化他，而捏造出来的。反正，无论如何，怪事终是怪事。怪事是，姚重华先生的一家人，全是蛇蝎心肠，只有他一个人大仁大孝。这是一种画家常用的烘托笔法，必须在周围全涂上黑墨，才能使月亮雪白如昼。后世史学家为了突出姚重华，不惜工本，把他爹他娘，以及他弟弟，甚至他的妻子娥皇和女英，都泼上狗尿。

史书上说，姚重华先生老爹瞎老头（瞽叟）、继母，跟继母生的弟弟姚象，三个集人类至恶至丑的家伙，组成联合阵线，跟集人类至善至美的姚重华作对。老爹日夜算计怎么才能杀他的儿子，老弟则日夜算计怎么才能杀他的老哥。父子都是丧尽天良、谋财害命的高手。那是一个恐怖的家庭，阴风惨惨，随时随地都会发生凶案。事实上也随时随地都在发生，不过每一次，姚重华先生都靠着他的机智和运气，死里逃生。于是，他奇异的"大孝"行为，传到伊放勋先生耳朵里，伊先生就把娥皇、女英两位公主，嫁给他这个匹夫。

不可理解的是，儿子虽然娶了公主，老爹仍饶不了他，非干掉他不可。史书上说，老爹叫姚重华先生上房洗瓦，等他刚爬上去，老爹就在下面放火，要把儿子烧死，谁知道姚重华先生早有准备，手拿斗笠，就像降落伞一样，冉冉而下。一计不成，再来一计。有一天，老爹教姚重华先生掏井，姚重华知道老爹又要露一手，早就秘密地在井底凿了一条地道，通往地面（柏老按，这真是三岁娃儿说的童话，在井底凿一条地道，通往地面，可不简单，尤其山西省是黄土高原的一部分，井深而土坚，不要说凿地道，就是凿个土坑，都要费九牛二虎之力）。果然，等到姚重华先生一下了井，老爹和小弟立刻七手八脚地把井填平。老爹拍巴掌曰："好啦，这下子他死定啦。"姚象曰："这计谋是俺想出来的，家产俺要平分。"平分就平分，老爹老娘高高兴兴把儿子的牛羊赶走，老弟则高高兴兴地把两位年轻漂亮的嫂嫂接收，把老哥的琴放到桌上，又弹又唱，好不得意。正唱得起劲，想不到老哥从地道爬出来，蓦地在门口出现，两个人当时那副面孔，一定大为可观，结果老弟狼狈而逃，老爹赶走的牛羊，也只好再赶回来。

——柏老真弄不懂，为啥把老爹老娘和老弟，形容得如此凶恶，对亲生儿子一再下毒手。史书上并没有说明老爹何以一再下毒手的理由。任何反常的行为，都一定有反常的原因，这原因没有说出来，一定有不可告人之处。诗云："一将功成万骨枯。"看起来，一个圣人的成名，连老爹老娘老弟，都得赔进去。

●姐妹二人·同时落水

当岳父伊放勋先生，听了亲家翁的种种奇怪恶行和女婿的种种奇怪孝行之后，大为感动，认为有孝行的人，对老板对朋友，必然忠心耿耿。就把姚重华先生召到中央政府，担任高级官员。姚重华先生是何等角色，他进入中央政府后不久，即取得实权，而且在实权稳固了之后，就对岳父另眼看待。公元前2258年，伊放勋先生逝世，他的儿子伊丹朱先生继承帝位，屁股还没有把龙墩暖热，姚重华先生就发动政变，把他放逐到丹水。

——丹水在哪里？谁也说不准，盖中国的丹水可多啦。山东昌乐有丹水焉，河南济源有丹水焉，湖北宜都有丹水焉，陕西商洛有丹水焉，陕西洛川有丹水焉，河南开封也有丹水焉。柏杨先生推测，可能是河南济源的丹水，因为距当时的首都平阳最近。可是依以后所发生的事推测，量小非君子，无毒不丈夫，伊丹朱先生可能被放逐到最远的湖北宜都，那里距首都平阳航空距离六百公里。

——姚重华先生的孝行，不但奇怪，而且诡谲，除非故事是假的，否则的话，他阁下的种种孝行，使人毛骨悚然。苏老泉先生有言："凡事之不近人情者，鲜不为大奸慝。"连孔孟二位圣人，都主张"小杖则受，大杖则走"，何况必置之于死地乎。真是三颗石头投到水井里，不懂不懂又不懂也。

姚重华先生把伊丹朱先生赶走之后，自己坐上宝座，那是公元前2255年的事，距岳父大人伊放勋先生之死，已三年矣，说明这场政治斗争，是如何之烈，和这个宝座得来是如何的不易。

姚重华先生既成了元首，后世的史学家称他为"虞舜帝"，即孝顺友爱的君主也，如果传说不是乱盖，却也颇为名实相符。我们的女主角娥皇女士，女配角女英女士，自然一律升格为"妃"。

——那时的宫廷，不过是一个大杂院而已，儒家学派的繁文缛节，还没有兴起，所以称谓十分简单。只要是君主的妻子，都称为"妃"，顶多把大老婆称为"正妃"，表示她才是群妻之首。

姚重华先生的元首生涯，一干就是四十八年。到了公元前2208年，他阁下已一百岁，发生了大事。以治水闻名于世的夏部落酋长姒文命（夏禹）先生，不再听他那一套。于是——于是什么，我们也弄不清，可能发动了宫廷政变，也可能武装革命，也可能像后世儒家学派所咬定牙关嚷嚷的，姚重华先生"禅让"啦，把坐了四十八年的宝座，自动自发、心甘情愿地让给姒文命先生去坐。反正是，我们只知道，就在这一年，姚重华先生和他的两位妻子，离开他的首都蒲阪，向南逃亡，一直逃到一片蛮荒的湖南南部苍梧山。

我们说姚重华先生举家被逐，是有根据的。请读者老爷找一本地图，用尺量一量就会大梦初醒，山西永济，距湖南苍梧山，航空距离（也就是直线距离）一千二百公里。那时不但没有火车汽车，恐怕连羊肠小径都没有，即令有羊肠小径，实际里程往往是航空距离的三倍，将有三千六百公里之遥。一个人平均每天步行三十五公里，要走一千零二十天，差不多是三年的时间。呜呼，姚重华先生老矣，下台的那年已一百高龄，他既非唯利是图的商人，也非搜奇觅胜的探险家，又没有任何特殊使命，老夫妻三人，深入荒蛮干啥？如果不是忽然间大发神经，那就恐怕跟"柏杨先生下绿岛"一样，差官前呼后拥，不得不去。或者，还有一个可能，追兵在后，他盲目逃生。

三年后的公元前2205年，姚重华先生死在湖南苍梧山。娥皇和女英，走到湘江——或许是在南下时走到湘江，筋疲力尽（她们也都老啦）；也或许是丈夫死后，哭哭啼啼北返时走到湘江，感觉到已无生意。不管怎么样吧，姐妹二人走到湘江，双双投到或跌到湘江淹死。

娥皇、女英二位之死，我们不敢肯定它不是一场政治谋杀，夏部落酋长姒文命先生既有胆量造反，他就有理由预防死灰复燃，来一个斩草除根。但我们也不排除她们姐妹殉夫自尽。不过，如果真是殉夫，后世史学家一定会大大喊叫，使姚重华先生更为膨胀。只有死得不明不白，尤其是，姒文命先生也被后世纳入圣人系统，就更难下笔。记载遂不得不含含糊糊，吞吞吐吐。

事实上姐妹二人未死之前，曾每天哭泣，眼泪洒到竹子上，尽都成斑——奇怪的是，她们不在房子里哭，却跑到竹林里哭，是不是被逼投河时，抱着竹子，大放悲声？从此凡是有斑点的竹子，都被称为"湘妃竹"。姐妹死后，后人尊奉她们为湘江女神：姐姐娥皇女士为"湘君"，妹妹女英为"湘夫人"。屈原先生在所著的《离骚》中，就有下列诗句——

天帝的女儿降临了啊

向北眺望，有无限的悲愁

微弱的秋风吹着洞庭湖啊

树叶片片，落下水流

原文：

帝子降兮北渚，目眇眇兮愁予。袅袅兮秋风，洞庭波兮木叶下。

四千年来，出现无数吟咏她们姐妹的诗，都充满了哀愁，却没有悲愤。柏杨先生以为我们是应该悲愤的，因为这是中国历史上第一位死于非命的皇后，第一位因权力争斗牺牲的女人，一幕一直被掩盖着的惨剧。

妹喜

时代：公元前十八世纪三十年代

其夫：夏王朝第十九任帝

夏桀帝姒履癸

遭遇：国亡·身死

◉一个可怜的女俘

中国历史上，第二位死于非命的皇后是妹喜女士，夏王朝第十九任帝姒履癸（夏桀）先生的妻子。

姒履癸是前文所述的姒文命先生第十四代后裔，夏王朝在姒文命先生手中建立，历时四百余年，到了公元前十九世纪八十年代前1819年，姒履癸先生登极。他登极时几岁，史书上没有记载，不管年龄多么小，他在宝座上一坐就是五十四年——五十四年足够他成长啦。五十四年中他干了些啥事，一片空白，只知道三十四年后，公元前1786年，他发动大军，攻击位于山东蒙阴境的有施部落。在信史时代之前，部落名称上往往冠以"有"字，我们推测，这个"有"字应该是一个语助词，跟后世的"阿"字一样，没有实质上的意义。"有施部落"者，"施部落"也。施部落显然抵挡不住夏政府的军队，在灭亡和屈膝之间，施部落酋长选择了屈膝，他向夏政府求和，献出他们的牛羊、马匹、美女——包括酋长的妹妹，她的名字只一个"喜"字，所以她应称为"施喜"。当时的人把它简化，称为"妹喜"，这就跟后来人们称"皇姑""皇妹"一样。盖酋长属于贵族阶层，贵族的姓，小民是叫不得的也。

妹喜是个可怜的女孩子，她的身份是一个没有人权的俘虏，在她正青春年华的时候，不得不离开家乡，离开情郎（假如她有情郎的话），为了宗族的生存，像牛羊一样地被献到敌人之手。

姒履癸先生以天子之尊，有的是女伴，可是他却迷上了妹喜，常常把她抱到双膝上，日夜不停地陪她饮酒。妹喜喜欢听撕裂绸缎的声音，姒履癸先生就从国库搬出绸缎，教宫女撕给她听。

——《红楼梦》中晴雯小姐喜欢听撕扇子的声音，可能是从妹喜女士身上得到灵感。不过撕扇子撕得起，撕绸缎却非同小可，纵是帝王，也是一个沉重的负担。那些丝织品贵得吓死人，读者老爷不信的话，不妨到台北、高雄百货公司问一下行情，一件普通衬衫就要五千元以上，柏杨先生一个月的饷，只够买两件衬衫加几个扣子。不过，帝王的负担再沉重，却要不了命；要命的是小民，小民千辛万苦织出的绸缎，只供帝王刹那间的娱乐。

任何荒唐行为，一旦开始，就会一天一天扩张，终于荒唐到不可收拾。姒履癸先生在"裂帛"壮举之后，索性大兴土木，凿了一个巨池，满装美酒。巨池不愧巨池，面积有五平方公里，可以在酒上划船。皇天在上，看样子姒履癸先生的酒池也跟台湾日月潭差不多啦，那要盛多少酒乎哉？而且帝王用的绝不会是蹩脚货，依目前台北、高雄大亨们的标准，至少也是"约翰走路"之类。嗟夫。

——姒履癸先生的老祖宗姒文命先生在世时，有一次饮了点酒，舒舒服服，像吃了人参果。他到底是一位有智慧的老人，叹曰："后世帝王，一定有人因喝了太多美酒，喝亡了国的。"他的真知灼见，第一个应验在他后裔身上。

酒池虽然有那么多酒，人们却不能随便下肚，而需要等候号令。只听一声鼓响，就有三千人趴下来，把头伸到酒池里"牛饮"，这真是一个伟大的狂欢景观，妹喜女士在一旁欣赏，遂芳心大悦。不特"牛饮"耳，还有"长夜饮"，反正岸上肉类堆积得像山那么高，肉干堆积得像林那么密，真是有吃有喝、无忧无虑的世界，男女们混杂在一起，日夜不停地干。每次宴会，都长达几昼几夜。姒履癸先生乐此不疲，往往一个月不出来处理政府事务。

身为宰相（相）的伊尹先生规劝曰："陛下老哥，你如果再这样搞下去，灭亡之祸，迫在眉睫。"姒履癸先生哑然失笑曰："你又妖言惑众啦！天上有太阳，犹如人民有君王。太阳灭亡，我才灭亡。"小民听啦，只好向上天哀号曰："太阳呀，你灭亡吧！我们跟你一块灭亡。"然而，姒履癸先生不在乎这些，他有充分的自信，可以保持自己的高位。

姒履癸先生保持他高位的法宝之一，是采用酷刑：炮烙。炮烙到底是啥，言人人殊，有人说是一种中空的铜柱，把犯人用铁链绑到铜柱上，然后在铜柱中燃火，使他慢慢烤死。有人说是一种实心的铜柱，用火烧热，教犯人赤足在上面行走，烫得不能忍受时，跌下来活活烧死。炮烙之刑，原是姒履癸先生发明的，已注册有案。干宣传的朋友，大概忘了六百年前的往事，把这笔账算到了子受辛（商纣王）先生身上。嗟夫，宣传工作，并不像有些文化打手想象中那么容易，大刀横飞，有时真能砍掉自己的脚丫。

公元前1767年，姒履癸先生率领文武百官，登上瑶台，观看炮烙行刑，在犯人哀号声中，他问他的大臣关龙逢先生曰："乐乎？"关龙逢先生只好答曰："乐也。"姒履癸先生曰："这就怪啦，你难道没有恻隐之心？"关龙逢先生曰："天下人都以为苦，而你陛下却独以为乐。大臣是君王的手臂，岂有心高兴，而手臂敢不高兴的。"姒履癸先生听出来他在顶撞自己，于是兴起杀机："好吧，说说你的意见，如果意见好，我可以采纳。如果意见不好，我用法律制裁你。"关龙逄先生曰:"我看你陛下的帽子,不是帽子,乃危石也。我看你陛下的鞋子,不是鞋子,乃春冰也。从没有戴着危石而不压死,踏着春冰而不掉下淹死的。"姒履癸先生曰:"阁下知道我快要完蛋,却不知道你自己快要完蛋,请去尝尝炮烙的滋味。从你的完蛋,就可证明我的不完蛋。"

——因忠心耿耿而招来杀身之祸,关龙逄先生是中国历史上第一人,但不是最后一人,悲夫!

◉巢湖末日

关龙逄先生之后,商部落(河南商丘)酋长子天乙(商汤)先生,也向姒履癸先生进谏。然而,暴君们的习惯是,对任何逆耳之言,都有一种强烈的反感。公元前1777年,姒履癸先生下令逮捕子天乙,囚禁在夏台(河南禹州)。盖在暴君尊眼中,逮捕和处决,是解决问题最有效的工具。可是不知道什么缘故,或许姒履癸先生一时心肠发软,也或许由于来自商部落或其他方面的压力,不久,他又把子天乙先生释放。这时,宰相伊尹先生,发现情势已无法挽救,就抛弃了高官贵爵,向商部落投奔。伊尹先生也是一个部落的酋长,两个大部落遂缔结军事同盟,跟夏政府对抗。

姒履癸先生有足够的时间悬崖勒马,但他没有。史书上说,他已被妺喜女士的美色搞昏了头,不但没有稍微改善他的行为,反而更为凶暴。十年之间,几乎把所有的部落,全部逼反。公元前1766年,子天乙先生率领联合兵团,向夏政府进攻,节节胜利。

姒履癸先生不得不放弃他的首都斟鄩（河南巩义），逃回四百年前的故都安邑（山西夏县），预备固守。可是联合兵团已渡过黄河，继续进攻，双方在鸣条（山西夏县境）地方决战，夏政府军大败。姒履癸先生带着妹喜女士，往西逃亡，大概想渡过黄河，寻求夷狄之邦（陕西北部）的政治庇护。可惜爹娘生的腿太少，跑得不够快，就在大涉渡口（山西夏县西黄河渡口），被联合兵团的追兵生擒活捉。这个自封为天上太阳的部落首领，在做了阶下囚之后，才发现他虽然完蛋，太阳却仍然挂在那里，继续发热。他叹气曰："真后悔没有把子天乙杀掉，以致落得今天的下场。"

——暴君的特征之一是：永不检讨自己的暴行，而只怀恨被他逼反的敌人。姒履癸先生不后悔他的酒池肉林，不后悔他的大言不惭，不后悔他的屠杀忠良，却只后悔杀得还不够多。

联合兵团不但活捉了姒履癸，也活捉了喜欢听撕裂绸缎声音的妹喜。然后，把他们夫妇二人，装上囚车，放逐到南方淮河流域的巢湖（南巢）。巢湖距安邑（山西夏县）航空距离七百公里，当时一片蛮荒，潮湿和蚊虫，使人不堪居住。对享受过长期荣华富贵的男女而言，平民生活就是一种苦刑，何况又是囚犯生活。而子天乙先生建立的商王朝，也不会对这位夏王朝末代君王那么放心，让他真的过着没有监视的日子。没有人知道又过了多少时间，姒履癸先生和妹喜女士，就死在巢湖。同样，也没有人知道他们是怎么死的。饿死、病死、气死、溺死，都有可能，反正是死啦，凄凄凉凉死啦。

——商王朝追称姒履癸先生为"桀帝"，意思是凶暴的君主。

妲己

时代：公元前十二世纪七十年代

其夫：商王朝第三十一任帝

商纣王子受辛

遭遇：国亡·被杀·人头悬挂高竿

●东西两大美人

妹喜女士是中国历史上第一位美丽绝伦而又死于非命的皇后（娥皇、女英二位女士，似乎没有一本书上说她们貌如天仙）。妹喜女士固然漂亮，但在知名度上，却不如妲己。妲己女士比她晚生六百年，声名之噪，却在历史上居第一线，后人知妲己的多，知妹喜的少。人生有幸有不幸，无可奈何者也。

妲己，事实上，她姓"己"，名"妲"；又因为她是苏部落（河南温县）酋长的女儿，所以她也姓苏。一个人为啥冒出了两个姓，原因何在，在三千年后的二十世纪，我们可弄不清楚。习惯性的称谓，她就是妲己；再精密一点，她就是苏己。把真正的姓弄到尾巴上，颇有西洋大人之风，盖西洋大人都是名在前姓在后的。不过中国似乎也不陌生，俗不云乎："大耳朵李""歪嘴赵"。妲，艳丽之意，即"漂亮的己小姐"是也。

妲己女士的境遇，从根到梢，大致上跟妹喜女士相似，虽然相距六百年，却好像一个窑里烧出来的。

公元前1147年，商王朝第三十一任帝子受辛（商纣王）先生——他是第一任帝子天乙先生第十七代后裔——因为苏部落叛变，政府大军讨伐，苏部落跟六百年前施部落同一命运，抵挡不住，酋长只好把女儿妲己，献出来乞和。子受辛先生一见妲己沉鱼落雁、闭月羞花，御头立刻就轰的一声，迫不及待地满口答应，急忙收兵。

——就在这个公元前十二世纪，跟妲己女士同一世纪，西方也出现了一位绝色美女，也惹起妲己所惹起同样的滔天大祸。西方的绝色美女海伦女士，是希腊斯巴达王国的皇后，可是她却跟土耳其半岛上特洛伊王国的国王私奔。那对希腊人民是一种绝大侮辱，各城邦就组织希腊联军，进攻特洛伊。自公元前1194年干起，打了十一年，虽然希腊神话时代的神祇，几乎全部出笼，为维护希腊的荣耀拼命，可是仍不能取得胜利。最后，到了公元前1184年，希腊联军精疲力竭，就来一个阴谋诡计，掘个陷阱使敌人往里跳。他们假装放弃攻城，一夜之间，逃之夭夭，可是却留下一个沉重而巨大的木马。特洛伊人一瞧，"汪德佛尔"（wonderful，好极了——编者注），发了财啦，就把木马当胜利品运回城里。想不到这胜利品可不是好消受的。当天晚上，希腊突击队从木马肚子里爬出来，特洛伊城遂告陷落。那位享了十一年艳福，把国家带到毁灭的国王，被一刀两断。而海伦女士也被希腊人抢了回去。当大战打到第十年时，海伦女士亲自出来劳军，战士们震惊她的美丽，失声曰："我们为她再打十年也情愿。"

——有一点是肯定的，换了中国同胞，见了海伦女士，准国骂省骂三字经，一齐泉涌，圣崽们恐怕更忙于咒她"妖孽"，詈她"祸水"。呜呼，柏杨先生崇拜特洛伊战士们的胸襟。

——无论是一个人或一个国家，千万切记，不要贪小便宜，贪小便宜铁定要吃大亏。特洛伊城朋友如果不贪小便宜，木马何致屠城也哉。

◉这样的君王丈夫

子受辛先生有他超人的一面，史书上说，他阁下见多识广，而又力大无穷，不用武器，赤手空拳，就能格杀猛兽；抓住九条牛的尾巴，能同时把它们拖着走（可惜他生不逢时，当了帝王，只好挨刀；如果生在二十世纪，准可打出一个拳王，那比当帝王舒服安全得多啦）。子受辛先生不但有体力，而且有智力，史书上说，他的聪明足够他拒绝规劝，而智慧也足够他掩饰错误。——嗟夫，两句话其实是一句话：死不认错。看起来这种气质不是二十世纪中国同胞所特有的，三千年前，子受辛先生已立下了可敬的榜样。

子受辛先生迷上妲己，就跟姒履癸先生迷上妹喜一样，如醉如痴，言听计从。妲己教他东，他就东；教他西，他就西。教他喊姐，他就喊姐；教他喊娘，他就喊娘。妲己女士不久就尝到权力的滋味，开始在宫廷和政府之中，布置并巩固她私人的势力。子受辛先生遂成了橡皮图章，妲己所喜欢的人，他就升他的官；她所讨厌的人，他就把他宰掉。接着是物质上的奢侈，其中最使人震骇的是，子受辛先生开始使用象牙做的筷子。

象牙筷子，现在看起来，固也豪华，但已没人把它当作一件大事。可是，在公元前十二世纪，猎获大象不易。盖象先生皮厚得跟混世小瘪三的脸一样，弓箭不入、刀枪不进，走得太近，它阁下一晃大耳朵，能把人扇一个嘴吃屎，不服气的再走近一点，尊蹄一动，能把人活活踩死。而且，问题不在使用象牙筷子，而在使用了象牙筷子之后的连锁反应。子受辛先生的叔父大人，官拜子爵的箕部落酋长子胥余（箕子）先生，就悄悄叹曰：

"象牙筷子不会放到土炕上，势必另外制造玉柜来放它。天天吃熊掌豹胆的人，不会长久地住茅屋，势必穿绫罗绸缎，而遨游于九层高台之上。以后的花样，恐怕越来越多。"

叔父的话果然料中，盖奢侈一旦起飞，便要一直飞到底，中途不能停止。子受辛先生果然大发威风，猛兴木土，建造琼宫瑶台，上面遍装美玉，七年才成。面积有四平方公里，高三百公尺，总计大宫一百、小宫七十三。里面热闹非凡，车水马龙，除了喝酒，就是吃肉，以三个月作为一夜，长期狂欢。——姒履癸先生不过以一个月作为一夜，已惊天动地；子受辛先生似乎更要高竿。有一年（不知道是哪一年）盛暑时候，子受辛先生率领军队和贵族，到太行山打猎，这一打就是一年。暴政之下，必有天灾，因暴政必有贪官，贪官只知道要钱，谁还管政府的事乎。于是，史书上说，河川决口，发生大水，屋塌树倒，牛马家畜，都被漂没，一个大饥荒已经形成。偏偏琼宫瑶台又失了火，大火两天不熄，据说，人们还听见鬼哭神号。

子受辛先生却毫不在乎，强烈的自信心使他轻视一切（暴君们对自己的能力都估计得太高，这是悲剧的种子）。有一天，全宫狂饮，七日七夜，连哪一天是哪一天都忘掉啦。子受辛先生问他左右的摇尾系统，摇尾系统没有一个人答得出来；他阁下又派人去问叔父子胥余先生。子胥余先生曰："当一国的元首而不知道日子，国家危矣。当一国的国民而不知道日子，只有我一个人知道，我也危矣。"为了表示他也不知道日子，只好也烂醉如泥。

子受辛先生的聪明用到残酷上，凶暴的程度就更厉害。厨夫烤熊掌没有烤熟，他立刻把厨夫杀掉。杀掉厨夫不足为奇，后世帝王的表演远超过他，奇的是子受辛先生可怕的研究精神。有一年冬天，他阁下坐在鹿台之上，看见一个倒霉的穷朋友，脱掉鞋袜，赤足涉过溪流，不禁大惊曰："天这么冷，竟然不怕，他的脚构造一定不同凡品，敲碎让我瞧瞧。"结果穷朋友的双腿和双脚被敲碎，取出骨髓，以供御览。又有一次，子受辛先生对怀孕的女人发生兴趣，下令剖开肚子，把胎儿拿出来看看到底是怎么回事。呜呼，穷朋友还有活着的可能，孕妇老奶只有惨死。而凡是被干掉的异己，尸首统统都拖到皇家动物园去喂老虎。

暴政引起各部落酋长（诸侯）的叛变。妲己女士告诉子受辛先生说，他们之所以胆敢叛变，乃是惩罚太轻的缘故，如果惩罚加重，就可以镇压下去。于是特别用铜制造一个大熨斗，用火烧红，使倒霉的犯人去举起来。可是，人到底是肉做的，还没有举起，肌肉焦烂，哀号声中，不能再举矣。子受辛和妲己夫妇，高坐瑶台之上欣赏，不禁大乐。

子受辛先生不但迷于色，也迷于声。他阁下命当时中国最伟大的音乐家师涓先生，为他谱出最淫荡的靡靡之音，以加强堕落生活的气氛。然后，再加重人民的赋税，把搜刮来的金银财宝堆集在鹿台上，把粮食堆集到钜桥那里。他阁下已准备好啦，要把艳福无忧无虑地享受到底。

●白兔的起源

子受辛先生不但是中国历史上最暴虐的君王之一，也是中国历史上最聪明的君王之一——暴虐的家伙，往往聪明绝顶，不但聪明，而且能干。这里所指的能干，一方面是，正因为他聪明能干，才想得出种种整人的花样。另一方面是，正因为他聪明能干，才能把自己所有的铁打江山，折腾粉碎。子受辛先生太聪明能干啦，所以他瞧不起他的部下，万一部下中有人比他更聪明能干，他就"打扫清洁"，或贬，或宰，然后举目都是奴才，龙心大悦。

子受辛先生有三位大臣，也就是后世称的三公，曰：九侯、鄂侯、西伯。三个都是官名，我们只知西伯是姬昌，其他的姓啥名啥，就木宰羊矣。九侯的女儿是子受辛先生的妃妾之一，她既然能选入宫廷，当然花容月貌，再加上老爹是三公之一，有高贵的家世，按说应十分得宠才是。可是她阁下大概没有拜读过柏杨先生的《堡垒集》(降福集)、《红袖集》(红颜集)等等之集，而完全按儒家学派所主张的"相敬如宾"去干。嗟夫，闺房之中，爱是第一，敬是第二。她既抓不住丈夫，又无法击败竞争者妲己，大祸自然临头。有一天，不知道为了啥，子受辛先生下令把她处斩，接着，可能是迁怒，也可能是预防报复，又把她老爹九侯也处斩，而且剁成肉酱。鄂侯一瞧，这简直不像话，极力规劝。咦，暴君一旦发了脾气，任何理性的话都听不进去。规劝得太恳切，反而被认为："怎么，你胆敢同情别人，吃里扒外呀。"有此一念，索性连鄂侯，也一并剁成肉酱。

——九侯女儿应是中国历代皇后死于非命的第三人，并且是死于丈夫之手的第一人，可惜姓名不传，事迹又少，然而惨剧终是惨剧。读者老奶们请注意她阁下的下场，不但自己死，还连累了老爹和老爹的朋友。无论太太小姐，必须把臭男人吃得死脱，才算天下第一等本领，即令现在已二十世纪，如果跟臭男人闹翻，而又不能安全地把他甩掉，仍然杀机重重。九侯女儿最大的悲哀是她没有选择，老爹把她配给谁就是谁，她不能离婚，而献媚又不够劲，就只好血流五步。如果提出离婚，血会流得更多。毒蛇缠身，不得不死。现代老奶，活在自由天地，那就完全看自己的矣。

子受辛先生一连串暴行，使唯一残余下来的三公之一的姬昌先生，如雷轰顶，他不敢再去规劝，他知道规劝的结果是啥——一团肉酱，他只有叹气。然而，叹气也不行。崇侯虎先生，立刻一个小报告打到子受辛先生那里。

——崇侯，官名。"崇"是封邑（陕西西安鄠邑区），"侯"是封爵。"虎"是人名，姓啥就不知道啦。中国史书有个毛病，往往只写名，不写姓，好像他姓啥已天下皆知。贵阁下看过《汉书》乎，上面的"臣瓒曰"，那个名"瓒"的朋友，到底姓啥，考据学考据了一千多年，都没有考据出一致同意的结论，当初如果索性连名带姓一齐出笼，岂不清清楚楚。这种混蛋之事，固多得很也。

崇侯虎先生（我们只好这样称呼他）的小报告是有煽动性的，他曰："姬昌有他的所谓影响力，很多部落酋长都服他，他心里已经有鬼，恐怕将有不利于国家的行动。"子受辛先生毛骨悚然，下令逮捕姬昌，囚禁在羑里（河南汤阴）。

姬昌先生的大儿子姬考，这时正在商政府当人质，给子受辛先生驾车，子受辛先生再把姬考"烹之"——如果不是投到滚水锅里煮死，就是投到滚油锅里炸死，然后用他的肉做成肉羹，送给老爹。子受辛先生曰："如果姬昌是圣人，他就不吃他儿子的肉。"呜呼，在凶暴的压力之下，姬昌先生除了屈服外，还有啥法乎哉，只好吃掉。子受辛先生笑曰："谁说姬昌是圣人？吃了自己儿子的肉都不知道。"

——民间传说，姬昌先生是知道的，但他不得不吃，吃了还有活命的可能，不吃则难逃罗网。他吃了之后，难以下咽，于是大吐特吐，吐到地上的残肉，忽然变成了小白兔，向老爹拜了一拜，蹦跳而去，这是白兔的起源。读者老爹如果看到小白兔，千万多多疼它，它是一场冤狱的牺牲者。

姬昌先生既被囚禁，虎落平川被犬欺，束手无策。但他所属的周部落的一位闳夭先生，跟其他的部下们和朋友们，却正在积极营救。在百般营救失败后，他们向子受辛先生的弱点进攻，于是收集骏马，征集美女（那时莘部落以美女闻名于世；莘部落，现在陕西合阳县；据说，在周部落威迫利诱下，莘部落的美女搜刮一空），专程呈献。子受辛先生一见美女，全身发烧，大喜曰："有一个就够啦，何况这么多乎。"公元前1142年，他把姬昌先生释放。那些美女在枕头上又向子受辛先生说了些甜言蜜语，他就教军械库发给姬昌先生一批弓箭，而且告之曰："不是我要抓你，是崇侯虎那家伙打了小报告。"

暴君们都是自私的，永不为别人着想，即令效忠他的人。子受辛先生出卖了崇侯虎的结果是，姬昌先生回到他的周部落（周部落那时在陕西岐山县）后，于公元前1136年，对崇部落发动攻击，崇部落覆亡，周部落也就迁到崇部落地方，把崇部落人民全部当作奴隶。

◉喀嚓一声·玉头落地

崇侯虎先生付出他打小报告的代价。姬昌先生于向崇部落复仇后的次年（前1135年）逝世，他的一位儿子姬发先生继承酋长的职位——他就是稍后建立的周王朝第一任国王，绰号"周武王"，跟老爹姬昌绰号的"周文王"，在儒家学派中，同时被纳入圣人系统。

姬发先生当了酋长后，立即向商政府采取军事行动，在黄河渡口孟津（河南洛阳孟津区）集结了八百余个部落的战士，那当然都是些小部落，八百个部落仍不堪商政府的一击，只好一哄而散。

第一次武装抗暴虽然失败，但已敲响商王朝的丧钟，可是子受辛先生毫不在乎。——读者老爷一定还记得，姒履癸先生也曾毫不在乎，他们同是"毫不在乎型"的暴君。大臣之一的祖伊先生，把险恶的现象分析给子受辛先生听，子受辛笑曰："我生不有命在天乎？"——我的命在天老爷手里，小民蠢动，有个屁用？祖伊先生叹曰："这家伙完啦。"于是，一大批头脑清楚的高级官员，包括子受辛先生的老哥子启先生，还有太师、少师等官，一个个脚底抹油，溜之乎也。身为王族的子干(比干)先生曰："主上有过，不去规劝，不能算忠心。怕死不敢说话，不能算勇士。"他继续向子受辛先生进谏。

吾友孟轲先生曰："朋友间规劝得太多，就会疏远。君臣间规劝得太多，就要受到侮辱。"呜呼，岂止受到侮辱而已，简直还要杀头。岂止杀头而已，简直还有更残酷的奇遇。子受辛先生被子干先生缠得烦啦，厉声问曰："你有啥后台，敢对我这样？"子干先生曰："我的后台是仁，是义。"子受辛先生翻脸曰："好吧，你是圣人，我听说圣人的心有七窍，不知真假，请把你的心掏出来瞧瞧。"

——民间传说，子干先生被开膛破肚之后，一缕忠魂不散，尸首仍悠悠忽忽，走到田野，遇见一位农妇在辛苦挖菜。子干先生曰："菜有心乎？"农妇曰："菜怎么无心？无心怎么能活？"子干曰："不然，人无心照样能活。"农妇嗤曰："看你这个呆瓜，人无心非死不可。"一言提醒，子干先生才想到他的心已被挖去，一霎时不能支持，倒地而亡。他的坟墓现在仍矗立在河南汲县(今河南卫辉——编者注)，巨大得像一座帝王皇陵，供后人凭吊。而那个吓坏了的农妇，再看她手中的菜时，根根都变成了空心。这是空心菜的来源，为的是纪念公元前十二世纪这场冤狱。

子干之死，使当叔父的子胥余先生魂飞天外，赶忙假装疯狂，整天跟奴隶混在一起。然而子受辛先生何等角色，一眼就"洞烛其奸"，把子胥余先生逮捕，打入天牢。

在西方虎视眈眈的周部落，日夜都在注意商政府的变化。最初，谍报曰："奸佞的人都居高位，可以干啦。"姬发先生曰："还不到时候。"不久，谍报曰："不断地逮捕处决，人民不敢批评政府矣，可以干啦。"姬发先生告诉他的智囊姜子牙，姜子牙先生大喜曰："这是赤裸的权力，时候已到。"于是大举东征。

公元前1122年，周兵团战士四万五千人，战车四千辆，从孟津渡过黄河，进逼商王朝首都朝歌（河南淇县）。商兵团战士十七万人（战车数目没有记载，可能没有，所以才稀里哗啦）。两军在牧野（河南淇县西南郊）决战。决战开始后，商兵团阵前叛变——也可称之为阵前起义——加入周兵团，倒戈攻击子受辛先生的御林军。御林军是一种展示威风的工具，在大势已去时，派不上用场。子受辛先生这时候才发现天下有这么多人把他恨入骨髓，他的劣根性使他最后一次发狠，跑上鹿台的摘星楼，自己放一把火，连同他聚敛的金银财宝，一齐烧光。他的意思是，我自己不能享受，别人也别想享受。

——子受辛先生被称为"纣帝"，就是残害忠良的君王。"纣"这个字在现代中国文字中，是一个死亡了的字，除了提到子受辛外，没有别的地方再用到它。

现在轮到可怜的女主角妲己女士啦，她既不愿自杀，又相信以她的绝代容貌，定可继续她的富贵生涯。想不到她遇到的对手不是青年才俊，而是老年才俊。周兵团总司令姜子牙先生，已九十余岁，真正到了男人们可悲的年龄——不是快死啦的年龄，而是被女人们认为安全的年龄，对漂亮女人已不动心矣。于是，妲己女士只好身首异处。

——民间传说是这样的，当妲己女士绑赴刑场时，哭得一枝梨花春带雨。那些刽子手哪里见过这种绝代美人，一个个三魂出窍，七魄升天，手软臂麻，举不起刀。姜子牙先生闻报，快马前往，要亲自动手，可是他阁下也头晕目眩。最后，他下令把她的花容玉貌，用布遮住，眼不见则心不乱，这才喀嚓一声，玉头落地。

后人有诗叹曰：

妲己妖娇起众怜，临刑军士也情牵。

桃花难写温柔态，芍药堪如窈窕妍。

忆昔冀州能借窍，应知闺内善周旋。

从今娇娃归何处，化作南柯带血眠。

玉碎香消实可怜，娇容云鬓尽高悬。

奇歌妙舞今何在，覆雨翻云竟枉然。

凤枕已无藏玉日，鸳衾难再探花眠。

悠悠此恨情无极，日落沧桑又万年。

●荷马与封神榜

公元前1766年，商部落酋长子天乙先生，把亡国君王夫妇姒履癸和妹喜，放逐到南巢（安徽巢湖），夫妇不明不白地死掉。子天乙先生并没有明目张胆地下令把姒履癸和妹喜一刀两断——

至少我们还没有他阁下下令一刀两断的积极证据。但公元前1122年，周部落酋长姬发先生，对亡国君王夫妇子受辛和姐己，却下了毒手。在上古那种静态的农业社会，两件事情只不过相距六百年，竟有这么剧烈的发展，政治斗争这玩意儿，实在使人发抖。

话说商王朝于公元前1122年完蛋，子受辛先生烧死，作为他暴君一场的报酬。姐己女士身首异处，一代佳人，香消玉殒。然而，姬发先生于"血流漂杵"中杀进朝歌之后，对二人的尸体也不放过，他阁下向子受辛先生烧焦了的尸体上射了三箭，砍了三刀，再用利斧（黄钺）砍下他的御头，系上白旗，悬挂高竿。然后如法炮制，向姐己女士的无头尸体上，也射了三箭，砍了三刀，也将她的玉头，系上稍小一点的白旗，悬挂高竿。

——妹喜女士跟姐己女士，到底谁比较幸运，很难下定论。刑场斩首，固然悲惨；而死在蛮荒，也同样悲惨。尤其是，如果仔细地分析史书上的记载，两位绝色美女，命运几乎完全相同，都是自己祖国战败，被献给敌人玩弄，苟延残喘，求生而已。姒履癸和子受辛在本性上是残暴的，没有她们，照样闹得不可开交，并非所有坏事都是她们出的主意也。可是，后世一些全属男性的圣崽，却拼命地把王朝灭亡的责任，罩到她们头上。《红楼梦》就有这么一段，贾宝玉先生缠着金钏小姐，要吃她嘴唇上的胭脂（说穿啦，只是要吻她而已），王夫人不教训她儿子，反而一巴掌打到丫头脸上，说都是她把主子引诱坏的，打得金钏儿只好跳井。后世史学家大多数都是王夫人一型，一巴掌打到妹喜、姐己脸上。呜呼，

"主子"有福啦，自有人替他找出顶缸的。

——妲己女士的故事，在中国家喻户晓。海伦女士的故事，在西洋也家喻户晓。她们同生在公元前十二世纪，可是她们的遭遇不同。海伦平平安安回到她丈夫的怀抱，妲己却被宰掉。三百年后的公元前九世纪，以海伦为主题的荷马史诗《伊里亚特》和《奥德赛》问世。而一直到二千六百年之后的公元十五世纪，以妲己为主题的许仲琳小说《封神演义》才出笼。《伊里亚特》《奥德赛》的文学价值，高震世界。《封神演义》的文学价值，不但七八九流，而且简直不能入流。这应是中国人的耻辱，没有一部好的史书，更没有一部好的历史文学作品。对日本八年抗战，乃一场空前惨烈的民族决斗，引起日本强权垮台，更引起中国发生剧变。可是，战争结束已三十余年，却没有一部可以端到台盘上的文学作品。至于距今将近百年的甲午战争(1894)，和八国联军侵华战争(1900)，中国文学所表现的，更是一片空白。

——妹喜女士之死，是人之死。海伦女士掀起当时西方已知世界的世界大战，以致希腊神话时代的各种神祇，全都腾云驾雾地前来参战。可是，在荷马笔下，海伦女士仍是一个人，一切都很正常。但在《封神演义》中，妲己女士却不是一个人，而是一个狐狸精。假设妲己女士是那么可恨的话，这种写法，目的只在冲淡她阁下的罪恶。读者老爷看过《说岳全传》乎？事实上是宋王朝皇帝赵构先生跟宰相秦桧先生，联合起来，用冤狱手段，把民族英雄岳飞先生害死的，可是该书作者却一口咬定岳飞先生前生是个大鹏鸟，因伤害过鱼鳖虾蚧，鱼鳖虾蚧乃转生为金帝国大元帅完颜兀术先生等等，前来报仇。文学家有创作的自由，但是以历史为主题的作品，不能违背事实。吾友大仲马先生写《侠隐记》，天花乱坠，但仍没有把国王救出，如果救出，那就糟啦。过去有《续红楼梦》一书，硬教林黛玉女士死后还魂，跟贾宝玉先生成了亲。无论如何，这一类作品，段数不高。然而，从妲己女士开始，狐狸精就成了漂亮女人的代名词。

妲己女士砍头后四百年，又冒出来一个古怪的故事，周王朝的王后褒姒女士，应运而生。

褒姒

时代：公元前八世纪十至二十年代

其夫：周王朝第十二任国王

周幽王姬宫涅

遭遇：首都陷落·夫死·下落不明

●怀孕四十年

褒姒女士，是公元前八世纪，周王朝第十二任国王姬宫涅（周幽王）先生的妻子。她的故事，要从"想当年"的一段神话说起。

想当年公元前十八世纪（距褒姒女士一千年），那时还是夏王朝政府，妹喜的丈夫姒履癸先生在位，有那么一天，褒国（陕西勉县褒城镇）有两个小民，不知道怎么搞的，忽然变成两条龙，振翅升天，一飞就飞了一千公里，降落在夏王朝行都斟鄩（河南巩义）姒履癸先生的王宫之中。大概太辛苦的缘故，满口往外喷唾沫，而且忽然开口说话，说的是亮招牌的话，曰："俺，褒国的两个大人物是也。"姒履癸先生胆战心惊，想下令杀它，又怕杀不死，就请巫师（太史）算卦。巫师算卦已毕，大惊曰："万勿动手。"姒履癸先生更加惊慌，想派军队把它们赶走。巫师曰："神仙下临凡尘，一定显示祯祥，你陛下不如把它们的唾沫收藏起来。夫唾沫者，乃龙老爷精气，藏起来可能会有后福。"姒履癸先生乃命人把金盘——事实上不过是铜盘——放到龙老爷面前，让它们二位流了个够，储存在皇家宝库的朱柜之中。于是，风雨大作，二龙腾空而去。

这个放在宝库朱柜之中的龙涎，一放就是一千年，到了公元前九世纪五十年代周王朝第十任国土姬胡先生（周厉王）的末年，朱柜忽然放出光芒。负责官员奏报姬胡，姬胡先生问曰："里头装的是啥？"官员打开朱柜，把金盘双手捧上。姬胡先生伸手去接，可能对这个老掉了牙的怪物，有点害怕，战战兢兢，手里一滑，叮哐当啷，金盘落地，那个历时一千年之久的龙涎，既没有蒸发，也没有凝固，仍是二位龙老爷当初留下来的老样子，从金盘中流出，流了一地，而且忽然变成一个小鳖，在庭院里乱跑。姬胡先生直冒冷汗，就教女人们脱光了衣服围着它鼓噪呼叫。盖当时传说，裸体美女，可以镇邪驱恶也。大概鳖先生受了惊吓，跑来跑去，竟跑进了王宫，霎时不见。

——咦，这办法可真妙，如果有一天，旧遇新知，要再整柏杨先生时，摆出美女裸体大阵，柏老准俯首帖耳。不信的话，我可找两个保。

就在这时，一位年轻的宫女，偶然踏了一下小鳖跑过的脚迹，心里一动，肚子就开始膨胀。姬胡先生大怒，好贱婢，竟敢跟野男人偷情呀，就把她囚禁起来。公元前828年，姬胡先生伸腿瞪眼。儿子姬静（周宣王）继承王位，仍没有把她释放。可是，有一天，距她囚禁已四十年矣，忽然肚子作痛，生下一个女孩。姬静先生下令把该女孩扔到水里溺死。

姬静先生碰到怀孕四十年才生子的怪事，心里已很烦躁，偏偏这时候，首都镐京有童谣曰——

桑木做成强弓

细草编成箭袋

周王国不再存在

姬静先生大为恼火，严禁人民制造和贩卖桑木弓和细草织成的箭袋，他以为只要如此，他的政府就稳如金汤。命令刚下，就有一对倒霉的乡下夫妇，丈夫背着几张自制的桑木弓，妻子抱着几个自编的草箭袋，兴兴头头，赶到洛阳，指望卖几钱银子，回家维生，却不知道国王老爷下了那么严重的禁令。于是，在经过城门的时候，只听一声"拿下"，一群兵丁一把揪住妻子，那丈夫一瞧苗头不对，拔腿就跑。呜呼，中国传统文化中，最缺少的是人权观念，妻子遂不得不立刻砍头。那丈夫一口气跑出十里之外，才听到妻子已死的消息。蹂躏人权的就是全国最高的头目，他又向谁申诉乎哉。悲悲切切，走到河边，只见有一个草席顺流而下，草席上躺着一个熟睡着的女孩。据说，当时百鸟飞鸣，在空中掩护，又有些鸟朋友衔着草席四角，一则免它沉下去，一则也尽力向岸上拖。那丈夫捞起草席，把女孩抱到怀里，环顾四周，周王朝天下虽大，却无他立脚之地，思前想后，只好投奔褒国，找他的朋友而去。这且按下不表。

公元前782年，姬静先生死掉，他的儿子姬宫涅先生继位为周王朝第十二任国王，中国（河南南阳）国君的女儿申女士当王后，生下太子宜臼。这时候周王朝立国已三百余年。富贵太久的家庭，一定产生败子，姬宫涅正是这个败子。他的屁股一坐上宝座，就变了形象，尾大如猪，重蹈姒履癸、子受辛二位先生的覆辙，成为周王朝的暴君之一。史书上没有具体地列出他的暴行项目，但他的岳父兼宰相的中国国君，首先有了警觉，立即辞职，卷铺盖回国。有一天，大臣奏报："泾河、洛河、黄河，三条河流，都告干涸。岐山地震，发生山崩。"姬宫涅先生曰："河干山崩，稀松平常，对我说干啥？"——又是一个冥顽不灵型的暴君，他阁下仍大批征选美女，供一人娱乐。

●愚不可及的奇计

姬宫涅先生的荒唐，比起他之前或他之后的一些暴君，简直算不了啥，可是程度虽不相同，行径却一模一样。大臣之一的赵国国君赵叔带先生规劝曰："在传说中，河干山崩，象征血枯神耗，是一种不祥的预兆。况且岐山是我们周王朝建立大业的基地，一旦倒塌，不是一件小事。现在力图振作，革新政治，提高行政效率，还来得及。你要做的不是征选美女，而是征选人才。"另一位大臣，虢国国君虢石父先生一听，排除政敌、表演忠贞的机会来啦，他向姬宫涅先生打小报告曰："周王朝定都镐京（陕西西安），已四百年，那岐山时代，已是想当年古老的事矣，跟国运有屁关系？赵叔带这家伙，自命不凡，一向有点瞧你不起，只不过找个借口骂骂你罢啦。以你的英明，一定考虑到这一点。"姬宫涅先生本来没有考虑到这一点的，经马屁精这么一拍，他不得不顺水推舟，承认他确实考虑到这一点。于是，他把赵叔带先生免职，逐回他自己的封国。——没有杀他，已是皇恩浩荡啦。

无巧不成书，就在这时候，褒国国君褒珦先生，前来首都朝觐，眼见政府发生变化，忍不住忠心耿耿，也规劝了几句。姬宫涅先生蠢血沸腾，马上逮捕褒珦，囚禁大牢。事情发展到这里，历史开始重演，褒珦的朋友们用尽方法，都无法把褒珦营救出来。呜呼，法律性的冤狱，可以靠无罪的证据，得到昭雪。政治性的冤狱，靠无罪的证据就没有用，必须靠法律之外的手段才行。褒珦的儿子褒洪德先生，想起了姬宫涅先生老祖宗姬昌对付子受辛的故事，于是，他开始征集大批美女——那位被桑木弓丈夫抱着逃到褒国的女婴，这时已经亭亭玉立。我们不能不惊奇天老爷冥冥中的安排，她也包括在内，似乎是她那从未见过面的枉死娘亲，要她复仇。

公元前780年，褒国把美女送到镐京。姬宫湼先生大喜过望。尤其褒姒女士，颜色如仙，光艳照人，他虽然拥有很多妃妾，却从没有见过她这样的花容玉貌，几乎当场就要丑态毕露。好啦，美女收宫，褒珦释放。

褒姒女士不过是荒僻边陲的一个小国的乡下女孩子，一旦进入王宫，即令她再漂亮——王宫里岂有不漂亮的女孩子也哉，而每一个漂亮的女孩子，都是她的劲敌。可是，褒姒小小年纪，不但外在美，而且内在慧，她立刻就把老家伙姬宫湼，掌握到手心。一年后，生了一个儿子伯服。于是，她发动中国历史上最早的一次宫廷斗争，她开始为自己夺取王后的宝座，为儿子夺取太子的王位继承权。权力的魔杖——国王，既对她爱得发疯，教他跳河他都干，何况仅只这点"小事"乎？公元前773年，阴谋成熟，姬宫湼先生废掉原配申后和太子宜臼先生。申后被囚禁，宜臼被贬为平民，发配到四百公里外的申国（河南南阳），命他的外祖父申国的国君管教。遂即立褒姒女士当王后，立她亲生的儿子伯服当太子。这一年，褒姒才二十岁，换了别的人，还是一个浑浑噩噩、贪吃贪玩的妙龄女郎，可是她已过五关、斩六将，杀开一条血路，把自己带上权力的高峰。这距她褒国小家碧玉的日子，不过六年。攻势的凌厉，使人叹为观止。

——一千四百年后的公元七世纪五十年代，唐王朝皇后武曌女士，也用同样凌厉的攻势，取得同褒姒女士同样的胜利，但武曌那时已是"历尽沧桑一美人"，三十二岁矣；比起褒姒，似乎略逊一筹。

褒姒女士虽然大获全胜，可是她却不笑——可能是很少笑。姬宫涅先生千方百计使她笑，她就是不笑。我们实在弄不懂她阁下为啥不笑。依人之常情看来，她没有不高兴的理由，假如一定要乱猜的话，岂是她嫌她那国王丈夫跟柏杨先生一样，是个糟老头乎？反正不管怎么样吧，她越不笑，姬宫涅先生越想逗她笑，于是天下最愚不可及的奇计，应运而生。挤走反调分子赵叔带有功的虢石父先生，献策曰："从前西方蛮族强盛，时常侵犯首都，为了防备他们突袭，曾经设置了烽火台二十余路，一旦有警，燃火烧烟，直冲霄汉，附近封国，就会起兵来救。多少年来，天下太平，从没有用过。我建议你跟王后前往骊山，然后举起烽火，一定大军云集，等他们来啦，却扑了个空，玩弄玩弄那些国君，王后必定欣赏。"

姬宫涅先生拍案叫绝，认为虢石父先生为主分忧，乃天下第一等忠良，而此计也是天下第一等妙计，就带着褒姒女士，摆驾到了骊山。骊山，在镐京（陕西西安）东方约三十公里。

◉骊山烽火

姬宫涅先生跟褒姒女士，到了骊山，当天晚上，举行盛大宴会，然后，下令燃烧烽火。郑国国君姬友，那时正担任三军总司令，得到消息，吓得魂飞天外（任何正常人都会魂飞天外），慌慌张张跑到行宫，警告曰："烽火是军国大事，在紧急时才能使用。现在无缘无故燃烧，对封国国君是一种戏弄。而且，以后万一有紧急情况，他们不再相信，怎么能征得起来兵也。"暴君最厌恶别人有独立的思考——跟他不同的思考。姬宫涅先生沉下御脸，吼曰："风调雨顺，国泰民安，有啥情况可紧张的？又有啥兵可征的？你说了一大堆偏激的话，是何居心？俺跟迷死褒闲极无聊，玩玩烽火，开开封国的小玩笑，你竟大惊小怪，危言耸听，挑拨人民感情。"帽子既如此的巨而且大，姬友先生只好闭嘴。

——烽火台，是上古时代的人造通信卫星，专门传递军事上的紧急情况。从首都作放射形状，分别通往边疆或各封国，每隔十公里或十五公里，建筑一个高大的碉堡。碉堡上除了有兵老爷日夜二十四小时轮班眺望外，还储备木柴和狼粪。夜间燃起木柴，谓之烽火；白天燃起狼粪，谓之狼烟——为啥不用其他的燃料而独用狼粪？据说，狼粪的烟，比较有凝聚力，直冲天际，不容易被风吹散。如果敌人攻击边界，边界立刻燃起烽火狼烟，消息会很快地传达到首都，就可以发兵赴援。如果首都有难，各封国也立刻可以得到消息，发兵勤王。

全世界的人都知道烽火的重要性，绝不可以乱搞，只有姬宫涅这位老混蛋，认为偶尔乱搞一次没有关系，偏偏老混蛋又有这种"想怎么乱搞就可以怎么乱搞"的权柄，事情遂不可收拾。欢宴到深夜时，姬宫涅先生下令燃烧烽火。那真是电影大银幕上的奇观，刹那间，火焰直冲星斗，像无数逃命的巨鲸一样，不断地一股一股喷出火柱，向黑暗的远处，奔腾而去。京畿附近的一些封国国君们，从梦中惊醒，以为镐京已被蛮族包围，国王老命，危在旦夕，立即集合军队，率领驰援。姬宫涅先生和褒姒女士，则居高临下，准备欣赏这场自以为使人出丑的伟大节目。

黎明时分，那些身披重甲，汗出如浆，衔枚疾进的勤王之师，从四面八方，纷纷进入视野，不久就抵达骊山脚下。封国的部队虽然经过一夜的急行军，仍精神抖擞，脸上呈现着即将献身国王，为国战死的忠义颜色。可是，他们看不到敌人的影踪，也听不到厮杀的声音。只看到灯火齐明，听到乐声悠扬，不禁丈二金刚，摸不着头脑。姬宫涅先生对这种奇观，大为满意，派人宣布曰："谢谢各位，根本没有什么外寇，我只不过用烽火消遣解闷罢啦，请你们原路回去，等候政府赏赐。"那些勤王的国君和勤王的战士，好不容易才相信自己的耳朵之后，是不是开了国骂省骂家乡骂，我们不知道，只知道他们只好大眼瞪小眼，自认倒霉，偃旗息鼓，狼狈撤退。褒姒女士一一看到眼里，不禁嫣然一笑，这一笑使她更加美如天仙，姬宫涅先生浑身发麻曰："亲爱的，你这一笑，百媚俱生。"然后归功于虢石父先生，赏他黄金一千两。

——中国俗语：千金买笑。有人说典出于此，柏杨先生以为不然，盖这钱不是给女主角的，也不是给女主角经理人的也。一定说代价的话，那代价可大啦，一千两黄金连边都沾不上。

就在褒姒女士百媚俱生的时候，姬宫涅先生觉得有向美丽绝伦的年轻妻子再度献媚的必要。公元前八世纪二十年代最后一年

（前771），他阁下下令给申国国君，教他把废掉的太子宜臼先生杀掉。申国国君不肯杀自己的外孙，立即写了一封激烈的抗议书曰："从前夏王朝元首姒履癸宠妹喜，结果夏王朝灭亡。商王朝元首子受辛宠妲己，结果商王朝灭亡。而今你又宠褒姒，废嫡立庶，既没有夫妻之情，更没有父子之情。请马上收回命令，免得也归灭亡。"姬宫涅先生还没有看完，就气得哇哇乱叫，大跳其高。他的反应迅速而强烈，下令撤销申国国君的爵位，同时撤销申国的封国，并且集结军队，准备讨伐。

申国国君知道单独不能抵抗中央政府的攻击，就跟镐京附近的蛮族——犬戎部落——酋长结盟。在死亡的压力下，人民的生命财产遂成了一种贿赂，申国国君向犬戎酋长保证，申国国君只为外孙夺取王位，至于镐京所有的金银财宝，包括政府的和民间的，以及可以供奴隶的青年和可以供淫乐的年轻妇女，全归犬戎。犬戎酋长真是运气来了山都挡不住，对这天大的好消息，兴奋得要翻斤斗。于是，一万五千人的强大兵团，向镐京发动闪电攻击。申国的军队也跟着向镐京进发。

◉也是狼来了

申国与犬戎部落联合兵团，在发动攻击时，身为周王朝第十二任国王的姬宫涅先生并不在意，三百余年合法的正统政府，岂在乎一个小小封国叛变，更不在乎一个小小蛮族部落的蠢动。等到犬戎兵团抵达镐京城下，他仍安如泰山，盖他手中有他的王牌——烽火，只要烽火一举，立刻就大军云集。他深信宣传家所形容的："王师所至，有征无战。"扫荡群丑，易如反掌。于是他下令"举烽"。霎时间，烽火狼烟，直冲云霄。呜呼，这正应验了《伊索寓言》中"狼来了"的故事，牧童第一次喊"狼来了"，大家飞奔驰救，他笑大家傻瓜。姬宫涅先生虽然大权在握，也颇年高，但有大权不一定就有大智慧，年高更不一定老谋深算，他做出的竟是只有寓言里牧童才做出的奇事。结果很简单，那些封国的国君一想，好老头，你又为了褒姒那婆娘，戏弄俺呀，去你妈的。

救兵不至，姬宫涅先生才慌了手脚。最初他还仗恃镐京的城墙，可是申国潜伏在镐京的内应，打开城门，犬戎兵团一拥而入。他阁下魂不附体，赶忙带着褒姒女士，跳上国王专用的辇车——怪哉的是，逃命的节骨眼上，他连马都不肯骑（也或许他端架子，拒绝骑）——在三军总司令姬友先生的保护之下，率领少数还继续效忠的御林军，向骊山逃命。他最终的目的地，可能是远在东方的陪都洛阳。

姬宫涅先生的运气，最初还好，总算杀开一条血路，到了骊山脚下。正打算在行宫歇歇脚，犬戎的追兵已到，姬友先生战死，其他的一律被生擒活捉。犬戎酋长一瞧姬宫涅先生的打扮，就知道他是国王。平常高高在上，作威作福，现在又浑身发抖，不当人子，越看越有气，大刀一挥，御头落地。可怜一个昏庸的家伙，不明不白地了账。犬戎酋长再一瞧褒姒女士，长得沉鱼落雁，闭月羞花，虽然吓得面无人色，反而更使她显得楚楚可怜。酋长老爷生长蛮荒，哪里见过这样天仙化人，立刻就魂不守舍，把她带回他的营帐之中。从此，褒姒女士就下落不明。带回营帐之中发生了什么事，那是可以想象的。但在犬戎部落撤退之后，她的遭遇，就没有人可以想象矣。她是第一个落到蛮族手中的王后，无论如何，即令她能得到犬戎酋长的继续宠爱，在那高山万重、岩穴茅屋中过日子，物质缺乏和精神苦闷——不知道她是不是仍然不笑？——都不是往日镐京荣华矣。

——然而，另有一种说法，大概是不忍心她沦落到野人之手的朋友传出来的。说申国国君对犬戎部落的奸淫烧杀，既悔又痛，秘密联络了四个封国的国君：晋国国君姬仇、卫国国君姬和、秦国国君嬴开、郑国国君姬掘突，里应外合，把犬戎部落打得落花流水，狼狈而逃，顾不得携带褒姒女士啦。而褒姒女士发现申国国君不会饶了她，乃自缢而死，大概是上了吊。此乃公元前771年之事也。后人有诗叹曰：

多方图笑掖廷中　烽火光摇粉黛红
自绝诸侯犹自可　忍教国脉丧犬戎

褒姒女士就这样在历史上消失。她的遭遇，使我们叹息。但她的不笑，太过于离奇，姬宫涅先生为了她的不笑燃烽火，尤其离奇得发怪。如果二十世纪有一个超级强国的元首，为了使一个女人高兴，竟试发一次核子来袭的警报，把全国搞了个人仰马翻，恐怕打死你你也不会相信。然而，历史上却真的出现过一次，我们还能说啥。

叔隗

时代：公元前七世纪六十年代

其夫：周王朝第二十任国王周襄王姬郑

周王朝第二十一任国王姬带

遭遇：骑马逃亡·乱箭射死

●国王的绿帽

褒姒女士被掳一百三十七年后，即公元前635年，另一位王后叔隗女士，有更盛大的节目登场。她的节目，我们可做一个预告，第一幕是老夫少妻；第二幕是恋奸情热；第三幕是把丈夫赶下金銮宝殿（而且，要不是老头飞毛腿，还可能要他的命）；第四幕是嫁给后夫，由后夫当国王；第五幕是丈夫回笼——反政变成功，把她干掉。

叔隗女士不是中国历史上第一个被砍头的王后，但她可是第一个给国王戴绿帽子的王后，第一个跟情夫携手同心，把国王赶走的王后。此所以她阁下的演出，博得掌声如雷也。

——特别声明的，中国的历史太久啦。国家元首的称谓，好像大姑娘十八变一样，总是在变，而他们妻子的称谓，也水落船低，水涨船高。元首称"帝"时，老婆曰"妃"。元首称"国王"时，老婆曰"王后"。元首称"皇帝"时，老婆曰"皇后"。而"帝"的小老婆曰"次妃"。"国王"的小老婆曰"妃"（跟"帝"的大老婆称谓一样）。"皇帝"的小老婆名堂更多，多如满天繁星，只好以后再行介绍。我们声明的是，凡是帝王老婆死于非命的，都在研究之列，不管她是大是小。所以我们说叔隗女士是中国第一个给国王戴绿帽子的王后，到了公元前一世纪，又有赵飞燕女士，给皇帝也戴上绿帽。赵女士虽是皇后，仍得屈居第二。

◉翟国牌

女主角叔隗女士，还具有一项任何一个女孩子都没有的特征，那就是，她前后两任丈夫，全是国王，而该两个国王，又是兄弟。

这又要从想当年说起。不过褒姒女士的想当年，是一段漫长而拙劣的神话；叔隗女士的想当年，则是一段现实的国际斗争。

话说周王朝自从第十二任国王姬宫涅（周幽王）先生跟褒姒女士英明地乱搞了一阵，除了搞掉了自己的老命外，还把自己的周王朝搞垮了一半。镐京（陕西西安）被犬戎部落大肆蹂躏，残破不堪，已不能再作为首都，只好把首都迁到洛阳。中央政府的力量和威望，就"王小二过年，一年不如一年"，各封国对中央政府逐渐地不买账，各封国国君对原来高不可攀的国王，也逐渐地爱理不理；封国与封国之间，为了争土地、夺城堡、抢人民、劫财富，你攻我、我攻你，拳头大的理也大。而楚王国又在南方的长江流域兴起，在当时已知的世界之内，第一次出现了国际社会。周王朝已不能统治全部中国，我们只好改称它为周王国，跟楚王国平等并存。比其他封国，名义上虽高一级，太平日子里发发文告，吹吹大牛，俨然昔日模样，实质上谁也不敢管，而且，遇到像叔隗女士主持的节目，还不得不向封国，低三下四，摇尾乞怜。

公元前七世纪六十年代，郑国（河南新郑）投靠楚王国旗下，成为南方阵营的尾巴国，跟周王国若即若离，仗恃楚王国的威风，四出攻打它的邻邦。偏偏邻邦之一的滑国（河南洛阳偃师区缑氏镇），不肯听它那一套，硬是和卫国（河南濮阳）缔结友好同盟，跟它对抗。郑国每一次攻打滑国，滑国每一次都不得不屈服；可是等到郑国军队一退，滑国仍跟卫国恢复原状。郑国国君姬捷先生，火冒三丈，公元前639年，再度攻打滑国。滑国知道，这次仅只屈服，恐怕仍不能脱险，简直有亡国之祸，急向卫国求救。卫国不过一个空壳子，有啥办法，只好向周王国求救。平常不把人当人，火烧眉毛，才把人当人，义正词严曰："你是国王呀。"

前已言之，周王国政府早已一蹶不振，跟一个害虚脱症的老家伙一样，连手都握不紧啦，怎么帮拳？可是不帮又不行，第二十任国王姬郑（周襄王）先生，可怜巴巴，派出一个特使到郑国，劝郑国高抬贵手。嗟夫，一个侵略的国家，凶性已发，靠三寸不烂之舌，而没有强大的武力做后盾，就想请它自动停止，如果不是白痴，就是做梦。郑国国君姬捷先生立刻把那个倒霉的特使，就在边界上捉住，关进监牢。

国王姬郑先生得到消息，气得发昏第十一。发昏第十一虽然发昏第十一，却别无良策。最后，他阁下打出了翟国牌。这张翟国牌打的代价是，引起一连串不能控制的连锁反应，绿帽横飞，伏尸百里。

翟国，位于山西太原之南，也就是山西省中南部地区，是一个已经汉化了的夷狄部落。不过汉化的程度，还没有到全部丧失尚武精神的地步，他们仍保持着北方游牧民族特有的粗犷生活方式，兵强马壮，虽没有原子核子之弹，却拥有当时（公元前七世纪）最强大的野战兵团。忽然得到周王国国王的邀请，正是他耀武中原，并顺便大抢特抢的天赐良机。立刻拍胸脯承诺，并且剑及屦及，大军南下，渡过黄河，深入郑国国境，第一炮就攻陷郑国的陪都栎城（河南禹州）。郑国国君姬捷先生逗不起英雄，滑国也不敢打啦，特使也释放啦，又向国王姬郑先生写了份悔过书（依中国古老传统的习惯判断，可能还找了两家殷实铺保），誓做周王国的恭顺封国。

——国家之间，往往一千句好话不如一马棒。身为国王的姬郑先生，既出了气，又立了威，好不快活。恰恰他的王后蒙主宠召，使他兴起一种趁此机会，用事实来报答翟国的办法，那就是，他打算娶翟国国君的女儿当老婆。呜呼，这个办法如果小民来用，非砸锅不可，若夫柏杨先生以老头之身，要娶恩人的妙龄少女，以示感恩图报，结局一定大有可观，鼻子仍能嵌在脸上就很运气啦。问题是，两千六百年之前那个极端封建的时代，国王愿娶一个夷狄部落的女儿当妻子，而且是堂堂正正坐首席的王后，对蛮族简直是一桩空前的荣耀。所以翟国国君得到消息后，心花怒放，迫不及待地就把女儿送到王宫。

这个女儿就是叔隗女士。叔隗女士的天姿国色，可用翟国一个歌谣来证明。歌谣曰："前叔隗，后叔隗，如珠如玉生光辉。"盖翟国国君有两个女儿，她们同名，都叫叔隗，而且同样地都美不可言。姐姐嫁给晋国国君姬重耳（晋文公）；现在嫁给国王老爹姬郑先生的，就是她的妹妹。

于是，我们的女主角——王后叔隗女士，正式登上舞台。

●老夫少妻的麻烦

翟国也者，实际上只是翟部落，仍停留在游猎时代，所以他们才能一直保持强大。叔隗女士从小就跟其他女孩子一样，成为战斗的一员。老爹每次打猎，她都自率一队，骑马射箭，驱鹰纵犬，驰骋山岳，如履平地，典型的北方巾帼英雄。她心目中的丈夫是一位足以跟她相配的健壮王子，英姿焕发，出入千军万马，百战荣归，接受族人欢呼。再也料不到，周王国的国王姬郑先生为了报恩，老爹为了虚荣，竟被送到繁华盖世的洛阳，当了老汉的妻子。

王后这个头衔足以使一个女孩子动心，物质的享受也足以使一个女孩子出卖自己。可是，如果没有爱情的满足，当这些已经到手之后，再大的荣华富贵，都不能弥补心灵上的空虚。不过，也确实有些太太小姐，只要有眼前欢乐就心满意足啦。叔隗女士的悲剧恰恰在此。在这里，我们就很难判断有灵性的好，还是没灵性的好。我们同情叔隗女士，但也佩服有些老奶，竟能一辈子忍受一个衰老的或庸俗的丈夫。

叔隗女士第一个不满意的是年龄的悬殊，老夫少妻的麻烦，不久即行爆发，以致姬郑先生不得不常常住到别的地方，不敢回宫。老汉固然自己感到窝囊，娇妻尤其自叹命苦。上帝造男人，似乎不太公平，使他年龄越老，性能力也越减，一个男人一旦被女人认为跟他在一起"十分安全"，这男人就活着没意思；女人嫁给他，也同样活着没意思。叔隗女士第二个不满意的是宫廷那种封闭生活。中国男女之间的严厉分别和多妻制度，周王朝认为天经地义。在公元前七世纪，王宫即跟外界隔绝，一个国王可以合法地拥有一百二十五位妻子，包括一位"王后"、三位"夫人"、九位"嫔"、二十七位"世妇"、八十一位"女御"。

——呜呼，一个臭男人竟有这么多老婆，站在大男人沙文主义立场上，周王朝的法律实在可爱。而当一个国王，尤其妙趣无穷。现在不是有人猛喊"复兴中国传统文化"乎？不知道多妻的传统文化，复兴不复兴也。问题是，一个臭男人面对着这么多自己专用的如花似玉，旦旦而伐之，即令保住老命，也会未老先衰。如果妻子们都被礼教把脑筋糨糊死，只敢自怨自艾，不敢红杏出墙，当然天下太平。如果妻子们中间出了一个叔隗，准会人仰马翻。

事情开始于叔隗女士要求打猎，姬郑先生虽不愿意打猎，但不忍违拂娇妻，也只好打猎。他阁下当然跑不动矣，就教他弟弟姬带先生充当护花使者。姬带先生跟想当年的柏杨先生一样，一表人才，文武全能。于是，细节不必细表，反正男女之间，既然两情相悦，也就胆大包天。《东周列国志》上，有一段描述，照抄于后：

隗后（叔隗）解下绣袍，袍内预穿就窄袖短衫，罩上异样黄金锁子，轻细软甲，腰系玉绿纯丝束带，用玄色轻绡六尺，周围抹额，笼蔽凤笄，以防尘土。腰悬箭箙，手执朱弓，妆束的好不整齐……别是一番丰采，喜得襄王微微含笑。左右驾戎辂以待，隗后曰："行车不如骑迅，妾随行诸婢，凡翟国来的，俱惯驰马，请于王前试之。"……隗后方欲跨马，襄王曰："且慢。"遂问同姓诸卿中："谁人善骑，保护王后下场？"甘公带（姬带）曰："臣当效劳。"这一差，正暗合了隗后心意，侍婢簇拥翟叔隗，做一队骑马先行，姬带随后跨名驹赶上，不离左右。翟叔隗要在姬带面前，施逞精神。姬带也要在翟叔隗面前，夸张手段。未试弓箭，先试跑马。翟叔隗将马连鞭数下，那马腾空般的飞驰而去，姬带紧接着跃马而前，转过山腰，刚刚两骑驰个并头。翟叔隗将络缰勒住，夸奖曰：'久慕王子大才，今始见之。'姬带马上欠身曰：'我只是学骑耳，不及王后万分之一。'翟叔隗芳心摇晃，曰：'明早你可进宫向太后请安，我有话讲。'言犹未毕，侍女数骑赶到，翟叔隗以目送情，姬带会意，轻轻点头，各勒马而回。次日，姬带入朝谢赐，遂到生母太后宫中。翟叔隗早已先至，预将贿赂，买通随行官人，遂与姬带眉来眼去，两下意会，托言起身，私会于侧室之中，男贪女爱，极其眷恋之情，依依不舍。

从此以后，这个秘密的爱情就成了两人生活的一部分。最初还小心翼翼，唯恐泄露。久而久之，得心应手，觉得没啥，渐渐不避耳目。俗云：上得山多必遇虎。终有一天，老虎出现。公元前637年，奸情泄露，姬郑先生下令把叔隗女士囚禁。老弟姬带先生听到消息，星夜开溜，逃向翟国。姬带先生的死党颓叔、桃子二人，也在屁股后追赶而至。三个臭皮匠，就是一个诸葛亮。三个家伙经过一番设计，事实真相就全变了样。颓叔、桃子二位先生向翟国国君捶胸打跌曰：

"当初我们奉命前来，原是为王弟姬带求婚的。想不到国王姬郑，色迷心窍，自己收留。只因为有一天，王后到太后那里请安，偶尔跟姬带碰面，谈起来往事，不胜唏嘘，被宫人恶意造谣。国王是个昏君，既不念贵国攻打郑国之劳，又不念与王后的夫妻之情，竟把王后打入冷宫，又把王弟驱逐出境，背德忘亲，无义无恩。敢乞再发大兵，杀到洛阳，救出王后，扶立姬带为王，使他们夫妇团聚，诚贵国的义举也。"

——呜呼，一个被羞辱的失势丈夫，在敌人口中，却成了"背德忘亲""无义无恩"。天下事要寻求真相，难矣难矣。

◉女人是祸水也欤

翟国国君深信这一面之词，而姬带先生又相貌堂堂，青年才俊。翟国国君心里一想，好个姬郑，你以为你是国王，就可以乱搞呀。于是南下讨伐，周王国的军队岂是翟兵团的对手。那时国际战争，还是用的兵车——贵阁下看过电影上的罗马兵车乎，两个轮子一匹马。而中国古代兵车，则是四个轮子两匹马，战斗力虽比较强，但运转起来，活像一个大乌龟，就不灵光矣。翟兵团全是骑兵，势如破竹，直抵洛阳。

姬郑先生得到消息，知道城破在即，只好狼狈逃命，举目四顾，王畿附近的那些封国，如陈国、蔡国、卫国，都弱小不堪，万一翟军追击，仍逃不脱，只有郑国强大。可是就在去年（前637），刚刚请翟国干了它一记，如今形势却恰恰翻了过来，再去投奔，老脸实在有点磨不开。可是，搞政治的人就是全凭脸皮厚，想了又想，丢人事小，丢命事大，仍选择了郑国，进入郑国国境，在氾城（河南襄城）停下来，派人打听消息。

姬郑先生得到的反应，使他满意。郑国国君姬捷先生，正要借此挽回僵局，就亲自到氾城朝觐，两个姓姬的相见，扭扭捏捏，终算君臣和好如初。然后由姬郑先生颁发诏书，号召各封国勤王救驾，这且不表。

且说主角姬带先生，进入洛阳，从冷宫中放出叔隗女士，两人好不高兴。这时太后老奶正患病在床，大概是受了惊吓，一命归天。姬带先生就宣称遵奉太后遗命，继任为周王朝第二十一任国王，立叔隗女士当王后。——一身兼为两任元首的正宫妻子，叔隗女士是中国历史上第一人，也是唯一的一人。可是洛阳的情势是一个火药库场面。姬带先生于是把首都从洛阳迁到黄河北岸的温城（河南温县），温县是他的根据地，自以为比较牢靠。可是，他却又做了一个错误的决策，那就是他自以为天下已定，教翟国军队撤退。

当姬带先生跟叔隗女士如鱼得水，沉醉在温柔乡的时候，各封国的军队也开始集结。晋国国君姬重耳先生——大叔隗女士的丈夫，小叔隗女士的姐夫——正雄心勃勃地建立霸权，苦于没有机会。而现在机会天降，他决定行动。盖国王虽然已不值钱，可是却有剩余的利用价值，如果发出"尊王攘夷"的政治号召，可以堵住任何人的嘴。尤其是大臣之一的狐偃先生，警告姬重耳先生曰："齐国国君姜小白所以能独霸诸侯，就是靠的'尊王攘夷'，国王姬郑先生流离失所，我们晋国如果不出面使他复位，秦国必定出面，那就糟啦。"盖到了自己之手的活宝才算活宝，一旦到了别人之手，别人玩起来花样百出，自己就只有干瞪眼矣。

姬重耳先生立刻下令动员，分兵两路，一路直赴氾城，迎接姬郑先生的御驾，返回洛阳复位。一路直赴温城，发动攻击。大军刚临城下，温城就来了个窝里反，贵族们一方面厌恶姬带先生的行为，一方面也怕晋军玉石俱焚的屠杀，他们就先行进攻王宫，大开城门，迎接晋军。姬带先生慌了手脚，他面临的是全国皆敌的场面，急忙和叔隗女士，乘马突围，打算投奔翟国。却恰恰在城门口，冤家路窄，遇到晋军大将魏犨先生。姬带先生乞怜曰："老哥，饶我一命，大恩大德，异日相报。"魏犨先生曰："国王饶你，我就饶你。"大刀一挥，人头落地。这时军士早把叔隗女士团团围住，魏犨先生曰："这种淫妇，留她干啥。"一声令下，乱箭射死。

呜呼，叔隗女士是公元前637年嫁给姬郑先生当王后的，第二年（前636）就跟姬带先生通奸，闹了个天翻地覆。姬郑逃亡，姬带继任国王，她再当王后。第三年（前635），死于乱箭之下。前后不过三年，假如她十八岁结婚，死时正是二十岁，绮貌年华，化为一堆尘土。圣崽常怒目吆喝曰："女人是祸水。"前面我们所叙述的四位死于非命的王后：娥皇、妹喜、妲己、褒姒，实在都身不由己，而叔隗女士却是主动地闯下滔天大祸，她至少搞惨了一个国王，又搞死了一个国王，并使那些翟国的和勤王之师的很多将士，丧失生命。岂真是祸水也欤？抑仍是男人不争气，硬推卸责任也欤？

——杀死姬带、叔隗之后，魏犨先生把二人的尸体，带到元帅郤溱先生那里。郤溱先生大惊曰："你怎么下得毒手？理应生擒活捉，献给国王，经过审判，明正典刑才对呀。"魏犨先生曰："你懂个啥？国王假仁假义，故意要避免杀妻杀弟的恶名，希望借晋国的手铲除。我们不杀，送给老汉，岂不弄巧成拙乎哉？"郤溱先生大为叹息。不仅郤溱先生大为叹息，柏杨先生也大为叹息，政治权术，实在复杂。

叔隗女士埋葬在洛阳近郊的神农涧，坟墓早已湮没，神农涧也早干涸，成为农田；一代妖姬，化为尘土。

西施

时代: 公元前五世纪十至二十年代

丈夫: 吴王国第七任国王吴夫差

遭遇: 夫死国亡·不知所终

●战败国反击武器

叔隗女士于公元前635年被杀，一百六十四年之后，公元前473年，另一位美丽绝伦的王后西施女士，也遭受到同样命运。唯一不同的是，叔隗女士只当了三年王后，西施女士却当了十三年。

不过，即令是一种苦难，也有幸有不幸，叔隗女士的花容玉貌和搞出来的惊天动地，不亚于西施女士。可是叔隗女士却从没有人提及过，西施女士反而家喻户晓，被列为中国四大美女之一，直到二十世纪，艳名不衰。也可能是受了姒勾践（即越王勾践，姓姒）先生"卧薪尝胆"政治性的影响，要宣传姒勾践先生的伟大，就不能不附带宣传西施女士的漂亮。在小说、电影、电视里，她阁下都以挂头牌的主角出场，使我们为叔隗女士叫屈。

提起来西施女士，不得不追溯到她的那个时代。叔隗女士在时代的巨流中，仍有她的挣扎和反抗，但她不能突破，不是她不努力，而是突破的条件还没有成熟。如果她生在二十世纪，不但没有生命危险，而且经过大众传播工具的报道，准名震世界。可惜，她生得太早，犹如柏杨先生生得太早一样。圣崽们把妹喜、妲己加以丑化，对西施女士却没有下此毒手，其中道理，我们就不知道矣。

——可能的原因是，越王国是一个野蛮部落的集合体，还没有培养出这类的文化人。也可能是越王国不忍心把自己送出的女儿再加蹭蹬。

西施女士的时代——公元前五世纪，正逢春秋时代的末叶，战国时代的初期。中国疆土上，王国林立，比二十世纪的世界还乱。就在长江和钱塘江两大河流的下游，有两个强大的王国南北对峙。北方的是吴王国，南方的是越王国。

公元前496年，就是鲁国"摄相事"孔丘先生诬杀少正卯先生那一年，吴王国向越王国大举进攻，想把它吞下肚皮。想不到在槜李（浙江嘉兴）一场会战，吴兵团大败，国王吴光先生的脚趾还中了越军的毒箭。中了毒箭当然活不成，由他的孙儿夫差先生继承王位，把吴光尸首埋葬在首都姑苏（江苏苏州）郊外。葬礼十分隆重，不但起了一个大坟，还在工程落成时，把所有的可怜工人殉葬。据说，三天之后，有人遥遥地望见土山之上，有个白虎蹲在那里，因而命名为"虎丘"。到了公元前三世纪，秦王朝第一任皇帝嬴政先生派人发掘，企图寻找陪葬的"鱼肠剑"，啥也没有找到，只留下一个巨坑，成为深涧，后人命名为"剑池"。虎丘剑池，迄今仍是名胜，不过，这位中国历史上第一个战死沙场的国王，已成陈迹。

夫差先生积极准备复仇，他教他的侍从们轮流站在庭院中，每逢他经过，就向他呼喊："夫差，你忘记越王国杀你的祖父乎？"他回答曰："决不敢忘。"他任命他祖父手下的大将伍子胥先生和伯嚭先生，负责水陆两军训练。

两年后的公元前494年，越王姒勾践先生抢先攻击吴王国，他可能基于"攻击是最好的防御"战略，先下手为强，大军直抵离吴王国首都姑苏只三十余公里的夫椒（在江苏苏州境）。吴兵团迎头痛击，现在轮到越军大败啦，姒勾践先生走投无路，只好投降。且引用《中国人史纲》一段，代我们叙述以后的发展：

对越王国如何处理，吴政府发生歧见。那位忠心耿耿、鞭尸案的主持人伍子胥，坚决主张把越王国并入版图。而另一位高级官员伯嚭，则坚决主张把越王国改为尾巴国。他们都有非常充分的理由。当时吴、越两国的形势，跟上世纪（公元前六世纪）鞭尸时吴、楚两国的形势不同。那时吴王国没有力量并吞楚王国，现在吴王国已有足够的力量并吞越王国了。可是，姒勾践是一个可怕的敌人，他靠着谄媚和贿赂，使伯嚭提出与伍子胥相反的意见，并使吴夫差采纳那个意见。吴夫差允许越王国存在，但越王姒勾践必须拘留在吴王国的首都姑苏，当作人质。姒勾践对这种苦难，只好接受，但他握有更厉害的秘密武器——忍耐。有一次，吴夫差病了，姒勾践亲自去尝吴夫差的粪便，然后用一种唯恐别人没有听到和传播不广的惊喜声调喊："病人的粪便如果是香的，性命就有危险。如果是臭的，表示生理正常。大王的粪便是臭的，一定会马上痊愈。"

世界上只有少数像伍子胥那种智慧人物，才能抵挡住谄媚和贿赂，吴夫差不过一个平凡角色而已，他被姒勾践装模作样的爱心深深感动。于是，只三年光景，就在公元前491年，把姒勾践释放回国。

呜呼，释放姒勾践先生回国，正应了中国一句话："纵虎归山"，后患一定无穷。他阁下回国后的第一件事，就是挑选越王国的美女，献给夫差先生，以表示他誓守不渝的忠贞。于是，我们的女主角西施女士登场。

◉人生有幸有不幸

多妻制度和男性中心社会，使中国帝王，每一位都是一个大淫棍大嫖客。二十世纪前古老的中国，是男人的乐园——写到这里，柏杨先生又觉得生得太晚，如果生到十九世纪之前，则以柏杨先生之尊(自从我请了巷口那个摆卦摊的家伙吃了一顿小馆，他就一口咬定我原来是一个匈牙利亲王，有皇家血统)，恐怕柏杨夫人至少一打。最近财阀们御用的文化人不是义正词严地要"选美"和"选中国小姐"乎？我就可跟其他有钱的大爷一样，先行定下一个。当选之后，立即纳入后宫。

我们说这些，可不是废话，而是对过去的事，做一个总结。妹喜和妲己，都是战败的一方所献的女俘。而子天乙、姬昌、褒珦，也都靠着献上美女，才脱离滔天大祸。盖臭男人的立场是，美女多多益善，而且越多越不嫌多，即令四肢无力，不能上床，摆在宫中，瞧瞧也能过瘾。

在精密的设计下，沙里淘金，姒勾践先生深悟到精兵政策，从全国美女群中，遴选了两位美女中的美女，一位是西施，一位是郑旦。

——西施，并不姓西，跟妹喜并不姓妹，妲己并不姓妲一样。大概公元前三世纪之前，中国人的姓氏制度还没有完全建立，所以显得紊乱。西施，事实上姓施，是浙江诸暨苎罗山下一位农夫的女儿。苎罗山下，有东西两个村落，西施女士住在西村，从小就以美貌闻名远近，人们称她为西施，即西村施小姐是也。郑旦女士，也住在西村，比邻相居，二人每天一齐到江边浣纱，红颜花貌，交相映发，好一对并蒂芙蓉。

似勾践先生遴选了两位美女之后，加以严格训练，使她们在外在美之下，有充实的内在美。训练的内容包括琴棋书画和各种歌舞，从古典音乐到流行歌曲，从方块舞到迪斯科，应有尽有。极可能的，还灌输一些国家民族意识，使她们知道她们的任务是，导使她们未来亲爱的丈夫，也是她们国家的敌人夫差先生，迷恋她们的美色，荒怠国政。所以，二人所受的训练是严格的。呜呼，帝王身旁，美女山积，如果没有两下子，就无法杀出一条血路，到达他的身旁。

训练的时间是六年，六年后的公元前485年，专车送到吴王国首都姑苏，夫差先生一见，立刻灵魂出窍。尤其是似勾践先生又说了一段"一脸忠贞学"上的金句，曰："东海贱臣似勾践，感激大王的天恩，不能亲率妻妾，侍奉左右，只有搜刮全境，物色到美女二人，请求大王允许收纳在后宫，以供洒扫。"把夫差先生的马屁，拍得好不舒服。于是，龙心大悦，照单全收。

两位美女没有辜负她们所受的长期严格训练，进宫后不久，就把王宫的其他得宠的漂亮小姐，统统挤掉；把夫差先生吃得死脱。不过，两位美女之间，西施与郑旦，美貌相同，生活背景相同，所受的教育相同，可以说没有一样不相同。可是，在夫差先生色迷迷的尊眼里，却有了差异，大概西施女士的调调正适合他的调调，他就也特别宠爱西施。相形之下，郑旦女士就感觉到寂寞，美丽的女孩子最悲痛的是受到冷落，过了一年，她竟忧郁而终。夫差先生难过了一阵，把她安葬在黄茅山，立庙祭祀。

——呜呼，郑旦女士这种下场，使人疑问丛生，可能两位同是越国的美女发生内斗。然而，无论如何，西施女士名传千古，而郑旦女士却与草木同朽，默默无闻。仿佛记得若干年前，有一出台湾歌仔戏（或许是一部电影），名字就叫"郑旦"，演的是她阁下的故事，内容如何，因没有看过，不能介绍。然而距郑旦女士之死，已两千四百年矣，仅此一见，又流传不广，哀哉。

夫差先生爱西施女士，爱得神魂颠倒，特地把位于姑苏城外的姑苏台，加以扩建，又增盖了一座"馆娃宫"，铜构玉槛，珠玉装饰。又建"响屧廊"，屧是鞋子里的衬垫，走廊地下是空的，用大瓮填满，上面再用木板铺平，西施女士和其他宫女经过这个走廊时，玉足所至，发出清脆悦耳的声音——比高跟鞋还要能捣碎臭男人的心脏。这比姒履癸、子受辛两位盖的那些酒肉型的"琼宫""瑶台"，文明风雅得多矣。后人有诗叹曰：

馆娃宫中馆娃阁　画栋侵云峰顶开

犹恨当时高未极　不能望见越兵来

另外还有一首，同属于怀古型的诗，也叹曰：

廊坏空留响屧名　只为西子绕廊行

可怜伍相终尸谏　谁记当时曳履声　．

呜呼，谁记？我们这些后人，就记得清楚得很也。

●捧心战术

《吴越春秋》对姑苏台的生活，有下列介绍：

最初，吴王吴光在姑苏山筑台，距首都姑苏十七公里。春夏两季，前往游逛。吴夫差更为加高，并且做豪华整修（柏老按：国王豪华起来，跟柏杨先生豪华起来，大不相同——柏杨先生豪华起来，不过在豆浆里加个蛋；国王豪华起来，能把全国小民的筋都抽掉），用了三年工夫，大兴土木，竭尽人力；此台周旋盘折，横亘将近三公里。宫女就有一千余人（柏老按：西施女士能在一千余美女中拔尖，可不简单），又筑"春宵宫"，日夜不停地饮酒欢宴，又做了可以容纳千石美酒的酒槽。又挖了一个人造湖，曰"天池"，天池上行驶国王御用的"青龙舟"，舟上满载美女和歌舞用的乐队。夫差天天和西施登上去玩乐。然后又建"海灵馆""馆娃阁"，用铜做梁柱，用玉做窗棂，栏杆椽木，也都用珠宝装饰。

夫差先生身陷在温柔乡中，他的第一个变化是，跟他的重要干部隔离，他只接见伯嚭先生，盖伯嚭先生说的马屁之话，使他觉得心旷神怡，一个糊涂蛋加上一个马屁精，真是情投意合，各得其所。而忠心耿耿的伍子胥先生，却难得一见，盖伍子胥先生总是口吐真言，而真言往往都是不悦耳的，吴夫差先生不是傻子，为啥夫接受部下的顶撞乎哉。

就在姑苏台，西施女士把夫差先生完全掌握在手心，她阁下从小就有一种胃病——是胃溃疡，抑或是胃下垂？我们不知道，只知道她的胃病经常复发，每次复发，就疼痛难忍，只好把一双纤手，按住胃部，人们遂称之为"捧心"。最奇妙的是，西施女士捧心之时，也正是她最美之时，于是东村一些老奶一瞧，原来有这么大的妙用，你不是胃痛乎，俺老娘也胃痛。你不是捧心乎，俺老娘也捧心。你不是一捧心就皱眉乎，俺老娘也一捧心就皱眉。结果把人吓得撒丫子就跑。这故事在中国留下"东施效颦"的成语。颦，皱眉也。夫差先生天大的本领，都跳不出西施女士的捧心战术，要想不把脑筋搞成一盆糨糊，不可得也。

吾友歌德先生，有一次到巴黎，参观拿破仑先生的皇宫，叹曰："我要有这么富丽的住处，一辈子都不出门。"柏杨先生也想，我要是住在姑苏台兼拥有西施女士那样美艳的娇妻，我就啥地方都不去。然而，拿破仑先生却东征西讨，马不停蹄。夫差先生也有同样毛病，他要进军中原。

越王国献上西施女士的次年，即公元前484年，夫差先生跟鲁国结盟，组成吴鲁联军，大举进攻齐国，在艾陵（山东泰安）地方，把齐国打得落花流水，大获全胜。报纸出号外，电台报新闻，拍马屁之声，不绝于耳，一致歌颂夫差先生前无古人、后无来者。夫差先生晕晕乎乎，自以为也真的了不起。只有伍子胥先生一语不发。夫差先生问曰："你曾劝我不要攻打齐国，我却凯旋，你老脸磨不开，是乎？"伍子胥先生曰："越王国才是我们的大患，齐国不过小毛病罢啦。这次如果我们战败，你还可能生出戒惧之心，反而是吴王国的福。如今不幸胜利，你一定心高气傲，再向中原发展，跟古老的晋国争霸。那时，越王国乘我们国内空虚，发动突击，危在旦夕。"

永无止境的忠言规谏，使夫差先生对元老大臣的容忍达到最后限度。不久，越王姒勾践先生率领一个庞大的代表团，前来朝贺。夫差先生宣布曰："当国王的不忘有功的部下，当父亲的不忘得力的儿子。现在伯嚭训练三军有功，我要升擢他当宰相（上卿）。姒勾践侍奉我始终不倦，我要增加他的土地。各位意思如何？"呜呼，"各位意思如何"？老板已决定的意向，顺口问问，不过表示他阁下虚怀若谷罢啦，谁要当成真的，谁就倒霉。而可怜的伍子胥先生，却当成真的，他涕泣曰："忠臣闭口，奸人在侧，邪恶的理论和精密的阿谀，使曲的变成直的，直的变成曲的。我们国家将亡，宫殿将生乱草矣。"

夫差先生吼曰："老贼，你竟如此诡诈，吴国不需要你这种妖孽。"伯嚭先生乘机打小报告曰："我听说伍子胥出使齐国的时候，曾把儿子托付给齐国官员鲍息，大王呀大王，你可要小心。"

——吴鲁联军进攻齐国之前，夫差先生派遣伍子胥先生去齐国投递战书，战书上当然把齐国上上下下，攻击得体无完肤。夫差的意思，就是要假齐国之刀，把伍子胥杀掉。偏偏齐国不肯中计，对伍子胥先生仍隆重招待。伍子胥先生早已料到吴王国必亡，所以此行特把儿子伍封带去，托孤给鲍息先生，鲍息问他吴王国的事，伍了胥只垂泪不言，鲍息知道他的心事，叹曰："伍子胥恐怕决心死谏，所以才存后裔在齐国也。"

通敌卖国的证据没有比这更确凿的啦，夫差先生就像一条被激怒了的疯狗一样，伍子胥先生遂不得不死于疯狗口下。

●姑苏台大火三月

伍子胥先生之死，是一个悲壮的场面。中国历史上太多的例证，说明凡是耿耿忠心的爱国人士，却往往落得"诬以谋反"的结局。鼓儿词有句曰："说忠良，道忠良，自古忠良无下场。"嗟夫，这是中国传统文化有了毛病欤？或是中国政治制度有了毛病欤？我们认为，政治性的冤狱，一定是不良的政治所铸成，而传统文化再拼命维护这种不良的政治制度，每一个爱国的中国人，都得面对危险。爱心越重，被"诬以谋反"的可能性也越大。

当夫差先生派人把宝剑送给伍子胥先生，教他自杀时，伍子胥先生吩咐他的家人曰："我死之后，要把我的双眼挖出来，悬挂东门，让我看到越王国的军队入侵。"这话是沉痛的，但是，却刺激夫差先生的兽性更为大发，他下令把伍子胥先生的头砍下来，放到城楼上，再把伍子胥先生的尸体，投入长江；余恨不消，又咒诅曰："日月晒焦你的骨，鱼鳖吃掉你的肉。"

伍子胥先生死后第二年 (前482)，夫差先生果然率军北上，抵达黄池 (河南封丘)，这是南方霸权兵力到达北方最北的第一次。在那里大会各国国君，争取盟主。当晋国稍微表示犹豫时，夫差先生下令他的兵团擂起战鼓，晋国立即屈服。姑苏到黄池，航空距离七百公里，急行军也要二十天左右，而经过二十天之久急行军的部队，紧张疲惫交加，根本不能作战。似勾践先生的复仇机会，终于来临，他动员越王国全国最精锐的军队，向吴王国突袭，包围姑苏，焚烧姑苏台，大火三月不熄。

——焚烧姑苏台时，西施女士在哪里，史书上没有交代。我们推测，她不可能迁到姑苏城里去住，因为没有那个必要。恐怕她是随着夫差先生远征，才免去这场灾难。

夫差先生狼狈回军救援，就在姑苏城外，他的百战百胜大军，第一次崩溃。他只好向姒勾践求和，姒勾践先生接受，因为这时候越王国的力量还不够强大。但形势已经逆转，吴越两国已立于平等地位。距姒勾践先生兵败被俘，不过十年。

这是夫差先生第一次挫败，严格地说，这挫败不过是一种"胜败乃兵家常事"的普通挫败，国家固完整的也，兵源固健在的也。然而，吴夫差先生老矣，昔年教卫士呼喊他不要忘杀祖父之仇的英雄气概，已经成为过去。在越军撤退后，他没有想到振作，反而像鸵鸟一样，把头埋在以西施女士为首的美女窝中，过一天算一天，苟延残喘，盼望姒勾践先生会饶了他。问题是，姒勾践先生当然不会饶了他。

公元前473年，距姑苏城外第一次挫败整整十年，距生擒姒勾践先生整整二十年，越王国发动全面总攻击，吴军覆没，姑苏陷落。夫差先生逃到阳山（江苏苏州西北万安山），越军海水般地把阳山团团围住，三军总司令文种先生宣布夫差先生的六大罪状："一曰：杀忠臣伍子胥。二曰：杀谏臣公孙圣（柏老按：我们没有介绍他）。三曰：伯嚭是个奸猾的马屁精，却重用他。四曰：齐晋两国无罪，数兴挞伐。五曰：吴越两国接壤，应和平共存，却数度攻打越王国。六曰：越王国杀掉吴王国的国王，不知报仇，反而纵敌遗患。"

夫差先生看到这些罪状，不知不觉流下眼泪。无可奈何，他请求越王国仿效二十年前的故事，准许吴王国降为越王国的尾巴国。姒勾践先生答复曰："从前天老爷把越王国赐给你，你不接受。现在天老爷把吴王国赐给我，我不敢拒绝。"并且派人在阵前大喊曰："人间没有万岁的帝王，总有一死，何必等到我们砍掉你的头乎哉？"夫差先生面无人色，只好拔剑抹脖子。临死时，对他的侍卫曰："如果死者有知，我无面目见伍子胥于地下，请用布把我的脸盖住。"

夫差先生完蛋，吴王国也完蛋，立国一百六十五年。

姒勾践先生以征服者的姿态，进入姑苏，这跟二十年前蓬头垢面，以囚犯的身份，含羞带愧进入姑苏迥然不同，回想起来，好像一场梦。吴王国那些文武百官，一个个向他们过去的阶下囚朝拜，那位可敬的伯嚭先生也在其中，而且露着得意的颜色，好像是在说，嗨，要不是俺从中掩护你，把伍子胥先生当作叛徒铲除，你能有今天呀。想不到姒勾践先生的想法却恰恰相反，他对伯嚭先生板起面孔，曰："阁下是吴王国的宰相，你的国王在阳山，怎么不去找他？"伯嚭先生这才发现不妙，然而已来不及矣，姒勾践先生教力士把伯嚭先生干掉，屠灭他的全家，曰："我这是报答伍子胥的忠心。"

最后，姒勾践先生面对着他亲自派遣的西施女士。对西施女士的处理，史书上有三种说法。

●三种说法

有几位读者老爷对夫差先生之死，希望知道他安葬何处，一代英雄，尤其是沾西施女士的光，总应有许多佳话。呜呼，夫差先生固是一代英雄，可惜只是半截英雄。柏杨先生年轻念学堂时，有一位女生，大家上尊号曰"半截美人"，盖面目姣好，胸脯高耸，连柳下惠先生见啦，都得心跳，可是腰部以下，无足观焉，小腹鼓鼓膨胀，而腿则箩筐，即令立正姿势，两膝之间，几乎仍可钻过一头大象。

夫差先生有他的英雄事迹：复仇之战，惊天地而泣鬼神。保留越王国，释放姒勾践，也是领袖人物的伟大气度。身旁美女成群，时代使然，贵阁下如果也干头目，恐怕美女更多。为美女们弄些花样，也属人之常情。然而，魔鬼既然选中了他要毁灭他，他的英雄生涯在攻打齐国时，已走完了前半截。后半截忽然尾大起来，对自己的英明，沾沾自喜，顺耳朵的话越来越喜欢听，不顺耳朵的话越听越"怒从心头起，恶向胆边生"，卖国贼伯嚭先生成了忠贞心腹，爱国心切的伍子胥先生反而成了叛徒。到了下半截，夫差先生已不是英雄，而是狗熊矣。英雄气度恢宏，神采焕发；狗熊则整天埋着头气呼呼兼呼呼气，理智全失。

我们对半截英雄的敬意，也只有半截。所以他葬身何处，没有强调。同时史书上记载不一，有的说他葬在江苏吴县（今江苏苏州——编者注）城南二十八公里，滨近太湖的"卑犹位亭"——"卑犹位"三字甚怪，好像日本的地名。有的说他就葬在他阁下抹脖子

的阳山 (江苏苏州西北万安山)。不管葬在哪里吧，对他葬时的盛典，报道却是一致的。似勾践先生已不把夫差先生当作国王，他下令用埋葬"侯爵"的礼埋葬他，教越王国的战士，每人掬一把土堆到他尸体上 (也可能堆在他棺材上)，霎时间就成为一个大冢。不过对夫差先生三个金枝玉叶的儿子，可没有放松，而把他们放逐到了龙尾山。龙尾山在哪里？没有定论，安徽婺源东北五十公里，有一座龙尾山，是不是该处，就不知之矣。

这些故国胜迹，自是骚人墨客吟咏的好题材，读起来飒飒生风，倍增惆怅。

张羽先生诗曰——

荒台独上故城西　辇路凄凉草木悲

废墓已无金虎卧　坏墙时最夜乌啼

采香径断来麋鹿　响屟廊空变黍离

欲吊伍员何处去　淡烟斜月不堪题

杨诚斋先生诗曰——

插天四塔云中身　隔水诸峰雪后新

道是远瞻三百里　如何不见六千人

胡曾先生诗曰——

吴王恃霸逞雄才　贪向姑苏醉绿醅

不觉钱塘江上月　一宵西送越兵来

萨都剌先生诗曰——

闾门杨柳自春风　水殿幽花泣露红

飞絮年年满城郭　行人不见馆娃宫

夫差先生已矣，馆娃宫早已不存片瓦。只西施女士的下场，却在历史上成为千古疑案。

第一种说法是顺理成章的，那就是姒勾践先生把夫差先生逼死后，就把西施女士接收过来。她既然是越王国派去的女郎，出国之日，假设是二十岁，现在不过四十岁，正是美女最成熟的年龄。前已言之，没有一个帝王不是淫棍（这可不是贬词，柏杨先生曾为了"侮辱历代帝王"，吃过官司，所以绝不敢再存此心，我们只是说明一种现象而已，如果柏杨先生当了帝王，我可更叫座）。所以，美色当前，把敌人的妻子女儿捉住上床睡觉，不但天之经也，亦地之义也。不过西施女士面对的是另一个崭新的局面，这个崭新的局面中，美女们照样如山如海，即令大多数没有她标致迷人，但可肯定的，大多数都比她年轻，她是否还有斗志，是否还能杀开一条血路，就很难预料矣。

第二种说法是人之常情的，西施女士被姒勾践先生接收之后，十分宠爱。我们可以推测：最受不了的当然是姒勾践先生的太太。好呀，俺含辛茹苦，采桑织麻，拼老命给你干，好容易大获全胜，你却弄了一个漂亮的小老婆。读者老爷跟读者老奶的心理状态可能不同，如果换一换位置，就可知道这股劲的凶不可当。臭男人汗流浃背地帮助娇妻功成名就，娇妻却弄了一位年轻力壮的小白脸当活宝，关在房里取乐，恐怕臭男人准动刀子。姒太太虽没有动刀子，据说，却在乘船回航途中，派人把一块石头绑到西施女士身上，推到钱塘江里溺死。然后声明她可不是吃醋，而是爱国，曰："这种亡国妖孽，留她干啥？"

——呜呼，读了姒太太的声明，她可以当政治家矣。但最使人沉痛的，是在西施女士身上绑石头的一幕。她有何恶？又有何罪？三千年之后，我们仍听到她惊恐挣扎的哭声。

◉扁舟载美

西施女士下场的第三种说法是罗曼蒂克的，越王国大军攻陷姑苏时，大臣之一的范蠡先生，先下手为强，把西施女士抢到手里（美女人人爱，这就是臭男人的本性）。然后发展出一项历史上的传奇故事。

范蠡先生不但是姒勾践先生最亲信的高级干部，也是姒勾践先生最亲密的朋友之一——另外一位就是文种先生。这两个足智多谋、忠心耿耿的人物，是姒勾践先生的左右手。姒勾践先生在姑苏受苦受难、吃粪拍马的日子里，范蠡先生始终陪伴身边，安慰他、鼓励他，为他低三下四奔走；因为生活得太密切，范蠡先生也就把姒勾践先生看了个穿。而文种先生，官拜宰相之职，留在国内，不分昼夜，秘密重整军备。

范蠡先生智慧超人，他能在混乱混沌的局势里，看出潜伏的危机（柏杨先生就没有这种本领），知道吴王国覆灭之日，大祸就要临头，立刻抛掉了世界第一强国宰相尊位，驾了一叶扁舟，乘着月白风清之夜，只带着西施，逃之夭夭。临走时，留下一封信给文种先生，曰：

"老哥，'狡兔死，走狗烹。敌国破，谋臣亡'（也有把后二句改为"飞鸟尽，良弓藏"，以免触怒有权的大爷）。姒勾践先生这个人，脖子很长而嘴尖尖得像鸟嘴，能够忍受任何羞辱，但也非常猜忌，嫉妒别人比他能干。可以跟他共患难，不可以跟他共安乐。你如果不早点离开他，必有灾难。"

文种先生比柏杨先生高明多啦。柏杨先生想不透，还可原谅，文种先生想不透，就遗憾万分。不过也正因为想不透，才使姒勾践先生暴露了他的兽性。文种先生就是不相信姒勾践先生会凶猛地翻脸无情——他二十年如一日地谦恭诚恳，朴实诚挚。文种先生忘了，忍人所不能忍的，也往往狠人所不能狠。不久，文种先生有病，他的政敌向姒勾践先生打小报告："文种自以为功比天高，埋怨政府对他的酬劳太小，一肚子不满，所以害起来政治病啦。"于是姒勾践先生御驾亲往探病。这举动不要说在古代，纵使在现代，也是一种荣誉。可是，却不知道姒勾践先生已兴起杀机。盖在帝王逻辑中，不满就是不忠，必须先下手为强。客套寒暄已毕，姒勾践先生板起面孔问曰："你有七种灭国方法，我只用了三种，就把吴王国并吞。剩下的还有四种，你预备用到啥地方？"文种先生发呆曰："啥地方都不用。"姒勾践先生曰："我想请你去阴曹地府，用那四种方法去对付吴王国的祖宗，如何？"说罢此话，拔腿就走，故意把身上带的剑遗留在座位上。文种先生拿起来一看，正是当年伍子胥先生自杀时用的那柄，不由仰天叹曰："古人云：'大德不报。'我不听老范之言，真是猪也。"于是，跟伍子胥先生一样，自杀而亡。

——姒勾践先生，不仅是可怕的敌人，也是可怕的朋友，拜托上帝保佑贵阁下及敝阁下，千万别让我们碰到这种角色。从文种先生之死，可看出范蠡先生的才干和洞察力。他阁下带着中国四大美女之一的西施女士，先到齐国做官，然后弃官从商，做起生意，发了大财，定居在陶山（山东肥城西北十五公里），不姓范啦（大概是怕姒勾践先生派特务追踪），改姓为朱，世人称之为"陶朱公"。

西施女士的下场虽然有三种说法，却没有一项积极的史料，证明哪一种说法可靠。有人说姒太太把她推落江心太残忍，那是站在西施女士的立场，如果站在姒太太的立场，两美不并立，恐怕也只有一推。至于柏杨先生，我倒愿意她追随老范，佳人才子，自是天配的一对。不管怎么样吧，我们仍无法肯定她是如何死的。唯一敢肯定的是，她早已香消玉殒，化为尘土，以供后人怀念。

庞鸣先生把姒勾践和吴夫差的生活加以对比，感慨有加，诗曰：

屧廊移得苎萝春　沉醉君王夜宴频

台畔卧薪台上舞　可知同是不眠人

罗隐先生哀西施女士之被无聊文人指责，诗曰：

家国兴亡自有时　吴人何必怨西施

西施若解亡吴国　越国亡来又是谁

袁枚先生痛西施女士的家国两难，诗曰：

吴国亡国为倾城　越女如花受重名

妾自承恩人报怨　捧心常觉不分明

笙歌刚送采莲舟　重卷珠帘倚画楼

生就娥眉辇更好　美人只合一生愁

曹雪芹先生感慨西施女士因富贵而堕江惨死，不如贫贱女伴，诗曰：

一代倾城逐浪花　　吴宫空许忆儿家

效颦莫笑东村女　　白头溪边尚浣纱

高启先生对范蠡携西施女士而去，曲为解释，诗曰：

功成不恋上将军　　一舸归游笠泽云

载得西施岂无意　　恐留倾国更迷君

最后，介绍王维先生以西施自况的借题发挥，诗曰：

艳色重天下　　西施宁久微

朝为越溪女　　暮作吴宫妃

贱日岂殊众　　贵来方悟稀

邀人傅脂粉　　不自着罗衣

君宠益娇态　　君怜无是非

当时浣纱伴　　莫得同车归

持谢邻家子　　效颦安可希

虞姬

时代: 公元前三世纪九十年代

其夫: 西楚王国第一任国王项羽

遭遇: 垓下会战前夕·自杀

●彗星

以前我们叙述的几位后妃姬妾，都占了很长的篇幅，倒不是她们比其他死于非命的后妃姬妾，有啥特别，而是她们留下的史料较多。在以后的历史中，不久就会间断地出现一些彗星似的美女，她们蓦然间划过天际，身居高位，光艳四射，但也蓦然间血落如雨，仓促结束自己的生命，宇宙又恢复沉寂。全靠一两部史书上的片段记载，在茫茫人海中，为后人留下烟雾般迷离的印象；而这印象，几乎几句话就可说尽。

公元前三世纪九十年代，中国正陷于改朝换代的大混战之中，统一中国的秦王朝瓦解，英雄豪杰，纷纷起兵，拼死拼活，最后只剩下两个大头目。如果在秦王朝之前，不要说两个大头目，纵有三个四个大头目，都没有关系，因为中国境内七个王国林立并存，分裂得太久啦。可是秦王朝之后，中国人心理上已奠定了"大一统"的基础，所以这剩下来的两个大头目，就非拼得只剩下来一个不可。中国人的苦难，就更为难解难脱。这两个大头目，一是项羽先生，一是刘邦先生。

项羽先生是一个没有政治头脑的彪形大汉，也是中国历史上最伟大的军事天才之一，他跟西方世界的军事天才汉尼拔先生，同是公元前三世纪的英雄人物。提起汉尼拔先生，西洋老爷人人皆知。公元前219年，第二次布匿战争揭幕，汉尼拔先生穿过伊比利安半岛，把战争带到罗马帝国本土，三年后的坎尼会战，罗马军团大败，七万人有六万七千人战死，仅有可怜的三千人逃生。

汉尼拔先生率领的迦太基军团，转战各地，攻无不胜，战无不取，直抵罗马城下，把罗马帝国打得叫苦连天，眼看就要恶性倒闭。最后罗马海军切断他的海上补给线，他才不得不撤回本国，可是已在罗马帝国本土上整整打了十八年。公元前202年，罗马军团追击，汉尼拔先生在本国疲惫迎战，尝到他平生第一次失败。

正当汉尼拔先生在罗马帝国境内转战，节节胜利时，项羽先生也在中国境内转战，也节节胜利，而且还一度建立中央政府，他称他的王朝为"西楚"，自称为"霸王"，定都彭城（江苏徐州铜山区）。项羽先生的悲剧根源，在于他没有政治头脑，却偏偏坐上非有政治头脑才可以坐上的宝座。他的政治愚蠢，跟他的军事天才，成尖锐的反比。就在他用武力统一中国的时候——公元前206年，他却自己把秩序重新搞乱。这是有原因的，他阁下是故楚王国没落的贵族后裔，仅仅两年前，不过还是江东（长江下游南岸，即太湖附近）的一个无业游民，乘着秦王朝崩溃，聚集了一批恶少，大干特干，不但没有送掉老命，还成为中国的元首，自然而然地把天下事看得简单无比，认为只要兵强马壮，就可以一意孤行，想干啥就干啥。

最严重的一个错误是他胡乱封王。随着他西征的联军，差不多都是各个新兴王国派出的军队。项羽先生一时高兴，或一时不高兴，竟把随他西征的一些将军，都封成国王，反而把将军的顶头上司，即派遣他们西征的原来的那些国王，驱逐到别的地方。呜呼，那些新兴王国的国王，跟项羽先生一样，天下也是"打"出来的，当然不吃这一套，于是，好容易平息下来的混乱，再度爆发。最糟的是，项羽先生的死对头刘邦先生，原来约定好要封为秦王（陕西中部）的，项羽先生却把他封到万山丛中去当汉中王（陕西南部）。刘先生遂第一个起兵反抗。公元前206年到前202年，五年之中，两个大头目生死决斗，杀得赤地千里，血流成河。

刘邦先生的出身更差劲，项羽先生不过是无业游民，刘邦先生却是典型的地痞流氓。这场战争中，项羽先生百战百胜，刘邦先生百战百败。但刘邦先生像苍蝇一样，项羽先生一巴掌下去，刘邦先生就嗡的一声飞啦，东南西北飞了一阵，兜了个大圈小圈，最后仍兜回来原地再干。项羽先生要求的是速战速决，却始终捕捉不到刘邦先生西汉兵团的野战主力，把他阁下急得哇哇乱叫，派人到刘邦先生那里，要求决战，刘邦先生笑曰："请你回去禀报项老哥，俺可是宁愿斗智，而不斗力。"

显然地，在纯军事上，刘邦先生不是对手，所以他才不得不斗智，斗智是一种谋略战。刘邦先生有重要的两大谋略，使他奠立决定性胜利的基础。

第一个伟大的谋略，是使项羽先生自己觉得尾大非常，把他唯一的智囊范增先生，一脚踢出大门。呜呼，刘邦先生有三个肱股干部：一是后勤总司令萧何先生，他使后方社会保持安定繁荣，更使补充兵源源不缺。一是参谋总长张良先生，他的神机妙算，能料敌于千里之外。另一是陆海军大元帅韩信先生，他是一个比项羽先生更高明的军事天才，他在短短的数年之中，扫荡了黄河以北所有的新兴王国和地方割据政权。而项羽先生只有一位范增先生，范增先生的智慧超过项羽，可是项羽先生手下的军队超过范增。大权力决定一切的社会，最初项羽先生还很谦恭，后来既然尾大不凡，再加上刘邦集团的阴谋诡计，项羽先生遂疑心范增先生要叛变啦。疑心一起，蠢血即沸，于是把范增先生驱逐回乡。从此项羽先生陷于孤立，任凭刘邦先生作弄摆布——刘邦先生跺脚他就跳，刘邦先生咳嗽他就叫，恍恍惚惚，身不由主。

●垓下歌舞

刘邦先生第二个伟大的谋略是"和谈"。公元前203年，刘邦先生向项羽先生提议谈判，义正词严的话，悲天悯人的话，以及拍马屁的话，说了两火车。然后信誓旦旦曰："如果刘邦负约，是刘邦背信，而你阁下理满天下，古人不云乎：'师直为壮，师曲为老。'刘邦既然为人所不齿，你阁下以直道而行，天下何人能敌？刘邦背信食言，自为天下所不容，何能跟你阁下抗衡哉？"

项羽先生一听，对呀，对呀，有理有理，马上答应。议定以鸿沟（河南荥阳西一条小河）为界，鸿沟以东的东中国，归项羽先生的西楚政府，鸿沟以西的西中国，归刘邦先生的西汉政府。其实，要说项羽先生比刘邦先生政治低能则可，要说项羽先生傻到会在这么件大事上受骗则不可。实在是他也筋疲力尽，能喘一口气，就抓住机会喘一口气。

政治真正使人叹息，鸿沟为界的盟约，墨迹刚干，项羽先生率领他的军队撤退，刘邦先生立刻变卦，下令追击。项羽先生气得暴跳如雷，而西楚兵团的战士，憬悟到受了欺骗，马上猛烈还击，把刘邦先生再一次打得抱头鼠窜。然而，这是项羽最后一次胜利矣，韩信先生大军赶到，就在垓下（安徽灵璧），布置下口袋阵地——在那个时代，称为"十面埋伏"。项羽先生有勇无谋，他率领的西楚精锐常胜军，一步一步，走入陷阱。

就在垓下，我们的女主角虞姬女士，像彗星般地在军营中出现，也像彗星般地在军营中陨灭。

虞姬，姓虞，她的名字已经失传。虞姬者，虞小姐，虞女士也。也有人说虞是她的名，姓啥则不可考矣。江苏吴县（今江苏苏州——编者注）人。项羽先生于公元前209年在下相（江苏宿迁）杀了县长起兵时，打到吴县，一瞧虞姬女士，貌如天仙，三围更该粗的地方粗，该细的地方细，而且书画歌舞，无一不精，还是一个才女。在那个时代，美女易得，才女难求，项羽先生就来一个真正的霸王硬上弓。不过英雄美人，却相见恨晚，十分恩爱，项羽转战南北，总把虞姬带在身边，如影随形，她分享了项羽先生的威风，也分享了项羽先生的荣耀。然而，她是一位善良纯洁的女孩，从没有干涉过政治，从没有在西楚王朝扮演过使人注目或使人迁怒的角色，更没有替项羽先生得罪过一个人，或做出一件伤害西楚政府的事。可是，她却分享了西楚政府覆亡的灾难。

公元前202年初春，刘邦先生的西汉兵团，在垓下把西楚兵团重重包围。当晚，满天星斗，月明如昼。忽然间，四面八方的西汉兵团阵地中，传出楚歌，项羽先生侧耳倾听，大骇曰："我们的疆土难道全部陷落了乎？何楚国人之多也？"事实上也正是如此，项羽先生的力量只剩下这支孤军。而这支孤军，死的死，降的降，逃的逃，现在只残存八百骑兵。他阁下不能入睡，就在营帐中徘徊，虞姬女士在旁陪伴。项羽先生的战马，名叫"乌骓"，也在帐外长嘶，项羽先生百感交集，慷慨悲歌。歌曰：

> 力拔山岳啊，气盖江河
>
> 情势险恶啊，乌骓仍不肯离弃我
>
> 乌骓不肯离弃我啊，我该如何
>
> 虞姬啊虞姬，我该如何

一面唱，一面落下英雄穷途末路的眼泪。虞姬女士也随着他唱，最后，她起身为项羽先生舞蹈，一面舞，一面唱她自制的诗曲：

> 汉兵已略地　四面楚歌声
>
> 大王意气尽　贱妾何聊生

这是一个悲凉的场面，项羽先生众叛亲离，只有八百骑兵仍效忠他，一匹战马和一位美女仍爱他。然而世界之大，已无他容身之地。虞姬女士知道这一点，往事已不堪回首，她泣曰："我生随着你，死也随着你，愿你为国保重。"趁着项羽先生不备，她举剑自刎。

——她如果苟延残喘地活下去，一定会被西汉兵团捉住，十拿九稳的，刘邦先生要她上床。以虞姬之美和虞姬之才，她可能成为下文我们将要叙述的戚懿（戚夫人）女士。咦，那结局将更悲惨。

项羽先生抱尸痛哭，就在尸体倒处，掘土成墓，把虞姬女士安葬。至今安徽定远城南三十公里，墓冢仍在。然而荒烟野蔓，狐鼠髑骶，徒使后人感伤。不过，虞姬女士除了给我们留下这段可歌可泣的事迹外，她还在中国文学史上，占有相当地位，词曲中有"虞美人"调，就是为纪念这位美女而作，地下有知，也足慰芳魂矣。

京戏中的《霸王别姬》，是最成功的一幕歌剧。当舞台上女主角出现，唱出"冰轮乍涌"优美的词句，观众虽在千载以下，仍觉凄婉。虞姬女士跟西施女士不一样，圣崽酱萝卜之流，还能硬着嘴巴，说是西施女士把吴王国搞亡的，却无法说虞姬女士把西楚王国搞亡，躲过一刀，也是幸事。

彗星刹那间呈现，又刹那间消失。历史上，虞姬女士只在这一晚露面，在完成悲剧后，又归乌有。

戚夫人

时代: 公元前二世纪初

其夫: 西汉王朝第一任皇帝

汉高祖刘邦

遭遇: 挖掉双目·饮哑药·砍断手足·

称为"人猪"

●山东出美女

前面所述的几位后妃姬妾，她们的死于非命，不过死于非命而已，不过没有死在床上而已。人生自古谁无死，不死在床上，大限到时，只要能受刹那间的痛苦，了此残生，在无可奈何中，也是退而求其次的愿望。人类再万能，爬到台上，吹的牛再大，拳打脚踢，本领再高，可是，却有两件事情，不能控制：一是出生的家庭，一是死亡的时间和死亡的方式。

降生不用说啦，谁都不能选择老爹老娘。据柏杨先生用科学方法考察，还没有发现哪位老哥在投胎之前，先站在云端，举目下望，如果是洛克菲勒先生之流有钱有势，就一头撞进去；如果是柏杨先生之流的草民寒门，就拨马而回，跟阎王老爷再打商量。事实上每个人都是先生下来之后，才知道老爹老娘是谁，不管你愿意不愿意，不能把老爹老娘一脚踢，另换一个亲生父母。

死亡亦然，人类——至少大多数人，都没有能力选择死亡的时间和死亡的方式。贵阁下可别跟我抬杠，决定买二十公斤巴拉松，某月某日，一次下肚。不过，即令如此，也不见得能完全成功，可能到时候被医生老爷急救过来。假如贵阁下决心跳淡水河，同样也不见得有圆满的结果，说不定遇到一位侠义朋友，把你打捞上岸，破坏了你的好事。这真是人生最大的悲哀，无可奈何者也。贵为帝王皇后，也不敢肯定啥时候死和死时是啥模样。中国如此，西洋亦然，最伟大的帝王之一的亚历山大大帝，他的妻子洛克金娜皇后，在亚历山大先生翘了辫子后不久，就被摄政王派人把她以及她所生的皇子，一网打尽地干掉。更何况我们东方小民耶乎。

最可怖的死是惨死——受尽了痛苦绝望折磨之后而死。俗云："求生不得，求死不能"，才是人生最悲切凄凉之境。受过苦刑拷打的朋友，都会有这种外人所不能了解的恐怖经验。在一般人的印象中，只有手无寸铁的小民，才可能有这种盖世奇遇。事实上，死时死法既不能选择，更不能预料，就是帝王皇后，也不能例外，在不得其死的帝王后妃中，就有很多被残酷地夺取性命。中国历史上第一个惨死的皇后——附带再声明一句，"皇后"的定义是广义的，凡是帝王的妻子，不管官式称呼是啥，我们一律称她为皇后。这位戚夫人，她是西汉王朝第一任皇帝刘邦先生的小老婆，史书上又称她为"戚姬"，她的名字是一个"懿"字。

戚懿女士，山东定陶（今山东菏泽定陶区——编者注）人，用不着说，她阁下美艳绝伦。山东省真是好地方，不但出圣人，也出美女。刘邦先生跟项羽先生拼命内战期间，公元前三世纪九十年代，刘邦先生从他汉中王的封地陕西南郑（今陕西汉中南郑区——编者注），率领他的那些归心似箭的西汉兵团，乘着项羽先生不备，一口气打到了山东省，就在定陶，他遇见戚懿女士，跟项羽先生遇到虞姬女士一样，立刻就抢了过来。

——要注意一点的，一个臭男人一旦大权在握，他就不可能到大街小巷亲自去找美女。即令他找，家家户户都把美女藏得密不通风，也根本找不到。因此，他们跟美女的结合，不是"遇"上的，而是"献"上的。几乎每一个大小头目，都有一个摇尾系统，每天在诚心诚意地研究老板的心理状态，带着"美女探测器"，到处探测，忽然发现一个，立刻就生擒活捉，献给山大王，以便山大王舒服之后，颁下他所希望的赏赐。项羽先生之遇虞姬女士，刘邦先生之遇戚懿女士，固如是也。呜呼，一个有摇尾系统的山大王，有那么多马屁精伺候在侧，你只要想得出要啥，他们就有办法献出啥，真是妙不可言。

刘邦先生是地痞流氓出身，年轻时常被衙门通缉捉拿，逃到山窝里亡命，既穷又苦。他的大老婆吕雉女士，是一个土财主的千金小姐，不知道刘邦先生当初用了些啥手段，可能是连吓带骗，才把她娶到手。俗不云乎，客大欺店，店大欺客。太太既然来头不凡，刘邦先生对她也就有点敬畏。而且还有两个因素，一是吕雉女士另有她的情夫（就是后来封为辟阳侯的审食其先生），一是吕雉女士年龄逐渐老啦，容貌自不如当年。——其实这都是废话，反正大多数臭男人都是见一个爱一个，刘邦先生戎马一生，东跑西窜，忽然尝到风情万种，就一下跌到温柔缸里，发现这才是真正的人生。从此，跟项羽先生一直把虞姬女士带在身边一样，刘邦先生也一直把戚懿女士带在身边，形影不离；而正配夫人吕雉女士，却被冷落在大后方长安，反而不常相见。

——吕雉女士因不能常见，从政治角度来看，固然受到伤害，但在爱情的立场上，她正可以日夜跟情夫幽会，得其所哉。

◉可怕的对手

刘邦先生跟吕雉女士生了一男一女，儿子刘盈先生，女儿就是后来的鲁元公主（她的名字叫啥，史书上没有记载）。刘邦先生娶了戚懿女士之后，又生了一个儿子刘如意。——刘邦先生一共有八个儿子，但其他的儿子都跟戚懿女士无关。

公元前202年，垓下之围，项羽先生自杀，刘邦先生成了中国最大的兼唯一的军事领袖，于是他自封为中国皇帝，称他的王朝为汉王朝。当皇帝后的第一件事，就是封刘盈先生当皇太子，成为皇位的合法继承人。皇后这个角色，顺理成章的是吕雉女士，戚懿女士只好屈居第二把交椅。

吕雉女士是中国历史上第一位女性枭雄。在二十世纪之前，圣人系统所要求的中国女人，都要温顺如羊，被宰时如能连一声哎哟都不喊，而且还感谢男人的恩典，那才是最被称颂的角色。吕雉女士却是圣人的叛徒，她能干、聪明、警觉特别高、反应特别灵敏，为了政治利益，看得透彻，下得狠心。举一个例子可以代替对她的说明。公元前197年，镇守代郡（河北蔚县）的将军陈豨先生叛变，刘邦先生御驾亲征，征召梁王彭越先生的军队。彭越先生跟刘邦先生一样，也是地痞流氓出身，接受刘邦先生西汉政府的封王官爵，王宫设在戚懿女士的故乡定陶。恰巧彭越先生有病，不能亲自率领军队，就由一位将领代替前往，在邯郸（河北邯郸）跟中央大军会师。刘邦先生一瞧彭越先生没来，大发雷霆，派人去问他到底害的是啥性质的病。为啥早不害病，迟不害病，偏偏这时候害病。这种权势人物特有的嘴脸，使彭越先生浑身发毛，就要抱病动身。他的一位部将扈辄先生曰："老哥，你可千万不能去，要去应该当时就去，现在再去，你会束手就擒。事情已到了这种地步，唯一的生路是起兵叛变。"彭越先生不肯——呜呼，当断不断，反受其乱，他又蹈了韩信先生的覆辙。恰巧彭越先生手下一名负责养马的官员（太仆），不知道为了啥，彭越先生要杀他，他就溜到刘邦先生那里，检举彭越先生谋反。刘邦先生立刻派出轻装骑兵，奇袭定陶。彭越先生既没有叛变的意图，当然毫无准备，就轻而易举地被活活捉住。

事情发展到这里，下文不问可知，自盘古开天辟地，任何一个中国人，只要被大家伙罩上"谋反"的帽子，就等于剃头的拍巴掌。法庭不过魔术师所用的魔术道具，自然认定彭越先生"反行已具"，那就是说，叛乱的行为已付诸实施。这还了得，不但自己要丢命，连全家也要丢命。幸亏刘邦先生觉得这样做未免太狠，下令赦免他的死罪，贬他成为平民，押解到青衣（四川雅安）软禁。这种处置虽然仍是冤枉的，但总算不幸中的大幸。

一群差官押解着这位倒霉的囚犯，从洛阳出发，走到郑县（陕西渭南华州区），恰恰吕雉女士从长安（陕西西安）去洛阳，也走到郑县。呜呼，吕雉女士和彭越先生，一个是皇后，一个是封王，一向护从如云，威风凛凛，都属于高阶层顶尖人物。现在一个仍是前呼后拥的皇后，一个却成了绳捆索绑的阶下囚。两队人马在道上相遇，这个尖锐的对比，使人百感交集。

彭越先生鬼迷了心窍，他见了吕雉女士，痛哭流涕，向她哭诉自己的冤枉。

他所以如此，我们推测，一则是他确实冤枉，二则是他们是老朋友啦，三则是他以为女人总是比较仁慈。彭越先生这时候已经知道，仅靠法律上的证据不能解脱政治性的冤狱，所以他不敢请求昭雪，只敢请求不要把他放逐到蛮荒边陲，而把他发配到他的故乡昌邑（山东巨野）。吕雉女士一听，满口答应，而且立即把他带回洛阳。

好啦，现在人人都为彭越先生额手称庆，连彭越先生自己，也对吕雉女士的爱心，感激涕零。然而，他们错估了吕雉女士，一件更残忍的阴谋在秘密进行。吕雉女士告刘邦先生曰："彭越是一位英雄人物，你把他安置到四川边远地区，恐怕是放虎归山，万一有什么变动，后患无穷。不如斩草除根，我已把他带回来矣。"

政策既定，彭越先生就非报销不可，吕雉女士随便叫一个人，出面告发彭越先生谋反——这是第二次被检举谋反矣，结果了如指掌，司法部部长（廷尉）王恬启先生判决彭越先生死刑，而且全族（人数比全家更多）处决。彭越先生不但被杀，而且把他剁成肉酱，送给其他所有的封王。那是一种强烈的暗示：可不要谋反，谋反的结局就是血淋淋的一团肉酱。

——问题是，纯杀戮不能杜绝谋反，如果纯杀戮可以杜绝谋反，根本不会有什么刘邦、吕雉，今天恐怕仍是秦王朝的天下也。

写到这里，我们可以看出，戚懿女士的对手吕雉女士，是一个什么样的人。

戚懿女士不过一朵生长在温室中的鲜花，连小风小雨都没见过，却向吕雉女士这种老姜挑战，鲜花岂能斗得过老姜乎哉。

◉夺嫡阴谋

戚懿女士的出身可能不是显赫的官宦之家，所以史书上没有提过她的身世。她最初并没有雄心大志，但当她为刘邦先生生下一个儿子，也是她唯一的儿子刘如意之后，她开始有了野心。她发现她的老头丈夫不同凡品，是一位拥有无限权力的皇帝老爷，而这位皇帝老爷在她怀抱中，却驯如羔羊，只要那家伙一句话，她就可以统治中国，这是她当小家碧玉时梦都没有梦到的奇异景致。她怦然心动，就向刘邦先生要求封刘如意当皇太子。皇太子是帝位的合法继承人，母以子贵，一旦老家伙死翘翘，她儿子登极，她就成了皇太后，咦，天就开啦。

皇太子刘盈先生是一位敦厚善良的青年，随着生母吕雉女士，一直留在首都长安皇宫里面，跟刘邦先生虽是父子，但父子感情比较疏远。而戚懿女士带着刘如意，却始终和刘邦先生形影不离。刘邦先生这个老流氓，不但沉湎在她的美色之中，而且俗不云乎，"猫老吃子，人老惜子"，人之老也，最爱幼子。刘如意先生绝顶聪明，反应快，有决断。刘邦先生赞不绝口，曰："像我，像我。"从他的名字"如意"上，可以了解，老爹多么喜他疼他。

——吾友田景山先生，在美国旧金山定居，儿子老爷娶了一位洋媳妇，老两口最初气得要命，恨不得跳金山大桥。谁知道洋媳妇比中国媳妇还好，二老已够喜气洋洋，更料不到洋媳妇又生下一个白胖小子，二老更笑得嘴都合不住，每天争着搂，争着抱，争着亲，争着跳，给小子取绰号曰"万人迷"。小子一瞥一笑，都使全家神魂颠倒。柏杨夫人在旧金山时，曾分享过孩子带给他们的幸福，真把我老人家羡慕得捶胸打跌。

刘如意先生一定是一位乖巧孩子，否则不会被命名为"如意"也。戚懿女士遂乘机进行她夺嫡的阴谋，向老公日夜泣啼。史书上虽没有说出她泣啼些啥，但我们可以推想而知，不外乎："亲爱的，打铃，你已经老啦，万一倒地不起，俺娘俩将靠何人？恐怕吕雉跟她的儿子刘盈不会放过我们。"刘邦先生一想，有道理有道理，于是，第一步，下令封刘如意为赵王。第二步，公元前197年，刘邦先生早朝时，就在金銮殿上，表示要立刘如意当皇太子。文武百官们吓了一跳，盖皇太子这玩意儿，不是雇工，一不顺眼，就赶走再找一个。不要说公元前二世纪，纵然在两千年后公元二十世纪，帝国元首换一个王储，也不能那么轻松。宰相之一（御史大夫）的周昌先生，正颜厉色地提出严重抗议，刘邦先生曰："好吧，听听你关于换皇太子的意见。"周昌先生本来天生的有点口吃，现在又气急败坏，一下子说不出来，只大声曰："我口不能言，但我期期知道不可。你要是废掉皇太子，我期期不接受命令。"

这真是一幕有趣的场面，在杀气腾腾中，忽然出现一个结巴耍宝，刘邦先生忍不住大笑起来。幸亏这一大笑，把车煞住，没有做进一步的决定，早朝即行结束。呜呼，险矣。

这是戚懿女士向吕雉女士短兵相接的挑战，朝会时，吕雉女士躲到金銮殿的东厢侧房里偷听，朝会散后，周昌先生经过那里，吕雉女士出来向他跪下叩谢曰："要不是你，皇太子不保。"然而刘邦先生只是暂时退让，他仍念念不忘要册封刘如意当皇太子，阴谋仍在进行，随时都会爆发。吕雉女士虽是女中好汉，也束手无策。但她终于想出自卫的方法，她派她的兄弟吕释之先生，去找刘邦先生手下三杰之一的张良先生。史书上说，吕释之先生用的不是"求"，而是"劫"，大概威胁张良先生，他如果不出主意，就要跟他同归于尽。吕释之先生警告曰："你是皇帝的智囊，而今皇帝要换皇太子，你以为你能高枕而卧，置身事外乎哉？"张良先生不愧智足谋多，他分析他之所以不能出面的缘故——因为，他即令出面，也没有用。他曰："当初皇帝老爷都是在困顿危险的时候，才听我的。而今天下已定，全国统一，由于一点私心的爱憎，要换皇太子，骨肉之间，外人插不上嘴，纵然有一百个张良，也无能为力。"吕释之先生勉强他非出个主意不可，曰："不管怎么说，你也得帮这个忙，救救吕皇后母子。"张良先生不得已，曰："这不是单靠嘴巴就可以办到的事。这样吧，我另推荐别人。刘邦先生自当上皇帝，总以为天下的人都会拍他的马屁，可是，却有四个老头，他们对刘邦先生那种傲慢无礼的态度，深为厌恶。他也曾找到他们，他们就逃到山里，誓死不当他的部下。正因为如此，刘邦先生对他们反而更为尊重。你阁下如果不吝惜金银财宝，教皇太子再亲笔修书，恭请他们做他的宾客，经常随他入朝，故意让刘邦先生发现，刘邦先生一定奇怪，会问他们是谁，这对皇太子是一个大的助力。"

这四个老头，当时称为"商山四皓"——东园公、甪(lù)里先生、绮里季、夏黄公。商山，位于长安之南，即他们逃匿之处。四皓，四个白头发也。

●第一回合的惨败

商山四皓不久就贡献出他们的智慧。

公元前196年，驻防安徽寿县的封王（淮南王）英布先生叛变。——英布先生的叛变跟彭越先生的冤狱有关，也跟刘邦先生的残忍杀戮有关。刘邦先生把彭越先生剁成肉酱分别送给各地封王，他阁下的意思是展示他的血腥镇压，等于宣布曰："谁敢叛变，我就对谁下此毒手。"他以为这样可以收到恐吓的效果，却想不到效果恰恰相反，英布先生看到肉酱之后，大吃一惊，咦，老流氓这么残酷，说不定哪一天兽性会发作到俺头上，如果不早日脱身，就悔之晚矣。于是，他拥兵割据，脱离中央政府。

——固然是人同此心，心同此理，然而人们因性格不同、性灵不同、知识见解立场不同，对同一刺激，会有不同的反应，政治的复杂性正在于此。

当英布先生叛变的消息传到首都长安（陕西西安）时，因他阁下实力雄厚，西汉政府大为震动。恰恰刘邦先生有病，躺在床上哼哼，就打算教皇太子刘盈先生率领大军出征。四个白头发老头，魂不附体，曰："皇太子统兵，大事不好。"立刻找到吕释之先生——皇太子刘盈先生的舅舅，警告曰："皇太子亲率大军，讨伐叛徒，大胜而归，有啥功劳？皇太子位极人臣，不能再升官矣。可是，万一打了败仗，那可不得了，皇帝要废掉他时，就有了借口。而且他所统率的那些将军，都是想当年跟刘邦先生打天下的亡命之徒，一个个桀骜不驯，教一个年轻晚辈高高在上当他们的元帅，简直是教绵羊驱使狼群也，恐怕他们不会尽力。所以此行无功，听说皇帝老爷曾咬牙曰：'说啥也不教不肖子（刘盈）居爱儿（刘如意）之上。'形势至为明显，终有一天，皇太子的宝座会保不住。"如此如此，这般这般，教了吕释之先生一套，吕释之先生再把这一套转教给姐姐吕雉女士。

于是，吕雉女士去见刘邦先生，向她这位已无感情的老丈夫泣曰（这眼泪来得不易）："英布是天下猛将，善于用兵，眼前的一些将领，都是你的同辈老朋友，如果教刘盈统军，恐怕他们心里不舒服，不肯听令。消息传到英布耳朵里，不会把中央军看在眼里，一路西攻，势将无人阻挡，政府危矣。你虽然有病，仍得御驾亲征。不必骑马，躺在车上指挥，也是一样，将领们就不敢不尽全力啦。你虽然辛苦一点，却可成功。老哥呀，为你的妻，为你的子，跑一趟吧。"刘邦先生一听，原来他这么重要，龙心一悦，病就好了一半，但他仍号叫曰："我早就知道那小子不能办事，还是老子亲自出马吧。"

——台湾有部电影，片名《师妹出马》，硬是被电影官禁演，好容易弄明白禁演的理由，原来"出马"不可以，"出关"可以，于是只好改为《师妹出关》。这也是官场奇闻之一。我们不知道官脑筋与民脑筋有何不同，只知道刘邦先生幸而生在公元前二世纪，才能出马。如果他阁下不幸而生在公元二十世纪，恐怕只好出关矣。

英布先生的叛变，最后失败，他不是刘邦先生的对手。刘邦先生回到首都长安后，病情加重，更急着要换皇太子。可是有一次，在宴会上，刘邦先生看见刘盈身后站着四个白头发老头，都在八十岁以上，仙风道骨，"尾大"得跟柏杨先生一样，不禁问曰："他们是干啥的？"等到晓得竟然是商山四皓，大惊曰："我找你们多少年，你们逃得无影无踪，现在却追随我儿子，这是为啥？"四老头答曰："你既看不起人，又好骂人，我们不愿受这种侮辱，才拒绝跟你见面。皇太子忠厚仁孝，又敬爱知识分子，天下人都愿为他效死，所以愿意侍奉左右。"刘邦先生谢曰："那么，就拜托四位照顾他。"当他们告辞时，刘邦先生一直望着他们的背影，心有所思。

退朝之后，刘邦先生回到皇宫，告诉戚懿女士曰："我本来决心要换皇太子的，可是有商山四皓辅助他，羽毛已丰，难动摇矣。吕雉皇后将成为你的主人矣。"这对戚懿女士，是一个绝望的打击，受到的是已无力翻本的惨败，她流下眼泪，而这时眼泪已经无力挽回大局。她不明白刘邦先生为啥在乎四个白发老头，但她不敢坚持。刘邦先生叹曰："好吧，你为我跳楚国乡土舞，我为你唱楚国乡土歌。"

歌曰：

鸿雁高飞　一举千里

羽毛已丰　横绝四海

横绝四海　当可奈何

虽有弓箭　何处去施

歌声是怆凉的，是一种眼看着自己心爱的人掉下悬崖，却无法营救的悲苦心情。戚懿女士更是彻骨悲痛，她只有边舞边哭，终于泣不成声。她已料到自己的不幸结局，但她没有料到她的不幸结局是那么可怖。

◉捣米歌

刘邦先生不改换太子的原因，我们所叙述的，是正史上的说法。有人以为四个白头发老头，恐怕没有这种力量。刘邦先生一旦性起，不要说四个白头发老头，纵然一百个白头发老头，他也不放在眼里。问题是，刘邦先生有他的一套，他这一生从不做顾前不顾后、一意孤行的事，这是他的绝顶智慧。戚懿女士的战略显然有一个极大的错误（她不久就为她的错误付出了代价），她的错误不在于她胆敢夺嫡，而在于她始终是孤立的，除了抓住皇帝老头一个人外，她没有在宫廷中和政府高级官员中，建立党羽。而吕雉女士却广结善缘，从她以皇后之尊，竟向周昌先生下跪，可看出她的手段，运用之妙，已出神入化。四个白头发老头代表一种巨大的支持力量，刘邦先生考虑到戚懿女士的处境，一旦硬生生地把刘如意立为太子，而自己死后，母子们可能因得不到支持，连饭都没得吃的。他现在烦心的，不再是把刘盈赶下宝座，而是如何保全他最心爱的戚懿女士母子。

可是，他想不出妥善的办法，这正是专制政体的悲剧——在以后两千年间的历史中，这种悲剧层出不穷，花样翻新——那就是，威风凛凛的专制魔王可以保障他的生前，但他无法控制他的身后，他所最爱的人，在他断了气之后，被无情屠杀时，而凶手却打着爱他的招牌。

刘邦先生的苦闷，使他在皇宫中不断高唱他所作的那首"楚歌"，这真是一个讽刺，只不过十年之前，垓下的"楚歌"，困扰了项羽先生，把项羽先生逼上死路。而现在，刘邦先生自己的"楚歌"，使他沮丧绝望，束手无策，纵有天大的本领，盖世的权威，也无法解开这个结。政府官员都知道皇帝的烦恼，但没有一个人能为他分忧。这情形被监察部的官员（符玺御史）赵尧先生看到，他怦然心动，他知道他升官的机会来啦。于是他问刘邦先生："你闷闷不乐，我猜想莫非是为了刘如意年幼，而戚懿夫人跟吕雉皇后又水火不能相容，想到你死了之后，母子不能保全乎耶？"刘邦先生曰："一点不错，我几乎愁死，可是，想不出办法。"赵尧先生曰："我给你出个主意。"刘邦先生曰："啥主意？"赵尧先生曰："刘如意的爵位是亲王，凡是亲王，都有封国；凡是封国，都有'国相'。如果陛下能派一个强有力的大臣，这大臣又素来受皇后和皇太子的尊敬，去担任国相，就可以啦。"刘邦先生曰："这办法很好，你看谁能够担任？"赵尧先生于是推荐周昌先生。他之所以推荐周昌先生，一则是周昌先生确实具备他所说的条件——事实上恐怕是他先选定了周昌，再说出他的条件。二则是，周昌先生外调"国相"（封国的宰相），空出来的中央政府的宰相之一（御史大夫)的位置，他就可以爬上去。

刘邦先生召见周昌先生，把决定告诉他，周昌先生一百个不愿意。他固然不愿意从中央政府的宰相降级到封国的宰相，同时他也知道刘邦先生死了之后，他根本抗不过吕雉女士。然而刘邦先生曰：“我知道这对你是降级，但我忧虑刘如意的性命，非你不能保护。无论如何，勉强为我做这件事。”遂即遣送刘如意先生到他的封国——赵国 (在河北南部，赵国的首府在河北邯郸)。

——呜呼，赵尧先生这主意，可谓馊主意。强硬的“国相”能保护得了亲王乎？真是肚脐眼放屁，没这回事。盖“国相”是中央政府任命的，既不能脱离中央政府而独立，他只有接受中央政府的命令。而刘邦先生死后，中央政府落到吕雉女士手中，除掉周昌先生比除掉一只蚂蚁还容易，泥菩萨过江，连自身都难保，怎么还能保别人哉？以刘邦先生的聪明才智，他不会想不到这些，但他已进入暮年，壮志已消，形势比人强，他不得不假装嘉许这个办法，为自己制造一个安全幻象，过一天算一天。

公元前193年，刘邦先生伸腿瞪眼，皇太子刘盈先生继承了皇帝的宝座，吕雉女士也当了皇太后。形势陡地大变，受迫害受排斥的人当令。吕雉女士不是一个心胸宽大的仁厚女性 (不过，换了一个男人，妻子娀上了小白脸，日夜计谋要把他扫地出门，他当令后的反应，恐怕不会比吕雉女士缓和多少)。吕雉女士不能忘掉她从戚懿女士那里受到的折磨，她立即展开报复。可怜的戚懿女士，她失去了唯一的靠山，当年吕雉女士受打击时，政府官员都站在吕雉女士那一边，而今轮到戚懿女士，却没有一个人为她说一句话。——其实，怨毒既已深入骨髓，即令有人说话，也没有用。

　　吕雉女士下令逮捕戚懿，囚禁在皇宫里的特种监狱（永巷），把她的头发剃掉，剃成光光的秃头，用铁链拴住脖子，穿上土红色粗布囚衣，教她每天捣米。这刑罚不但痛苦，而且羞辱。戚懿女士悲痛之余，一面捣米，一面歌曰：

　　儿子是亲王，娘是囚犯

　　捣不尽的米啊，跟死亡相伴

　　相隔三千里，谁能把信息传

　　任何人在这种情形下，都会发出这种悲歌。可是，经过政治的解释，意义又全不相同。吕雉女士听到后，勃然大怒：怎么，你还指望刘如意那小子发兵救你，大翻身呀。于是，她决定斩草除根。

◉人猪

　　吕雉女士既决定斩草除根，刘如意先生就没有命矣。当中央政府征召刘如意先生到首都长安的命令到达赵国的时候，身为国相的周昌先生，已晓得是怎么回事，他对钦差大臣曰："刘邦先生把刘如意托付给我，我怎能不尽我的全心？我们都知道，皇太后把戚懿女士痛恨入骨，现在征召刘如意，一定是母子全杀，我不能让他去。而且，刘如意正好有病，也不能去。"中央政府三次下令，都被周昌先生如此这般地三次拒绝。

　　以吕雉女士阴鸷的性格，她可以先把周昌先生干掉。干掉周昌先生易如反掌，现在，吕雉女士就是中央政府，中央政府就是吕雉女士，她只要一翻脸，说周昌先生抗命，就谁都救不了他。可是，周昌先生有太高的声望，而吕雉女士对他也有过感激之情，所以吕雉女士采用了较为温和的调虎离山手段，她下令征召周昌先生前来首都。

征召亲王，有国相可以拒抗，征召国相，就不能不接受命令。周昌先生只好上道。到长安后，晋见吕雉女士，吕雉女士跟当年向他下跪的日子不同啦，她现在贵为皇太后，上下大权一把抓。她一见周昌先生，就开骂曰："你这个糟货，难道不知道我跟戚懿母子势不两立，为啥不放刘如意来？"周昌先生曰："刘邦先生把刘如意托孤给我，我只要在一天，就要保护他一天。况且刘如意是现任皇帝的幼弟，刘邦先生最最疼爱。我从前保护现任皇帝，得到刘邦先生信任，所以盼望我也同样地能保护刘如意，免得他们弟兄骨肉相残。如果你怀着私欲私恨，我不敢参与，我只知道奉行刘邦先生的遗命。"这一番话说得吕雉女士哑口无言，呆了半天。但再严正的理由都不能改变一个人的私心——尤其是情绪上的私心。只有大智慧的人才能向理性屈服，而吕雉女士并不是大智慧的人，她只有太多的小聪明。

吕雉女士于是再下令征召刘如意。没有了周昌先生做主，他不过一个小孩子，只好前往。新坐上宝座的刘盈先生，他的年龄也不大，但他性格敦厚。按说，刘如意几乎把他的皇帝位置挤掉，他应该恨刘如意才是，可是他却顾念骨肉之情。当刘如意将到长安时，他亲自到郊外迎接，一直接到皇宫里。这一年 (前194)，刘盈先生才十八岁，没有娶皇后，他就跟刘如意先生食则同桌，睡则同床，一分钟也不离开。吕雉女士急得跳脚，刘盈先生这种做法，使她不能在不伤害亲生儿子的前提之下，施展毒计。

然而，明枪易躲，暗箭难防。不久，机会来啦。刘如意先生的年龄，史书上没有记载，但我们可以推测。公元前205年，刘邦先生打到山东，得到戚懿女士，假定她第二年，即公元前204年，生下刘如意，则公元前194年，刘如意不过十一岁，还是初级中学堂一名天真的大孩子，显然不知道大祸临头。其实即令他知道，他的年龄也不允许他有能力保护自己。他贪玩贪睡，这一年的冬天，有一天，刘盈先生一早爬起来，要去打猎，而刘如意先生还呼呼睡得正酣，怎么叫也叫不醒。刘盈先生以为这一会儿工夫，没有关系，就自己先去。吕雉女士的爪牙，密布在每一个角落，这正是表演忠贞的机会，小报告立即打过去。吕雉女士立即派人前往下手，凶手把刘如意先生唤醒，这时候他不能不醒，然后几个大汉按住他的手足，从口中灌下毒酒。我们可以想象到孩子的挣扎、呼救、哭泣。然后，当刘盈先生打猎回来，幼弟已七窍流血，死在床上。而且周围的人都指天发誓，没有一个人知道他暴毙的原因，甚至连吕雉女士也不知道。

吕雉女士干掉了刘如意先生，已无后患。接着，她下令砍断戚懿女士的双手双足，再把她眼睛挖出来，用烟把她的耳朵熏聋，又强迫她喝下哑药，扔在茅厕里，命名曰"人猪"。悲夫，写到这里，我们似乎仍可隐约地看到那幕惨景，一代美女，现在变成一个血肉模糊的肉棍，她光着头，两眼已成两个鲜血涔涔滴出的黑洞，耳朵听不见，千万痛苦，只能干张大口，呐喊不出。无手，无脚，不能站，不能拿，求生不得，求死不能。但她心里却仍清醒，她可能还在痴想和盼望她的爱儿来搭救她，也可能她在回忆昔日和刘邦先生恩爱的往事，但她只有从黑洞中流下血泪。人间最残酷的刑罚落到一个女人身上，而下令处刑的却是另一个女人。

吕雉女士不但这样处置了戚懿女士，她还教她的皇帝儿子刘盈先生，前去参观她残暴的成果。刘盈先生一瞧，毛骨悚然，询问宦官那个蠕蠕而动的肉棍是啥。宦官只好告诉他是戚懿女士。刘盈先生放声大哭，曰："这不是人的行为，我是皇太后的儿子，对皇太后没有办法，但我已不能治理天下矣。"过度的伤心和过度的受惊，使刘盈先生一病不起。

刘盈先生是公元前188年逝世的，他的死，带给吕雉女士八年之久的风光，也带给吕雉女士全族男女被屠罄尽的灾祸。假定说人间有因果报应的话，这个报应也够惨烈。

戚懿女士死于何时，史书上没有记载，我们想她大概活不过公元前194年。

千娇百媚的如花似玉，如此下场，使人千载之后，仍为她唏嘘。一个不知道利害的女人，靠着丈夫的关系去玩政治，危矣，哀哉。

张嫣

（汉孝惠皇后）

时代：公元前二世纪十至二十年代

其夫：西汉王朝第二任皇帝

汉惠帝刘盈

遭遇：囚死

◉一桩乱伦的婚姻

在戚懿（戚夫人）女士惨死后的第三年，即公元前191年，张嫣女士跟汉王朝的第二任皇帝刘盈先生结婚，成为名实相符的真正皇后。在史书上，她的正式称号是"孝惠皇后"。当然，她只是大老婆，刘盈先生另外还有若干位美貌的小妻。

张嫣女士是刘盈姐姐鲁元公主的女儿，她是甥女，刘盈先生则是舅父，无论在当时和现代，都不可能结婚。可是，政治使他们成为可能。前已言之，中国宫廷是世界上最肮脏的宫廷之一，"人猪"都能出现，何况乱伦。尤其是，皇帝具有绝对的杀人权威，谁敢说他乱伦乎哉。何况刘盈先生自己并不当家，老娘皇太后吕雉女士威不可当，她要儿子娶谁，儿子就得娶谁。吕雉女士所以要刘盈娶张嫣，有她的深谋远虑，一则是要掩饰自己通奸的丑闻，一则是要亲上加亲，她不允许一个潜伏着不易控制因素的女人当现成的皇后。

按下张嫣女士跟刘盈先生结婚电钮的人物，还是吕雉女士的姘夫审食其先生。刘邦先生在世的时候，吕雉女士就跟审食其先生通奸，但他们小心翼翼，虽然高级官员们大多数都看出苗头，但刘邦先生却一直蒙在鼓里。呜呼，即以皇帝之尊，再加以刘邦先生杀人不眨眼，绿帽仍然横飞，男女间的情欲，岂是严刑峻法所能根绝的哉。刘邦先生翘了辫子之后，吕雉女士大权在握，逐渐地不再避人耳目。审食其先生既如此接近权力的魔杖，枕边床上的甜言蜜语，第二天就可能变成中央政府的命令，日久天长，他就开始尾大。吃不消他的朋友，遂千方百计，把这件丑闻传播开来，而且如所盼望的传到刘盈先生耳朵里。

母亲跟人通奸，做儿子的当然又羞又恨，而吕雉女士对戚懿女士和幼弟的毒辣手段，使刘盈先生对这位老娘，从心眼里就瞧不起。可是，老娘终是老娘，他无法对老娘下手，但他有法对姘夫下手，教审食其先生这家伙成为戚懿女士第二。

皇帝老爷蓄意要杀一个大臣，在一个既没有法治又没有人权的社会，比喝凉水都容易。刘盈先生随便找一个借口（史书上没有说找的是啥借口，反正这不重要），就把审食其先生逮捕，囚进监牢。从法治人权的角度来看，这明显是一件冤狱，人人都知道他为啥闯下了这滔天大祸，危在旦夕。

审食其先生最初并不害怕，他认为有情妇做他的内援，皇帝总不敢不听老娘的话吧。可是，吕雉女士遇到了困难，她在皇宫中也急得成了热锅上的蚂蚁，她本来打算要亲自向儿子说情的，但她见了儿子，想起自己做的丑事，老脸磨不开，每一次都无法开口。她接着示意朝中大臣出面，偏偏大家都乐意审食其先生一刀两断。而且跟张良先生所持的理由一样，这桩冤狱涉及皇帝的情绪，即令开口也没有用，甚至自己也可能陷进去，所以没有一个人肯为他出头，审食其先生这才发现，他是死定啦。

然而，他命不该绝，他的朋友，封爵为"平原君"的朱建先生救了他。

这要归功于刘盈先生的同性恋。刘盈先生那时还没有结婚，在皇宫的内侍中，爱上了一位漂亮的小子闳孺。闳孺先生小小年纪，面如桃花。跟审食其先生接近皇太后权力魔杖一样，他接近的是皇帝权力魔杖。朱建先生去闳府拜访他，屏去左右，咬耳朵曰："审食其先生下狱，外人都说是你阁下的主意，有没有这回事？"闳孺先生吓了一跳，这真是天大冤枉，他叫曰："我跟审食其先生根本没有见过几次面，怎么会是我的主意？这是啥地方来的消息？"朱建先生曰："啥地方来的消息并不重要，重要的是大家都异口同声这么说。可怕的是，审食其先生一死，下一个就是你啦。"闳孺先生眼如铜铃，他怎么想都想不通审食其先生的死，会跟他拉上因果关系。不但闳孺先生想不通，柏杨先生跟读者老爷也想不通。可是，经过智囊朱建先生一解释，理由就比你的鼻子生在你的脸上还要明显。朱建先生曰："你受皇帝的宠爱，人人皆知。审食其先生受皇太后的宠爱，也人人皆知。现在政府大权，操在皇太后手里，不过事关隐私，对审食其先生的事，说不出口。一旦审食其先生被杀，皇太后为了报复，明天就会杀你。母子之间，互相斗法，你跟审食其先生，凑巧夹在当中，还能活命乎哉？"闳孺先生急得汗如雨下，曰："依你的看法，只要审食其先生不死，我才能不死，对乎？"朱建先生曰："这还用说，你如果能哀恳皇帝，把审食其先生释放，不但审食其先生感激你，连皇太后也感激你。而你得到母子二人的欢心，岂止富贵而已，简直还要杠上开花。"

闳孺先生如梦初醒。不知道他用了些啥方法打动了刘盈先生的，反正，不久，审食其先生恢复自由，和老情人吕雉女士相见，胆战心惊地纠缠了一阵之后，吕雉女士想出一计，那就是赶紧为刘盈先生娶亲，一则让他搬得远远的，二则让他受女人的牵制，免得他总是虎视眈眈地找老娘的碴。

◉十六七岁的皇太后

刘盈先生于公元前195年登极，已十七岁。这一年（前191），已二十一岁矣。中国五千年来，盛行早婚制度，上自帝王，下至小民，往往十五六岁，还没有懂事，就被父母为他娶了老婆。刘盈先生以皇帝的身份，却一直空房独守，当然非常地不简单。

问题出在老太婆吕雉女士的私心上。盖她阁下生了一男一女，男孩刘盈是弟弟，女孩叫啥，没人知道，只知道她在老爹刘邦先生当了皇帝后，被封为鲁元公主，是姐姐。鲁元公主嫁给张敖先生，生了一个女儿，就是张嫣女士。这时张嫣只十余岁，吕雉女士计划使他们结亲，因为张嫣女士年龄还小，希望再拖几年。可是既然爆发了审食其先生的纰漏，也就顾不得年龄还小，立即要儿子迎娶。

然而，最大的困扰并不是年龄，而是辈分。张嫣是刘盈的甥女，刘盈是张嫣的舅父。这种血统上的伦理关系，纵是二十世纪最开放的社会，都不可能。附带发生的问题也很多，好比说，刘盈先生见了鲁元公主，是叫她姐姐乎？抑或叫她娘乎？真是人伦大乱，大乱人伦。中国以礼仪之邦自居，可是遇到这种禽兽行径，却没有一个圣人开腔。盖开腔的后果是，小者丢官，大者丢命。维护传统的卫道之士，教别人牺牲可以，教自己牺牲，可没人这么傻。

结婚的结果是，第一，吕雉女士在儿子刘盈先生身旁，树立了一个监听站，免得刘盈先生被别人操纵。第二，刘盈夫妇搬出了吕雉女士所住的长乐宫，搬到皇帝所住的未央宫。两宫相距两公里，这正合吕雉女士的意，她跟审食其先生就更高枕无忧矣。

公元前188年，刘盈先生病死，才二十四岁。依史书的含糊记载推测，身为皇后的张嫣女士，不过十六七岁，正是高级中学堂女学生年纪，还没有生育。但刘盈先生却是跟别的两位小妻生了两个男孩，一个男孩名刘恭，一个男孩名刘弘。依我们小民常情判断，随便指定一个继承宝座就行啦，既名正、又言顺，既合法、又合理。可是吕雉女士老奸巨猾，她倒是指定刘恭先生坐龙廷的，可是她却把刘恭先生的亲生母亲杀掉，宣称他是张嫣女士生的儿子。

——呜呼，刘恭先生的亲娘是谁，史书上连个姓名都没有，宫闱是个黑暗的魔窟，一个宫女生不如一粒沙，死不如一条虫。柏杨先生不能用较多的篇幅介绍她十分遗憾。她是千千万万死于非命的无名美女之一，悲夫。

刘恭先生被称为"前少帝"，他这个皇帝当然只是一个橡皮图章：一则吕雉女士以"太皇太后"的地位，根本不教他沾边。二则是他年纪太小，可能还不满十岁，所以他还不知道危机四伏。母亲被杀的事渐渐泄露，他哀号曰："太皇太后害死了俺娘，等我长大，一定要报此仇。"呜呼，赤子一点孝心，却招来杀身之祸。首先吃惊的是皇太后张嫣女士，继而更吃惊的是太皇太后吕雉女士，因为针锋直对着她这个凶手。刘恭先生的存在，显然成为一个定时炸弹，于是吕雉女士下令把孩子皇帝囚禁在宫廷监狱（永巷——戚懿女士囚过的地方），然后宣称皇帝政躬违和，不能主理国家大事，正在细心疗养。

——政治上的鬼话连篇，不但可厌，而且可呕。读历史读到这种庄严的谎话，能不扼腕叹息？

刘恭先生就死在监狱。这个只有几岁的顽童，是被绞死？被毒死？或被虐待死？我们都不知道，但我们可以推想出这位小皇帝，恐怕到死都不明白他为什么会受到这种待遇。

吕雉女士接着立刘恭先生的弟弟（也可能是哥哥）刘弘先生当皇帝，他被称为"后少帝"。这位刘弘先生没啥表演，但吕雉女士却表演了不少。想当年，刘邦先生当了皇帝之后，大会群臣，杀了一匹白马，跟大家盟誓曰："不姓刘而当王的人，全国人民共击之。"意思是，中国是姓刘的中国，不姓刘的外姓，顶多只可封侯爵，却不能封王爵。盖王爵跟皇帝只差一阶，再往上跨一步，屁股就可以坐到宝座上啦。

刘邦先生的话是"放屁狗"说出的"放狗屁"的话，把国家当成他阁下的口袋里的私有财产。不过"狗屁话"虽然是"狗屁话"，在当时刘家大小都鸡犬升天的时代，却成了金科玉律，至少它成为当时政治斗争的重要武器。吕雉女士偏偏不信这个邪，她要把姓吕的家人，也都封王。她问宰相陈平先生意下如何，陈平先生是有名的智多星，他知道凭他那没有军队支持的嘴巴，要想使吕雉女士改变主意，比登天都难，而且还可能送掉全家老命，就答曰："姓刘的当权，姓刘的当然当王，姓吕的当权，姓吕的当然也可以当王，这还有啥问题。"

吕雉女士于是有了理论根据，就把姓刘的一些大家伙，杀的杀、砍的砍。而自己的兄弟叔侄姐妹，一股脑儿出笼，封王的封王，封侯的封侯。

◉树倒猢狲散

吕雉女士把吕姓戚族都封成王爵侯爵，又命他们掌握兵权，自以为这下子可安如泰山。但政治的力量，是慢慢培植出来的，不能用直升机的办法往上升。直升机的速度固然很快，飞得也很高，但它没有根。而没有根的东西，生命一定短促；没有根的高位，更是人生第一冒险。首先是刘姓皇族反抗，接着是异姓大臣反抗。刘姓皇族反抗，因为在他们心目中，政权是姓刘的私产，不容外人夺走，即令夺一点点都不行，何况看情形姓吕的家属终有一天要把政权一口下肚。异姓大臣反抗，因为他们跟刘邦先生立下的血汗功劳和应得的报酬，都需要西汉政府存在，如果西汉政府不存在，不但他们的富贵荣华都落了空，甚至他们的老命也落了空。

这是一个排山倒海般的反抗力量，但对吕姓戚族最致命的伤害，还是在于吕姓戚族的自身，那些封王封侯的家伙，一个比一个差劲。这一点很容易证明，在刘邦先生东征西讨的艰苦岁月中，没有一个姓吕的在政治上、经济上或军事上，有过重大的贡献。太平日子，最容易埋没人才，战乱却最容易使英雄好汉出人头地，这些姓吕的竟没有一个出人头地，正因为他们不过一堆脓包。

现在，一堆脓包掌握政府大权，而身经百战的将军和诡计多端的谋士，却靠边站。呜呼，脓包即令做再大的官，仍是个脓包，他们认为只要坐在要紧的座位上，就等于控制了局势。

吕雉女士是一位女枭雄，但她并没有把刘姓政权推翻，建立吕姓政权的意思，她最大的愿望是她的娘家人永远当令，永远掌握政权，这样她才有安全感。可能她另有一种想法，必须她娘家人出面，西汉政府才能维持得住。然而，不管她脑筋里的蓝图是啥，只不过十五年风光，却把她的全体娘家人，一个个绳捆索绑，带进屠场。

吕雉女士最要紧的一项措施，是把她侄儿吕产的女儿——（可惜，我们不知道她的名字），嫁给刘弘先生，立为皇后。她企图用婚姻关系，巩固长远的政治利益。

公元前180年，吕雉女士逝世。大树一倒，攀登在大树上的猢狲，失去了依靠，下场可以预卜。三军总司令（太尉）周勃先生和一些大臣，发动政变，把吕姓戚族，不分男女，全部屠戮，当然也包括那位小吕皇后。

——小吕皇后在历史上只是一个小小泡沫，我们找不到再多的痕迹报道她。假使是孤立的事件，一个皇后死于非命，史书上会留下几笔。可是她之死只是因为她是吕氏戚族的一员，在千万个血流成河的尸体中，她不过只是尸体之一。我们可以想象到她从小所享受的富贵荣华，以及变生肘腋时的惊慌悲痛。

政变成功后，政变集团想到将来可能的后患。小皇帝刘弘先生是吕雉女士的嫡亲孙儿，皇太后张嫣女士是吕雉女士的嫡亲甥女，这是一个长期埋伏，如果不当机立断，等到情势稳定之后，他们全力反扑，政变的头目恐怕死无葬身之地。

于是，政变集团想到釜底抽薪的办法，那就是，一口咬定刘弘先生不是刘盈先生的亲生儿子。在专制时代，这一条罪状就够啦。大臣之一，封为侯爵的夏侯婴先生，带兵闯进皇宫，逼迫刘弘先生登车。刘弘先生发抖曰："教我到哪里去呀？"夏侯婴先生曰："这不是你住的地方，送你到外面去。"然后一直送到供应部（少府）囚禁。

在选择继任皇帝方面，政变集团内部起了争执：有人主张迎立刘邦先生的另一孙儿刘襄先生，他当时的封爵是齐王。可是另一派人反对曰："吕雉女士用她的娘家人，几乎把王朝搞垮。现在刘襄先生的舅舅在齐国的封土上，凶暴得像老虎一样，将来到了中央政府，谁还能控制他？是铲除了一个吕姓戚族，又来了另一个吕姓戚族矣。"讨论的结果，决定封为代王的刘恒（汉文帝）先生最为合适。刘恒先生是刘邦先生的儿子之一，性情比较温和，而主要的是，刘恒先生的娘和刘恒先生的老婆，都是贫寒出身，娘家人无法作怪。

就在刘恒先生喜气洋洋地坐上金銮宝殿的那天，政府高级官员，兴高采烈，歌舞升平。而那位可怜的吕雉女士的后裔，已被罢黜的小皇帝刘弘先生，却在供应部被一根绳索，活活勒死——也可能被灌下毒药。不管怎么样吧，史书上记载的是，他在那里"暴毙"。

现在轮到张嫣女士矣。她本是皇太后，即令刘恒先生坐龙廷，她也是皇嫂。可是政治既现实而又无情，刘恒先生有他自己的母亲，那是当然的皇太后，张嫣女士已没有立足之地，政变集团把她软禁在北宫(未央宫北面的一个小院子里)。贵阁下知道软禁是啥？软禁是一种只有吃喝而没有自由的刑罚，仅比坐牢高一级。张嫣女士从此和世界隔绝。

她过的是什么生活，以及如何消磨她的日子，没有人知道，只知道十四年后——公元前143年，她不明不白地死在囚禁她的床上。政变集团把她跟她的丈夫刘盈先生合葬，没有碑，没有坟墓。

薄皇后

时代: 公元前二世纪四十年代

其夫: 西汉王朝第六任皇帝

汉景帝刘启

遭遇: 无宠·囚死

◉坎坷的命运

现在，我们介绍两位纠缠在一起的绝世美女：一位是薄皇后，一位是栗姬。她们的命运有很多相同之处：第一，她们都是西汉王朝第六任皇帝刘启先生的妻子。第二，她们在世之日，都在剧烈的争风吃醋中过日子。第三，她们在结局上，都是败将，垮下来后，忧愤而死。但她们的命运也有很多不相同，被丈夫宠爱的程度不同，宫廷中的身份地位不同。

在叙述孝惠皇后张嫣女士的时候，我们提到刘恒先生。吕雉女士魂归天国，吕姓戚族全体被屠。政变集团拥立刘恒先生当皇帝，他是西汉王朝第五任皇帝。

——对历史事迹的叙述，我们采取的是实质性的正名主义，这跟孔丘先生意淫性的正名主义，恰恰相反。这得举个例子，从公元前八世纪起，楚王国就已建立，但孔丘先生在他编的《春秋》中，却仍咬定牙关，不称他们的元首是国王，而称他们是"楚子"。子，第四等封爵也，那是楚部落时代的产物，孔丘先生抹杀事实，仍活在过去的好日子里。我们的态度是："是什么就是什么。"是国王就是国王，是子爵就是子爵。西汉王朝皇帝的顺序，一些史学家，包括我们最崇拜的司马迁先生在内，在第二任皇帝刘盈先生死了之后，接着出现吕雉女士。吕雉女士死了之后，接着出现刘恒先生。把前少帝刘恭先生和后少帝刘弘先生，一笔踢出历史舞台。呜呼，历史学家跟科学家一样，一定要根据事实。吕雉女士不过大权在握罢啦，而大权在握并不等于国家元首。曹操先生也大权在握，不能说他就是皇帝。如果说曹操先生只是宰相，吕雉女士是皇太后兼老娘，那么，那拉兰儿女士也是皇太后兼老娘，不能说载湉（光绪帝）先生不算数。同样道理，我们认为刘恒先生应是第五任皇帝，他的宝座是上接第四任皇帝侄儿刘弘先生的，不是接嫡母吕雉女士的也。

刘恒先生的亲娘薄女士，有一段传奇故事。公元前三世纪九十年代，秦王朝崩溃，野心家纷纷起事，又恢复七十年代之前战国时代，列国林立。薄女士是一位私生女，她爹（史书上没有留下名字）是江苏吴县（今江苏苏州——编者注）人，跟故魏王国的王族女儿私通，生下了薄女士。等到故魏王国的落魄王子魏豹先生，起兵光复国土，重新建立王国，那位王族的女儿，就把薄女士献给国王。有一位星象家许负先生，未卜先知，远近闻名。他给薄女士相面，大惊曰："这老奶不得了，将来一定生一个天子。"天子者，皇帝国王的总称，即一国之主也。魏豹先生心花怒放，她的儿子既然是天子，她的丈夫不是天子是啥？那时刘邦先生跟项羽先生，正在混战，魏豹先生本来是向刘邦先生靠拢的，立刻向项羽靠拢，他计划一俟刘项二人筋疲力尽的时候，他再一网打尽。这算盘固然是如意算盘，可是他的武装部队没有力量支持这如意算盘。刘邦先生的大军攻下魏王国的首都邺城（河北临漳），捉住魏豹先生，而且在稍后处决。薄女士被送到奴工营（织室）做工，一切都告绝望，不要说天子啦，能恢复自由就不容易。想不到有一天，刘邦先生到奴工营参观，发现这个女奴还有几分姿色，下令把她送到皇宫。可是皇帝老爷身旁美女如云，把她弄到皇宫，不过一时兴起，过一会儿早忘了个净光。想不到又有一天，刘邦先生跟另外两位美女在一块儿调情，又出现奇迹。这两位美女，一位被称为管夫人，一位名曰赵子儿，她们小时候跟薄女士是最最要好的手帕交，曾互相盟誓曰，谁要是先富贵的话，绝不忘记贫贱的朋友。这时两位美女陪伴淫棍皇帝，可谓富矣贵矣，而薄女士却被冷在角落，永无出头之日。她们想起当初的盟誓，不禁笑起来。

——最后的两句话，《汉书》上的原文是："两美人侍，相与笑薄姬初时约。"柏杨先生对她们的"笑"，如芒刺在背。从语气及文章理路看，这个"笑"，没有同情、没有感慨、没有惋惜，却好像是一种讥嘲，讥嘲薄女士不自量力，妄图高攀。我不敢肯定这种解释是对的，但如果是对的话，这两个老奶，固王八蛋也。

然而，不管是善意也好、恶意也好，反正后果是一样的。刘邦先生问她们笑啥，她们据实以告。刘邦先生突然生出怜悯之心，当天就传唤薄女士睡觉。薄女士聪明异常，马上对曰："亲爱的老哥，我昨天才做了一梦，梦见一条龙爬到我胸脯上。"这话是不是真的，只有薄女士一人知道，梦中的事，外人再大的本领，都无法证实，但刘邦先生听啦，却浑身舒服，喜曰："这是大富大贵的征兆，那龙就是俺老汉呀。"只睡了那么一觉，薄女士就怀了孕，生了一个男娃，这男娃就是第五任皇帝刘恒先生。

——许负先生的预言应验啦，可惜魏豹先生却先垫了底。

刘恒先生八岁的那一年，被封为代王。而薄女士自从生产之后，刘邦先生也就不再找她，她只好再恢复冷清生活。所以在婚姻上，她是不快活的，她始终没得宠过，但也正因为如此，她不但保住了老命，也使她在三十四年之后，当了吕雉女士的角色，成为权威无比的皇太后和太皇太后。

●权势无补于爱情

薄女士因为得不到刘邦先生的宠爱，所以虽然跟戚懿女士一样，也生了一个男孩，但身为皇后大老婆的吕雉女士，却没有把她当作敌人，而薄女士也有自知之明，不敢有夺嫡的野心。刘恒先生的封号是代王，封地是现在的山西省，首府是现在的山西太原。当时戚懿女士的儿子刘如意先生，封为赵王，封地是现在的河北省南部，首府是现在的河北邯郸。刘邦先生死后，吕雉女士大权在手，把戚懿女士留住不放，而且立即囚进监狱，发生"人猪"惨剧。但对薄女士，却送她到太原，跟她的儿子骨肉团聚。于是，薄女士开始了她的好运，在代王的封地上，她是王太后，拥有最高权威和最高荣耀。她在太原过了八年的舒服日子——而以后到了长安，过的是更舒服的日子。

公元前180年，吕雉女士死掉，政变集团迎立刘恒先生当皇帝，这真是天上掉下来的喜事，薄女士顺理成章地，以娘亲的身份，当了皇太后。如政变集团所了解的，她的娘家人都很孤寒，不能构成危害中央政府的力量。但是薄女士发现跟皇家结亲真是妙不可言，她开始在这方面动脑筋。

刘恒先生有四个儿子：刘启、刘武、刘参、刘揖。刘恒先生登极后，封刘启当皇太子，刘启的娘亲窦女士当皇后。薄女士以嫡亲祖母兼皇太后的地位，为孙儿选定了妻子——太子妃，那就是薄女士娘家的侄孙女。可是，千算万算，不如天老爷一算，不知道什么原因，刘启先生却不爱这位祖母娘家的女孩子。只不过，在那个时代和他所处的皇太子兼孙儿的地位，他不敢，也无力反抗。

公元前157年，刘恒先生逝世。刘启先生坐上宝座，成为西汉王朝第六任皇帝，老薄女士高升一级，由皇太后升为太皇太后。小薄女士也高升一级，由太子妃升为皇后。问题是，再崇高的地位和再强大的背景，都不能赢得爱情。小薄女士身挟祖母兼太皇太后的权威，也不能教刘启先生爱她。所幸的是，刘启先生虽贵为皇帝，对他所不爱的小薄女士，也无可奈何，泰山压顶，动弹不得也。

——皇帝老爷也好，皇帝小爷也好，身旁的如花似玉、天姿国色，内三重，外三重，把他阁下围得水泄不通，要想杀进去，比登天都难。即令靠着外力，一下子杀到床上，如果没有两手，也抓不住。而一旦抓不住，一切就完啦。

刘启先生不能例外，他的姬妾比柏杨先生的银子都多，姬妾中最美艳的一位娇娃，就是栗姬。

栗姬女士是齐国人，她在宫廷斗争出现之前的事迹，也就是她的来龙去脉，史书上没有记载，只知道她姓栗，跟戚懿女士是同乡，如此而已。栗姬者，栗女士也，但我们还是称她栗姬女士，为的是多音节叫起来方便。

小薄女士最大的致命伤，固在于皇帝不爱她，但更重要的，还在于她"无子"——没有生下娃儿，她如果生下一个男孩，依当时的宗法规矩，那男孩就是嫡子，就是铁定的皇太子，母以子贵，小薄女士即令得不到丈夫的支持，也会得到礼教的支持，跟她的姑祖母老薄女士一样，一旦儿子坐上龙墩，她一定水涨船高，当上皇太后，那就受用无穷矣。

可是，小薄女士却没有儿子。而美艳如花的栗姬女士，却生了一个男孩，名曰刘荣。栗姬女士俨然戚懿第二，而她比戚懿女士更占优势，她雄心勃勃，不但要使她的儿子当皇太子，而且自己还要当皇后。使儿子当皇太子容易，因为身为皇后的小薄女士没有儿子，而当时皇太子的位置，又空悬在那里，只要皇帝刘启先生一句话，就定了江山，谁都没啥可说的。果然，公元前155年三月，刘启先生下令立刘荣当皇太子。

可是，把小薄女士挤下皇后宝座，就不那么简单啦，因为小薄女士有极为强大的靠山。想不到，到了四月，太皇太后老薄女士逝世，这对小薄女士是一个打击，对栗姬女士是一个喜讯。她的攻势更加凌厉，尤其这攻势正配合刘启先生对小薄女士的冷漠。四年后的公元前151年，刘启先生再下令撤销小薄女士的皇后封号。

——撤销皇后封号，就是把皇后逐下皇后宝座，皇后就不再是皇后矣。呜呼，二十世纪五十年代，伊朗国王巴列维先生，因他的王后索娜亚女士不能生育，也是撤销她王后封号的。可是，巴列维先生只能跟他的王后离婚，离婚之后，皇后老奶小行李一捐，去外国做富婆，想演电影就演电影，想写小说就写小说，想嫁王二麻子就嫁王二麻子，逍遥自在。但在中国的宫廷，这不叫离婚，而叫"废后"，皇后一旦被废，不当人子，只有继续关在皇宫之中，凄凄凉凉，直到老死。

又是四年之后，公元前147年，小薄女士就死在俗称的"冷宫"之中。"冷宫"并不是一年四季都开着冷气，也不是一年四季都堆满冰块，而是寞落寂清、坐以待毙的坟墓，没有温情，没有希望。

小薄女士是怎么死的，犹如张嫣女士是怎么死的一样，没有人知道。她在断气之际，可能看到另一位皇后（张嫣女士）的幽灵，向她招手。

栗姬

时代：公元前二世纪四十

至五十年代

其夫：西汉王朝第六任皇帝

汉景帝刘启

遭遇：气死

◉一个传奇人物的介入

小薄女士的罢黜，在栗姬女士来说，前途上的重要障碍，已经扫除，皇后的宫门，为她大开。

然而，煮熟了的鸭子，却硬生生地飞掉。主要原因是栗姬女士的特殊个性，其次原因是另一个比传奇小说还要传奇的人物，悄悄介入。

我们且从头说起。传奇故事开始于公元前三世纪九十年代西汉王朝建立之初，大将臧荼先生，封为燕王，封地是现在河北省北部，首府蓟城（北京）。他阁下不久就起兵叛变，被中央政府击败，封国没啦，封王没啦，老命也没啦。

——人生真是复杂而奥秘，五十年前这一场失败了的叛变，竟影响到五十年后一位美女和一位皇太子的命运。

臧荼先生一死，家属星散。他的一位孙女臧儿女士，凤凰变成乌鸦，也流落成为小民，嫁给槐里王仲先生。

——槐里，是首都长安（陕西西安）的一个卫星城镇，跟台北市附近的新店、新庄，高雄市附近的楠梓、凤山一样。

臧儿女士生下一男二女，男名王信，女名王娡、王兒姁。——王娡女士就是这个传奇故事的女主角。后来王仲先生死掉，臧儿女士拖着油瓶，再嫁给长陵（长安的另一卫星城镇）的一位田先生（史书上没有留下他的名字），又生了两个男孩，长曰田蚡、幼曰田胜（臧儿女士真是一个尤物，猛嫁猛生，也不嫌累）。王娡女士长大后，嫁给了金王孙先生，而且生了一个女娃。

事情发展到此，一切平常。可是一个多嘴的星象家，使事情发生突变，这突变直接影响到栗姬女士母子的生命。那位奇异的星象家姚翁先生，给臧儿女士的子女相面，一看到王娡女士，立刻口呆目瞪，喘气曰："你家大小姐，贵不可言，将来定生天子，身为皇后。"又看其他弟妹，一个个前途都像鲜花，可是总比姐姐差一丁点。姚翁先生在当时极负盛名，说话一定有相当根据。臧儿女士听啦，芳心大动，问题是，女儿既然已嫁给小民，如何能生天子？又如何能当皇后？偏偏事有巧合，正好刘启先生被立为皇太子，大肆挑选良家美女，送到太子宫服侍太子爷。臧儿女士一想，正是天赐良机，如果能把女儿送到太子宫，被太子爷看中，睡上一觉，生了一个男娃，将来就有可能如姚翁先生所言，那就荣华富贵，一并砸到头上。王娡女士虽然已有了丈夫女儿，可是一想起来美丽的远景，丈夫也不要啦，女儿也不要啦，听从老母吩咐，假装还是"十八岁姑娘一朵花"，就被献进了太子宫。

——王娡这样的女人，柏杨先生盼望朋友们千万不要碰上，碰上的话，麻烦可就大矣。只要黄金美钞往眼上一晃（现在则是只要绿卡一晃），恐怕马上就能脱裤子。

臧儿女士接着代表女儿向金王孙先生，要求离婚，金王孙先生又气又悲，气的是天下竟有这种女人，悲的是天下竟有这种怪事。他阁下就来一个以不变应万变，说啥都行，就是不离。老婆私奔，妍上太子爷，固然无可奈何，但我仍要保持这个名分。臧儿女士一瞧，好呀，从前俺看上你的金银财宝，才把女儿许配给你，可是跟太子爷比起来，你那点家产算屁，不离就不离，你敢摸老虎的屁股乎哉。

——星象家真是了不起，许负先生为老薄女士算命"生天子"，断送了魏豹先生的老头皮。姚翁先生为王娡女士算命"生天子"，断送了金王孙先生的美满姻缘。可是，他们的预言都应验啦，我们还有啥可说的。

王娡女士一进太子宫，刘启先生正当壮年，而她又拥有对付臭男人的丰富经验，于是立刻就上了床，而且以后天天上床，而且又推荐她的妹妹王皃姁女士也上床。在一个臭男人立场，女人越多越不嫌多。因这一项推荐，王娡女士在刘启先生印象中，认为她真是温柔敦厚，十分贤淑。

——女人们为了"贤淑"，就要做这么多的付出，这种贤淑，不贤淑也罢。二十世纪的老奶，如果仍以这种类型的"贤淑"自居，那可是天作孽，犹可逭，自作孽，不可活。等到痛不欲生，可不能怨别人。

王娡女士生了两个女儿：一位是平阳公主，一位是南宫公主(这两位姓刘的女娃，史书上没有名字，我们只好称她们的绰号)，又生了一个儿子。关于这个儿子，花样可多啦。史书上说，他生于公元前156年农历七月七日(俗称七夕)。老爹刘启先生曾做了一梦，梦见他的祖父刘邦先生告诉他，这个儿子应名"刘彘(即小猪)"，所以生下来后，谨遵祖训，就取名为刘彘。可是过了些时，觉得刘彘这名字，实在他妈的难听，才改名为刘彻。

——刘彘兼刘彻这小子，就是中国历史上有名的汉武帝。

◉性格决定命运

刘启先生不但有一位势利眼的老婆，还有一位势利眼的老姐——刘嫖女士，官封馆陶公主。这两个势利女人，左右夹击，我们的女主角栗姬女士，遂不得不死在她们之手。

刘嫖女士不仅是一位公主，而且是一位皮条专家，专为她弟弟刘启先生拉皮条。盖皇宫中美女妖姬，比蚂蚁都多，谁不希望陪皇帝老爷睡上一觉乎哉，可是谁又有机会睡上一觉乎哉？她们自不能厚着脸皮，亲自跑到皇帝面前苦苦乞求，唯一的办法是巴结姑奶奶刘嫖女士，求她大力引荐。刘嫖女士知道，她虽然贵为公主，如果得不到皇帝的欢心，公主也不过是个空壳子。而她看准了臭男人都有喜新厌旧的毛病，见一个爱一个，见一对爱一双，对如花似玉，犹如韩信先生将兵，多多益善。所以她博引旁征，把一些望眼欲穿的美貌娇娘，拼命介绍给老弟。刘启先生夜夜新婚，既感谢又感激，把老姐视为再生父母。

问题是，这种皮条功夫，严重地刺伤了栗姬女士。栗姬女士的美艳绝伦，在当时来说，恐怕坐第一把金交椅，她如果没有两下子，怎么击败群女，挤掉可怜的薄皇后也。可惜，她没有政治脑筋，她想独占皇帝老爷的爱情。呜呼，每一个皇帝老爷都是天生的多妻主义，对他的政权 (江山) 是独占的，对爱情却大公无私，做无穷无尽的付出，雨露均沾。有这种认识的美女，荣华富贵一生，没有这种认识的美女，也就是企图独占皇帝爱情的美女，她就要为这种企图付出代价。以栗姬女士的美貌，她应该有一颗玲珑剔透的心才对。可是，她却奇蠢无比，恨透了刘嫖女士。

好啦，栗姬女士的第一个敌人——薄皇后——刚倒下去，当她暗暗高兴，指日就可高升皇后的时候，她又制造了另一个更强大的敌人——刘嫖女士。刘嫖女士比栗姬女士聪明，她了解到，栗姬女士的儿子刘荣已立为皇太子，正宫不能久虚，栗姬女士迟早会坐到皇后的宝座上，冤家宜解不宜结。她希望和解，打算把女儿陈娇小姐许配给刘荣先生，不但可融化栗姬女士的愤怒，将来刘荣先生坐龙廷，她除了姑母的身份，还是丈母娘的身份，权威就更大啦。

前已言之，刘荣先生是公元前155年立为太子的，刘嫖女士立即派了一个媒婆（读者老爷可别把此媒婆当成京戏《法门寺》里的彼媒婆，皇家媒婆，如果不是亲王夫人，也是大臣夫人，或将军夫人，甚至也是一位公主），向栗姬女士提亲。刘嫖女士以为以她的地位以及相当相对的门户，准一提就成。而栗姬女士，假设她脑筋有她姿色的十分之一，她应该跪下来感谢上帝才对。可是，一个人的性格决定一个人的命运，她是一个驴子脾气，她认为这一下子复仇的机会来啦，你这个皮条大王，平常日子左介绍一个，右介绍一个，害得老娘气出砍杀尔，现在你想教你的女儿当太子妃，将来顺理成章地当皇后呀，做你妈的白日梦吧。于是，一口拒绝。拒绝时当然有一套说辞，史书上没有记载这一套说辞是啥，可能她阁下抓住机会，一连串冲天炮脱口而出，这当然使刘嫖女士恨入骨髓。也或许她来一个外交辞令，说得天花乱坠，声明俺那小子可配不上你那千金之类酸溜溜的话。不管怎么样吧，她这一拒绝，等于她按下自己死亡的电钮。

栗姬女士错过了这场化敌为友的千载良机，刘嫖女士不但没有使女儿当上太子妃，反而灰头土脸，当然既羞又愤。然而最重要的是，刘嫖女士警觉到栗姬的仇恨已不能化解，而她马上就要当上皇后，一旦老弟刘启先生死掉，她就是皇太后。到那时她大权在握，火山爆发，刘嫖呀刘嫖，你这个姑奶奶可有罪受的。想到这里，刘嫖女士决心先下手为强，要把栗姬女士连根拔掉。

计谋既定，刘嫖女士开始在老弟刘启先生的其他姬妾群中，寻找联盟。而我们上文所述的那位抛夫弃女、献身求荣的王娡女士，在一旁冷眼观察，早看了个透。她自入宫以来，生子生女，又得刘启先生宠爱，已心满意足，本不敢再有其他奢望，可是运气来啦谁都挡不住，幸运之门向她大开，她雄心再度勃勃，向刘嫖女士搭线。两个工于心计的婆娘，几乎一拍即合，成了最最要好的朋友，来往密切，如漆似胶。

最主要的节目发生在某一天，刘嫖女士提起结亲被拒的往事，恨得咬碎银牙。王娡女士可不简单，她并不跟着咒骂，而只一味自叹命薄，没有福气得到公主的女儿当媳妇。刘嫖女士灵机一动，想起来把女儿许配给刘彘小子也不错呀。王娡女士听了姑奶奶的话，正中下怀，恨不得马上拉开嗓门唱山歌，可是她仍自恨刘彘小子不过是个亲王，不是皇太子，将来不能当皇帝，怎么配得上耶。刘嫖女士冷笑曰："什么亲王太子，可不一定，天下事废废立立，太普通啦，人生祸福，更难意料。那姓栗的贱货，自以为她儿已经是皇太子，她马上就是皇后，将来就是皇太后，十拿九稳，谁都没看到眼里。哼，她忘了有老娘在，她的如意算盘恐怕打得太早。"王娡女士又激将曰:"皇太子是国家根本,怎么能随便更改?公主公主,你可不能那么办。"刘嫖女士曰:"是姓栗的不识抬举,怎能怪我。"

●嫉妒是自杀的武器

刘嫖女士和王娡女士,从此做了亲家,好不亲密,她们就开始第二步,箭头直指栗姬女士。

公元前151年,薄皇后被废,囚入冷宫。栗姬女士也知道两个婆娘对她不利,但她希望早日当上皇后,名分一定,就有力量对抗。刘嫖女士当然不允许她的愿望实现,她向老弟刘启先生说,栗姬女士是一个心术坏透了的蛇蝎,崇信并且使用巫术,咒诅那些曾跟皇帝睡过觉的美女;她不但邪恶,而且心胸狭窄,常在美女背后唾口水。刘嫖女士向老弟警告曰:"她这么阴狠恶毒,一旦你魂归天国,她以皇太后之尊,大权不受限制,恐怕'人猪'的惨祸,再见于今世矣。"

刘启先生要立栗姬女士当皇后,枕畔席上,不知道有多少次山盟海誓,任何挑拨的话,他都不可能听进去。可是"人猪"二字,却使他汗流浃背,一想起来漂亮的栗姬,忽然大发兽威,把他宠爱的一些美女,修理成那种样子,他简直一百个不相信。他决定亲自试探。

有一天,刘启先生跟栗姬女士在一起,装着漫不经心的模样,拜托曰:"我死了之后,那些曾伺候过我的姬妾,还有她们所生的孩子，都要请你好好地照顾她们。"栗姬女士一听那些狐狸精，蠢血就开始沸腾，又听说还要照顾她们和她们的儿女，脸色就更加铁青，紧闭嘴唇，一句话都不说。刘启先生看到眼里，知道已触到她的痛处，但他仍希望听到她亲口承诺，可是栗姬女士却像吃了哑巴药，硬是一语不发。刘启先生最初只不过一阵失望，接着他蓦地对栗姬女士感到厌恶。呜呼，你还没有坐上宝座，就如此强硬，连句温情的话都没有，我如果真的死啦，没有人可以制你，皇宫真要成屠宰场矣。越想越兴趣索然，再也坐不下去，站起来就走。栗姬女士瞧他连缠绵一下都没有，神色又跟往常不一样。受宠惯啦的人最不能忍耐冷落的突发，她愤愤然兼然然愤，就又哭又叫，又骂刘启先生"老狗"。其实那一年刘启先生才三十八岁，离老狗还十万八千里，他如果是老狗，柏杨先生不但博士加三级，也老狗加三级矣。不过，这不是年龄问题，而是反应问题。栗姬女士口出脏言，偏偏刘启先生耳朵奇尖，竟被他听见，事情就大啦。

——嫉妒是人类最可怕的自杀武器，人一嫉妒，眼也花啦，耳也聋啦，人性也扭曲啦，智慧也阻塞啦。人不能不嫉妒，但必须使嫉妒对自己的伤害，减少到最低限度，那只有拼命扑灭嫉妒和克制嫉妒。呜呼，嫉妒得越厉害，自己受的扭曲和伤害也越厉害，轻则事业失败，重则老命送终。栗姬女士的美丽固尤人可及，而她的粗鲁愚蠢，更无人可及。刘嫖女士并没有诬陷她，她确实可怕，她当权后，"人猪"的场面，恐怕确实不可幸免。

栗姬女士的固执和王娡女士的柔顺，成明显的对照，栗姬女士越火爆，王娡女士越心平气和。刘嫖女士更加强心战，抓住机会就向老弟刘启先生称赞刘彘小子聪明伶俐、孝顺厚道。而且想当年的某一天，刘启先生跟王娡女士同床，他阁下做了一梦，梦见一位仙女捧着太阳，递给王娡女士，王娡女士一口下肚。醒来后告诉王娡女士，王娡是何等头脑，她缘竿而上，说她刚才也做了那个梦，也梦见吞下一个太阳。而生刘彘小子时，老祖父刘邦先生也在梦中显形。现在经老姐一再提醒，刘启先生回想起来，历历如绘，刘彘小子可能来头不小。于是刘启先生决定易储——改换太子。

可是，马屁精却不晓得事情已有变化。薄皇后被废后的次年（前150），礼仪部部长（大行）上奏章给刘启先生。奏章上说，子以母贵，母以子贵，刘荣先生贵为太子，亲娘还是一个姬妾，理应请求栗姬即皇后之位。这奏章如果早上半年，马屁精可能受到重赏，可是晚上了半年，拍马屁遂拍到马腿上，刘启先生跳高曰："这种事情，你怎么能管？"下令逮捕礼仪部部长，打入天牢，并于稍后处决。而且一不做二不休，用快刀斩乱麻的手段，一并撤销刘荣先生的皇太子职位，改封为亲王。

刘启先生之所以采取一连串的严厉措施，因为他认为这是栗姬女士主使的。事实上，却是王娡女士主使的。王娡女士知道刘启先生对栗姬女士已经厌弃，唯恐他改变主意，或不忍心下手，那就仍是一个地雷。所以她示意礼仪部部长干这么一票，为的是要在老爹改变主意之前激怒他。刘启先生果然跳进圈套，栗姬女士纵有一百张嘴，也无法辩解。

栗姬女士是个愚人，她没有弄清楚皇家跟民间不同，皇帝跟小民不同，而她仍沉醉在小市民那种爱情的境界，连别的姬妾陪皇帝睡觉，都气势汹汹，不能忍受，又如何能承担得住自己的皇后没啦，儿子的皇太子也没啦的打击？只要儿子是皇太子，将来继承皇位，还有翻身的机会。而今，两大皆空。

而且，从此刘启先生再不见她，她的好日子已经过去，也再见不到刘启先生。深宫寂寂，长夜漫漫，往日恩情，都成过眼云烟，她病倒在床，奄奄一息。正在垂死挣扎时，宫女报告她消息，说刘彘那小子已立为太子，王娡女士已立为皇后。这更是致命的一击，她大叫一声，香消玉殒。一生争强争胜，现在全盘都输，悲矣。

阿娇

时代: 公元前二世纪六十

至七十年代

其夫: 西汉王朝第七任皇帝

汉武帝刘彻

遭遇: 被废·囚死

●金屋藏娇

栗姬女士之死，使人百感交加，她的褊窄度量害了她。当时的社会制度既然允许甚至鼓励皇帝老爷可以乱搞女人，身为他的女人之一的女人，就必须忍耐。吕雉女士从不干预刘邦先生跟别的女人上床，王娡女士还"贤淑"到把自己的妹妹也双手奉献。不能忍耐，就不能在皇宫生存。

栗姬女士的惨败，导使两个皇后先后出笼：第一个是王娡女士，她的阴柔武功使她在冷战中大获全胜。——中国有个古老的"鹬蚌相争，渔人得利"故事，栗姬是鹬，薄皇后是蚌，王娡女士则是捕鱼的老汉。第二个是阿娇女士，她正是我们要介绍的女主角。

公元前三世纪九十年代，刘邦先生与项羽先生同时崛起民间，推翻秦王朝统治的时候，东阳（安徽天长）的一些年轻人把县长干掉，要拥立在县政府做事的小职员陈婴先生当国王。陈婴先生的母亲是一位洞烛世情的老太太，她曰："自从我跟你爹结婚，知道陈家的人，从没有一个做过大官的。现在你小子忽然大贵大富，不是好现象。我的意思是，不要当国王，而只当一名将领。一旦成功，可能封侯；万一失败，既无大名，又无高位，也容易逃亡。"陈婴先生接受了老娘的建议，就率领那群毖少，投奔项羽先生。后来项羽先生的败象越来越重，他再投奔刘邦先生。等到西汉王朝建立，真的如老娘所料，被封为侯爵——堂邑侯。陈婴死后，儿子陈禄继承。陈禄死后，儿子陈午继承。陈午先生的妻子就是第六任皇帝刘启先生的姐姐刘嫖。而阿娇，就是他们的女儿。

公元前二世纪五十年代，西汉王朝的宫廷局面是：栗姬女士翘了辫子，王娡女士当了皇后。皇太子刘荣废掉，接着被诬陷入狱，在狱中自杀，刘彘当上皇太子。刘嫖女士千方百计要把女儿阿娇许配给皇太子，自然不放松这个机会。王娡女士母子的荣华富贵，既靠这位姑奶奶栽培，更不会让这个机会溜走。——鉴于栗姬女士的覆辙，也不敢让这机会溜走。

最著名的一次事件是，有一天，姑母刘嫖女士把侄儿刘彘小子抱在膝上哄他玩儿，问曰："娃儿，要不要娶媳妇呀？"刘彘小子曰："当然要。"姑母指着小女儿阿娇曰："阿娇好不好？"刘彘小子高兴得露出白牙，曰："要是阿娇给我做媳妇，我就盖个黄金宫殿给她住。"

——这是中国成语"金屋藏娇"的来源。不过当初的意思是指明媒正娶的大太太，千余年流传下来，变成小妻、情妇的专用名词矣。

阿娇女士啥时候跟刘彘小子成亲的，史书上没有记载，但我们可以确定在公元前141年之前。因为公元前141年，刘启老爹挺尸，刘彘小子继承皇位。而阿娇女士却已经当了几年太子妃啦。

公元前141年，刘彘小子十七岁——此后我们改称他为刘彻先生，前已言之，原是老爹嫌刘彘不好听，改为刘彻的。那一年，刘彻成了皇帝，阿娇也就理所当然地成了皇后。

阿娇女士的煊赫家世和煊赫地位，万人称羡。她从小到大，一帆风顺。可是，两件事情在她正当花样年龄，青春鼎盛的时候，沉重地砸到她头上。一是她不能生育，二是她企图用爱情以外的手段去挽回爱情。

我们说阿娇女士不能生育，太不周延，应该说她一直没有生育。对一个皇族妇女而言——尤其是皇后，生男孩子，几乎是她唯一的任务。没有儿子，便万事都休。历史上凡是没有儿子的皇后和姬妾，大多数结局都是凄凉的，甚至是悲惨的。盖"皇嗣"关系着政权的维持和国家的兴亡。贵阁下不见摩纳哥王国乎，以赌博闻名于世，成为欧洲世外桃源的国度。根据它跟法国的协定，一旦它的国王没有男性子嗣，就得归并法国。所以，当王妃葛丽丝·凯莉女士生第一个男孩时，全国若狂，盖庆幸国不亡也。

薄皇后之被废，主要因为她没有儿子，假使她有儿子，情况可能不一样。阿娇女士也一直没有儿子，而且长达十余年之久，大概她已二十五六岁，仍然如故。她和老娘刘嫖女士，都慌了手脚，千方百计，仅在医生身上，就花了九千万钱——九千万钱是多少，依当时购买力推断，五口之家，如果过普通的温饱日子，一个月一千钱就差不多啦，一年不过一万二千钱。九千万钱，五口之家，可过八千五百年，属于天文数字，但天文数字仍不能使她生育。这是第一个致命打击，她的皇后地位开始发出警报。但无子尚可用爱情弥补，不过在皇宫的天地中，无子必然削弱爱情，尤其是当别的美女生了儿子之后，爱情就更跟着淡薄，阿娇女士的皇后宝座咯吱咯吱，开始摇晃。

爱情的衰退，对阿娇女士是第二个致命打击。爱情衰退的意义是皇帝老爷不再陪她睡觉，不睡觉则子嗣就更绝望，而且她也受不了那种冷淡，于是她怨气冲天，事情就更糟。

●变成白痴

被父母宠坏了的孩子最大的危险是，他只想到自己，很少想到别人；只想到自己的想法，而很少考虑别人的想法。栗姬女士的遭遇并没给阿娇女士多少教训，她自以为她跟栗姬女士不同。第一，皇帝丈夫是她表哥，有先天的关系。第二，皇帝丈夫之所以能当上皇帝，都是她娘的功劳。所以，阿娇女士看到刘彻先生跟别的女人鬼混，简直火冒三丈，抓住机会就跟刘彻先生大闹，把刘彻先生大闹得也火冒三丈。好吧，俺陛下惹不起你，总怕得起你，就越发敬鬼神而远之。大闹既达不到目的，女人们最拿手的法宝祭出来，阿娇女士跑回娘家向老娘刘嫖女士鼻涕一把泪一把地哭诉。老娘爱女心切，忍不住找到亲家母——现在已身为皇太后的王娡女士，喋喋不休，抱怨个没完。

王娡女士是个工于心计的老太婆，她告诫刘彻先生曰："你年纪轻轻，刚登上宝座，大臣心里多少有点轻视，可以说人心不服。你先盖了明堂，太皇太后已大发脾气。而今你又惹姑妈不高兴，一旦发生什么变化，可不得了。儿啊，老娘是女人，我告诉你，女人的弱点是，最喜欢听好听的话，很容易对付，小心小心。"刘彻先生谨遵娘训，对阿娇女士又好起来。

——太皇太后者，刘彻的祖母，刘嫖的娘，窦太后是也。公元前140年，宰相之一^(御史大夫)赵绾先生，建议依照儒家学派的学说，建筑"明堂"，用以朝见诸侯。刘彻先生同意，可是窦太后崇信道家学派，讨厌儒家那一套，逼得赵绾先生自杀。

在强大的压力下，刘彻先生的屈膝是暂时的。爱情要靠自己的争取和培养，不能靠爱情以外的手段支持。不久，就发生卫子夫女士事件。关于卫子夫女士，我们将在之后专题报道，现在只报道这位出身低微的美女，原是刘彻先生姐姐平阳公主家的女奴。公元前139年，刘彻先生到姐姐家赴宴，看上了她，平阳公主就把她送进皇宫。想不到冤家路窄，偏偏被身为皇后的阿娇女士碰见。女人特有的直觉，使阿娇女士立刻发现这个新来的美女，是一个劲敌。刘彻先生向她解释卫子夫女士不过是姐姐家的女奴而已，这一解释更使阿娇女士浑身抽筋，好呀，皇宫里美女千万，还玩不够，连最低贱的女奴都上床啦。一跺玉脚，扭头便走。刘彻先生不愿为一个女奴，公开决裂，只好假装着她进宫来仍是女奴，把卫子夫女士放到一边。

可是，阴错阳差，刘彻先生又跟卫子夫女士打得火热。这还不算糟，糟的是，卫子夫女士竟然怀了孕。阿娇女士得到消息，更是暴跳如雷，认为刘彻先生骗她，刘彻先生也反唇相讥，说她不会生育，他以王朝的子嗣为重，不得不另辟别的出路。阿娇女士这时已嫉妒得发狂，理性全失，跟老娘刘嫖女士联合，要赶尽杀绝，首先把卫子夫女士除掉。刘彻先生也不是傻瓜，立刻知道这个阴谋，从此不再进阿娇女士的房门，只跟卫子夫女士守在一起，设防设备，严加保护。皇帝跟女奴的感情，反而日增。

这更使阿娇女士眼红，她的谋杀念头更加强烈。她最初的目的还在于挽救逆境，现在则只为了报复。一个人是会被嫉妒搞得丧失平衡的，她既杀不了卫子夫本人，就决心杀卫子夫家人。呜呼，纵是把卫子夫的家人杀光，只能使刘彻先生对卫子夫更加怜爱，不能使刘彻先生弃卫子夫如破鞋也。然而，嫉妒使人变成愤怒的白痴，阿娇女士跟老娘已不能静下心来分析思考。她们探听出来，卫子夫的弟弟卫青，正在建章宫当一名工友之类的低级职员，于是下令逮捕卫青。

卫青先生是个可怜的少年，他跟姐姐卫子夫女士不同父亲，却同母亲。卫子夫的母亲卫老奶，也是平阳公主家的女奴（卫子夫是女奴的女儿，阿娇女士怎能不气得吐血），丈夫死后，跟一位名叫郑季的男奴私通，生下来一个男孩，史书上记载他的名字是"青"，当时姓啥，却没有记载。

——中国传统史书最大的特点之一是嘴里像含个鸽子蛋，说不清楚。之二是往往只提名，不提姓。因他是私生子，所以可能一开始就叫卫青。但他后来又被郑家领去抚养，在当时多妻制度的社会下，他一定会叫郑青。反正史书说不清楚，我们也就打马虎眼，统统称他为卫青，免得脑筋记得太多。

卫老奶本身不过一个女奴，既通奸、又生子，已闹得不可开交，再要抚养这个孩子，真是千辛万苦。数年之后，只好送还给郑季先生。郑季先生已有几个儿子啦，他太太对丈夫在外面胡搞，恨入骨髓，怨气全出到孩子身上，不把他当儿子看待，而教他牧羊。卫青先生的那些同父异母的哥哥，也一个个势利眼，不把他当作弟弟，呵斥打骂，比家奴都不如。

◉乞灵于巫术

卫青先生整天牧羊，再整天受嫡母和异母兄弟的拳打脚踢，十余岁的孩子，已走入人生的绝境。可是，史书上说，有一天，他跟一群顽皮的孩子，遇到一个被剃光了头的囚犯，那人大概是半仙之体，他在孩子群中发现了卫青，吃惊曰："小娃，你今天虽然穷困，但看你的相貌，将来准大富大贵，定有侯爵之封。"卫青先生曰："我只是一个家奴，你吃啥豆腐？"那家伙曰："我精于相法，自信不会走眼。"卫青先生天性厚道，也不争辩，只叹曰："我只求不挨打挨骂，就心满意足矣，要说立大功、封侯爵，老哥，别拿我穷开心。"

——呜呼，太久的贫困和太久的屈辱，能使人志消气散。

然而，卫青先生却无法摆脱打骂。这样过了几年，大概二十岁时，他终于逃离郑家，投奔他的生母卫老奶。卫老奶只好禀报平阳公主，请平阳公主安置一个差事。平阳公主瞧卫青先生相貌堂堂，虎臂熊腰，满心欢喜，就用他当她的骑奴。每逢她阁下出门，卫青跟其他卫士，一同骑马护驾。对一个农奴来说，这已是一个很高的荣耀，此生此世，更不再有其他奢望矣。卫青先生在当了骑奴之后，结交了很多要好朋友，其中之一，就是后来当了将军，而且也封为侯爵的公孙敖先生。

卫青先生在平阳公主家到底当了几年骑奴，史书上没有记载，反正是稍后又被分派到建章宫当差。无论《史记》或《汉书》，对这个转变，都说得不清楚。我们认为可能是他老娘的恳求，跟平阳公主的推荐，才到建章宫当一名低级职员。官位虽小，总比当骑奴要高多啦，应是一个不次的升迁。

就在卫青先生高兴不迭之际，皇后阿娇女士下令逮捕他，并下令于逮捕之后，立即处决。想不到当那些打手把卫青先生捉住带走途中，公孙敖先生集结了他的那些狐群狗党，发动攻击，一场打斗，又把卫青先生夺回，然后急急禀报皇帝刘彻先生。刘彻先生一听，七窍生烟。他马上传见卫青，而且，立刻就擢升他当"建章宫总管"（建章监）兼皇帝的贴身卫士（侍中）。而且，你阿娇母女不是这么恨女奴卫子夫乎，好吧，我偏偏封她阁下为"夫人"，成为正式姬妾。在当时宫廷编制上，夫人的地位，仅次于皇后。老子就是这么干啦，你们母女最好活活气死。

——卫青先生的地位，经过这次生死边缘的一场逮捕，从此步步高升，直升到全国武装部队总司令（大将军），威震海内外。他率领军队，曾向匈奴汗国发动七次致命的攻击，使匈奴汗国一蹶不振，最后终于应验了星象家的预言，被封侯爵。而尤其有趣的是，公元前131年，平阳公主的丈夫曹时先生死掉，她打算再婚，跟她的亲信商量，政府文武百官中，哪一位权力最大而人品又好。亲信告诉她，只有卫青先生。平阳公主急曰："那小子是我的家奴，常骑马当我的随从，怎么能行？"亲信曰："那都是想当年的事啦，现在满朝文武，没有一个人比他更尊更贵，不嫁他这个顶尖的，难道嫁给一个二流的哉？"于是她竟嫁了他。

——卫青先生的遭遇，比传奇小说还要传奇。假使阿娇女士不那么恨他入骨，要置之死地，刘彻先生不可能兴起强烈反感，对他们姐弟，更爱更护。呜呼，命运之神的环节是连锁的，无论是恶性连锁或幸运连锁，环节都密密相扣。当初砍下第一刀的人，都不知道这连锁发展的方向。

身为皇后的阿娇女士，最初在卫子夫女士身上栽了斤斗，现在又在卫青先生身上跌了个狗吃屎。我们不认为阿娇女士不聪明，相反地，我们相信她有绝顶的聪明。问题是，一个绝顶聪明的人，一旦在某一件事上糊涂起来，也是绝顶的糊涂。阿娇女士已犯了不少可能使皇帝丈夫翻脸无情的错误，在打击卫青先生失败后，她又犯了最后一个错误，这错误使她狼狈地被赶下皇后宝座。

那就是，她在百药罔效后，再乞灵巫术，希望妖魔鬼怪帮助她生儿子和扭转丈夫的爱情。千挑百拣，她物色到当时最著名的巫婆楚服女士。楚服女士的巫蛊功力如何，在此二十世纪，我们不必再浪费时间去评估，不过她一定有她的两套——嘴巴上一套，魔法上一套，把阿娇女士搞得心服口服。楚服女士跟她的徒子徒孙，遂在皇宫之中，设坛请神，作法念咒，每天都要乱搞一次两次，好不热闹。嗟夫，阿娇女士虽然有无比的尊贵和无比的娇艳，但她到底一直生长在顺境之中，不知道人生的艰难。她忘了多少美女和美女的家属，都在监视她的行动，盼望她犯错——犯的错越严重越好。这种锣鼓喧天的干法，消息岂有不外泄之理。

刘彻先生终于接到报告，这一次他不再容忍。盖刘彻先生天不怕、地不怕，就是怕巫蛊。大概他自信对人的控制，绝无问题，而对那些看不见、摸不着的妖魔鬼怪，可是心胆都裂。所以为了巫蛊，他杀人无算，包括宰相、将军。——而在最后，还杀了亲生之子。

◉长门赋

刘彻先生对巫蛊既如此敏感，阿娇女士却恰恰触到他最敏感的禁忌。他的反应强烈而凶暴，那一年是公元前二世纪七十年代的第一年——公元前130年，刘彻先生下令查办，一场可怕的宫廷大狱，于焉兴起。可悲的是，如果这件事落到一个仁厚的法官之手，结局可能要缓和得多。偏偏刘彻先生把它交给张汤先生。张汤先生是西汉王朝著名的酷吏之一，遂一发不可收拾。

——我们常听到办案的朋友理直气壮曰："我跟你远无仇、近无怨，我害你干啥？"乍听起来，无懈可击，可是事实上，却正在这节骨眼上，用"无仇无怨"，来烘托他是多么公平。任何酷吏都六亲不认，尤其不认法律，而只认权势。他们要在倒霉分子身上，表现他的破案才干，以博取当权老爷的欢心。张汤先生的残酷手段：苦刑拷打和自动招认，对付巫婆和无依无靠的宫女宦官，游刃有余。

结果是，包括楚服女士在内，三百余人，全部砍头。至于皇后阿娇女士，"依照法律"，她横肆咒诅，大逆不道，也应该砍头。刘彻先生大概觉得老婆被执行死刑，太不像话，只下令废掉阿娇女士的皇后职位，囚禁在长门宫。

这是一个晴天霹雳，阿娇母亲兼刘彻姑妈刘嫖女士，既羞惭又害怕，慌慌张张进宫，向刘彻先生叩头请罪。呜呼，时换星移，形势大变，现在已是刘彻时代，不是刘彘时代矣，姑妈竟向侄儿下跪。想当年把侄儿抱到膝上"金屋藏娇"的往事，已成云烟。不过刘彻先生仍记得他之所以能坐上金銮宝殿，全是这位姑妈之功，也多少有点尴尬。他承诺他会厚待阿娇女士，而且一定常去探望。

阿娇女士从最高峰忽然跌到深谷，她希望老娘能救她，但老娘已非当初的老娘，当初的老娘有皇太后和哥哥皇帝作为靠山，而今侄儿到底隔了一层，连自身的富贵都不见得能保。阿娇女士还渴望刘彻先生"常来探望"，可是，事情已到这种地步，刘彻先生当时的承诺不过一句屁话。所以，不久，阿娇女士就发现，她已再无机会。

但她仍在挣扎，她听说文学家司马相如先生的赋，深得刘彻先生的欣赏，于是，她乞灵于巫术失败后，再乞灵于文学。她希望司马相如先生以她为主题，写一篇赋，教由宫女们传诵，希望万一刘彻先生听到，激起他的旧情。这篇赋的稿费是黄金三十五公斤。恐怕是世界上最高的稿费矣。司马相如先生接受这个任务，写出中国文学史上著名的《长门赋》。

赋曰：什么地方的美丽女娃啊，玉步轻轻来临。芳魂飘散而不再聚啊，憔悴独自一身。曾许我常来看望啊，却为了新欢而忘了故人。从此绝迹不再见啊，跟别的美女相爱相亲。我所做的是如何地愚蠢啊，只为了博取郎君的欢心。愿赐给我机会容我哭诉啊，愿郎君颁下回音。明知是虚言而仍认为是诚恳的啊，期待着相会长门。每天都把床铺整理好啊，郎君却不肯幸临。走廊寂寞而冷静啊，风声凛凛而晨寒相侵。登上兰台遥望郎君啊，精神恍惚如梦如魂。浮云从四方涌至啊，长空骤变，天气骤阴。一连串沉重的雷声啊，像郎君的车群。风飒飒而起啊，吹动床帐帷巾。树林摇摇交接啊，传来芳香阵阵。孔雀纷纷来朝啊，猿猴长啸而哀吟。翡翠翅膀相连而降啊，凤凰由北，南飞入林。千万感伤不能安静啊，沉重积压在心。下兰台更茫然啊，深宫徘徊，直到黄昏。雄伟的宫殿像上帝的神工啊，高耸着与天堂为邻。倚东厢倍加惆怅啊，伤心这繁华红尘。

玉雕的门户和黄金装饰的寝宫啊，回声好像清脆钟响。木兰木雕刻的椽啊，文杏木装潢的梁。豪华的浮雕啊，密丛丛而堂皇。拱木的华丽啊，参差不齐地奋向上苍。模糊中它们生动地聚在一起啊，仿佛都在吐露芬芳。彩色缤纷耀眼欲眩啊，灿烂烂发出奇光。宝石刻成的砖瓦啊，柔润得像玳瑁背上的纹章。床上的帷幔常打开啊，玉带始终钩向两旁。深情地抚摸着玉柱啊，曲台紧傍着未央（曲台，台名。未央，未央宫）。白鹤哀哀长鸣啊，孤单的鹤鸟困居在枯杨。又是绝望的长夜啊，千种忧郁，都付与空堂。只有天上明月照着我啊，清清的夜，紧逼洞房。抱瑶琴想弹出别的曲调啊，这哀思难遣地久天长。琴声由F而转C、D啊，从凄恻渐渐而飞扬。中含着爱和贞啊，意慷慨而高昂。宫女们闻声垂泪啊，泣声织成一片凄凉。含悲痛而唏嘘啊，已起身却再彷徨。举衣袖遮住满脸珠泪啊，万分懊悔昔日的作祟。没有面目再见人了啊，颓然上床。用香草做成枕头啊，隐约约又躺在郎君身旁。蓦地惊醒全都乌有啊，魂惶惶若所亡。鸡已啼而仍午夜啊，挣扎起独对月光。看那星辰密密排列啊，毕昴星已移在东方。庭院中一抹如水啊，像深秋降下严霜。夜深深如年啊，心怀郁郁，多少感伤。再不能成寝等待天晓啊，乍明复暗，是如此之长。我唯有自悲身世啊，年年岁岁，对郎君永不相忘。

◉赏饭学的恶果

男女感情，一旦在基础上破裂，一方如果有一种如释重负的感觉，复合就不可能。读者老爷似乎可参考《霍光传》。霍光先生大权在握，威震天下，公元前一世纪二十年代，他阁下从小民群中，选拔了落魄皇孙刘询（汉宣帝）先生，当西汉王朝第十任皇帝。有一天，刘询先生跟霍光先生同乘一辆车，刘询先生如芒刺在背，浑身不自在。无他，霍光先生的虎威，使这个暴发户皇帝仍自顾形惭，于是霍光先生虽有天大的功勋，仍埋伏下被排斥的杀机。

我们可以想象得到，阿娇女士的心理状态恐怕不太正常，这不是说她疯啦，而是可能常常想起她对刘彻先生恩重如山。咦，你小子这个皇帝，可是俺娘给你弄到手的，还不是为了俺嫁给你乎哉。千言万语一句话，没有俺，焉有你？这种"赏饭学"嘴脸一出笼，当男人的就罪恶沉重，杀身难报。既难报矣，就会产生反抗。普通小民，有骨气的，离婚的离婚，出走的出走。没骨气的，因妻大人和她的娘家人财大气粗，跳不出她的手心，只好以裙带关系为满足。可是身为专制帝王，一旦他不吃这一套，就惊天地而泣鬼神矣。

刘彻先生的挣扎，第一次就碰了钉子，在老娘王娡女士的警告下，不得不屈服，可是心固不甘也。以后经过逮捕卫青先生事件，他已经大大地不耐烦，摩拳擦掌，待机而发，但他仍然能够克制。而最后出了巫蛊，才决定翻脸。翻脸之后，我们可猜想得出，刘彻先生可能有一种浑身轻松的感觉，他的目的不在杀她，而只求她阁下和她阁下那个炙手可热的老娘，离他越远越好。离他越远，他越觉得他才真正是一家之主，才能恢复自信和自尊。

在这种情绪之下，靠一篇《长门赋》，不可能改变态度。阿娇女士惨败到乞灵于文学功能，已说明她黔驴技穷。呜呼，刘彻先生是皇帝，不是小民。皇帝的特征之一是，周围的美女数都数不清。而被阿娇女士逼得跟她誓不两立的卫子夫女士，更正在得宠，她能允许她的死敌复活乎哉？酷吏张汤先生杀人如麻，他不过看眼色行事，事实上，都经过皇帝批准，那些哀哀冤魂，显然的全是阿娇女士的爪牙，或被认为是阿娇女士的爪牙。这其中不可能没有卫子夫女士的主意，她要把阿娇女士的势力，彻底清扫。

阿娇女士最后的努力落空，《长门赋》只在文学史上留下佳话，在现实中没有发生丝毫影响。更不幸的是，阿娇女士被囚禁后的次年，公元前129年，老爹陈午先生死掉，老娘刘嫖女士明目张胆地姘上家奴董偃先生，在侄儿刘彻面前，就更不敢说啥。这样拖了十余年，公元前116年，刘嫖女士也死掉。儿子们为了财产，发生骨肉相残。刘彻先生下令撤销陈家世袭的侯爵。阿娇女士到此，更毫无希望。

大概是公元前110年，阿娇女士只不过三十八九岁，正是丰满成熟的年龄，她终于死在长门宫。这个无期徒刑的美丽囚犯，临死时的心情，永留我们遐思。

最后，我们把《长门赋》的原文附录于后，要说明的是：第一，《昭明文选·长门赋序》中曰："司马相如为文以悟主上，陈皇后复得亲幸。"完全歪曲事实，这谎说得太离谱，爬格纸动物的往往强调文字力量的伟大，可称之为脸上贴金。第二，柏杨先生译为白话文，乃是看一句译一句，不了解的，没有时间去查字典。囫囵吞枣，笼统而下，如有阴差阳错，概不负责，一切以原文为凭。

原文曰：

夫何一佳人兮，步逍遥以自虞。魂逾佚而不返兮，形枯槁而独居。言我朝往而暮来兮，饮食乐而忘人。心慊移而不省故兮，交得意而相亲。伊予志之慢愚兮，怀贞悫之欢心。愿赐问而自进兮，得尚君之玉音。奉虚言而望诚兮，期城南之离宫。修薄具而自设兮，君曾不肯乎幸临。廓独潜而专精兮，天漂漂而疾风。登兰台而遥望兮，神恍恍而外淫。浮云郁而四塞兮，天窈窈而昼阴。雷殷殷而响起兮，声象君之车音。飘风回而起闺兮，举帷幄之襜襜。桂树交而相纷兮，芳酷烈之訚訚。孔雀集而相存兮，玄猿啸而长吟。翡翠胁翼而来萃兮，鸾凤翔而北南。心凭噎而不舒兮，邪气壮而攻中。下兰台而周览兮，步从容于深宫。正殿块以造天兮，郁并起而穹崇。间徙倚于东厢兮，观夫靡靡而无穷。挤玉户以撼金铺兮，声噌吰而似钟音。刻木兰以为榱兮，饰文杏以为梁。罗丰茸之游树兮，离楼梧而相撑。施瑰木之欂栌兮，委参差以糠梁。时仿佛以物类兮，象积石之将将。五色炫以相曜兮，烂耀耀而成光。致错石之瓴甓兮，象玳瑁之文章。张罗绮之幔帷兮，垂楚组之连纲。抚柱楣以从容兮，览曲台之央央。白鹤噭以哀号兮，孤雌跱于枯杨。日黄昏而望绝兮，怅独托于空堂。悬明月以自照兮，徂清夜于洞房。援雅琴以变调兮，奏愁思之不可长。案流徵以却转兮，声幼妙而复扬。贯历览其中操兮，意慷慨而自卬。左右悲而垂泪兮，涕流离而纵横。舒息悒而增欷兮，踪履起而彷徨。揄长袂以自翳兮，数昔日之愆殃。无面目之可显兮，遂颓思而就床。抟芬若以为枕兮，席荃兰而茝香。忽寝寐而梦想兮，魄若君之在旁。惕寤觉而无见兮，魂迋迋若有亡。众鸡鸣而愁予兮，起视月之精光。观众星之行列兮，毕昴出于东方。望中庭之蔼蔼兮，若季秋之降霜。夜曼曼其若岁兮，怀郁郁其不可再更。澹偃蹇而待曙兮，荒亭亭而复明。妾人窃自悲兮，究年岁而不敢忘。

卫子夫

时代: 公元前二世纪七十年代

至公元前一世纪初

其夫: 西汉王朝第七任皇帝

汉武帝刘彻

遭遇: 悬梁自尽

●幸运之神

一个人在年轻时，胆大包天，毫无所惧，连老虎的尾巴都敢拉，一谈到命运，立刻笑得牙齿全落。可是随着年龄的增长，逐渐觉得人生艰难，几乎时时都有命运之神的巨手，从中拨弄。看也看不见，摸也摸不着，逃也逃不掉，躲也躲不过。各式各样的格言隽语，在实践中总觉得有点"似乎好像不见得"，这巨手给人生带来最大的困惑。

卫子夫女士在汉王朝皇宫中崛起，是传奇性的。而凡是传奇性的，也就是命运性的。从一个女奴爬到皇后的宝座，没有自己的努力当然不行，但纯靠自己的努力，同样也不行，必然有许多不能预料又无法控制的因素介入。卫子夫女士温柔敦厚，小心翼翼，无论性格和品德，都无懈可击，可是正在她一帆风顺，即将高升皇太后之际，却又以意外的悲剧作为结局，使人不得不想起命运的力量。呜呼，大千世界，就像一座水泥搅拌器，而一个人（包括最尊贵的帝王皇后），不过水泥搅拌器中的一颗沙粒，身不由主地随着环境转动，不知道碰到些啥，也不知道终点是啥。

卫子夫女士的出场，在阿娇女士的篇幅里，已经叙述过，盖阿娇女士受到她严重的影响。不过，卫子夫女士和刘彻先生初见定情的那一段，却是一幅中国宫廷荒唐势利的片段画面。

在专制政体中，皇帝拥有无限权力，除了生他的老爹老娘之外，任何人都必须拍他的马屁，叔伯姑舅、兄弟姐妹，全都有志一同。拍得他舒服，就可钱权并至。拍得他不舒服，轻者没钱没权，重者脑袋搬家。

刘彻先生的老娘王娡女士，真是一个多产的老奶，她在前夫金王孙先生家，已生了一女。后来姘上了西汉王朝第六任皇帝刘启先生，又生了三女一男。三女是：平阳公主、南宫公主、隆虑公主，一男就是刘彘兼刘彻先生。

——从前，皇后也好、公主也好，都有名有姓。自从公元前二世纪六十年代之后，儒家学派借政治力量，逐渐控制中国人的思想，女人地位遂一天比一天低落，低落到没有独立人格，成为男人身上的一种零件。于是，就只有姓，而没有名矣。偶尔有姓有名，倒成了奇迹。柏杨先生只好跟进，曰"某公主"，曰"某皇后"。

三位公主都是姐姐，刘彻先生则是幺弟。幺弟当了皇帝，三个姐姐的气势当然非凡，但三位姐姐对这位幺弟，可不敢端姐姐的架子，只敢端拍马屁的架子。跟我们故事有关的大姐平阳公主，她生命的一部分就是对她的这位唯一的宝贝幺弟，全神贯注，不久她就发现刘彻先生一直没有儿子。在古老的社会中，认为不生儿子，责任全在老奶，而不在臭男人。这种跟科学恰恰相反的理论，似乎到现代二十世纪，有些别具心肠的朋友，仍坚持如此，造成千千万万家庭悲剧。

既然臭男人没有责任，平阳公主理所当然地认为，宫廷里虽然美女如海，仍不可靠。她就在她的公主府里，特别选拔了十余位娇艳如花的良家处女，组成一个小队——我们可称之为"捕帝队"，教她们琴棋书画歌舞，以及洒扫应对进退。在严格的训练下，无一不精。盖幺弟经常去大姐家闲逛，在闲逛时，平阳公主就把她们展览出来，左蹦右跳，专等上钩。这十余位美女的前途不可限量，万一被刘彻先生看上，就有"大热特热"的可能性，如果再蒙观世音菩萨保佑，生了一个儿子，那更了不得兼不得了。一旦为皇帝生下了继承人，连平阳公主都得倒转过来看她的颜色。卫子夫女士的出身是女奴的女儿，还没有资格进这个圈圈。她只是次一等的，平阳公主的歌女之一。

公元前139年（"罢黜百家，独尊儒术"的次年）农历三月的"上巳"日，刘彻先生去渭水之畔，祭奠鬼神，祈求去祸降福。

——"上巳"，农历三月上旬的"巳"日，是古代的节日之一。"巳"日是哪一天，没有固定，盖从前记年记日，流行的用天干地支，乱配的结果，配到哪一天算哪一天。犹如现在的母亲节是五月份第二个星期的星期日一样，只有肯定的排列，没有肯定的日期也。"上巳"那天，大家都到河边向上苍磕头如仪，然后跳到河里洗一个大澡，把冬天的霉气洗掉。这种动作，古人谓之"修禊"。呜呼，在公元前一世纪时，中国人对洗澡还不太习惯。北方天寒，冬天更是滴水不沾，即以刘彻先生皇帝之尊，恐怕身上脏得也颇为可观。他固然不可能呼咚一声跳到渭水里，但去主持国家大典，并乘机热闹热闹，固也是一乐。

——"上巳""修禊"，到了公元三世纪，才确定为农历三月三日。吾友杜甫先生诗曰："三月三日天气新，长安水边多丽人。"那些丽人便是去干这种勾当——是不是来一个脱衣下水，我们不知道，看情形脱衣的可能性不大，只是逛逛罢啦，实在遗憾得很。

而王羲之先生的"兰亭之会",更是公元353年农历三月三日的盛事。一批当官的和帮闲政客,大作其诗,而由王羲之先生写了一篇"序",这篇"序",因为写得龙飞凤舞、铁划银钩,成为书法家的珍品。不过这珍品已经遭劫,公元649年,唐王朝李世民大帝逝世,用它作为殉葬,与尸骨同朽,惜哉。

●炙手可热

公元前139年农历三月的头一个巳日,刘彻先生去首都长安(陕西西安)北郊渭水河畔的坝上,祭奠鬼神。祭奠鬼神已毕,返回皇宫途中,顺便到姐姐平阳公主家。皇帝御驾亲临,乃响雷般的大事,当然大开筵席。"捕帝队"的美女如云,也全部出动,围绕着他又歌又舞、又挨又挤、又夹菜又劝酒,还可能有人坐到他大腿上。如果是柏杨先生,早就魂销骨蚀,当场出丑。可是刘彻先生那一年虽然只不过才十九岁,正是兵强马壮的年龄,竟然毫不动心,盖他对脂粉阵可见得多啦。

平阳公主看到眼里,急在心头,只好退而求其次,再召次一级的娘子军出场。于是卫子夫女士的机会来临,歌舞到一半,刘彻先生的贼眼就在她身上骨碌碌地打转。呜呼,漂亮的老奶到处都有,而必须"光艳夺人",才算第一等天姿国色。尤其当美女满坑满谷之际,大家都差不多,没有突出的艳光,不能吸引见过场面的臭男人的注意。卫子夫女士显然具备这条件,而她也察觉到爱情开始在她耳膜上轻敲,也就用她的媚眼回报。平阳公主具有女人的细心和敏感，问老弟曰："那个小妞，模样如何？"刘彻先生恍恍惚惚曰："她叫啥？啥地方人？"平阳公主告诉了他，他失声曰："好个漂亮的娇娃。"说着，他站起来，说他有点热，要换衣服，向换衣服的房间（尚衣轩）走去。平阳公主使了一个眼色，卫子夫女士就追踪而至。

尚衣轩里发生了啥事，用不着细表。反正是事过景迁之后，他们终于出来，刘彻先生面有倦容，卫子夫女士鬓松发乱。平阳公主心里雪亮，表示愿把卫子夫女士送进皇宫，刘彻先生大为高兴。

卫子夫女士临入宫时，平阳公主摸着她的背曰："此去定然受到宠爱，保重身体，将来尊贵，莫忘了我们。"看情形一帆风顺，十拿九稳。可是人生道路总是曲折的，卫子夫女士入宫之后，首先遇到皇后阿娇女士的打击，而皇宫里的老奶，一个个杏脸桃腮，当皇帝的臭男人，取之不尽，用之不竭，刘彻先生跟卫子夫女士一度春风，不过有钱有权的大爷一时兴起。久不见面，早就忘了个净光。卫子夫女士的满怀热情，化作一腔凄凉，她才知道事情并不像她想象的那样简单，谁都帮不上忙。

然而，幸运之神再度照顾她。一年后，皇宫里因宫女过多——约略估计，那时的宫女约有一万人——刘彻先生要释放一批出宫。一些陷于绝望的老奶，都盼望自己也在释放之列。卫子夫女士想到未来，与其困在里面，年华逐渐老去，不如仍回到平阳公主家，仍当一个歌女，还可能觅取夫婿，终身有靠。所以，当她随着申请出宫的宫女群晋见皇帝，听候裁决的时候，她拜倒座前，忍不住流下眼泪。刘彻先生霎时间想起前景，就留住她，而且宠爱有加。

皇后阿娇女士的反应十分强烈，把气出到卫子夫女士弟弟卫青先生身上，经过情形，前已言之。想不到这场逮捕，反而引起刘彻先生对阿娇女士的厌恶和对卫子夫女士更深的爱怜。她阁下因祸得福，从此时来运转，应验了古人对专制政体的形容："一人得道，鸡犬升天。"于是——

卫子夫女士的大哥卫长君先生，稍后担任宫廷警卫官（侍中）。

卫子夫女士的弟弟卫青先生，稍后不但担任武装部队总司令（大将军），而且娶了他的主子平阳公主。

卫子夫女士的姐姐卫君孺女士，嫁给公孙贺先生。公孙贺先生稍后被封为侯爵，担任交通部部长（太仆），不久擢升为宰相。

卫子夫女士的妹妹卫少儿女士，最初跟平阳公主的家人霍仲孺先生私通，生了一个儿子霍去病，霍去病先生稍后跟舅父卫青先生并居高位，担任武装部队总指挥（骠骑将军），把匈奴汗国打得七零八落。再稍后，卫少儿女士把霍仲孺先生一脚踢开，看上了破落户陈掌先生，硬嫁给他。刘彻先生就命陈掌先生担任太子宫总管（詹事）。

而卫子夫女士自己，则生了三女一男。三女是：卫长公主、阳石公主、诸邑公主。一男是：刘据。公元前128年，刘彻先生正式封卫子夫女士为皇后，立七岁的刘据先生为皇太子。卫氏家族，势倾全国。任何人都不会想到一个女奴的女儿——也是一个女奴——竟手转乾坤，在西汉王朝中，建立如此庞大广泛而炙手可热的势力。世界上如果有传奇性事迹的话，这正是典型的传奇性事迹。当时民间就有歌谣曰：

生男不必太欢喜

生女不必心悲煞

试看卫子夫

一家霸天下

◉万箭俱发

当卫家势力鼎盛，万人称羡之际，已埋伏下覆灭的种子。首先是卫子夫女士年龄渐老。"老"对于漂亮女人是一种残忍的酷刑，任何美女都无法不老，而老了之后，容颜凋谢。卫子夫女士当然美貌绝伦，不绝伦便抓不住老帝恩，但人无十年好，花无百日红，年老则色衰，一天一天地不复当年。色衰则爱弛，刘彻先生自然不再顾念黄脸婆。所以到了后来，卫子夫女士虽贵为皇后，也很难见到皇帝一面。刘彻先生这时正沉醉在更年轻更漂亮的王夫人、李夫人、尹婕妤、赵钩弋女士等等的温香暖玉酥胸中。其次是，皇太子刘据先生，他遗传了母亲敦厚的性格，史书上说他"仁恕温谨"，而老爹刘彻先生，却聪明能干，反应灵敏，多才多姿。他嫌他儿子不够精悍，一点也不像自己。

这两种危机使卫子夫女士母子产生恐惧，盖千万双暗箭，正射向她，灾祸可能一旦爆发。刘彻先生也察觉到他们的不安，特别告诉身为武装部队总司令的卫青先生曰："皇太子敦厚好静，一定可以安定天下，我还有啥可忧虑的。如果挑选守成的君主，没有比皇太子更适合的人选。听说皇后和皇太子惶惶终日，如果真有这回事，请他们了解我的本心。"卫青先生除了感谢皇恩浩荡外，也深自庆幸。

很多迹象说明刘彻先生也确实有这种心愿。他阁下除了喜欢声色犬马外，跟秦王朝赢政大帝一样，也喜欢云游四方，到处乱逛。不过小民乱逛就叫乱逛，帝王乱逛，在官文书上则叫"出狩""巡幸"——"出狩"还像人话，"巡幸"就是狗话。不管人话也好，狗话也好，刘彻先生每次离开首都时，就把政府交给儿子刘据主持，把皇宫交给卫子夫主持。母子战战兢兢，诚惶诚恐，所做的决定，刘彻先生无不十分满意。刘据先生性情宽厚，对于死刑案件最后裁决时，如果发现是场冤狱，就立即加以平反，引起人民的赞颂膜拜。然而，任何专制政府，无一不是只重视官权，不重视人权的。刘彻先生所用的酷吏群，那些位高权重的官崽，以逮捕和杀戮为他们唯一的邀功和升迁途径，而皇太子似乎偏偏跟他们作对，断了他们的前程，自然怨声载道。最初不过窃窃议论，后来开始在刘彻先生面前婉转攻击。卫子夫女士感觉事态严重，再英明的人都挡不住如火如荼的小报告，何况，她深知刘彻先生并不英明，只不过一个普通的酒色之徒而已。她告诫儿子曰："遇到大事大狱，应该留待老爹决定，你可不要自作主张。"但是，刘彻先生却每一次都支持儿子，认为老妻太不坦诚。政府官员遂分成两派，尊重人权的是一派，尊重官权的又是一派。酷吏群是一个庞大的势力，他们对刘据先生的陷害，无所不用其极。

公元前106年，卫青先生逝世，官权派高兴得跳起来，大开香槟庆祝。盖老娘失宠，老舅又死，而宫廷中的父爱最不可恃，正是对刘据先生下手的时候。刘彻先生那年五十二岁，在古代的宫廷里，已算老矣耄矣。大概感到来日无多，而更加荒淫，卫子夫女士更难见他一面，攻击就更加猛烈卑鄙，这得举个例子。

有一次，刘据先生进宫晋见老娘，大概逗留的时间稍久，宫门警卫官（小黄门）苏文先生——官权派的小喽啰之一，向刘彻先生告密曰："皇太子跟宫女们乱搞起来啦。"刘彻先生倒还漂亮，好小子，你喜欢妞儿呀，立刻下令把太子宫的宫女，增加到二百人。苏文先生抹了一鼻子灰，心还不甘，他和他的宫门警卫官同僚常融、王弼二位先生，就更加紧收集刘据先生的过失。如果刘据先生没有过失，他们就捏造过失，并在捏造的过失上，加油加醋，使它不但变成真实的，而且是严重的。卫子夫女士把他们恨入骨髓，曾跟儿子密商，要儿子禀报老爹，杀掉他们。刘据先生这时已二十九岁，危机四伏的环境，培养出他的政治警觉，他知道仅只杀掉几个爪牙无补于事，反而更增加仇恨；而且，也未必能杀掉他们。他曰："我们以后只有更加小心，只要不做错事，老爹英明，向来不信奸邪，没啥可忧愁的。"恰巧刘彻先生有小病躺床，教常融先生召唤刘据，常融先生回报曰："皇太子听说你病啦，脸上一团高兴。"刘彻先生像挨了一记闷棍，一语不发。等了一会，儿子赶来，刘彻先生瞧他脸上有眼泪的痕迹，觉得不对劲，一再盘问，勃然大怒，把常融先生处决。

——呜呼，宫廷斗争是最可怕的斗争，盖任何斗争都有天伦的温暖，只有宫廷斗争，骨肉之间都不免猜忌诈欺。刘据先生的泪痕显然是伪装的，再孝顺的儿子，即令听到老爹横祸惨死，也不可能立即珠泪倾盆，而且一直持续到抵达现场。然而，我们不责怪刘据，斗争的残酷使他不得不用诈术以自保。父子之情，在宫廷中淡薄如纸。

●丧钟——公孙事件

中国皇帝群中，在位五十年以上的，得一个焉，曰辽帝国第六任帝耶律隆绪（圣宗）先生。在位五十五年以上的，则只有我们的男主角刘彻先生。他十七岁登极，七十一岁才总算翘了辫子，未免活得太长。一个专制帝王活得越长，他的罪恶也越多。并不是他本人不好，而是制度使他身不由主。无限权力使人发疯，长期的无限权力，不但使人发疯，还使人像猪一样地发疯。

握有无限权力的人，不管嘴巴说得如何漂亮，内心无一不恐惧死亡——尤其是被人宰掉的死亡。刘彻先生可以说是天下最幸福的人（假设幸福的意义是权和钱，以及可以随心所欲的话），如果他能够一直这样，那该多么好兼多么妙。可是他知道寿命有限，任何人最后都要挺尸，所以，他采取两项措施：一是积极的，大肆招揽巫法师（方士）为他烧炼不死之药，希望用小民的血汗钱，烧炼出一粒或两粒仙丹，吞下尊肚，就可永远活着，永远享受他的荣华富贵。

——幸亏这仙丹没有炼成，否则他阁下一直活到二十世纪的今天，而别的小民却一代一代死亡，我们可不会买他的账。老帝崽谋生乏术，在街上晃来晃去，凭他那两下子，恐怕去妓院当大茶壶都没人要。

另一项措施是消极的，那就是他严密地防范被人暗算，他不但恐惧人的暗算，更恐惧鬼神的暗算。在公元前二世纪那个时代，人们坚信用巫术可以致人死亡，所以刘彻先生对巫术也特别敏感。皇后阿娇女士之所以被废，囚死长门宫，并屠杀三百余人，就是起因于阿娇女士玩弄巫蛊。

关于他阁下求不死药部分，与我们无关，不必提它。关于防范巫蛊暗算，那正是事情的关键。

宰相公孙贺先生的妻子卫君孺女士，卫子夫女士的姐姐也，他们的儿子公孙敬声，继任老爹的交通部长（太仆）官职，荷花大少兼纨绔子弟，又兼公子哥儿。仗恃着老爹是宰相，姨妈是皇后，表弟是皇太子，舅父又是武装部队总司令，在长安城中，无恶不作。最后，公元前91年，他阁下戳了一个大纰漏，贪污军饷一千九百万钱（当时的购买力，大概值黄金五百公斤）。官权派乘机揭发，卫家再大的巴掌，也遮不住这么大的犯罪。在法律上，那是确定无疑的死刑。公孙贺先生爱子心切，想出了一个自以为奇妙之法。原来当时有侠客朱安世先生，劫富济贫，杀赃官，救小民，闹得大啦，连皇帝都大为震怒。可是，朱安世先生行侠仗义，朋友密布，虽然严令追缉，他仍逍遥首都。公孙贺先生向刘彻先生报告说，他愿捕获这个"剧盗"，来为儿子赎罪。刘彻先生应允。

在宰相的严厉督促下，朱安世先生终于落网。当他听到事情经过后笑曰："公孙贺想用我的性命去救他的儿子，我要教他满门灭绝。"于是他揭发公孙敬声的罪状：如何跟阳石公主私通，如何用巫术咒诅刘彻先生赶快死掉，又如何在刘彻先生常走的御道旁，埋藏咒诅用的木偶。

刘彻先生七窍生烟是在意料中的，下令将公孙敬声连同老爹公孙贺先生一并逮捕，交由司法部长（廷尉）杜周先生侦查。杜周先生也是西汉政府的酷吏之一，这下子生意上门，苦刑拷打兼软欺硬骗，案情向四下蔓延，卫家亲属，几乎牵连进去一半。包括刘彻先生跟卫子夫女士的两位亲生女儿阳石公主和诸邑公主，双双自杀；卫青先生的儿子卫伉，绑赴刑场，斩首。公孙贺、公孙敬声，囚死监狱，公孙家所有男女，全部屠戮。

——为了营救一个犯法的儿子，使全族数百口被杀，正是"因小失大"的注脚。而为了保护自己的性命，杀掉当事人也就够啦，却交由酷吏去左陷右害，连亲生女儿都杀，刘彻先生也太冷血。而酷吏是官权派的主流，他们怎么能放过打击人权派精神中枢的良机？呜呼，法律在能够独立执行时，才是法律，法律在政治的或私心的使用下，便不是法律，而只是流氓报复时用的扁钻矣。

在公孙事件中，卫子夫女士的女儿、姐姐、姐夫、侄儿，都死于非命。然而这只是一个开端，惨烈的剧变还在后面。官权派头目之一的江充先生，紧接着对卫家作最沉重的也是最后的一击。

江充先生是赵国邯郸（河北邯郸）人，他的妹妹嫁给赵王刘彭祖先生的儿子刘丹，因妹妹的裙带关系，成为刘彭祖先生的重要宾客。可是到了后来，刘丹先生疑心这位舅哥把自己不可告人的一些罪行，向老爹打小报告，郎舅之间，遂翻了脸。刘丹先生仗着他是法定的王太子，大发兽威，派人逮捕江充先生。江充溜之乎也，于是把江充的老爹和老哥抓住，一律斩首。江充先生逃到首都长安，遂向刘彻先生控告刘丹先生不但跟亲姐姐通奸，而且跟老爹的姬妾通奸，还交结土豪劣绅，抢劫小民。毫无疑问，他向刘丹的老爹打的小报告，大概也是这些。

●杀手江充

刘彻先生看到江充先生的报告，立即逮捕刘丹先生下狱。调查的结果是，证据确凿，理应判处死刑。可是，刘彭祖先生是刘彻先生的异母老哥，一再求情，甚至要求率领他封国的勇士，攻打匈奴汗国，来为儿子赎罪。在法律之前，儒家学派是不主张平等的，而有"八议"之条：

一曰　议亲之辟，亲属犯了法要商量

二曰　议故之辟，朋友犯了法要商量

三曰　议贤之辟，有道德的人犯了法要商量

四曰　议能之辟，有才干的人犯了法要商量

五曰　议功之辟，有功勋的人犯了法要商量

六曰　议贵之辟，有权势的人犯了法要商量

七曰　议勤之辟，工作努力的人犯了法要商量

八日　议宾之辟，帮闲拍马的人犯了法要商量

俗话云："王子犯法，与庶民同罪。"酱萝卜常用这话证明中国自古就尊重人权。事实上，八议之下，当官的几乎无一不可商量，官越大越不犯法，"刑不上大夫"是也。只有小民倒霉，一点也不可商量。古书上曰：凡在这八议范围之内，轻罪则原谅他，重罪则改为轻罪。不过在表面上，他们是犯了法。这正是传统文化的渣滓，法律不是公正的，而是可大可小的"说不准学"。

原文：

《周礼·秋官·小司寇》孙诒让先生正义："凡入八议限者，轻罪则宥，重罪则改附轻比，仍有刑也。"

扯得远啦，且归正题。刘丹先生是"八议"中的第一议（他是皇帝刘彻先生的侄儿），所以弄来弄去，仅不过剥夺他阁下王太子的角色。然而，一个小民能把王太子告垮，在当时，已造成大大的震撼。

不但小民震撼，连刘彻先生也震撼。他召见江充先生，对他的谈吐和态度，大为满意，任命他当首都特别警察厅厅长（直指绣衣使者），专门负责缉拿贼盗和维持社会秩序。他果然不避权贵，大大地露了若干手。有一次，某一位公主，仆从如云，奔驰在皇帝专用的御道（驰道）上，江充先生派人拦住，公主曰："皇太后曾有命令，特准我使用御道。"江充先生曰："既然特准公主使用，公主只能自己使用，别人不能使用。"把仆从和车马，

一律没收。

　　这显然是对皇太后的命令故意曲解，然而刘彻先生认为他守法不阿，大为奖赏。江充先生遂开始膨胀，走上挑剔苛察的路，成为官权派酷吏群之一，不久就跟卫家冲突。

　　起因于皇太子刘据先生的信差在御道上奔驰，江充先生把信差囚禁起来。刘据先生吓了一跳，派人向江充先生求情曰："我不是爱护信差，只是不愿老爹知道，这都是我的错，平常失于教导，求江先生从宽处理，赐给我自新的机会。"江充先生不但拒绝，反而原原本本报告给刘彻先生。刘彻先生大喜曰："当一个忠实干部，固当如此。"对江充先生更加信任。江充先生从此成为人人恐惧的人物，而他也以此沾沾自喜。

　　公孙事件发生于公元前91年。公孙家族屠灭后不久，不知道是气的，还是吓的，刘彻先生在甘泉宫（甘泉，位于首都长安西北八十公里，今陕西淳化北），卧病在床。那一年刘彻先生已六十七岁，正是随时都可以四脚朝天的年龄。江充先生忽然感觉到事态严重，灾祸正在他头上盘旋，盖万一刘彻先生死掉，刘据先生坐上宝座，公仇私怨，一旦报复，老命不保。于是，他在精密的计划下，走上偏锋。

　　江充先生的计划是把刘据先生陷进巫蛊巨案之中，连根拔除。他向刘彻先生一口咬定说，御体所以违和，完全是巫蛊作祟。前已言之，刘彻先生天不怕，地不怕，就怕巫蛊。他命江充先生负责侦查。一场可怕的屠杀，于焉展开。江充先生雇用了很多外国的巫术专家（胡巫）。在戒严令下，长安入夜之后，街上如同鬼域，没有别人，只有这些外国专家出动，四处寻找巫蛊。巫蛊事实上是不存在的，他们就把一些木偶之类，随意埋到人家门口，再用脏东西（可能是猪血狗血）污染，然后把那家的家人拘捕，拘捕后发生什么事，可以推猜得到。史书上说，那些酷吏把铁条烧红，在"人犯"身上火烙，再用铁钳去拔"人犯"的头发、牙齿，甚至更敏感的地方。自然一个个"坦承不讳""自动招认"。用句现代流行的话说，那就是"他自己承认啦"。这样地，一个巫蛊案接连一个巫蛊案，宣告破获。被处决的可怜小民，前后有数万人。那时，刘彻先生已经陷于歇斯底里状态，总在疑心有人害他，所以，虽然无数高级官员知道小民冤苦，可是，没有人敢说话。

"没有人敢说话"，是专制政体的丑剧和小民的悲剧。专制帝王像一个咻咻喘气的畜生一样，被一些不敢说逆耳之言的摇尾系统，团团困住，任凭他踢腾咆哮，总不能跳出这个人为的陷阱。

●皇太子叛变

江充先生在民间的栽赃，只是为了向皇太子栽赃铺路。当刘彻先生对江充先生的杀人如麻，表示满意后，江充先生抓住机会，命他的助手檀何先生（洋大人）提出报告说，根据严密而慎重的调查，巫蛊的大本营，就在皇宫之内。刘彻先生遂溜到甘泉，命江充先生搜查皇宫。

江充先生率领以檀何先生和苏文先生为首的特种部队，在皇宫中忙碌得像真的一样，意料中地，别的宫中都没啥，独独在皇后宫和皇太子宫，从地下掘出无数大大小小的木偶。尤其可怕的是，在皇太子的书房，还"顺便"查出语词悖逆的书信。这是大逆不道的真赃实据，江充先生宣称要奏报皇帝。而奏报皇帝的结局，皇后和皇太子只有死路一条。

最吃惊的是皇太子刘据先生，他对那些真赃实据，根本不知道是哪里来的。他向江充先生请求去甘泉拜见老爹，当面陈明，但江充先生坚持不允。刘据先生向他的老师（少傅）石德先生请教怎么办，石德先生曰："公孙宰相和两位公主，都因巫蛊被杀。如今江充如法炮制，目的在诬陷你们母子，你如何能为自己辩解？为了救命，不如逮捕江充，追究真相，再作打算。"刘据先生紧张曰："江充是奉老爹之命，怎能碰他？"石德先生曰："老爹正在甘泉养病，不能问事，奸党胆大妄为，如果不迅速反应，扶苏覆辙，恐怕再演。"

——扶苏先生，是秦王朝第一任皇帝嬴政先生的长子，被立为皇太子后，因为跟老爹意见不合，被派到北方边疆。公元前210年，嬴政先生死在游逛的归途上，宦官赵高先生跟宰相李斯先生，发动一项阴谋，假传嬴政先生的圣旨，把扶苏先生处决，而立嬴政最小儿子胡亥先生继任帝位。

刘据先生现在的情绪是既悲又愤，既恐又慌。最后，他决定反击，下令他的卫士，逮捕江充。江充先生虽有无比的聪明和无比的强大后台，料不到会出现这种场面。他被捉住后，立即砍下尊头。而那位帮凶檀何先生，则被活活烧死。

只有苏文先生漏网逃走，奔到甘泉向刘彻先生报告。刘彻先生惊疑不定，曰："皇太子一定因为在皇宫里掘出木偶，迁怒江充，等我唤他来问个仔细。"当即派人前往，可是这位钦差大臣，跟苏文先生一党，苏文先生向他使了一个眼色，他阁下立刻就明白他的任务。于是，在外面睡了一大觉，回来禀报曰："皇太子已经起兵叛变，不肯前来，反而要杀我，我只好逃回。"

任是父子之情，也经不起这种再三再四、再五再六、精密计划下的重重离间和节节挑拨。刘彻先生气得鼻孔冒烟，下令宰相刘屈牦先生逮捕皇太子。正好宰相府的秘书长，奔向甘泉宫报告事变，刘彻先生曰："宰相有啥行动？"秘书长曰："宰相因事情重大，秘不敢发兵。"刘彻先生跳高曰："事情已闹得天下皆知，还秘个屁？教刘屈牦马上逮捕叛徒，立即斩首，坚闭城门，不要让一个逃走。"接着再下令，首都长安附近（三辅）部队，由宰相全权调遣。本来张皇失措，怕得要死的刘屈牦先生，这时精神大振，率领大军，向太子宫进发。刘据先生骑虎难下，他虽然不愿跟老爹对抗，现在也不能不对抗。于是，他再假传圣旨，宣称老爹病危，奸臣作乱，奉命发兵讨伐。把狱中囚犯全数赦出，与太子宫警卫军联合，展开血战。刘彻先生担心他的军队失败，急从甘泉赶回长安，进驻城西另一个小皇宫——建章宫（就是卫青先生当过总管的地方）。这时双方血战正酣，刘据先生派人调发驻防在长水（陕西蓝田）及宣曲（陕西西安南）战斗力最强的外籍兵团（胡骑）。副部长级官员（侍郎）马通先生，是江充先生的党羽，他把信差截住杀掉，告外籍兵团曰："军令有诈，不可接受。"反而率领外籍兵团向长安疾进，加入围攻太子宫的宰相部队。西汉政府一向使用"节"作为皇帝诏令的信符，"节"是一根制造精美的竹竿，上面系的是红缨，刘据先生就用它来征调军队。老爹刘彻先生不得已，只好在红缨之上，再加黄缨，以示区别。刘据先生用红缨节征调长安北部军区司令官任安先生，要他发兵，任安先生还不知道真假，但觉得有点不对劲，于是在接受了红缨节之后，进入营房，下令戒备，拒绝出兵。刘据先生遂陷于缺少兵源的窘境，他只好突围，数万军民联合兵团，跟宰相刘屈牦先生的政府兵团，在长安城中，苦斗五天五夜，伏尸如山，血流如河。刘彻先生在建章宫发号施令的消息逐渐传出，民间开始知道皇太子叛变，追随他的人遂逐渐逃散。石德先生以及其他得力助手，也全部战死。刘据先生不久就不能支持，他带着两个儿子，向覆盎门（长安城的东门之一）逃亡，而覆盎门早已关闭。正在焦急万状，副宰相（司直）田仁先生，看到眼里，于心不忍，开门放他逃走。刘屈牦先生一看事变主角被放出城，就要处决田仁先生。宰相之一（御史大夫）的暴胜之先生曰："副宰相是政府高级官员，应该奏明皇帝才对，怎么能随便下手乎哉。"刘屈牦先生觉得也有道理，就把田仁先生释放。

●一片血腥

刘彻先生正把亲生儿子刘据恨入骨髓，一听说刘据先生逃走，可能后患无穷，就立刻血压上升。又听说是田仁先生放掉，又听说暴胜之先生反对处决田仁，不由得两眼发红，暴跳如雷，喊曰："副宰相放走叛徒，宰相处决他，这是法律。暴胜之是什么东西，怎么敢说情？"暴胜之先生只好自杀。暴胜之先生都逃不过，田仁先生更逃不过。而刘彻先生又认为任安先生存心观望，是个投机分子。于是，田仁、任安，一齐腰斩。悲夫。

紧接着，刘彻先生派皇族总管（宗正）刘长乐先生和御林军司令官（执金吾）刘敢先生，到皇宫收回皇后卫子夫女士的御玺。呜呼，事情发展到这种天翻地覆的地步，已不是任何人力所能挽回。卫子夫女士听到刘据失败消息，就知道会有这种结局。她交出皇后御玺之后，拒绝再接受更屈辱的厄运。她是一个温柔敦厚的女性，但也是一个勇敢的女性，她痛哭了一场，然后悬梁自尽。卫子夫女士自公元前128年当皇后，到公元前91年自杀，当了三十八年，时间不能谓不长。她死时的年龄，不得而知，假定当皇后之年是二十岁的话，死时大概五十七岁。苏文先生兴高采烈地，把她的尸体塞进一个小小的薄棺里，然后草草地埋葬在长安城南的桐柏亭。卫子夫女士一生，在香淋淋的传奇中开始，在血淋淋的传奇中结束。但她的死并不能使事情也跟着结束。她带给卫姓家族三十八年之久的无比荣耀，也带给卫姓家族一霎时无比的灾祸。刘彻先生下令屠灭卫家三族，即令他儿子刘据的那些姬妾——一群可怜的美女，也一并逼她们自杀，凡是帮助刘据先生的那些太子宫的官员，都全族处决。刘彻先生已发了疯，数十万人在他盛怒之下丧生。

关于卫子夫女士，我们报道到这里为止。为了故事的完整性，我们继续报道她儿子跟那些对头的命运。

刘据先生逃出长安后，带着两个儿子，一直向东，逃到湖县（河南灵宝），投奔一位住在泉鸠里（灵宝南七公里的小村落）的老部下。可是这位老部下太穷苦啦，全家日夜编织草鞋，用卖草鞋的钱供应他们。刘据先生难以为情，忽然想起就在湖县的另一位老部下，比较富有，如果能得到他的帮助，才有可能长久隐居。于是写一封信，雇了一位乡下人前往投递。想不到，这一封信泄露了秘密。是有钱的朋友出卖了他乎？或是霉运当头，乡下人被抓住了乎？反正是，这封信竟落到邻县的新安县县长李寿先生手中。他亲自出马，前往拘捕。刘据先生父子和老部下起而反抗，反抗当然失败。刘据先生只好追随他可怜的母亲卫子夫女士之后，也悬梁自尽。两个儿子和老部下，命丧刀口。惜哉，老部下的姓名事迹，没有留传下来，我们为他的侠义牺牲，流泪顶礼。

——卫子夫女士的骨肉，死得凄惨。然而，人生的变数太多，天下事往往不能一厢情愿地预料。刘据先生的儿子之一刘进先生，生子刘询。因祖父和父亲都是叛徒，他那时虽然还在怀里吃奶，照样被囚进监狱，而且几乎被对头害死。想不到，十七年后的公元前74年，宰相霍光先生忽然看上了他，拥戴他坐上宝座，成为西汉王朝第十任皇帝汉宣帝，此是后话。

卫子夫女士的全族屠戮，那些对头正在大喜若狂，庆幸全胜的时候，厄运也开始罩到他们的尊头之上。住在壶关（山西壶关）的小民令狐茂先生，冒着坐牢丧生的危险，上一份奏章给刘彻，为皇太子申冤。刘彻先生在杀了千万人之后，想起来到底是自己的亲生骨肉，又看到奏章，气已消了一半。刘邦陵墓管理员（高寝郎）车千秋先生接着再上奏章给他，这时，事过景迁，刘彻先生又查出刘据确实被江充逼反。车千秋先生在奏章中曰："儿子玩老爹的军队，罪不过打一顿屁股罢了。皇太子因过失误杀了人，又有啥罪？（柏老按：这是狗屁，然而有效！）我本不敢说这种话，是我梦见一个白头发老头，教我说这话的。"刘彻先生深深地感动，泣曰："父子之间起了冲突，别人实难插嘴。你能为皇太子申冤，定是俺祖宗刘邦先生，在冥冥中教你开导我也。"

刘彻先生遂即任命车千秋先生当礼仪部部长（大鸿胪），然后越想越气，忽然间大发雷霆，做一百八十度的转变，下令屠杀江充先生全家。又下令把苏文先生绑到桥柱上，纵火活活烧死（檀何先生也是被活活烧死的，我们痛恨任何酷刑，但我们对他们二人烧死时的惨叫，无动于衷）。再把刘据先生安葬在身死之处的泉鸠里，又在湖县建"思子宫"，宫中再建"归来望思台"，表示他的哀忱。后人有诗叹曰：

骨肉乖离最可悲　官成思子悔已迟

当年枚马如犹在　应赋招魂续楚辞

——然而，奇怪的是，刘彻先生既杀奸佞之辈，又做思子之宫，怀念枉死的儿子和孙儿，却对儿子和孙儿的后代，毫不顾惜。像怀抱中的刘询小娃，固仍囚禁在狱也。我们认为，老帝崽只不过为了表示一下他的英明仁慈罢了，非内心有啥真正觉悟和真正懊悔也，仍是一个混蛋。

最后，介绍宰相刘屈牦先生。他为主子立下了汗马功劳的次年 (前90)，宦官郭穰先生向刘彻先生打小报告，说刘屈牦先生跟贰师将军李广利先生秘密约定，准备拥立刘彻先生的另一位儿子刘髆先生当皇帝，而刘屈牦的妻子，也请了女巫登坛作法，咒诅刘彻早死。刘彻先生霎时间又跳进巫蛊的圈套，把刘屈牦先生腰斩，把刘太太拖到闹市华阳街，砍头示众。

嗟夫，这一场空前庞大的宫廷斗争，为人间带来一片血腥。

温柔乡

提要

《皇后之死》第二集《温柔乡》，命名典出汉成帝刘骜的后宫，盖刘骜视皇后赵飞燕之妹赵合德的胸部为"温柔乡"，这个比喻充分显示帝王之沉迷女色，但柏杨在"赵飞燕·赵合德"一章中用的一个小标，将"祸水"置于"温柔乡"之上，可知其间的微妙关联。

这集有九位皇后，赵钩弋 (汉武帝刘彻夫人)、许平君 (汉宣帝刘询皇后)、霍成君 (宣帝皇后)、冯媛 (汉元帝刘奭昭仪)、赵飞燕 (汉成帝刘骜皇后)、赵合德 (成帝昭仪)、许皇后 (成帝皇后)、傅孝哀 (汉哀帝刘欣皇后)、王孝平 (汉平帝刘箕子皇后，王莽女儿)。不论是由于在宫中翻云覆雨，终于惹祸上身；抑或是别人手中的一粒棋子，任其摆放，一切的荣宠都是短暂的，帝王的好恶、进宫的过程、后宫的争宠，乃至于牵扯上朝廷政治人物的恶斗，一个女人，她再怎么内外双美，都难以自保，最终被毒死、被废、被杀，乃至于自杀、自焚，惨绝人寰。

柏杨为了说清楚皇后的死因，对于"宫廷"这个特定的空间及有关制度，做了不少说明，譬如介绍冯媛，为了让读者知道她的身份"昭仪"，干脆就把宫中后妃组织详细说了一遍。有时为了讲清楚后妃之下场，不惜把宫廷斗争的来龙去脉告诉我们，像赵钩弋之死与她之所生 (汉昭帝刘弗陵) 继承帝位有关，因此也就交代了汉武帝身边的众美女，以及他的儿子们。

这是说书人的本事，柏杨牵动着我们的情绪，读后仿佛也观赏了一场又一场的宫廷大戏。

序

《皇后之死》第一集《姑苏响鞋》出版后，我老人家就扬言万家生佛，台北纸贵，坚持出版社出版第二集，老板稍有难色，我就威胁他要在他家门口上吊，教他吃人命官司。他阁下只好假装并不伤心，喟然叹曰："交友不慎，交友不慎。"这算啥话，欺负我年老色衰罢啦。

自从高雄《台湾时报》刊载敝大作以来，每周两篇，最初感念地盘得来不易，无不准时缴稿，从未间断。稍后日久生顽，故态复萌，也就偶尔停笔，以示"太忙"，惹得编辑老爷大怒，要雇打手对付。这才精神一振，盖文章都是逼出来的，一逼之下，也就自以为给该报写稿，简直是我皇恩浩荡，忘记当初下跪哀求录用的镜头矣，快哉。

《皇后之死》第一集《姑苏响鞋》，收集了十三位皇后（从公元前二十三世纪到公元前二世纪），第二集《温柔乡》收集了九位皇后（从公元前二世纪到公元一世纪），引经据典，文情并茂——这话本应由贵读者老爷你阁下说才对，你既然咬定牙关，硬不肯说，我只好自己抢着说啦。

反正是，不可不读，不可不读。

是为序。

1980年8月可爱的诺瑞斯台风之夜于台北

钩弋夫人

时代：公元前一世纪初

其夫：西汉王朝第七任皇帝

汉武帝刘彻

遭遇：被夫谋杀

◉鬼话·谋略

卫子夫女士的遭遇，使我们初次见到专制帝王对妻子和亲生儿子的冷血无情。这种场面，在历史上不断出现。继卫子夫女士之后的这种悲剧主角，则是钩弋女士。如果用法律的帽子乱罩的话，卫子夫女士可能还沾点有罪的边，而钩弋女士，却像泉水一样地清白无辜，她唯一的罪状是，她太年轻和太漂亮。呜呼，人生，几乎每个人——包括帝王和皇后，面前都有深不可测的悬崖，一旦身不由己地陷下去，都要碎骨粉身。

钩弋女士的生命太短，在史书上占的篇幅太少，事迹寥寥无几，除了她传奇性的奇遇和奇祸外，我们对她可以说一无所知。而只知道她是一个破落户女子，纯朴、快乐，没有像王娡女士那种追求权势的欲望。她对她的身份——当皇帝的小老婆，心满意足。史书上只记载她姓赵，没有记载名字，我们称之为钩弋夫人，是因为她后来被封为"钩弋夫人"的缘故。

她是河间人（河北献县），史书上说她："少好学，性沉静。"这是史书乱开黄腔，大概形容圣人形容惯啦，顺手牵羊，也用到美女身上。事实上，她的童年是悲惨的，至少是不快乐的，沉静尚有可能，好学恐怕没有那种环境。她老爹的名字，已被湮没，不知道犯了啥法，却跟中国史学之父司马迁先生同一命运，被判处"宫刑"，受刑后，充当皇宫守卫官（中黄门）。而钩弋女士，大约六岁的时候，得了小儿麻痹，以致右臂瘫痪，右手紧握，不能伸展。这是一个痛苦的家庭，父亲处刑，女儿卧病。史书上没有提到她娘，只提到她姑妈赵君姁女士，可能母亲早逝，把女儿交给姑妈抚养。

不过上帝同时也赐给钩弋女士美艳夺人的容貌和身材，她一直卧病在床，而身材竟仍能苗条，可谓天生尤物。有一年大概是公元前96年或前95年，皇帝老爷刘彻先生，视察北部地方，走到河间，一个巫法师（望气者）宣称，天上祥云袅绕，显示有奇女出现。

——这是不是事先布置好或勾结好的，恐怕一言难尽。否则，黄腔既开，皇帝老爷一旦认起真来，何以善其后乎哉。

既然有奇女子，刘彻先生就下令搜查，结果在赵家把钩弋女士找到，一看她的花容月貌，老色迷的魂立刻就出了窍。唯一可惜的是，她的玉手残废，谁去掰都掰不开。刘彻先生亲自去掰，咦，怪事发生，玉手竟轻松地伸展啦，跟一个健康的人一模一样。更怪的是，史书上说，在她紧握的玉手里，还藏着一个玉钩。刘彻先生大吃一惊之后，对自己竟有这种"掰手"的无边神力，高兴得嘴巴都合不住，当时就把她收归己有。跟当初宠爱阿娇女士、卫子夫女士一样，宠爱入骨，称她为"拳夫人"。

——掰手伸展，又得玉钩，假设不是事后加添的鬼话，则一定是一种事前布置的预谋。对一个瘫痪在床的人，任何医生，即令他是皇帝老爷，都不能手到病除。

唯一的可能是，钩弋女士童年卧病是真的，右手不能伸展过也是真的，但她后来逐渐痊愈。于是摇尾系统安排下天罗地网，还弄了一个玉钩放到她手里，教她登台亮相。一方面用美色诱惑刘彻先生的心窍，另一方面用奇迹满足刘彻先生的大头症。只要刘彻先生龙心大悦，献美女有功的朋友，就有官升的啦。

刘彻先生加倍宠爱钩弋女士，特地在首都长安城南，建筑巨厦，名"钩弋宫"，改称钩弋女士为"钩弋夫人"。那一年，刘彻先生已五十三岁，赵钩弋女士大概十七八岁，老夫少妻，自然把钩弋女士当成活宝。而钩弋女士也真争气，在当年就怀了孕。所有女人都是怀孕十月就生的，偏偏赵钩弋女士却怀了十四个月。

写到这里，柏杨先生建议妇产科医生，请查考查考有没有这种可能性，如果没有这种可能性，恐怕又是摇尾系统的一项谋略。最初只不过希望因献美女得到好处，现在则希望因怀孕的异象，得到更大的好处。

公元前94年，钩弋女士生下一个男孩，命名刘弗陵。刘彻先生老年得子，乐不可支，曰："听说唐尧帝伊放勋的娘，怀孕十四个月才生。而今钩弋的儿子，也是怀孕十四个月，简直是太妙啦。"就题名钩弋女士的宫门为"尧母门"。

转眼之间，刘弗陵小娃已经四岁，四岁那一年，是公元前91年，发生江充事件，皇后卫子夫女士和皇太子刘据先生，先后自杀。皇太子的宝座悬空，成为刘彻先生儿子们争夺的目标。

◉北方佳人的故事

刘彻先生共有六个儿子，长子刘据先生封皇太子，其他五个儿子都封王爵：齐王刘闳先生，燕王刘旦先生，昌邑王刘髆先生，广陵王刘胥先生，最小的儿子就是刘弗陵小娃。现在，大哥刘据先生自杀，二哥刘闳先生夭折，身为三哥的刘旦先生，如果依照当时的宗法制度，皇太子的宝座，非他莫属。但刘彻先生有点不喜欢他，他曾在他的封国上书给老爹，要求回到首都长安服侍老爹。很明显他是在试探老爹的意向，刘彻先生果然不答应。那么，最有希望的该轮到四哥刘髆先生（应为汉武帝第五子——编者注）矣。于是闹出了一场血流成河的宫廷斗争。

刘髆先生的娘是西汉历史上著名的美女李夫人。李女士的名字失传，盖中国传统文化中，女人不值钱也。她的出身一点也不煊赫，而是当时被认为最下贱的歌女——嗟夫，现在台北的歌女，一个月的银子比二十个大学堂教习都多，身价自有不同。她哥哥李延年先生则是一位宫廷音乐师，而且能歌善舞，每逢演唱自己谱的歌曲时，刘彻先生都大大地感动。有一次李延年先生在舞蹈时唱曰：

北方有佳人

绝世而独立

一顾倾人城

再顾倾人国

即令她倾了城与倾了国

我还是爱她

只因佳人难再得

西方佳人海伦，倾了特洛伊之城。东方佳人褒姒，倾了周王之国。但佳人如果实在美艳绝伦，纵然倾了城兼倾了国，只要能一亲芳泽，也心甘情愿，何况并不一定非"倾"不可耶乎。刘彻先生叹曰："世界上真有这种美女哉？"老姐平阳公主（就是推荐卫子夫女士那一位），就透露消息，告诉老弟说，李延年先生的妹妹，就具备这种倾城倾国的条件。刘彻先生急忙教李延年先生把妹妹找来。他阁下见过的美女多啦，可是一见李女士，立刻发晕。

从此，刘彻先生就把卫子夫女士抛到脑后，沉迷在李女士的美妙怀抱之中，几乎形影不离。而她阁下不但美艳绝伦，而且比哥哥还要能歌善舞，以致把刘彻先生搞得如醉如痴（这不能怪老家伙，换了柏老，我可能疯）。有一次，刘彻先生头皮发痒，顺手取过李女士的玉簪去搔。其他宫女们发现玉簪竟有如此妙用，就都改用玉簪，希望刘彻先生也去她卧房搔上一下。看情形这项目的似乎没有达到，但却有很大的后遗症，因为宫廷大批采购玉簪的缘故，全中国玉的价格，竟告猛涨。

不断缠绵的结果，李女士生下一个儿子，就是我们所叙述的引起血流成河的男主角刘髆。对李女士来说，正是鲜花般的日子，可是，不知道是幸或是不幸，李女士病倒在床。再宠爱的美女，一旦病倒在床，皇帝老爷绝不会跟小民夫妻一样，在榻前嘘寒问暖，侍奉汤药，当然另找别的美女拥抱去啦，刘彻先生自不能例外。

然而，李女士的病情日益沉重，医生束手无策，消息传到刘彻先生耳朵里，立即前来探望。李女士一听御驾光临，就用被子把头蒙住，向刘彻先生泣曰："我害病太久，憔悴不成人形，不能相见。只把孩子跟我哥哥托付给你，求你照顾。"刘彻先生曰："亲爱的，你的病很重，可能不起，为啥不当面托付孩子和哥耶？"李女士曰："圣人说过，做妻子的容貌不修饰，不能面对丈夫，实不敢相见。"刘彻先生急日："只要你教我见最后一面，我马上就擢升你哥哥当大官。"这是一个动人的甜言蜜语，性情老实的老奶，不被说服者几希。可是李女士坚持不肯，曰："升官不升官，只在你一念之间，不在我们见最后一面。"刘彻先生觉得不是滋味，李女士越是不要见，他越是想见。而李女士胸有成竹，老家伙越是想见，她越不要见。后来，逼得紧啦，李女士转身向里，蒙着头一味啼哭，索性不再说话。刘彻先生以皇帝之尊，又在他的皇宫之中，他想见谁就见谁，想玩谁就玩谁，想不到竟碰了李女士的钉子，勃然大怒，一跺御脚，回头就走。

刘彻先生跺脚而走，在病榻旁伺候李女士的姐妹们，一齐花容失色，盖得罪了专制帝王，比得罪一条疯狗还要危险，不但孩子不管，不但哥哥升不了官，可能还有别的灾难。就埋怨她曰："你这个傻子，皇帝对你这么好，怎的那么倔强，使他伤心？见一面托付哥哥，岂不更为可靠，难道你恨他呀？"李女士叹曰："你们不了解臭男人，我所以坚决拒绝跟他见面，正是为了孩子、哥哥着想。我因为长得漂亮，才能从卑微的地位爬上来。夫以美色被人宠爱，一旦美色衰退，爱情也就消失。一旦爱情消失，恩情也就跟着消失。老家伙所以一直爱我，不过是爱我的容貌，如今忽然发现我已成了一个黄脸婆，大非往昔，他绝对不会怜惜，而只会感到作呕，还肯管我的孩子和哥哥乎耶？"

◉幽魂的相会

从李女士病危时拒不跟皇帝丈夫刘彻先生见面，致使刘彻先生跺脚而去，可看出李女士的绝顶智慧，如果换了别的老奶，准推被而起，抱住刘彻先生鼻涕一把泪一把，那就糟啦。柏杨先生不得不向李女士递佩服书，她只几句话，就把臭男人的全部家当，都抖了出来，她那明艳如花的容貌之后，智商至少有四百二十（据老妻发表她的测验，柏杨先生智商在三十四至三十五之间）。呜呼，特别在此告诫读者老奶，如果臭男人既倾倒你的"外在美"，又敬慕你的"内在美"，用不着去跑卦摊，准前途如锦。如果臭男人只倾倒于你的"外在美"，对"内在美"只字不提，你不过是个绣花枕头，一旦色衰爱弛，只好靠着骂"臭男人都没良心"过日子矣。如果臭男人只满口奉承你"内在美"，对"外在美"守口如瓶，那也是一种警钟，你可得小心你的外表，不要死心眼相信该臭男人的甜言蜜语，说他才高一等，跟别人不一样，只在乎老奶的"内在美"，不在乎老奶的"外在美"。你如果有此死心眼，就要付出此死心眼的代价。

——柏杨先生所说的"外在美"可不是专指狭义的面如桃花，而是包括身材、衣着，尤其是由高贵气质所发展出来的高贵风度。没事时或有事时，都请细细品味李女士的金言。

李女士不久就香消玉殒，刘彻先生跺脚之怒，早已忘光，大恸特恸，把她安葬在长安近郊，坟墓呈三角形，高七公尺，周围六十步，民间称之为"习仙台"，也称之为"英陵"。

果如李女士所料，刘彻先生脑筋里仍是她健康时如花似玉的印象，眷恋思念，不能自已。于是擢升她的大哥李广利先生担任陆军元帅（贰师将军），她的二哥李延年先生担任音乐部部长（协律都尉）。这时有一位职业灵媒专家，看见刘彻先生失魂落魄，茶不思饭不想的模样，向刘彻先生声称，他能召请李女士的亡魂跟他相见，刘彻先生兴奋异常。

——这位职业灵媒专家，姓名不传。《汉书》说是少翁先生，《史记》说招的不是李女士的魂，而是刘彻先生另一位小老婆王女士的魂，《西汉纪年》则只笼统地说某先生某女士。我们对此不做考据，盖考据也无从下手。只能依常情推测，刘彻先生请灵媒专家招魂，当然有可能性，既招王女士之魂，也可能招李女士之魂和其他任何一位红颜薄命之魂，不可能只招一次就洗手不干。所以招李女士之魂是可以肯定的，如果不是少翁先生主持，当另有归国学人或青年才俊主持也。

招魂的那天晚上，灵媒专家大忙特忙，把李女士生前睡的纱帐放下，灯火齐明，香烟缭绕，布置下一个"万径人踪灭"的神秘气氛。然后请刘彻先生坐在另外一座纱帐里，遥遥观望。灵媒专家装腔作势，口中念念有词之后，刘彻先生隐隐约约地看见李女士在纱帐里出现，然后下床，轻移莲步。他阁下怦然心动，正想上去拥抱时，那美丽的幽灵却冉冉消失。

刘彻先生的伤感是可想而知的，为了纪念这场相会，他作诗曰：

是耶

非耶

立而望之

偏何姗姗其来迟

"姗姗来迟"从此成为中国的成语，但两千年引用下来，变成了老奶们赴约时超过约会时间的形容词。刘彻先生对李女士大概是深情的。那时，为了远征南越王国（今中国广东、广西和越南共和国的北部），在长安城南开凿了一个巨湖，训练海军。他阁下时时泛舟湖上，自作悼歌，教宫女们歌唱。他的另一首悼亡歌曰：

衣襟啊，悄悄无声

玉阶啊，静静尘生

空房寂寞，是多么寒冷

一片一片落叶，堆积在门前数层

情人啊

可知道我的心神不宁

原文：

罗袂兮无声，玉墀兮尘生，虚房冷而寂寞，落叶依于重扃，望彼美之女兮，安得感余心之未宁。

两首悼歌都充满了感情，由宫女们分别歌唱，凄婉惆怅，更增加刘彻先生的伤怀。有一天，他阁下在一座名为"延凉室"里休息午睡，梦见李女士躺在身畔，送给他一种"蘅芜香"。刘彻先生猛地惊醒，人虽已杳，但枕席上和衣服上，却幽香扑鼻，好几个月不散。为了纪念这场春梦，乃改"延凉室"为"遗芳梦室"。

——蘅芜香，也名杜兰香，也名木兰香。跟现代的巴黎香水一样，在公元前一世纪时，固是贵重的香料也。

●悼亡赋

刘彻先生除了为李女士做了一首悼亡歌，还为李女士做了一篇悼亡赋。赋是公元前二世纪到公元一世纪间，中国文学最流行的文体。在阿娇女士的篇幅里出现的《长门赋》作者司马相如先生，本是一个穷困潦倒的知识分子，稍后又因和富家女郎发生爱情私奔，而更名誉扫地。但他所写的赋，在一个偶然的机会里，被刘彻先生的御眼看到，佩服得五体投地，嚷嚷曰："他一定是一个古圣先贤，我要是跟他做朋友，就不虚此生矣。"恰巧一位宦官老爷是司马相如先生的同乡——都是蜀郡（四川西部）人。于是，运气来啦山都挡不住，司马相如先生被召到首都长安，派到中央政府任职，穷措大从此飞黄腾达起来，连罢黜的皇后老奶都要找他。一向瞧不起他的那位岳父大人，当初咬牙切齿地说，他第一眼就看出司马相如是一个文人无行的下三滥。而现在，他来了一个突变，到处大嗓门宣称，他第一眼就看出司马相如是一个才华横溢、不拘小节的伟大人物。

这个故事显示出赋的时代价值，刘彻先生悼念李女士的赋，在中国帝王文学中，居很高的地位。

赋曰：

俏俏的面庞，纤纤的胴体啊，命运是那么短促不长。设帷帐盼望着等候着啊，为什么不回到你的家乡。那坟墓已荒芜了啊，幽幽的黑暗，深锁着我的悲伤。你所乘坐的马匹舆轿，都留弃在山陵外啊，却去度漫漫长夜，不见阳光。秋风飒飒使人流泪啊，桂枝样的玉姿霎时消亡。心神憔悴，遥遥思念啊，挣扎着振起，目眩口张。我把你托付给那阴沉的墓穴啊，不到半年，已一片芜荒。想到你一去而不再回来啊，只剩下往事惆怅。像娇艳的荷花在等待风吹啊，散布出更多的芳香。雍容华贵的风度啊，却艳若桃李，冷若冰霜。更想到当你欢宴后斜扶栏杆啊，美目流盼，蛾眉微扬。多么地爱你，心随着你转啊，可是你却姗姗来去，模糊彷徨。短短的欢乐化作永别啊，纵然梦中都不能相忘。你不要去转世投胎，永不回来啊，让芳魂飘飘，再踏我们的门墙。然而芳魂却终于散去了啊，回首往事，徒增悲凉。天垂暮而道路又远啊，辞别你重回皇宫椒房。那落日匆匆西坠，刹那间一抹苍茫。沉湎怀思，意迷心僵。这份思潮像流水，永嵌在此心中央。难表我的情意，且听我歌唱——

> 美女四射的艳光，把鲜花都遮盖住啊
>
> 那些心怀嫉妒的人，怎么能跟你相比啊
>
> 正当你小猫般的年龄，却忽然夭折啊
>
> 你哥哥和你儿子，他们都泣涕痛哭啊
>
> 那是多么悲痛，他们的声音不能停止啊
>
> 可是他们听不到你的应声，往事已逝去啊
>
> 憔悴叹息，为稚子洒下眼泪啊
>
> 隐忍不言，相信我不会忘记恩情啊

善心的人从不发誓，岂肯逼着我承诺啊

你既一去不返，我再告诉你我的心啊

去吧，幽途迢迢，劝你安寝啊。你去的地方有新的住处，已不是故宫啊

呜呼哀哉，永怀念你的芳魂啊

现在，我们把该赋原文，抄在下面，以便读者老爷查考：

美连娟以修嫮兮，命樔绝而不长。饰新宫以延贮兮，泯不归乎故乡。惨郁郁其芜秽兮，隐处幽而怀伤。释舆马于山椒兮，奄修夜之不阳。秋气憯以凄泪兮，桂枝落而销亡。神茕茕以遥思兮，精浮游而出畺。托沈阴以圹久兮，惜蕃华之未央。念穷极之不还兮，惟幼眇之相羊。函荄荴以俟风兮，芳杂袭以弥章。的容与以猗靡兮，缥飘姚虖愈庄。燕淫衍而抚楹兮，连流视而娥扬。既激感而心遂兮，包红颜而弗明。欢接狎以离别兮，宵寤梦之芒芒。忽迁化而不反兮，魄放逸以飞扬。何灵魂之纷纷兮，哀裴回以踌躇。势路日以远兮，遂荒忽而辞去。超兮西征，屑兮不见。寝淫敞恍，寂兮无音。思若流波，怛兮在心。

乱曰：佳侠函光，陨朱荣兮。嫉妒阘茸，将安程兮。方时隆盛，年夭伤兮。弟子增欷，洿沫怅兮。悲愁于邑，喧不可止兮。向不虚应，亦云已兮。嫶妍太息，叹稚子兮。惽栗不言，倚所恃兮。仁者不

誓，岂约亲兮。既往不来，申以信兮。去彼昭昭，就冥冥兮。既下新宫，不复故庭兮。呜呼哀哉，想魂灵兮。

后来，刘彻先生死后，西汉政府追封李女士为"孝武皇后"，此是后话，不必管它。前已言之，刘彻先生不久就把李女士生的儿子刘髆，封为王爵——昌邑王，封国在山东巨野。

我们对李女士介绍得太多啦，事实上她是最幸运的皇后姬妾之一。既然刘彻先生哀悼已毕，我们也就到此为止。所以介绍李女士，在于介绍她的儿子刘髆。现在，终于等到他阁下以王爵的身份出场。不过他本人并没有现身，现身的是他的舅父和表姐的公公。

◉太子宝座空悬

在亲戚关系上，贰师将军李广利先生是刘髆的舅父，而宰相刘屈牦先生跟李广利先生，又是儿女亲家——刘屈牦先生的儿子，娶了李广利先生的女儿。他们最大的希望是，刘髆先生能立为皇太子。

公元前90年，也就是皇后卫子夫女士和皇太子刘据先生先后悬梁自尽的次年（他们母子死于前91年），皇太子宝座的争夺战进入高潮。恰好北方的匈奴汗国大军分兵两路，一路进攻五原（内蒙古五原），一路进攻酒泉（甘肃酒泉）。西汉政府派遣李广利先生前往五原赴援（另外一位侯爵马通先生，前往酒泉赴援）。当李广利先生的大军开拔时，宰相刘屈牦先生送行到渭河桥上。李广利先生悄悄曰："老哥，你以宰相的高位，如果能想出办法使刘髆当上皇太子，就可以永享富贵，再没有后患。"刘屈牦先生满口承诺。

——从李广利先生这段话，可看出他对政治行情，毫不了解。呜呼，对小民而言，宰相当然是高位，可是对皇帝而言，宰相不过一粒芝麻。但我们应注意"再没有后患"一语。刘彻先生在位五十年，杀起人来，六亲不认。他所任用的宰相，几乎都是被杀，甚至全族被杀，每一位宰相都胆战心惊，不知道明天会发生啥事。刘屈牦先生之企图教刘髆先生当皇太子，不过希望换外甥主人，保住老命，想不到，更加速他的灾祸。

其实，即令拥戴成功，刘髆先生现在当了皇太子而将来当了皇帝，刘屈牦先生也不见得准能保住老命，纵是舅父老爷李广利先生，也同样不见得准能保住老命。专制帝王差不多都忘恩负义，有天良的不多。等到我们介绍七世纪五十年代唐王朝王皇后的遭遇时，更加说明。

全国最高的文武首长，联合起来拥戴刘髆先生当皇太子，本属于高度机密，不可能有第三者知道。然而，竟有第三者知道啦。一个名叫郭穰的宦官，把这件事和盘向刘彻先生端出，而且又说，宰相的夫人，还请了女巫祈神祷鬼，咒诅刘彻先生赶快死掉。前已言之，刘彻先生最怕的就是这玩意儿，所以也最恨这玩意儿，他听了后七窍生烟，下令把刘屈牦先生缚到厨车上，拉到东市腰斩。尊贵的宰相夫人和膝下的公子哥儿，则一齐绑到华阳街，砍头示众。

亲家母李广利夫人自然也牵扯在内，刘彻先生下令逮捕她，囚禁监狱。李广利先生这时正在五原前线跟匈奴作战，接到消息，吓得手足失措。一位担任参谋的胡亚夫先生建议曰："你要是能立大功，还有资格向皇帝赎罪。如果单身回国接受审判，恐怕有去无回，要想再来此地，不可复得矣。"

这项分析十分中肯，李广利先生就挥军北进，向匈奴发动猛烈攻击，匈奴军团西路军总司令（左大将）战死，第一亲王（左贤王）率军向后撤退。李广利先生追击，想直捣匈奴汗国的首都（王廷），可是，李广利夫人被囚，他本人命运朝不保夕的消息，已在军中传开。他的参谋长（长史）了解他的心情，曰："你是拿我们的生命，来挽救自己的厄运呀。"跟他的同党们密谋，打算逮捕李广利先生，打入囚车，送回长安。呜呼，如果如此，那比自行回国投案还糟。李广利先生遂来个措手不及，把参谋长捉住处决。他知道军心已去，他的权威已不能有所作为，而回去也是一死，左思右想，把心一横，单身独马，竟向匈奴军团投降。

——呜呼，中国远征军总司令向敌人投降，在历史上是一个笑柄，这是颟顸的政府和一意孤行的帝王所逼出来的，嗟夫。

刘彻先生决不会放过李广利的，因为巫蛊正踩了他的痛脚，而李广利先生投降匈奴，使刘彻先生的行动更振振有词，他的反应是，屠杀李氏全族。李女士千种风情和百般恩爱，这时候都付流水，连娘家一个孩童的性命，都不能保护，全被杀光。跟卫子夫女士一样，李女士为她的家属带来无比荣耀，也带来灭门灾难，而荣耀的时间，却比卫子夫女士短得多。

刘髆先生是刘彻先生第五个儿子，一场大屠杀下来，他不像他大哥刘据先生那样被牵连在内，已属万幸，更不要说坐皇太子的宝座矣。刘彻先生的第四个儿子刘胥先生，是个莽汉型的花花公子，他喜欢空手跟猛兽——狗熊之类的动物——决斗《西京杂记》上说，在后来的某一次搏斗中，被抓破胸膛，一命归阴）。而且，这不过其中一端，其他荒腔走板的怪事，层出不穷，无论老爹刘彻先生和所有大臣，从没有考虑到他可以继承帝位。

那么，书归正传，现在只剩下钩弋女士生的幺儿刘弗陵啦，而当刘弗陵先生长到五六岁的时候，体形健壮，声音洪亮，又十分聪明智慧。刘彻先生常夸奖他，说他长得跟老爹一模一样，爱他奇紧。

●冷血凶手

刘彻先生到现在别无选择，不过事实上他已选择定啦，他的皇帝宝座，要由刘弗陵去坐。然而，他考虑到一个问题，那就是他的娇妻钩弋女士太年轻，而且花容月貌，他一旦死后，她顺理成章地就当上合法的皇太后，掌握全国最高权力。不但可能，简直是可以确定的，她会弄一顶或很多顶绿帽子戴到死去丈夫的头上，谁都无法干预。然而这还不是主要的，主要的是，孩子还小，不能治理国家，国家大权势必滑到身为皇太后——事实上不过一个大女孩的少妇之手。吕雉女士的影子在刘彻先生的脑海中不断浮起，他认为公元前二世纪初西汉王朝初期的吕姓大批封王，几乎篡夺了西汉王朝政权的局面，将要重现。

一想起他死后的混乱，刘彻先生便汗流浃背，唯一的预防措施，就是干掉钩弋女士。

公元前88年，刘彻先生七十岁，钩弋女士不过二十五六岁。——史书上没有记载钩弋女士的芳龄，是我们推测如此。盖今年她的儿子刘弗陵只有七岁，假定她阁下入宫后第二年第三年生产，而她入宫时假定是十七八岁，则今年正开始丰满，逐渐成熟。她可能想到她的前途如锦，却不知道宫廷有异于民间，她的丰满和成熟，正是使她横死的种子。

俗不云乎："伴君如伴虎。"老虎看起来温顺如羊，可是谁都不知道它啥时候兽性大发，更不知道啥原因使它兽性大发。专制帝王也是一样，因为他的权力使他超越于法律约束和道德规范之外。呜呼，一个超越法律约束和道德规范的人，本身就是一场灾祸，而且能把灾祸蔓延到别人身上。

公元前88年，心怀杀机的七十岁老汉刘彻先生，带着天真烂漫的二十五六岁的娇妻钩弋女士，前往甘泉宫避暑。有一天，他抓住了钩弋女士一个小小的错处——那是什么错处，史书上没有记载，我们也不必追究，一个有权的人要找一个没有自卫能力的人的碴，易如反掌。刘彻先生找到了钩弋女士的碴之后，勃然大怒，而且一怒不可收拾。钩弋女士吓得浑身发抖，急忙拔下头上的首饰——这是古时老奶们认罪乞怜的表示——向老汉丈夫下跪磕头，请求宽恕。刘彻先生理都不理，只告诉身旁的宦官曰："带走她。"当宦官们押解着她要下去的时候，像被晴天霹雳击中了的钩弋女士，霎时间明白她已面临险境，她回头向老汉丈夫乞求宽恕。呜呼，只要他一句话，她就能活下去，她的性命就系于他的一语，可是，老汉却面色铁青，一言不发。最后，只淡淡地曰："快带走，你不能再活。"

钩弋女士被送到皇宫的特别监狱（掖廷狱），班固先生《汉书》，说她"有过见谴，忧死"。一个正在盛年的老奶，即令所遇的变故再大，一夜间忧死也绝不可能。而且在语气上看来，仿佛错都在钩弋女士身上，是她有了过失，受了责备，忧愁了一夜就死啦。这是儒家思想中最使人作呕的"为尊者讳"典型之一，因杀妻凶手是皇帝的缘故，竟企图用文字魔术，抹杀真相。

钩弋女士是怎么死的，毒死？绞死？扼死？用土袋闷死？我们不知道。我们只知道两点：第一，她到临死都不明白她的小小"过失"，怎么会受到这么严厉的死刑。她在被执行的刹那，恐怕还在盼望，甚至相信，对她万般恩爱、百依百顺的老汉丈夫，一定会回心转意。第二，她是当天夜间就丧生的，这可以从刘彻先生翻脸的迅速和猛烈推测出来。这不是法律案件，需要调查记录。这是政治案件，权力魔杖的喜怒就是证据，而且必须迅速行动，才可以避免忽然间一念之慈改变了主意。

在阿娇女士和卫子夫女士的案件中，她们自己多少有点过失或沾点过失的边。可是，钩弋女士这场冤狱，实在找不到她的过失，她纯洁得像一株水仙花，天真得像一个婴儿。她的实质罪状不过四项：第一，她太娇美。第二，她太年轻。第三，她生了儿子。第四，她的儿子又将被立为皇太子。刘彻先生再一次显示专制帝王的冷血，对他爱入骨髓的年轻妻子，竟下得了毒手。但残忍的还在于他所采取的手段，为啥不能在钩弋女士睡梦中使她无痛苦地死，而必须张牙舞爪，动用法律，说她犯法犯罪，投到天牢，交由刽子手凌辱？史书上说，钩弋女士死的那天，长安城暴风大作，尘土蔽日，长安居民为这位美女的下场，感伤哀悼。

刘彻先生也察觉到人们对他的心狠手辣不满，有一天，他问左右的侍从官曰："外面对这件事有啥反应？"如果是柏杨先生，准口吐真言曰："都说你是个禽兽。"然后喀嚓一声，我的尊脖断成两截。侍从官当然不会像我这样冥顽不灵，婉转答曰："人们的困惑是，为啥要立儿子当皇太子时，却先杀了他娘？"刘彻先生曰："你们这些蠢货，懂得个屁！自古以来，国家所以大乱，往往由于君王年幼而他娘年轻（主少母壮）。年轻的女主人寡居一室，骄横淫乱，谁能制她？你不见吕雉女士露的那一手乎哉？"

钩弋女士死后第二年——公元前86年，刘彻先生正式宣布立八岁的刘弗陵先生当皇太子。第二天，刘彻先生的罪恶生命，告一结束，翘了辫子。刘弗陵先生接任西汉王朝第八任皇帝（汉昭帝），追封老娘为皇太后，发兵二万人扩建老娘的坟墓"云陵"——在甘泉宫之南。然而，已无法使老娘起死回生矣。

许平君

时代：公元前一世纪二十年代

其夫：西汉王朝第十任皇帝

汉宣帝刘询

遭遇：毒死

●坐过牢的帝王

钩弋女士被杀十八年后，许平君女士被毒死。许平君女士是西汉王朝第十任皇帝刘询先生的妻子，官式称号"恭哀皇后"。刘询先生是中国历史上唯一坐过牢的帝王。

在报道卫子夫女士的篇幅里，我们曾提到过刘询小娃，他是卫子夫女士的嫡亲骨肉——曾孙。卫子夫女士生刘据，刘据生刘进，刘进生刘询。当公元前91年，卫子夫、刘据、刘进，祖孙三代先后毙命，造成人间最可怕的惨剧之时，刘询小娃那时才生下来三个月，但仍被逮捕。首都长安 (陕西西安) 中国政府所属的监狱，被巫蛊案的倒霉囚犯挤得满坑满谷，再也挤不进去，若干囚犯遂不得不送到郡县所属的地方监狱寄押，刘询小娃也是其中之一。

——呜呼，三月娃儿，又有何罪？身为曾祖父的刘彻先生，竟毫不动心，实在难解。但他对自己的嫡亲儿子孙儿都能冷血，曾孙又远一层矣。

三个月大的娃儿势不能单独坐牢，他只有被扔到地上，啼哭而死。幸而当时的司法部副部长 (廷尉监) 丙吉先生，是负责处理巫蛊案的官员之一，也是西汉政府少数最宽厚的司法官员之一，他看到无辜娃儿，于心不忍，就教女囚犯赵征卿、胡组二位女士，轮番哺乳。——这两位女囚犯，犯了啥"法"啥"罪"，史书上没有交代。不过敢确定的，她们都是怀抱着自己婴儿被抓进监狱的，否则不会有乳汁喂养别人的婴儿也。卫子夫女士的骨肉，仅剩下这个嗷嗷待哺的孩子，可是，敌人仍不放过他。公元前87年，一位星象家(望气者)忠心耿耿地向刘彻先生提出警告："就在郡县监狱里，有一种眼所不能洞察的天子光芒，上冲霄汉，不能不防。"刘彻先生又紧张起来，连夜下令凡是关在郡县所属监狱里的囚犯，不管什么罪，也不管大罪小罪，一律处决。宫廷侍卫郭穣先生——就是告发宰相刘屈牦先生的那家伙，星夜抵达丙吉先生主持的监狱，丙吉先生大为震惊。呜呼，一个人在面临抉择的时候，才显出他的品质。如果换了官场混混，反正奉令行事，也不是我下手，你想怎么杀就怎么杀。可是丙吉先生这位正直不阿的法官，拒绝开门。他曰："人命关天，小民尚且不能无辜而死，何况皇曾孙在内乎哉。"如此僵持到天亮，郭穣先生气得鼻孔喷火，跳高而去，向刘彻先生控告丙吉先生抗命。在那个血雨腥风的巫蛊巨案中，长安城已成恐怖鬼域，顺如羔羊的人都大批杀掉，而丙吉先生竟敢抗命，而且抗的是维护皇帝安全和国家安全的命，大家都为丙吉先生发抖，埋怨他不识时务——恐怕有些朋友当天晚上就义正词严地跟他绝交。想不到刘彻先生想了一想，杀的也够多啦，不杀也罢，叹曰："天意教丙吉提醒我也。"即行大赦天下。因丙吉先生一个人的道德勇气，不仅救了刘询小娃，也救了郡县监狱里都要断送残生的千万囚犯。千秋万世之后，我们仍祝福丙吉先生在天之灵。

刘询小娃三个月入狱，出狱时已五岁矣，仍是一个不懂事的幼童，茫茫人海，何处投奔？丙吉先生就把他送到祖母史良娣女士的娘家——史良娣女士即卫子夫女士的儿媳，皇太子刘据先生的妻子，早已死于巫蛊之难，只娘家人幸而尚存。

就在这一年（前87），刘彻先生死掉，刘弗陵先生继任为第八任皇帝，由武装部队总司令（大将军）霍光先生，以托孤大臣的尊贵身份辅政。请读者老爷注意霍光，他阁下以及他阁下的妻子和女儿，在一连串两个皇后的悲剧中，都担任主要的角色。

刘询小娃到了祖母家不久，因为他总归具有皇家血统，所以他的生活和教育，都由宫廷（掖廷）负责，并且把他的名字正式列入皇族名册。

列入皇族名册，最初并没啥意义，祖母娘家抚养一个小外孙，经济负担上也毫无问题。但不久就发现，这是最最重要的一步，如果没有这一步，就不会有以后金碧辉煌的灿烂日子。盖必须列入皇族名册，才能合法地显示他是皇族，既显示他是皇族矣，就不可避免地再显示他在皇位继承顺序中的关系位置。

就在把名字列入皇族名册之时，刘询小娃遇到两位重要人物，一位是张贺先生，一位是许广汉先生。这两位各有一段辛酸的人生历程。

张贺先生原是刘据先生太子宫的官员。在刘据先生起兵失败，全家遇难后，太子宫的官员，全部被捕，杀的杀，砍的砍，只有张贺先生，幸运地没有死，但他却被判处"腐刑"。咦，腐刑，这是刘彻先生最拿手的好戏，司马迁先生就是受的这种残酷待遇。张贺先生受腐刑后，由一个正常人变成了宦官，被任命为皇宫总管（掖廷令），正好管住刘询小娃。祖父的旧恩旧情，使他对五岁的娃儿，爱护照顾备至。

●贫贱夫妻

张贺先生不但在生活与教育上对刘询小娃爱护照顾备至，若干年后，等刘询小娃年纪渐长，成了刘询先生时，张贺先生还预备把孙女嫁给他。可是一个政治因素的介入，使这桩婚姻告吹——幸而告吹，否则柏杨先生今天就没啥可写的矣。盖张贺先生的弟弟张安世先生，是全国武装部队副总司令（右将军），正追随霍光先生，拥戴现在的皇帝刘弗陵少爷，一听老哥的计划，既吃惊又害怕，向张贺先生吼曰："你真是瞎了眼啦，刘询小子只不过在血统上是皇族罢啦，这种皇族比蚂蚁还多，不值一根葱。而且他又是叛徒刘据的孙儿，能有啥苗头？即令鸿运高照，也不过当一个不愁吃、不愁穿的小民而已，又有啥出息？把孙女许配他的事，提都不要提。"这些理由，站在势利眼立场，当然十分充分，人都为儿女幸福着想，不足怪也。但张安世先生还有说不出口或虽说出了口，而史书上不便记载的理由，那就是，刘询小子在法统上是最接近宝座的人士之一，张安世先生不愿被认为他们弟兄是死硬派，在悄悄地用婚姻手段烧冷灶。——如果被如此认定，他们张家就等于掉进屠场。

张贺先生只好打消这个念头。

许广汉先生的遭遇跟张贺先生类似。他是昌邑（山东巨野）人，年轻时，在昌邑王的王府，当一个中级官员。那位姗姗来迟的李女士的儿子刘髆，被封为昌邑王。刘髆先生死后，他的儿子刘贺，继承亲王的爵位（我们马上就要谈到他），许广汉先生正式官衔是王府的

"郎"。不知道哪一年，老帝崽刘彻先生从首都长安到甘泉宫。帝王上路，自然万头攒动，翻江倒海，随驾的文武大官和芝麻小官，构成一种威风凛凛的奇观。许广汉先生是随驾的芝麻官之一，不幸他神经过于紧张，手忙脚乱中，拿了别人的马鞍，放到自己的马背上。于是，他犯了"从驾而盗"的滔天大罪，那一定是死刑。刘彻先生特别免他一死，要他接受"腐刑"。

——刘彻先生这个冷血淫棍，几乎玩遍了天下的美女，可是他却偏偏跟别人的生殖器过不去，不但过不去，还仇深似海，千方百计地能割就割。拜托精神科医生老爷研究研究他阁下的变态心理，写篇论文，以开我们眼界。

许广汉先生既成了宦官，被任命担任皇宫副总管（掖廷丞）。想不到，厄运紧抓住他不放。公元前80年，另一位全国武装部队副总司令（左将军）上官桀先生，发动了一场未成功的宫廷政变。这场未成功的宫廷政变，跟我们没有关系，不必理它。而当政变失败，失败的朋友被捉住，需要麻绳捆绑时，这些麻绳平时归许广汉先生保管，可是却在这个节骨眼上，怎么找都找不到，最后总算由别人找到。但许广汉先生照例要倒霉，虽然已没有生殖器可割啦，但仍被判处充当苦工（鬼薪）。苦工做了些时日，逐渐升迁，最后升迁到宫廷特别监狱（暴室）管理员（啬夫）。就在这个时候，刘询先生已由祖母家搬到皇宫（掖廷）读书，一老一少，二人同住在一间公家宿舍。

许广汉先生有一个女儿，就是我们的女主角许平君女士，正当十四五岁芳龄。她本来许配给宫廷侍卫长（内谒者令）欧阳先生的儿子，就在结婚前夕，欧阳先生的儿子病故（险哉，如果结了婚他再病故，历史就要更改矣）。

张贺先生虽然因老弟张安世先生的强烈反对，没有达成婚姻的愿望，但对刘询先生，却是一直当儿子一样看待，其中当然还有对故皇太子刘据先生一种感恩之情。当他听到欧阳先生的儿子病故的消息后，特地摆了一桌筵席，邀请许广汉先生相聚，等到酒过三巡，菜过五味，他代刘询先生向许广汉先生求婚。这真是难以开口，既然刘询先生是那么好那么妙，你为啥不把孙女嫁给他乎？但他有他的说辞，除了强调刘询先生是一个可爱的青年外，还曰："无论如何，他跟当今皇帝是最近的亲属，即令他不成才，至少也有封为侯爵的可能性。"以一个卑微的"暴室啬夫"，能高攀上一个未来的侯爵，当然喜出望外，许广汉先生一口应允。

然而许广汉先生的母亲却大发雷霆。盖老娘刚给孙女算过命，铁嘴先生一口咬定许平君小姐将来要大富大贵，老娘正在暗自高兴，一听说未来的孙女婿是一个叛徒的后裔和没落的王孙，所谓侯爵之封，更在九霄云外，连喂饱肚子都成问题，还大富大贵个屁吧。可是，许广汉先生拗不过顶头上司张贺先生的大媒，仍不得不履行承诺。小两口结婚后，刘询先生就搬到岳父家住。这是公元前75年的事。明年，公元前74年，生下儿子刘奭。

◉平地一声雷

当我们叙述刘询先生跟许平君女士结婚生子的同时，西汉王朝中央政府的统治阶层，正发生惊天动地的剧变。

公元前74年，已当了十四年皇帝的刘弗陵先生逝世，才二十一岁，没有儿子。不但钩弋女士的后裔绝了，主要的是皇位的继承人也绝了。当时国家最高领导人有二位：宰相张敞先生和武装部总司令（大将军）霍光先生，一文一武，实权都在霍光先生手上。他们商量的结果是：拥立姗姗来迟的李女士的孙儿刘贺先生入承大宝。刘贺是刘髆先生的儿子。读者老爷一定还记得，当初刘屈牦先生和李广利先生为了刘髆先生搞得全族屠灭，如今他已经死掉，自己虽没有当上皇帝，儿子能够当上，也应该满意啦。

想不到的是，李女士那么美丽，那么智慧，她的孙儿刘贺先生却其蠢如猪，一旦坐上金銮宝殿，认为大权在握，就更如醉如狂，只二十七天工夫，政府官员们就受不了了。"赵孟之所贵，赵孟能贱之"，仍由张敞先生跟霍光先生带头，把他罢黜。他阁下只过了二十七天的皇帝瘾，就被踉跄地赶出首都长安，而且，不但皇帝没啦，王爵也没啦，由政府拨给他二千户人家，供给他生活费用。至于追随他到长安的那些原来王府的马屁精，约二百余人，初以为这下子可算结结实实地攀到了龙，附到了凤，可以大享其福矣，也只有二十七天的荣华富贵，在刘贺先生罢黜之后，全被绑赴刑场处决。

——呜呼，这才是偷鸡不成反蚀一把米，连老本都赔了进去。关于刘贺先生的罪状，史书上说的全是官方一面之词，我们从不相信任何人的一面之词——必须听听两面之词。经过自己的思考，才下判断。但西汉政府对于刘贺先生的一面之词，我们却是相信的。因为当时刘贺先生并没有对霍光先生有不利的行动，而霍光先生在这场废立大事中，也没有取得任何利益。

刘贺先生的上台下台跟我们无关，经过情形也不必细表。但刘贺先生下台，却又恢复了老问题，那就是帝位继承人如何选择。刘彻先生的子孙中，刘贺是唯一比较像人样的，还是这种德行，其他的就更不必提啦。以霍光先生为首的统治集团，一连召开几天最高秘密会议，都不能决定。正在这时候，深被霍光先生信任，担任皇家供应部部长（光禄大夫）的丙吉先生——这位刘询先生坐牢时的救命恩人，向霍光先生提出一份备忘录，备忘录上曰：

"你受刘彻先生托孤重任，全心全力，尽忠国家。不幸的是，刘弗陵先生英年早逝，接着迎立一个糊涂蛋。现在我们正面临抉择，西汉王朝政府的命脉和人民的命运，都期待你来决定安危。据我听到的一些私议，一致认为，皇族的一些王爵侯爵，不是没有品德，就是没有声望。而只有刘彻先生的嫡亲曾孙刘询先生，现年十八岁，曾在皇宫（掖廷）和他祖母娘家，接受教育，研究儒家学派的经典，很有心得，而且聪明厚重。建议你扩大调查各位高级官员的意见，再在神明面前，占卜吉凶。如果可以的话，不妨先把他召唤进宫，在皇太后左右伺候，使全国臣民，先有一个印象，然后再决定大计。你以为如何？"

丙吉先生真是刘询先生的再生父母，不但从小救了他的命，为他安排接受教育，最后还把他抱上往往要血流成河才杀得到屁股底下的宝座。更重要的是，丙吉先生这样成全刘询，刘询先生并不知道，就在他晕晕乎乎当上了皇帝之后，仍然不知道。盖幼时的维护，刘询年纪还小，根本不记得。立他当皇帝的建议，事情又属绝对机密，更无从探悉内幕。如果把丙吉先生换成柏杨先生，不要说为他阁下出这么大的力啦，刘询先生纵是向我借过一块钱，我都会端出恩重如山的嘴脸，教他杀身难报。可是丙吉先生敦厚谨慎，始终不肯透露他的善行。一直等到若干年后，刘询先生在无意中发现真相，但丙吉先生仍誓不承认，逼得紧啦，他把"保护圣躬"的功劳，全归给那两位乳娘和其他一些卑微的朋友。呜呼，像丙吉先生，才是天下第一等人物。

霍光先生采纳了丙吉先生的建议——从这一点看，霍光先生并没有私心，不像刘屈牦和李广利那样，全神贯注于跟自己有关系的人。霍光先生采纳了丙吉先生的建议，等于全体官员采纳了丙吉先生的建议。他们联合奏报皇太后上官女士，上官女士当然批准。

于是，就在公元前74年七月——距刘弗陵先生去世五个月（刘弗陵是二月去世的），距刘贺先生被逐下宝座一个月（刘贺是六月被逐的），平地一声雷，这位在情势上永远不能出头的落魄王孙，狱吏的女婿刘询先生，被前呼后拥地坐上龙墩，成为西汉王朝第十任皇帝。

●霍显女士的愤怒

刘询先生既当了皇帝，接着而来的便是谁当皇后。以现代人的头脑，这简直不是问题，他跟许平君女士是结发夫妻，当然由许平君女士当皇后。可是皇帝的血液都是尊贵的，而许平君女士却是一个卑贱的狱吏的女儿，岂能配得上天潢贵胄。

写到这里，柏老忍不住要掀掀底牌，刘邦先生是西汉王朝开山老祖第一任皇帝，他身上可没有皇家血统，有的话只有流氓血统。不过，谁敢说刘邦先生的儿子是流氓血统乎哉。如有哪位医生老爷或验尸官，化验出来流氓血统是啥时候起了变化的，真是功德无量。其实用不着化验，只要有权（小权不行，要有使人吓一跳的大权），血统自然就尊贵不堪。

刘询先生忽然成了天潢贵胄，许平君女士就没有资格当皇后。霍光先生所属的摇尾系统，一致主张应由霍光先生的小女儿霍成君女士当皇后，连皇太后上官女士，也如此主张。如果此议成功，许平君女士就由正配妻子，一下子沦落为小老婆矣。这是一项来势汹涌的运动，多少靠霍家吃饭的马屁精，都希望这件婚事成功。盖只要霍成君女士当皇后，她的儿子就是下一任皇帝，霍家的权势就可永远保持，马屁精也可一直把持要津，大富大贵，永垂无疆之庥。

可是刘询先生却不肯忘记岳父和妻子的恩情，他是在绝望的贫困时被收为东床的，而且又住在许家。但他不敢公然跟霍光先生对抗，他知道如果公然拒绝这桩婚姻，可能触怒一大群有权力的家伙。刘贺先生的前车之鉴，使他心惊。于是他改用一种迂回战略表达他的意见，下了一道圣旨，寻找他寒微时的一把宝剑。这篇"寻故剑"的诏书，史书上没有刊出它的内容，但可以想象得到，它一定特别强调他的怀旧之情。马屁精们知道皇帝的意思，如果再坚持排斥许平君女士，可能伏下后患，也就见风转舵，联合奏请立许平君女士当皇后。

这一连串事件——刘弗陵先生死，刘贺先生逐，刘询先生当皇帝，许平君女士既生儿子又当皇后，都发生在公元前74年。那一年，刘询先生十八岁，许平君女士十六岁，传奇性的人生际遇，是如此地光辉灿烂，使人们为这一对深情而幸福的年轻夫妇，欢喜祝福。

然而，许平君女士虽当上皇后，却种下她大祸临头的种子。当刘询先生依照西汉政府的惯例——皇后的父亲一定封侯爵，要封岳父大人许广汉先生侯爵的时候，霍光先生首先反对，认为他曾经受过腐刑，不能拥有封邑。盖侯爵在中央政府，不过一个爵位，但在侯爵的封邑（一个县或两个县），他却是侯国的国君，一个"刑余之人"，不应有如此尊荣。

——在稍后不久，霍光先生才同意封许广汉先生"昌成君"。"君"，是西汉王朝封爵系统的别支，地位次于侯爵，而且没有封邑，只拿政府的薪俸。但是最愤怒的却是霍光先生的妻子霍显女士，她一听说许平君女士以一个狱吏的女儿当上皇后，而她的女儿霍成君女士，以托孤大臣兼全国武装部队总司令（大将军）之尊的女儿，却落了空，简直气得天灵盖都要开花，咬牙曰："那个贱货，怎敢夺我女儿的位置，我要她瞧瞧老娘的手段。"

事实上，霍显女士的出身也高不到哪里去。假如狱吏的女儿是卑贱的话，霍显女士比狱吏女儿还不如，狱吏的女儿还是一个自由人，而霍显女士却是霍光先生前妻东闾女士的贴身丫头，属于奴仆阶层。东闾女士只生了一个女儿，嫁给上官安先生，跟上官安先生生了一个女儿，嫁给刘弗陵先生，就是本篇所称的皇太后上官女士。霍显女士既漂亮、又聪明，而且鬼主意层出不穷，有时候连霍光先生都心服口服，就把她收做小老婆。后来，东闾女士逝世，依当时宗法社会习惯，霍光先生本可以另娶正妻的，以他的位尊而多金，恐怕是想娶什么样高贵出身的如花似玉，就会有什么样高贵出身的如花似玉。可是，他却把霍显女士擢升为正妻。从这一点可以看出霍显女士绝不简单，她有她的一套，这一套绝对不是花拳绣腿，一定有结实的内容，才使霍光先生对她又敬又爱，言听计从。而她也把霍光先生套牢，开始插手政治，她以为政治像她想象中那么简单。

问题是，聪明不是智慧，不顾大体的小聪明更绝对不是智慧，甚至不顾大体的小聪明反而证明根本没有智慧。霍显女士太聪明啦，聪明到八年后的公元前66年，她竟想靠她霍家的力量，发动政变。结果引起一场屠杀，霍家全族，不论年长年幼，全部处决。

可是，现在正是公元前74年，霍显女士跟她的丈夫霍光先生一样，权力正达到巅峰。她下定决心，一定要为女儿争到皇后的宝座。虽然第一回合失败，但她并不罢手。在她这一生中，她只要想得到的，就一定能够得到。她既然想要女儿当皇后，女儿就非当皇后不可。

◉女凶手淳于衍

霍显女士既决心为她的女儿霍成君夺取皇后宝座，就像一头饿狼一样，目不转睛地注视着皇宫，寻找机会，而机会来啦。公元前72年，许平君女士第二次怀了身孕，身体感到有点不舒服，刘询先生召请御医诊治，再召请一些有医学常识的妇女之辈，进宫担任特别护士。于是，女杀手淳于衍女士，应运而入。

这位女杀手是皇宫警卫（掖廷户卫）淳于赏先生的妻子。

——淳于衍女士姓啥，跟霍显女士姓啥一样，史书上没有记载。真不明白那些老古董史学家，对人们的姓，何以轻视如此？或重视如此？我们只好学现代的洋太太（包括西洋太太和东洋太太），让她们从夫姓矣。盖洋老奶一旦结了婚，自己的姓便被取消。我们中国却恰恰相反，老奶嫁了人，只名字被取消，而姓独存。若"显""衍"之类只有名而无姓的现象，恐怕仅此二见，以后就没有啦。

淳于衍女士如果不是三姑六婆，一定是个马屁精，以她的卑微地位，却跟武装部队总司令的夫人霍显女士，攀上交情，常到霍府走动。现在，她阁下被请到皇宫侍奉皇后，她的老公淳于赏先生灵机一动，拜托曰："打铃，你这次进宫，说不定一月两月，甚至更久，不能出来。是不是可以先到霍府，借口向霍夫人辞行，一则展示你的能力，一则看眼色行事，求她调我一个好一点的工作。听说安池管理主任（安池监）出缺，如果霍夫人肯拜托大将军（霍光）说一句话，那可比现在当一个苦兮兮的警卫（户卫）好得多矣。"

——安池，位于山西芮城县城跟黄河之间，是一个庞大的盐池。安池管理主任，肥差事也，不仅官升七八级，银子也升七八级。

淳于衍女士觉得这也是一个可行的门路，就去拜见霍显女士。霍显女士一听，喜上心头，乐上眉梢，感谢无所不能、无所不在的上帝，这可是天赐良机，此时不下毒手，更待何时。立刻把淳于衍女士领到密室，作生死之交状，搂着肩膀，亲密曰："少夫呀，好妹子，你教我代谋的那个差事，都包到我身上。可是我也有一件小事麻烦你，少夫呀，你可答应我？"

少夫者，淳于衍女士的表字。以堂堂大将军夫人之尊，叫一个卑微的警卫妻子的表字，那种亲热之情，使淳于衍女士受宠若惊。盖它显示的是，已把淳于衍女士纳入自己的体系，成了"圈里人"啦。而"圈里人"的意义是：有福共享。

于是，淳于衍女士大为感动，而霍显女士正是要她大为感动的。呜呼，任何突如其来的好事——例如：突如其来的宠爱有加——都有其不可测的原因，而且往往是一种恶兆。淳于衍女士似乎一时还不能适应，她诚惶诚恐曰："夫人呀，你有啥命令，只管吩咐，敢不听你的话？"霍显女士笑曰："你是知道的，大将军最爱他的小女儿，想使她大富大贵，有劳少夫成全。"大将军的女儿已经够大富大贵啦，还有啥更大富大贵的玩意儿，要一个警卫的妻子成全乎哉。淳于衍女士当时就呆在那里，像一个木瓜。霍显女士更柔情蜜意，把她拉到身旁，咬耳朵曰："女人生产，跟死亡只一纸之隔。现在皇后许平君怀孕而又有病，正是下手的机会，使她看起来像自然死亡一样。她死了之后，皇帝一定再娶皇后，小女儿就十拿九稳。少夫啊，你如果肯为我们霍家出力，将来共享荣华，千万不要推辞。"

嗟夫，凡是可怕的阴谋，一旦图穷匕见，便成定局。倒霉的淳于衍女士，只不过为了替丈夫谋一个较好的差事，现在却一下子跌进谋杀的陷阱，而对象又是皇后。她吓了一跳之后，势不能推辞。我们可以确定，她如果推辞的话，绝不可能活着走出大门。在大将军府扑杀一个卑微的女人，跟扑杀一只老鼠一样简单。而她如果假装答应，等回家后反悔，那后果也没有差别，霍显女士会杀之灭口。即令她不顾一切讲了出来，谁敢相信这种可以招来杀身灭族之祸的信息？

一个人无意中闯进秘密的血腥阴谋，是最大的不幸。而现在，不幸正抓住淳于衍女士，她无法摆脱。

◉毒死产房

淳于衍女士不得不接受杀手的任务，可是她仍有疑虑，曰："问题是，皇后吃药，防范严密。药是在很多医生注视下配成的。吃药之前，又有人负责先行尝饮，恐怕无隙可乘。"霍显女士冷笑曰："细节方面，要靠你相机行事，只要肯用心，一定会有办法。而且，即令露出马脚，也没关系。大将军管辖天下，谁敢多嘴？多嘴的都教他吃不了兜着走。明哲保身，古有明训，谁不知道保身？万一有不妥当之处，大将军也会出面，绝对不使你受到连累。你肯不肯帮忙，才是关键。"嗟夫，万一出了事情，淳于衍女士只有一身承当，说不牵累她，完全一派屁话。可是，淳于衍女士除了答应外，已没有选择余地。

淳于衍女士回到家里，也没有告诉丈夫。当然这种谋杀皇后的大事，知道的人越少越好，而且即令告诉丈夫，也不可能改变主意。她阁下秘密地把"附子"（毒药的一种），捣成粉末，缝在衣袋里，带进皇宫。

公元前71年正月，许平君女士分娩，生了一个女儿，病也逐渐痊愈，不过生产之后，身体虚弱，仍需要继续服药调养。御医们共同制出一种丸药，大概不外维他命之类，而就在搓捏成丸时，淳于衍女士乘人不备——呜呼，家贼难防，许平君女士岂能料到贴身服侍的特别护士，竟是女杀手耶？——遂神不知鬼不觉地把附子粉末，羼到药丸里。附子并不是强烈的毒药，不过它的药性火燥，产妇们绝对不能下肚，下肚后虽不会七窍流血而死，但它会使血管急剧硬化。许平君女士吃了之后，药性发作，感到气喘，因而问淳于衍女士曰："我觉得头部沉重，是不是药丸里有什么？"淳于衍女士曰："药丸里能有啥，你可千万别多心。"

可是等到御医驾到，再为皇后诊脉时，许平君女士脉已散乱——不规则地跳动，额上冷汗淋淋，霎时间，两眼一翻，一命归天。呜呼，许平君女士于公元前74年，十六岁时当上皇后。只当了三年，于公元前71年被毒死，才十九岁，正是大学堂一二年级女学生的年龄。她是如此地善良、纯洁，竟不明不白，死于宫廷斗争。后人有诗叹曰——

赢得三年国母尊　伤心被毒埋冤魂

杜南若有遗灵在　好看仇家灭满门

杜南，在杜陵之南。杜陵在陕西西安南二十公里，刘询先生死后，埋葬在此。杜陵之南约五公里，有一较小的陵墓，就是可怜的许平君女士安葬之所，也称之为少陵。稍西有杜甫先生的旧宅，杜甫先生自称为"杜陵布衣""少陵野老"，正是这幕悲剧的见证。

淳于衍女士毒死了皇后之后，向霍显女士报命，霍显女士大喜若狂。《汉书》上说，霍显女士不敢马上给她重谢，恐怕别人起疑心也。可是，《西京杂记》上却说，霍显女士给了她当时最名贵的"葡萄锦"二十四匹，"散花绫"二十五匹，"走珠"一串，现款一百万元（大概能买到一百栋公寓房子），黄金五十公斤（原文是黄金一百两，早有人指出"两"是"斤"之误矣）。然后，霍显女士又给淳于衍女士盖了一栋位于首都长安郊区高级住宅区的花园洋房（如果淳于衍女士喜欢热闹，可能就在市区买一栋使用电梯而又有中央冷暖气设备的大厦）。然后，自然而然地"奴婢成群"，成了暴发户。不过，淳于衍女士仍不满意，常抱怨曰："我有什么样的功劳，却这样待我？"

——淳于衍女士说了这话没有，我们不知道。但她有可能这么炫耀她对霍家的贡献。不过，假使她够聪明的话，她应该弄点路费，远走高飞。盖结局是可以预见的：霍家垮台，她免不了一死；霍家一直当权，也绝不会把刀柄交给一个女杀手。史书上对她阁下的下场没有交代，我们认为她绝逃不脱，连她那个庸碌平凡的丈夫以及她的儿女，都逃不脱。在下篇霍成君女士的篇幅里，下毒案发，刘询先生对霍家反击时，屠杀了数千家，淳于衍女士一家能单独无恙乎哉？

——许平君女士被毒死的那一年，是公元前一世纪二十年代最后一年——公元前71年。就在这一年，西方的罗马帝国，奴隶战争结束。奴隶军溃败，斯巴达克斯先生跟他的部属六千余人，全部被钉死在十字架，自罗马城到阿匹安道上，悬尸数十公里。东西世界，都有悲剧，而西方世界的悲剧，更惨绝人寰。

◉沉冤难伸

毒死皇后的阴谋再隐秘，消息仍然泄露。泄露的来源，可能出自霍显女士之口，为了展示她的法力无边；也可能出自淳于衍女士之口，她一味地以"功臣"嘴脸出现，用不着哇啦哇啦宣传，明眼人一瞧就可瞧出她阁下立的是啥功，效的是啥劳。然而，事关杀头，二人不见得敢乱开黄腔，最可能的是许平君女士死时的悲惨景象。附子，学名Aconitum sinense，多年生草本，茎叶有毒。许平君女士的口渴和头痛，以及死后尸体的变化，都显示重重疑问。皇帝丈夫刘询虽不在身旁，但侍奉皇后的不仅仅淳于衍女士一人，还有其他的宫女和其他的特别护士，还有闻召而来，在一旁目瞪口呆的御医群——他们可是内行。

于是刘询先生下令调查，凡有关人员，包括淳于衍女士在内，统统逮捕，投入监狱。当然没有一个人承认谋杀。消息传到霍显女士耳朵，她开始发慌，万一淳于衍女士和盘托出她的主使人，那可真是灭门的大祸。而事到如此，杀人灭口已来不及，即令来得及，反而更启人疑窦，可能把乱子闹得更大，就更遮盖不住矣。走投无路之余，她只好把全盘内幕，告诉霍光先生。霍光先生立刻汗流浃背，质问她为啥不先跟他商量。霍显女士一枝梨花春带雨，泣曰："生米已煮成熟饭，懊悔又有啥用？你大权在握，只有赶快想办法挽救危局，第一件事就是马上释放淳于衍。她如果被囚得太久，认为我们不照顾她，抱着同归于尽的决心，我们霍家就完啦。"

霍光先生即令再正直无私，也别无他途。假如他自己主动地揭发这场罪行，他的妻子就要首先被处决，而且，恐怕仅死一个妻子还不够，他的政敌正多，再加上许平君女士的家属，他没有把握自己不被牵连在内。他的政敌只要一口咬定他也知情，那就无论如何都分辩不清矣。于是，他晋见刘询先生，一脸正经兼一脸老实，诚惶诚恐陈词曰：

"皇后驾崩，普天之下，同放悲声。有人造谣说她是被毒死的，显然别有居心。盖许平君女士贤德淑慧，谁个不知，怎会有仇家结怨？一定要说她中毒而死，那就等于证实皇后不仁不义，招致横祸。陛下呀陛下，这岂不是伤害了皇后乎哉？而且那些御医，又有啥胆量，敢暗下毒手？如今把他们硬生生定罪，也绝非你的忠厚本心。"

刘询先生问他的意见，霍光先生乘势建议曰："事情既没有明确的证据，先闹得天下皆知，不是上策。不如把他们一律释放，显示皇恩浩荡。"

震于霍光先生的权势，中央政府的官员，还没有一个人敢跟霍光先生作对。而且，刘询先生到底年轻，他才二十一岁，刚从卑微的地位爬上高座，不敢十分坚持。所以，只好答应。唯一的行动是，在许平君女士的头衔上，尊称为"恭哀皇后"。哀，哀她年轻夭折也。

——许平君女士虽贵为皇后，也有冤难伸。这要等到霍氏全族被杀的时候，才附带着使凶手伏法。

霍成君

时代: 公元前一世纪三十

至四十年代

其夫: 西汉王朝第十任皇帝

汉宣帝刘询

遭遇: 被逼自杀

◉妻尸未寒

许平君女士既死，霍显女士的阻碍终于消除，她的下一步就是把女儿霍成君小姐送入皇宫，继任皇后。这件事由霍光先生亲自出马，自然水到渠成。站在皇帝的地位，娶谁就是谁的荣耀，可是站在三年前尚是一个落魄小民的地位，能够得到全国武装部队总司令（大将军）的女儿，简直癞蛤蟆吃到了天鹅肉，所以刘询先生立刻同意。

许平君女士是公元前71年逝世的，就在当年，霍光先生把女儿送进皇宫。请读者老爷注意，并不是皇帝娶皇后，而是皇帝纳小老婆。等于第二年（前70——公元前一世纪三十年代第一年），才正式封为皇后。刘询先生二十二岁，霍成君女士十七岁，如果不是介入一场血淋淋的谋杀，倒也是一对佳偶。

——在以男人为中心的时代，当一个臭男人，真是一种神仙享受。妻子刚被毒死，尸骨未寒，丈夫就又娶了美貌娇娘。如果调换调换，丈夫刚被毒死，妻子迫不及待地投到另一位年轻小子怀抱，既喊打铃，又喊杭泥，恐怕大怒之声，把她的耳朵都能震聋。

◉福祸相倚

霍成君女士既当了皇后，老娘霍显女士以丈母娘之尊，在政府中的权威，如虎添翼，而且更增加她的自信，自信凡是她想要的，都可要到，凡是她所追求的，也都可以追求到。

霍成君女士跟她的前任许平君女士最大的不同是，虽然她们同是皇后，但许平君女士出身寒微，性情温柔忠厚，侍奉她的宫女，不过几个人（所以当她卧病时，才向宫外聘请特别护士），自己的衣饰起居，也非常俭朴。而且以侄孙媳的身份，每隔五天，都要去长乐宫朝见太皇太后上官女士。上官女士是第八任皇帝刘弗陵先生的妻子。刘弗陵先生的哥哥就是死于江充巫蛊案的刘据先生，刘据生刘进，刘进生第十任皇帝刘询（当中夹了个被罢黜的第九任皇帝刘贺）。在辈分上，刘弗陵先生是刘询先生的叔祖父，上官太皇太后是刘询先生的叔祖母。所以许平君女士每去朝见，都亲自捧茶端饭，十分恭谨。

霍成君女士的出身却十分煊赫。咦，不要说她是威震朝纲，可以撤换皇帝的霍光先生"大将军"的女儿啦，读者老爷不妨举目四顾，有些老奶，她爹不过是个部长、局长、董事长、总经理之流，距大将军还十万八千里，可是她已鼻孔朝天，教人浑身发麻。霍成君女士生在绝顶富贵的家庭，又有一位不识大体的嚣张老娘，耳闻目睹，她就很难像许平君女士那么平实。她的左右侍从如云，在大将军府时，已经前呼后拥，当了皇后后，更加隆重盛大，每一赏赐，就是几千几万。跟平易近人的许平君女士，成一强烈的对比。但她仍尽力效法许平君女士的做法，其中一项是，每隔五天，也以侄孙媳的身份，去长乐宫朝拜太皇太后上官女士。

问题是，在夫家的亲属体系上，上官女士是霍成君女士的叔祖母，但在更亲密的娘家亲属体系上，霍成君女士却是上官女士的嫡亲姨妈。这就十分复杂啦，霍光先生大女儿嫁给上官桀先生的儿子上官安先生，现在身为太皇太后的上官女士，就是上官安先生的女儿，在辈分上说，身为侄孙媳妇的霍成君女士，恰恰是叔祖母上官女士的嫡亲姨妈，而且是小时候在一起的玩伴。读者老爷千万不要被"叔祖母""太皇太后"这类老气横秋的字句唬住，认为上官女士已是个阿巴桑啦。事实上，当公元前70年，霍成君女士十七岁的时候，上官女士才十九岁。十年前的公元前80年，她的祖父上官桀先生曾发动过一次宫廷政变，政变失败后，全家处斩。那时刘弗陵先生还在位，上官女士正坐皇后宝座，本来也应该罢黜的，因她是霍光先生外孙女的缘故，总算保住性命，但上官一家，也只剩下这么一个孤苦伶仃的小女孩（公元前80年，她这位皇后，不过九岁，还是玩过家家的年龄），全靠霍家照顾。

在这种复杂的内外关系下，霍成君女士效法许平君女士，向上官女士捧茶端饭，上官女士怎么承当得起欤？所以，每逢霍成君女士去表演孝道，上官女士就紧张万状，赶紧肃立辞谢，累得筋疲力尽。

然而，刘询先生和霍成君女士的感情却很燕好。一对年轻夫妻，如漆似胶。老娘霍显女士，看到眼里，喜在心头。只要等女儿生下儿子，就是正式的皇太子。一旦女婿刘询先生死掉，外孙登极，女儿就是皇太后，而她就是皇太后的娘。皇天在上，这就好啦，荣华富贵，有得享啦。这个如意算盘可以说太过于如意，李耳先生《道德经》曰："祸兮福之所倚，福兮祸之所伏。"小福小祸，无关痛痒；而大祸大福，往往只一纸之隔。在不可测的专制政府下去搞政治，尤其如此。

霍成君女士当皇后的第三年，公元前68年，霍光先生去世。

在国家讲，是巨星陨落；在霍氏家族讲，是冰山倒塌。始终在霍光先生火热般的权威笼罩下的刘询先生，开始喘口气，挣扎而起。前已言之，他最初预备封许平君女士老爹许广汉先生侯爵的，霍光先生认为他是"刑余之人"，不配此高位。霍光先生死后第二年（前67），刘询先生即下令封许广汉先生平恩侯。这已使霍家大吃一惊，表示皇帝有一种待机而动、隐藏在内心的反抗意识。接着，刘询先生再立许平君女士生的儿子刘奭先生当皇太子。霍显女士得到消息后，史书上形容她"怒恚不食，呕血"。那就是说她阁下怒火冲天，气得大口吐血，并拒绝吃饭——她绝食并不是决心饿死，而是展示她痛心的程度，以争取家人对她的同情和再下毒手的支持。

◉霍家权势 · 如日中天

霍显女士所以"呕血"，甚至"不食"的原因，是她考虑到将来皇位继承问题。她咬牙曰："刘奭那小子，是微贱出身的许平君生的，有啥资格当皇太子？我女儿将来生了儿子，难道反而只当亲王，出居外藩乎哉？"当亲王自然不如当皇帝。外孙是皇帝，外祖母高高在上，就可控制全国。外孙如果仅只一个亲王，而皇帝又是被霍家毒死的许平君的儿子，那就大势不好。一个亲王一旦发现他亲娘是被毒死的，可能毫无办法。一个皇帝一旦发现他亲娘是被毒死的，追根究底，大祸就要发作。想起来这种可能性，霍显女士不由得毛骨悚然，索性一不做二不休，为了斩草除根，她再要女儿去毒死刘奭。

刘奭小子被立为皇太子那一年，是霍光先生死后的第二年，即公元前67年，他才八岁。毒死一个八岁的娃娃，本来易如探囊取物。可是，两件事情使这件谋杀案不能成功：一是，霍成君女士那一年才不过二十岁，还不是一个担任杀手的成熟年龄。二是，刘奭小子的保姆忠心耿耿，保护她所养的娃儿无微不至——一方面警告刘奭小子不可吃任何人的东西，另一方面，在非吃不可的时候，好比皇后霍成君女士赏赐的食物，就不能不吃，那么，保姆就先吃下肚，试验试验是否有毒。

结果，霍成君女士几次下手，都归失败。但阴谋一经发动，即令是轻微的发动，也会泄露出去。最后终于传到老爹刘询先生的耳朵。刘询先生察言观色，也看出霍成君女士对刘奭小子，完全一副晚娘嘴脸（这是霍成君女士太年轻、太嫩之故，她如果老奸巨猾，忍下心头怒火，表面上做得热络一点，就不露痕迹矣）。刘询先生开始起疑，于是他回想前妻许平君女士的暴毙，又不断听到宫廷内外的传语流言，他几乎可以确定其中必有可怕的内幕。虽然还不敢公开地跟霍家作对，但他已决心采取行动。

现在，我们报告一下公元前一世纪三十年代，霍光先生死后，霍氏家族在西汉王朝中央政府的权力位置：

霍成君女士　霍光先生的小女儿，皇后

上官女士　霍光先生的外孙女，太皇太后

霍禹先生　霍光先生的长子，袭封博陆侯，全国武装部队副总司令（右将军）

霍山先生　霍光先生的侄孙，封乐平侯，皇宫机要秘书长（守

霍云先生　霍光先生的侄孙，封冠阳侯，首都卫戍部队副司令官（中郎将）

邓广汉先生　霍光先生的长女婿，长乐宫防卫司令官（长乐卫尉）

任胜先生　霍光先生的次女婿，首都卫戍部队司令官（诸吏中郎将羽林监）

赵平先生　霍光先生的三女婿，武装部队训练司令（散骑常侍将屯兵）

范明友先生　霍光先生的四女婿，封平陵侯，北方军区司令官兼未央宫防卫司令官（度辽将军未央卫尉）

张朔先生　霍光先生的侄女婿，皇宫机要秘书（给事中光禄大夫）

王汉先生　霍光先生的孙女婿，首都卫戍部队副司令官（中郎将）

以上这些人，都是史书上列名的人物，其他没有列名的大小喽啰，更千千万万。但仅就这些列名的人物，就可看出霍家的力量，已深入政府每一个重要角落。尤其是：第一，他们掌握了军权，从野战军到卫戍部队，根深蒂固。第二，他们掌握了"领尚书事"。这是一个关键角色，凡是呈送给皇帝的奏章，必须有一个副本先行送到"领尚书事"，如果认为它可以，才把正本拿给皇帝看，如果认为它不可以，就把正本退回或扣留。皇帝好像瞎子一样，"领尚书事"教他看啥，他才能看啥，教他知道啥，他才能知道啥。霍氏家族掌握了军权和机要，天下就没有一个人能够动摇他们。

二十年之久的长期富贵和权势，使霍氏家族彻底腐化。首先是老太婆霍显女士，她不久就姘上她的家奴冯子都先生，冯子都先生的权威也立刻大震。老娘跟她的那些荷花大少儿子们，更大肆建筑家宅——在市区是电梯大厦，在郊区是花园别墅。唯一遗憾的是，那时候还没有直升机和汽车供他们奔驰炫耀，但他们的马车却连英国女王的御辇都自叹命薄。霍家所用的马车，都用黄金作为装饰，轮子用丝棉包裹，坐在上面，毫不颠簸。

◉刘询的架空战术

我们说霍家的车是马车，事实上，它们不是用马拉的，而是美丽的侍女用五彩丝带拉的。车身既很庞大，内外又全是绸缎，霍显女士和冯子都先生，就在车里颠鸾倒凤。呜呼，霍光先生死而有知，对这顶绿帽子，一定大不满意。

仅只生活豪华，还不是致命伤，致命的是他们的自信——前已言之，霍显女士自信她的法力无边，而霍家的子女和女婿，也自信他们的权势是钢铁铸成的，小民固不值一理，连皇帝也不过一屁。他们对皇宫，好像对戏院一样，随时随地出出进进。而霍云先生尤其自负，好几次轮他到皇宫值班（朝请）守卫时，他都假装有病——肚子痛之类——悄悄溜掉。这在当时是一种严重的罪行，可是他不在乎。而霍家的奴仆，也狗仗人势，一个比一个凶猛。他们眼珠生到额角上，除了主子，其他任何人都瞧不起。有一次，霍家的奴仆跟监察部部长（御史大夫）魏相先生的奴仆，为了在路上争道，起了冲突，霍家的奴仆火冒三丈，认为简直是奇耻大辱，乃大发神威，一直打到监察部（御史府），要拆掉大门，谁劝都不行。那些可怜的监察部委员（御史）们，只好跪在地上，向他们叩头求饶，才算罢休。

权力跟许平君女士服下的"附子"一样，茎叶都是有毒的，中附子的毒是口渴头痛，中权力的毒是疯狂——疯狂得自信自己万能，疯狂得腐烂堕落。霍氏家族的权势正无畏无惧，气吞山河。六十年前，公元前二世纪七十年代，皇后卫子夫女士的家族自律很严，待人忠厚，对权力小心翼翼，但仍埋伏下覆灭的炸药。霍氏家族则是一个魔鬼集团，对权力能滥用就滥用，它屁股底下的炸药，就更越积越多。霍氏家族显然已跟所有非霍氏系统的人为敌，最主要的是皇帝刘询先生，其次是许平君女士的许氏家族，再其次是刘询先生祖母史良娣女士的史氏家族，和稍后兴起的、刘询先生亲娘王女士的王氏家族。

刘询先生的手段是，擢升被霍家侮辱过的魏相先生当宰相，跟他密谋，开始采取架空战术。第一件事就是剥夺霍山先生皇宫机要秘书长（领尚书事）的权力，规定所有奏章，不必再用副本，可以直接呈送到皇帝那里。第二件事是，剥夺霍氏家族们的军权。先调北方军区司令官兼未央宫防卫司令官范明友先生当宫廷供应部部长（光禄勋），再调首都卫戍部队司令官任胜先生当安定郡（甘肃安定）郡长（太守），再调皇宫机要秘书张朔先生当蜀郡（四川成都）郡长，再调首都卫戍部队副司令官王汉先生当武威郡（甘肃武威）郡长。——把他们调到距首都长安遥远的边陲。再调长乐宫防卫司令官邓广汉先生当太子供应处处长 (少府)，免掉霍禹先生全国武装部队副总司令 (右将军) 的职务，升他为架空的国防部长 (大司马)，再免掉武装部队训练司令赵平先生的兼差，专任五星上将 (光禄大夫)。

经过大调动之后，军权全部落到许氏家族和史氏家族之手，霍氏家族一个个成了地位崇高但没有实力的光棍。

这是一记丧钟，如果霍氏家族够警觉的话，他们应该发现形势的严重，用壮士断腕的手段，加强收敛，还有苟延残喘的可能。可是教一个骄蛮任性的人自我检讨，那比拉痢疾都难。而且恰恰相反地，他们想到的唯一反应是报复，是重新获得权力。魏相先生当宰相时，老太婆霍显女士就召集她的子弟女婿，愤愤曰："你们不知道继承老爹的雄功伟业，日夜花天酒地。而今魏相当了宰相，一旦有人进了谗言，怎么能够挽救？"霍禹先生一些纨绔子弟，还颠颠顸顸，不以为意。等到机要权和军权一一被夺，霍禹先生才发现果然不妙，就害起了政治病，说他病啦，不再参加早朝。又向一个前来探病的部下任宣先生发牢骚曰："如果不是我家老爹，刘询怎么能当皇帝？而今我家老爹的坟土还没有干，就把俺家的人统统排斥，反而信任许家史家的子弟，天乎天乎，究竟我们霍家有什么过错？"

——霍显女士自己日夜花天酒地，却责备别人日夜花天酒地。霍禹先生自己横行霸道，却认为自己没有过错。他们的聪明都用来责备别人，没有用来反省自己，当然也就越想越生气。

霍家的失去权势，人们都看得一清二楚。于是，一些弹劾的奏章和揭发霍家不法行为的报告，一天比一天增加。而"领尚书事"的霍山先生既没有副本，对于这些奏章和报告，拦也拦不住，阻也无法阻，霍氏家族遂大起恐慌。

●第一次阴谋败露

当霍氏家族走下坡路的时候，霍云先生的舅父李竟先生，有一个朋友，名叫张赦。此公向李竟先生秘密建议曰："现在宰相魏相先生，跟平恩侯许广汉先生，大权在握，恐怕终有一天会罩到霍家头上。但你们仍有一条生路，那就是，请霍显老奶出面，说服她外孙女上官太后，由上官太后下令，先把魏相、许广汉干掉，然后一不做二不休，再把刘询先生驱下宝座，另换上一个皇帝，才是釜底抽薪的上策。"问题是，当霍氏家族掌握兵权的时候，这主意是好主意，因为它有成功的可能性。如今，兵权既去，等于丢了刀子再去打老虎，这主意便是馊主意，而且是可怕的馊主意矣。尤其糟的是，这种可怕的馊主意，却不能保密，竟被霍家的马夫听了去。恰巧长安的一个小市民张章先生，跟马夫是朋友，前来投靠马夫，马夫好心肠，留他在宿舍住下。落魄的人心神不宁，一时难以入梦，马夫们却以为他睡啦，对这件事窃窃私语兼纷纷议论。张章先生一一听到耳朵里，暗喜曰："富贵荣华，在此一举。"第二天，他就写了一份检举函，向皇帝直接告密。

前已言之，从前任何奏章，都要经过"领尚书事"(皇宫机要秘书长)一关，现在则不再经过啦，所以，这份检举函直接就送到刘询先生那里。司法部(廷尉)立即采取行动，把李竟先生捉住，并下令首都卫戍司令官（执金吾），逮捕闻风逃走的张赦先生。可是，稍后不久，刘询先生吩咐不再追究，并且把李竟先生释放。

罢黜皇帝，是一个非同小可，足以引起千万人头落地的阴谋，忽然稀松平常地消灭于无形，反而使霍氏家族更为恐慌。他们了解，是因为事情牵连到当太皇太后的上官女士，只不过暂时地按兵不动，暴风雨仍在酝酿。偏偏李竟先生在司法部（廷尉）留下不利于霍家的口供——这应该在意料之中。于是，刘询先生认为，机要秘书长霍山先生，首都卫戍部队副司令官霍云先生，已不适合继续担任高级官员，勒令他们退休，但仍保持他们的侯爵。

至此，霍氏家族中，除了霍禹先生仍当一个架空了的国防部长（大司马）外，其他的全都被逐出权力中枢。而刘询先生对唯一尚留在政府中的霍禹先生，也不再维持昔日的礼遇，不时地露出使霍禹先生难堪的嘴脸。霍显女士的一些女儿们，都是上官太后的姨妈，不但辈分高，年龄也比较长，平常每次进宫，跟上官太后挤在一起，叽叽喳喳，骨肉情深，现在也成了罪状。有一天，刘询先生声色俱厉地质问霍禹先生：霍家妇女晋见上官太后时，为啥不遵守皇家礼节？所谓皇家礼节，就是磕头跪拜的奴才礼节。刘询先生又顺便质问：冯子都是谁？仗着谁的权势，竟敢在长安欺善凌弱？问得霍禹先生哑口无言，浑身大汗。呜呼，霍家从来没有受过这种面对面的侮辱，而侮辱是更大灾祸的前兆。胆小的开始魂不附体，胆大的则一肚子愤怒——一种恶人受挫后所产生的愤怒，誓言霍家决不再继续接受这种侮辱啦，必须采取紧急反应。老太婆霍显女士，身为一家之主，更忐忑不安，她曾梦见霍光先生警告她："你知道不知道，就要逮捕儿辈乎？"霍禹先生也梦见成队的骑兵和囚车，前来执行逮捕。而且，怪异的事，层出不穷，《汉书》记载曰："家里的老鼠忽然增多，窜来窜去，有时竟撞到人身上。鸮鸟就在庭院树上筑巢，发出毛骨悚然的叫声。大门无故塌掉，有人仿佛看见鬼魂就坐在霍云先生的房顶上，掀起屋瓦，扔到地下。"

——老鼠忽然增多，显然是因为霍家已陷于重大危险，家人上下，朝不保夕，已没人再去整理环境。大门塌掉，屋瓦自落，更说明缺乏照料，任它颓坏。鸮鸟，Strix uralensis 也，俗称猫头鹰，是生长在幽静丛林里的动物。它阁下的眼睛，在阳光下看不见东西，所以白天只好睡大觉，晚上才出来上班。事实上它根本不可能进入有人居住的人家，无论这人家是不是深宅大院。而它竟然进入啦，再一次说明霍家的人精神恍惚，众心涣散，不要说猫头鹰在树上筑巢没人去管，恐怕就是老虎闯到厨房，都没人管矣。任何煊赫的官宦世家，一旦失去权势，第一个现象就是住宅的荒芜。嗟夫，不仅霍家如此，古今中外，从无例外。

●第二次阴谋败露

公元前66年，刘询先生登极了八年之后，终于找到他的外祖母王女士，跟他的舅父王无故、王武。当即封王女士"博平君"，两位舅父也都封侯爵，王无故先生是平昌侯，王武先生是乐昌侯。于是，在西汉王朝中央政府当权的家族，除了许家、史家之外，又多出了个王家。相形之下，霍家更被挤了下去。不过，霍显女士却认为这是一个反攻的良机，就在那一年（前66）的二月，她召集了一个霍家高阶层秘密会议，出席的包括霍家的子侄和霍家的女婿。霍显女士义愤填膺曰："依照法律，臣民们随便议论宗庙，就要杀头。而今身为宰相的魏相，竟然主张减少宗庙的祭祀。开国皇帝刘邦先生，曾有遗令，凡是没有战功的，不能封侯，史家、许家，已封了侯，现在又多了王家，魏相却不说一句话。我们应该抓住这个小辫子，把魏相打倒。"霍显女士的初意，只不过针对魏相，可是霍禹、霍云两人，却认为仅只搞垮魏相先生，仍不能保证霍家安全，更不要说再掌权啦。霍山先生曰："外边对我们霍家的抨击，太不合理。霍家子弟固然也有不成器的，可是，像传言我们毒死皇后许平君女士，简直血口喷人，怎会有这种事？"霍显女士不得已，只好承认确有这回事。霍山、霍禹面无人色，叹曰："完啦，完啦。"为了彻底解决，旧事重提，一不做二不休，决心发动宫廷政变，先由上官太后出面，请刘询先生的外祖母（封为博平君的王女士）吃春酒，就在皇宫埋伏死士，把倒霉的陪客宰相魏相先生，跟刘询的岳父许广汉先生，当场处决。乘着混乱，罢黜刘询先生，由霍禹先生当皇帝。

——这些罪状，都是案发后官方的一面之词。依我们对政治形势的了解，杀魏相、许广汉的阴谋会有的，至于把刘询先生驱下宝座而由霍禹先生的屁股去坐的阴谋，依当时的局面和意识形态，不可能产生。不过，霍家的仇敌认为只有如此，才能把霍家套牢。

然而，这个第二次大阴谋，再度被上次告密的张章先生探知——他的消息可能仍来自他的马夫朋友。咦，霍家子弟简直一窝猪猡，竟一而再地泄露机密。张章先生这次不再直接向皇帝检举啦，他报告给禁卫军的禁卫官（期门）董忠先生。董忠先生魂飞天外，急忙跟禁卫军参谋官（左曹）杨恽先生商量；杨恽先生立刻通知宫廷侍从官（侍中）金安上先生；金安上先生是刘询先生最亲信的贴身侍从之一，他随即向刘询先生提出报告，他跟另一位宫廷侍从官史高先生，共同建议采取紧急措施，先行严禁霍氏家族出入宫廷。而另一位宫廷侍从官金赏先生，也是霍光先生的女婿，可能他因平常跟霍家不和，没有被邀参加这次阴谋，也可能发现事情败露，阴谋不能成功，不论怎么样吧，反正是，他得到消息，即行晋见刘询先生，要求批准他跟妻子离婚。

呜呼，到了这种地步，刘询先生已被逼到必须反击的角落。他的反击是全面的恐怖，下令把霍家一网打尽。卫戍部队立刻出动，宫廷供应部部长（光禄勋）范明友先生，首先得到消息，飞骑奔向霍家告警。霍山、霍云平常大言不惭，浑身都是解数，现在面临突变，却六神无主，手足失措。而家奴又适时地仓促报告："太夫人（霍显女士）第宅，已被人马团团围住啦。"霍山、霍云、范明友三人，面面相觑，只好服毒自杀。

这一次霍家子弟和女婿，除了那位在紧急关头把妻子遗弃的金赏先生外，全部逮捕。结局是，霍禹先生腰斩（腰斩，酷刑之一，在腰部用刀砍断，要哀号几个小时才死）。霍显女士以下，无论老幼男女，远亲近戚，辗转牵累，包括那些不可一世的家奴兼姘头冯子都先生和毒死许平君女士的淳于衍女士，全数绑赴刑场，砍下尊头。史书上记载，这次屠杀了一千余家。中国一向是大家庭制度，富贵之家，人口更多，每家以一百人计算，就屠杀了十余万人，长安几乎成为空城矣。两千年之后的现代，我们仍可隐约看到怀抱中的婴儿也被拖出，承受钢刀。震天的哭声，告诉人们，当权四十年，威震全国二十年的一个巨族，全部覆灭。

——霍姓家族有自取灭亡之道，纨绔子弟去玩弄政治，比玩弄毒蛇还要危险，盖在专制时代，政治和血腥是不可分的。灭族的酷刑，是中国传统文化中最残忍、最不人道的一面，感谢西洋文明的东渐，使这种野蛮的刑法，在中国消失。不过，无论如何，霍光先生对刘询先生，应是恩重如山。没有霍光，刘询不但当不上皇帝，恐怕以一个叛逆之子的身份，诚如张世安先生所言，有碗饭吃就了不起啦。刘询先生满可以赦免霍氏家族的一个人——甚至一个孩童，使霍光先生的后代不致断绝。可是，刘询先生却要斩草除根，也够狠的矣。

●昭台宫·云林馆

在西汉王朝和稍后的东汉王朝，政府官员是由三种人包办的：一是戚族，一是皇族，一是士大夫。后者为平民出身的高级知识分子集团。戚族是皇帝的姻亲：皇帝母亲的娘家人和皇帝妻子的娘家人。在公元前二世纪到公元一世纪之间，封建的专制政体，正稳定发展，很难由平民而取得高位篡夺政权。但皇族不然，任何人只要有权，他就有坐龙廷的可能。所以，在此期间，也就是西汉和东汉王朝，皇族在政治权力上没有分量，盖皇帝老爷对他们防得奇紧也。来自平民的士大夫，却可猛蹿直升。不过，士大夫如果不能够跟皇帝攀点亲，没有内线，皇帝就不会长期对他信任，人死官灭，权势也就落花流水。必须跟皇帝攀点亲，才能建立长期不坠的权力世家。霍显女士不惜冒灭族的危险谋杀皇后，硬把女儿嫁给刘询先生，不仅仅是为了女儿的利益，也是为了自己和家族的利益，她的目的在于化家族为戚族，永享荣华富贵。

霍光先生是公元前二世纪八十年代大破匈奴汗国的民族英雄霍去病先生的同父异母弟弟。在介绍皇后卫子夫女士的篇幅里，读者老爷一定还记得卫氏家族的煊赫，卫子夫女士的姐姐卫少儿女士，跟一位小职员霍仲孺先生私通，生下霍去病。后来霍仲孺先生回到河东平阳(山西临汾)故乡，再结了婚，生了一个儿子，就是霍光。他靠着哥哥的关系，踏进宫闱，伺候老皇帝刘彻。霍光先生虽然来头不凡，但他天性小心谨慎，从没有普通纨绔子弟那种傲慢疏阔兼不可一世的恶劣习气，二十年间，没有出过差错。因之卫氏家族全族被屠杀流血时，却没有牵连到他。刘彻先生看到眼里，记在心头，所以临死时，付以托孤重任。一切情形，前已言之矣。

无论从哪方面说，霍光先生对西汉王朝和姓刘的皇族，忠心耿耿，一片赤心。仅就他立刘询先生继承被罢黜的刘贺先生，使刘询先生旱地拔葱，忽然间直升到九霄云外，至少他对刘询先生恩情不薄。可是，霍光先生才去世两年，坟墓上的青草可能还没有长满，却全族死于行刑队的刀口之下。固然由于他的妻子和儿女胆大包天，闯下滔天大祸，但杀得鸡犬不留，却使义人沮丧。有人指责刘询先生故意怂恿他们恶贯满盈，以便一网打尽，这也有可能性。盖刘询先生尚是小民，跟一些地痞流氓一块斗鸡偷狗的时候，霍光先生以全国武装部队总司令（大将军）之尊，巍巍在上，高不可攀。而且也正因为他是小民，对霍氏家族和狗腿子们的凶恶嘴脸，印象也最深刻。当他被选为皇帝，到西汉王朝开山老祖刘邦先生的祠堂（太庙）进香时，他坐在辇车当中，霍光先生则站在他的身旁（骖乘），十八岁的刘询先生虽然已贵为皇帝，但仍残存着小民对大将军畏惧的感情，所以好像芒刺在背，浑身紧张。俗云："威震主子的人，不祥。"不祥，《汉书》上曰："不畜。"就是说势必要滚，或者活着滚，或者死着滚。霍光先生是活着滚的，而他的家族则是死着滚的也。

不过，霍氏家族事实上已不能自拔，权力中毒之后，离开权力就简直活不下去。四十年之久叱咤风云的家族，要他们自己放弃权力，甘心过一个普通侯爵的平凡生活，根本不可能。所以，一定说刘询先生一开始就存心不良，也不见得。霍氏家族已陷进权力的泥沼，他们只有两个结局：一个是真的自己当上皇帝，一个就是全族"无少长皆斩"。只有民主政治才可避免这种悲剧，然而，那时候却没有民主政治。

霍氏家族于公元前66年七月覆灭。唯一不死的，只剩下皇后霍成君女士一人，才二十一岁。我们可以想象，她听到全族被杀，老娘和哥哥姐姐们都绑赴法场处决时，她的惊恐和悲痛。这不是一个普通女孩所能承受的打击，突然落到她头上，跟当初卫子夫女士听到儿子失败消息的情形一样，雄心壮志，刹那间化为一缕云烟。卫子夫女士拒绝接受更进一步的侮辱，悬梁自尽。霍成君女士到底年事还小，她可能仍希望奇迹，但奇迹不是常出现的。到了八月，使臣闯进皇后宫，向霍成君女士宣读刘询先生的诏书，诏书曰："你心怀恶毒，跟母亲霍显，合谋危害皇太子，没有做母亲的恩情，不适合当皇后。自即日起，逐出皇后宫，缴出皇后印信。"

原文：

皇后荧惑失道，怀不德，挟毒与母博陆宣成侯夫人显谋，欲危太子，无人母之恩，不宜奉宗庙衣服，不可以承天命。呜呼伤哉，其退避宫，上玺绶有司。

霍成君女士只当了五年皇后，到此凄凄凉凉，被送到长安郊区上林苑中昭台宫。从此，一朵正在盛开的美丽花朵，被活活与世隔绝。昔日骄傲高贵，不可一世，于今只孤苦一身，任人摆布。像钢铁一般结实，千年不倒的后台，已成幻境。然而，厄运仍抓住她不放。十二年后的公元前54年，刘询先生忽然想起了她，再把她送到一个名叫"云林馆"小屋中，加强禁锢。然而仅只禁锢似乎仍不能消他心头之恨，于是下令教她自杀。事情到此，还有什么话可说，霍成君女士只好恸哭一场，是服毒？或是上吊？或是被行刑队勒毙？史书上没有交代。交代的是，霍成君女士终于惨死，死时才三十三岁。老娘如果不千方百计教她当皇后，可能不至于引起这一串连锁性的恶性循环，她会跟一个侯爵结婚，仍在过恩爱夫妻的日子。然而，富贵耀眼欲眩，身不由主，人生谁又不如此耶。

霍成君女士埋葬在长安的卫星城市蓝田县的昆吾亭东，而今已不再有痕迹矣。

冯昭仪

时代: 公元前一世纪六十

至七十年代

其夫: 西汉王朝第十一任皇帝

汉元帝刘奭

遭遇: 被逼自杀

◉小老婆群编制

霍成君女士的悲剧，发生于公元前一世纪二三十年代。到了六十年代，西汉王朝宫廷中，悲剧再现。这场悲剧的女主角冯媛女士，是一位"昭仪"——史书上称她"冯昭仪"，有时也称她"冯婕妤"。

在没有介绍冯媛女士之前，我们应先了解啥是"昭仪"，啥是"婕妤"，因为这不仅和冯媛女士有关，在以后的史书中，老奶的名字往往被一笔勾销，而只留下她的姓和她的位号头衔，如果不弄明白，就大雾弥漫，迷糊到底矣。

夫皇宫之中，美女如云，少者几千人，多者几万人。总得有个组织，才能指挥若定，有条不紊，否则大家挤成一团，东奔西跑，谁也管不住谁，岂不乱糟糟的，成了马蜂窝乎哉。这组织包括后妃的编制，就是把皇帝的老婆群分为若干等级，等级比照政府的官制，除了大老婆正配妻子称为"皇后"外，其他的小老婆——台湾话谓之"细姨"，以皇帝老爷对她宠爱的程度，封她一个位号头衔，位号头衔有高有低，待遇随之也有差别。一级的薪俸最高，手下服侍的宫女也最多，派头比较大。最末级的薪俸也最低，手下服侍的宫女也最少，派头也比较小。人人都希望往高枝上爬，皇宫里千千万万如花似玉，因为只有一个臭男人是猎物的缘故，自然竞争得极为激烈。

关于后妃的位号头衔，可追溯到公元前十一世纪周王朝褒姒女士的时代。在周王朝，国王可以合法地拥有一百零一个妻子——一个大老婆和一百个小老婆。她们的编制是这样的焉：

超　级："王后"，一人。地位跟国王相等

第一级："夫人"，三人。啥事也不干，只陪伴国王（坐论妇礼）

第二级："嫔"，九人。负责处理皇宫事务（掌教四德）

第三级："世妇"，二十七人。主持祭典和招待入宫朝觐的贵妇

第四级："女御"，八十一人。专门供国王床上娱乐

一个国王就有一百零一个老婆，一年三百六十五天，国王老爷纵是每天都不休息，一年才轮到三次。而假如国王老爷每天都不休息的话，那老命就要休息矣。因为力不从心，或为了挣扎着活下去，国王老爷只好抱头鼠窜，努力提倡"独睡主义"。胆小的老奶自怨自艾，胆大的老奶，如翟叔隗女士，就红杏出墙，另打户头，闹得兵荒马乱。

到了公元前三世纪秦王朝，花样翻新，曰：

超　级："皇后"

第一级："夫人"

第二级："美人"

第三级："良人"

第四级："八子"

第五级："七子"

第六级："长使"

第七级："少使"

史书上没有记载她们的职务是啥，其实记载不记载，都是一样，反正是供皇帝老爷一个人龙心大悦罢啦。即令记载，诸如"坐

论妇礼"，好像三位如花似玉的"夫人"，主要的工作是坐在那里，跟国王整天交换有关女人行为规范的意见；又诸如"掌教四德"，好像九位如花似玉的"嫔"，主要的工作是讲道德说仁义；这种职务，说了等于白说。不过，秦王朝的后妃编制，不但在位号头衔上跟周王朝不同，在人数上也跟周王朝不同。周王朝国王的老婆人数，还有个法定的限制，不得超过一百零一个。而秦王朝和秦王朝之后的一些王朝，只有一定的等级，而没有一定的名额。跟官场中的情形一样，只要皇帝老爷一高兴或一不高兴，他教谁当"夫人"，谁就当"夫人"，想教谁当"八子"，谁就当"八子"，多多益善，没一个人敢插嘴。

到了公元前二世纪七十年代，西汉王朝第七任皇帝刘彻先生，对女人的兴趣远超过他的那些祖宗，再度进行改组。反正他是龙头老大，想干啥就可干啥，关于小老婆群的名号，就更随心所欲。于是，大批美丽的词藻洋溢纸上，他把皇宫里排山倒海的美女，分为十级——

超　级："皇后"，位比皇帝，爵比皇帝

第一级："婕妤"，位比宰相，爵比亲王

第二级："娙娥"，位比上卿，爵比列侯

第三级："容华"，位比中二千石（副宰相），爵比关内侯

第四级："充依"，位比中二千石（部长），爵比大上造（文官最高级，一品）

第五级："美人"，位比二千石（州长），爵比少上造（文官第二级，二品）

第六级："良人"，位比千石（州长级），爵比中更（文官第三级，三品）

第七级："八子"，位比千石（州长级），爵比左更（文官第四级，四品）

第八级："七子"，位比八百石（副州长），爵比右庶长（文官第五，五品）

第九级："长使"，位比八百石（副州长级），爵比左庶长（文官第六级，六品）

第十级："少使"，位比六百石（县长），爵比五大夫（文官第七级，七品）

◉十五级·八等

上述的十级编制，维持了七十年，到了公元前一世纪五十年代，第十一任皇帝刘奭先生在位，西汉王朝皇宫里的老奶，包括高高在上的皇后和命贱如纸的宫女，已有两万余人。

——写到这里，柏杨夫人看见，忍不住哎呀一声，要翻白眼。阿巴桑真是不开窍，她如果看见七十年代的情形，恐怕就要哎呀两声，要翻白眼两次矣。盖到了那时，西汉王朝皇宫里的老奶，已达四万余人。不但瞧一瞧能累出瘫痪，纵是想一想也都能累得身死魂灭。

刘奭先生最大的乐趣是玩女人，身为帝崽，玩女人跟玩蚂蚁一样，可以随心所欲。他觉得十级编制，还不够展示他的爱色如命，于是乃扩大为十五级，而在最末两级之内，再分为若干等——

超　级："皇后"，跟老祖宗时代一样，位比皇帝，爵比皇帝

第一级："昭仪"，位比宰相，爵比亲王（新设的最高位号头衔，原"夫人"取消）

第二级："婕妤"，位比上卿，爵比列侯（原是第一级，在新编制中，降为第二级）

第三级："娙娥"，位比中二千石，爵比关内侯（原是第二级，在新编制中，降为第三级）

第四级："容华"，位比真二千石，爵比大上造（原是第三级，在新编制中，降为第四级）

第五级："充依"，位比二千石，爵比少上造（原是第四级，在新编制中，降为第五级）

第六级："美人"，位比千石，爵比中更（原是第五级，在新编制中，降为第六级）

第七级："良人"，位比千石，爵比左更（原是第六级，在新编制中，降为第七级）

第八级："八子"，位比八百石，爵比右庶长（原是第七级，在新编制中，降为第八级）

第九级："七子"，位比八百石，爵比左庶长（原是第八级，在新编制中，降为第九级）

第十级："长使"，位比六百石，爵比五大夫（原是第九级，在新编制中，降为第十级）

第十一级："少使"，位比四百石，爵比公乘（原是第十级，在新编制中，降为第十一级。"公乘"，文官制度最末一级）

第十二级："五官"，位比三百石（十二级以下，是刘爽先生新发明的，但只算雇员阶层，已没有爵位可比。好像少尉以下，便不能算军官，只能算士官矣。"五官"，雇员阶层最高一级，年薪只三百石，微不足道）

第十三级："顺常"，位比二百石（雇员阶层第二级，更微不足道）

第十四级：这一级的名堂可多啦，级内再分六等，曰："舞涓""共和""娱灵""保林""良使""夜者"。位比百石（难为刘爽先生的脑筋，不用到国家上，却用到女人上，苦苦地想出这么多可爱的称谓。这一级是雇员阶层第三级，却分出这么多的花样，大家都是一样待遇，只不过你是"委员"，她是"顾问"，俺是"参议"。花样虽然不同，地位却一般高）

第十五级：这一级也有两等，曰："上家人子""中家人子"，位比斗食（这是小老婆群最低一级，只不过比普通宫女稍有不同。像《红楼梦》里的平儿小姐，说她是丫头吧，她却有小老婆名分，有丫头服侍她，还可管丫头。说她是正式小老婆吧，她却是个丫头，跟丫头拿一样的钱。盖"见官矮一段，见民高半截"者也）

从老奶们的俸禄上，可看出她们之间的权威和贫富等差。皇后的俸禄，能使人舌头伸出三天都缩不回，仅"汤沐邑"就有"三十县"。汤沐，洗澡。皇后一个人洗澡所需的费用，就要用掉三十县的全部税收（玩笑）。总之，这三十县的土地人民，等于是皇后老奶口袋里的私产。呜呼，台湾省不过二十二个县，该有多少银子？皇后老奶恐怕是中国第一富婆。古时工商业不发达，三十县的税收固然没有现代的多，但正因古时工商业不发达，她的消费额也跟着降低。

小老婆群的待遇，是以"石""斗"为标准的，当然跟皇后差十万八千里，不但跟皇后差十万八千里，她们互相间也差十万八千里。像第一级"昭仪",位比宰相。宰相是三公之一,俸禄是"一万石",而第十五级的"上家人子""中家人子"的俸禄,只不过"一斗"_(十斗才是一石),只及"昭仪"的十万分之一。

"斗"是中国传统的容器,北中国的斗是圆的,像个水桶,南中国的斗是方的,像现代厨房用的抽油烟机。一斗的容量是十点四公升。读者老爷到加油站为你的破车加油时,就可知道十点四公升的体积。依此类推,一石是一百零四公升,十石是一千零四十公升,百石是一万零四百公升,千石是十万四千公升,两千石是二十万八千公升,一万石是一百零四万公升。如果是高级汽油,真能乐得嘴巴都歪。

◉女无美恶·入宫见妒

可惜的是,公元前一世纪还没有汽油,西汉王朝的俸禄只好用谷子。北中国盛产黍米,像黄金一样的颗粒,北方称之为"小米",而称南中国白银般的稻米为"大米"。黍米有一个外壳,在剥去外壳之前,称为"谷子"。西汉王朝的俸禄,就是用这种"谷子"计算的,这比银子要结实可靠得多。身历二十世纪对日本八年大战的朋友都知道,银子会贬值,而且遇到饥荒之年,有银子也买不到粮食。在历史上,很多富翁老爷,身穿绮罗,手戴珠宝,却活活饿死在弹簧床上。所以,用"谷子"作为俸禄,最顶尖稳妥。

现代的俸禄以月为单元,古代的俸禄以年为单元。"石""斗"

也者，是每年的俸禄。小老婆群的俸禄，只是供她们零用。所以第十五级的细姨，虽只有"一斗"（斗食），但总比宫女强，宫女的零用钱更寥寥无几。读者老爷不妨参考《红楼梦》中丫头的等级：佳蕙之流的小丫头，每月只五百钱；晴雯之流的大丫头，每月只有一千钱，花袭人之流准小老婆或超级丫头，每月银子一两；赵姨娘之流的正式小老婆，每月银子二两；若王夫人之流大老婆，每月银子二十两。刘奭先生搞出十五级以及级内八等，一个如花似玉从第十五级"中家人子"爬起，即令每年升一级，也要十五年后才能升到第一级"昭仪"，何况不可能每年都升一级哉。而同级的如花似玉，又有几位或十位之多，如果不能出奇制胜，杀开血路，就只好永远屈居下位。而屈居下位的意义是：没有太多机会陪皇帝上床，因之也就没有太多机会生"皇子""公主"，比掉到万丈深渊，还要绝望。

往上爬的过程中，如花似玉间的斗争，十分惨烈。邹阳先生曾曰："士无贤不肖，入朝见嫉。女无美恶，入宫见妒。"非她们都是小心眼窄肚肠，而是不得不你挤我，我挤你。如果不把对手挤垮，自己就会反过来被对方挤垮。所以，宫廷之中，每一位娇娃都生活在不稳定的情绪之中（瞧瞧小老婆编制表，纵是一块木头，都会急得燃烧），互相间勾心斗角，没有友情，没有爱心，只有拼命地向那个唯一的臭男人，降志屈身地百般谄媚。

我们的女主角冯媛女士，就在这种宫廷竞争中，全军覆没。她跟过去那些全军覆没的女士不同，她并没有戚懿女士那种夺嫡的野心，也没有卫子夫女士那种树大招风的声势，更没有霍成君女士那种谋取皇后宝座的阴谋。她只是偶尔流露了她对皇帝丈夫的一缕关爱，却招来杀身大祸。

冯媛女士，上党潞县（山西长治潞城区）人，父亲冯奉世先生，是刘奭的爹刘询先生手下的重要王牌，他当首都卫戍司令（执金吾）时，刘奭先生是当时的皇太子。冯媛女士被老爹送到太子宫，做皇太子的姬妾，生下儿子刘兴。公元前49年，刘询先生魂归地府，刘奭先生继承宝座，立祖母娘家的女儿王政君女士当皇后。

——拜托读者老爷，千万记住这位王政君女士，她是倾覆西汉王朝的关键人物。这位亡国妖孽，她的家世就是一个谜样的传奇。在卫子夫女士的篇幅里，读者老爷一定还记得她的儿子刘据先生（皇太子），和刘据先生的儿子刘进先生（史皇孙）。刘进先生跟他的姬妾（家人子）王翁须女士，生下了后来当西汉王朝第十任皇帝的刘询先生。在公元前91年，江充先生的巫蛊事件中，刘进先生跟他的父亲刘据先生，双双悬梁自尽，他们的姬妾跟着全被处决，王翁须女士也逃不了一刀。二十年代末期，刘询先生坐上宝座，下令寻找祖母家和母亲家的人。前已言之矣，最后，终于找到了外祖母王老太婆（王媪）和两位舅父大人王无故先生、王武先生。于是王姓家族在西汉王朝的政权中，开始插上一脚。王武先生生儿子王禁，王禁先生生女儿王政君和儿子王曼，王曼先生生儿子王莽先生。提起王莽先生，人人皆知。他阁下靠着姑母王政君女士的裙带关系，进入西汉政府，然后夺取政权，自己当上皇帝，建立自己的新王朝。呜呼，当刘奭先生宣布这位年仅十八岁，不过大学堂一年级新生的漂亮女孩当皇后时，她是那么美丽、端庄、纯洁；谁都想不到，日转星移，刘邦先生身经百战建立起来的庞大的西汉王朝，竟这么阴差阳错，断送在这个天真可爱的小姑娘之手。

刘奭先生除了封王政君女士当皇后外，他的小老婆群中，有两位和我们有关系的人物：一位是女主角冯媛女士，另一位是女配角傅女士(不知她的名字)。她们开始出场时，都是"婕妤"(第二级)，位比上卿，爵比列侯。我们直称冯媛女士的名字；但因傅女士没有名字之故，我们只好称她的位号头衔。

冯媛女士就死在傅婕妤女士之手。

◉身挡野熊

在冯媛女士和傅婕妤女士竞争激烈的时候，公元前38年，出现一个惊险场面。宫廷中有特设的动物园，豢养由各地搜刮到的和外国进贡来的奇禽怪兽。有一天，身为皇帝的刘奭先生，前去参观猛兽厮打，他去的地方曰"虎园"，由以后发生的事，可推测出这次参观的是老虎和野熊的搏斗。皇帝行动，不同小民，即令在自己家里，声势也非同小可，皇后妃妾(也就是大老婆和小老婆群)，一律依编制的高下，排列在后座。正看得兴高采烈，不知道怎么搞的，那位野熊先生忽然撞破栅栏，咆哮着就要冲上来。刘奭先生因坐在最前排的缘故，正是第一个目标。野熊可不管你是不是皇帝，照样一扑一抓，老命报销。那些千娇百媚的老奶，哪里见过这种镜头，大家一声尖叫，髻松钗堕，一哄而散，只留下刘奭先生一个人，两腿发抖，跑也跑不动，喊也喊不出，眼看就要落在野熊之手。说时迟，那时快，冯媛女士一个箭步跳上去，奋不顾身地站在刘奭面前，径自面对野熊的张牙舞爪。正当千钧一发之际，卫士云集，把野熊击毙，刘奭先生跟冯媛女士才算死里逃生。

对这救命之恩，刘奭先生问曰："亲爱的，当时大家都怕得要命，怎么你有那种勇气，去挡野熊？"冯媛女士曰："听说野熊吃人，只要抓住一个，就会自动停止，不会再去抓第二个。我恐怕你受到伤害，希望能代替你受它袭击。"刘奭先生万分感动。呜呼，通过灾难的考验，爱情的真假和浓淡，便昭然若揭。这不是说那些一哄而散的老奶，都没有爱心，那种遇到惊恐便溜之乎的，是人类的一种本能，说不定等心神稳定，仍会回头救援。但至少在反应上略迟了一点，这使她们变得黯然无光，于是惭愧的内疚转变为强烈的嫉妒。尤其是居于同等地位的傅婕妤女士，眼睛都冒出火来，她的座位和冯媛女士同样靠近刘奭先生，可是她却拔腿跑啦，所以她痛恨冯媛女士的勇敢，痛恨冯媛女士的智慧。很显然地，冯媛女士比自己更多了一个被皇帝宠爱敬重的条件。

第二年(前37)，刘奭先生同时把冯媛女士和傅婕妤女士，晋升为"昭仪"(第一级)，仅次于皇后，并封冯媛女士的儿子刘兴当信都王，傅昭仪女士的儿子刘康当定陶王。这表示刘奭先生对傅女士并没有什么介意。然而，傅女士却不能忘怀，她要报复。

傅昭仪女士不但要报复，还密谋夺嫡。当时的皇太子刘骜先生，是皇后王政君女士所生，而且祖父刘询先生在世时，又特别喜欢这个孙儿，应该是名正言顺，固若金汤。但刘奭先生偏偏喜欢傅昭仪女士生的刘康，盖刘奭先生是个花花公子型的酒色之徒，对治理国家固是外行，对声色犬马却内行得很，他是一个很有素养的音乐家，会自制乐谱，创出新调，曾经在金銮殿上排出鼙鼓，用铜丸摇掷，叮当之声，清润入耳，跟在旁边击鼓的鼓声，密切配合。以现代眼光看来，他是走错了路，如果他专研音乐，可能比他在政治上的成就要大。在他的儿女群中，只有刘康小子也精于这一套，老爹高兴得赞不绝口。傅昭仪女士抓住这个机会，希望出现奇迹，而这奇迹也有出现的可能性。盖换不换皇太子，只在老爹一念之间，而老爹一提起刘康小子，就从心里嘉许。然而，好事多磨，像当初刘邦先生要换掉皇太子刘盈时，凭空杀出一个救星周昌先生一样，现在凭空杀出拯救刘骜小子的，是史丹先生（回顾前文，就知道他是声势煊赫的史氏家族的一员）。他因为侍卫皇帝左右，随时可以进宫的缘故，隐约察觉到这个密谋正在进行。有一天，刘奭老爹又在对刘康小子夸奖个没完，史丹先生插嘴曰："陛下大人听禀，你天天说刘康有才干，我的看法不一样，真正有才干的还是聪明而又好学的皇太子刘骜。如果说唱唱歌、弹弹琴，就是才干的话，那么，皇家乐队的几位音乐大师，像陈惠先生、李微先生，为啥你不请他们当宰相？"刘奭先生一听，愣了半天，自己也哑然失笑。

但傅昭仪女士的努力并不稍懈，而刘骜小子也确实是个混蛋。有一年，刘奭先生的弟弟刘竟死啦，这位小弟跟刘奭先生的感情最笃，而且又跟刘骜小子同窗读书。死了之后，刘奭带着儿子刘骜，前去吊丧，抚着棺木，伤心痛哭，可是刘骜小子在旁好像没事人一样，一副无心肝的冥顽不灵，把老爹气得浑身发抖，就向站在身旁的史丹先生吼曰："你总是说刘骜小子有才干，好啦，这才干今天可真露出来啦。面临丧葬，没有一点悲哀之情，这种人怎么可以当国家的元首？怎么可以供奉祖宗的灵位？"史丹先生如果哑口无言就糟啦，如果辩护两句也同样地糟，然而他的机智立刻把恶劣的形势扭转，他曰："这不能怪罪刘骜小子，应该怪罪我。我因见你悲哀过度，特别嘱咐他不要落泪，免得再增加你的伤感。"一段话不但解了刘骜小子的围，也顺手牵羊地表达了自己的忠。

●王昭君的故事

然而，刘奭先生对更换皇太子一事，仍念念不忘。公元前33年，刘奭先生卧病，皇后王政君女士和皇太子刘骜，都不能见面，只有傅昭仪女士跟她的儿子刘康，日夜留在寝宫侍奉。傅女士用她的美貌和比蜜还甜的言语，百般诱惑刘奭先生做最后裁决。刘奭觉得应该做最后裁决啦，于是他想起了前例：公元前二世纪五十年代，第六任皇帝刘启先生，就曾换掉皇太子刘荣，而立刘彘小子——也就是刘彻先生。读者老爷对"栗姬"那一章，如果还记得的话，一定仍有印象。当刘奭先生想起来有前例可援的时候，就暗示大臣发动一项请愿的舆论攻势，以便他顺水推舟。

史丹先生得到消息，他做了一次特别的冒险。当他布置的眼线密告他傅昭仪母子恰恰同时都不在时，他悄悄进入寝宫，跪到青色的地毯（青蒲）上，磕头如捣蒜。青色地毯是寝宫中最尊贵的地方，它紧傍着皇帝老爷睡觉的御床——其实那时还没有床，而只有现在日本民间仍使用的榻榻米，虽然豪华盖世，但躺在地上的

.

形状，却是不变。只有皇后之尊，才可以踏上青色地毯，连宦官宫女都不能挨。现在史丹先生胆大包天，如果皇帝老爷一翻脸，仅只"偷入禁中"的罪名，就砍头有余。刘奭先生正昏昏沉沉，被磕头如捣蒜的声音惊醒，看见史丹先生，吃了一惊，问他干啥。史丹先生曰："刘骜当皇太子很多年矣，天下臣民，莫不归心。而今传言纷纷，说他可能受到贬谪，如果陛下你真有这个意思，满朝文武百官势必以死阻止，我愿先他们死在你的面前。"刘奭先生一向很尊重史丹先生，看到这种反应，知道难以顺利成功，只好叹曰："我并没有这个意思，而且俺爹很喜欢这个孙儿，皇后王政君也谨慎小心，怎会改变？我已不久于世，还拜托你们辅佐太子。"

傅昭仪女士的希望，到此落空。刘奭先生不久病故，才活了四十三岁。据说他是害相思病死的，中国历史上四大美女之一的王昭君女士，正是他的宫女，当匈奴汗国元首呼韩邪单于前来中国做官式的朝觐时，刘奭先生挑选了一些宫女，当作礼物赏赐给他。这在专制时代，本是一件稀松平常的事，可是，等到那批宫女随着呼韩邪单于返国，向刘奭先生辞行的时候，事情就不稀松平常啦。刘奭先生忽然发现王昭君女士天仙化人，美艳夺目。相比之下，本章中的女主角冯媛女士、傅昭仪女士，一个个黯然失色。但生米已做成熟饭，以中国皇帝之尊，实在不好意思出尔反尔，跟呼韩邪单于商量商量，再换一个，只好眼巴巴望着她袅婷动人的玉体，冉冉而去。于是越想越生气，终于勃然大怒，下令把宫廷画师毛延寿先生，斩首示众，以报复他没有把王昭君女士的花容玉貌，早早画给他。他自己也从此神魂颠倒，一病不起。

——王昭君女士的故事，在中国流传迄今。无数文学、艺术作品，都以她阁下作为主角，而且往往站在大男人沙文主义立场，认为对于像毛延寿先生这种"奸臣"——京戏中就有"骂一声毛延寿卖国奸臣"唱词，还凭空污蔑他"你不该投番邦丧尽了良心"——当然是杀得恰到好处。只不过耽误了一个有权大爷的淫欲，就成了卖国贼，刀下丧生，咦，有权的大爷有福啦，黄马褂文人再在一旁帮拳，遂时时处处，都是沉冤。

——大家不仅仅站在大男人沙文主义立场，认为杀毛延寿先生是正当的，而且还把刘奭先生当成一个多情种子，这就更扭曲到阿比西尼亚矣。历史上为性欲而发狂发疯的帝王，车载斗量；为爱情而如醉如痴的，似乎没有。这不能怪他，换了别的男人，甚至换了一个女帝女王，爱情也都不能专一，盖投怀送抱的太多，而爱情的变数也太多故也。刘奭先生对王昭君女士，根本没有相处过，既不相识，也不了解，却刹那间头昏脑涨，只不过老色狼发现了新猎物的动物性反应。恐怕没有"情"，而只有"欲"，他能"爱"她到底耶？宫女数万，已知的冯媛女士和傅昭仪女士，全是标致的美女，王昭君女士又有啥特别本领，能永远抓住他，谁敢保证没有第二个第三个王昭君女士接着崛起？

——骚人墨客几乎一口咬定王昭君女士在塞外受苦受难，所以跟着也伤心同情。问题是，中国固然繁华，但与王昭君女士何干？她只能困在宫廷的小小天地。而宫廷的小小天地，在匈奴汗国也是一样，拥有顶尖的享受。并且，就在王昭君女士辞行之后，刘奭先生就死翘翘，如果把她留下，不过一个被皇帝老爷偶尔玩过的普通小宫女而已，她将守着灵枢，老死坟园。事实上，王昭君女士嫁给呼韩邪单于，她的幸福才真正开始，她成为匈奴汗国元首最宠爱的妃妾，因她的花容美貌和她的来自中国的强大背景，在匈奴汗国宫廷中有极为尊贵的地位。家庭婚姻，更是圆满，她生下一个儿子名伊屠牙斯，被封为亲王。公元前31年，呼韩邪单于逝世，嫡子雕提模皋先生继位，依照匈奴汗国的风俗和律法，嫡子有跟庶母结婚的义务，于是王昭君女士再生了两个女儿。相形之下，她留在长安，只能囚在坟园；塞外却有广阔的苍穹，使她拥有丰富的爱情和人生温暖。

◉第一次挫败

刘奭先生死于公元前35年，正是盛绽花朵年龄的三十七岁的皇后王政君女士，当了皇太后，她儿子刘骜继任西汉王朝第十二任皇帝(汉成帝)，所有封为亲王的皇兄皇弟，都被遣送到他们的封国。刘兴先生的封国在信都(河北衡水冀州区)，不久改封到中山(河北定州)，娘亲冯媛女士跟着前往，称"中山太后"。刘康先生的封国在定陶(山东菏泽定陶区——戚懿女士的故乡)，娘亲傅昭仪女士也跟着前往，称"定陶太后"。

——十年后，刘康先生病死，儿子刘欣先生，继任定陶王，傅女士升格为祖母，已是老太婆矣。

刘骜先生坐上宝座后，对女人的贪婪，比老爹更厉害，大老婆赵飞燕女士，小老婆赵合德女士，都是千古风流人物，我们在下一章，将专文介绍她们。然而，刘骜先生却没有儿子（事实上不是没有儿子，而是儿子们都被他谋杀啦），这是一个严重的场面。刘骜先生在位二十七年，到了二十四五年的时候，迫使他自己和他娘王政君女士，都不得不接受这个沮丧的事实。

公元前9年，王政君女士把刘兴、刘欣叔侄二人，从封国召到首都长安（陕西西安），两位亲王的母亲，当然跟着同行。本来已是冤家，经过二十余年的分离，现在同时面对着另一场斗争——为子孙争取宝座，也为自己争取宝座，再度短兵相接。

两位亲王入朝，而且很明显地都有可能成为国家元首，当然是属从如云，骡马成群。但最主要的随从人员中，刘兴先生只带了"国傅"（亲王的教习）。可是刘欣先生除了"国傅"外，还带了"国相"（封国政府的宰相）、"中尉"（封国政府武装部队司令官）。刘骜问刘欣曰："老侄，你把他们都带来干啥？"刘欣曰："国家法令这么规定的呀。"盖亲王入朝，封国政府俸禄二千石以上的高级官员，都要跟班，以便对封国的任何问题，随时提出报告。好比说，皇帝老爷问封国有多少军队呀，亲王总不能瞪着眼说不知道吧，有司令官在侧，就答对如流矣。刘骜先生又问老弟刘兴，为啥只带"国傅"，刘兴先生呆了半天，回答不出。刘骜先生又教他背诵《尚书》，刘兴也背不出。有一次，刘骜先生设宴款待这对叔侄，刘欣先生谨谨慎慎，规规矩矩，刘兴先生却大而化之，他没有弄清楚"皇帝赐宴"跟普通的筵席有所不同，尤其是他面临的不仅是吃一顿御饭，而且还是一场考试。也可能他的聪明才智确实差一截，不管怎么样吧，当大家（包括皇帝在内）都已酒醉饭饱之后，只有他阁下似乎肚子仍然很空，继续猛吃。好容易吃罢，起身告辞的时候，袜带松啦，又在那里慢慢地把它结住。刘骜先生一一看到眼里，认为这位老弟属于饭桶之类，不如老佟多矣。

然而，决定刘欣先生为继承人的，还有别的力量：他的祖母傅老太婆，从封国带来大批金银财宝，分别送给皇太后王政君女士、刘骜先生的妻子赵飞燕女士跟最宠爱的小老婆赵合德女士，更送给刘骜先生的舅父 (皇太后王政君女士的哥哥) 王根先生 (他是一位侯爵，官衔是"骠骑将军"，正主宰着西汉王朝的中央政府)。得人钱财，为人出力，对刘欣先生的称赞，大家简直异口同声。尤其是赵飞燕和赵合德姐妹，她们知道生儿子已经无望，帝位终于要落到别人之手，为了将来打算，也需要早日铺路，所以不久她们就跟傅老太婆成为密友。傅老太婆希望借着赵家姐妹的力量，使孙儿登上金殿，赵家姐妹则希望以帮助傅老太婆孙儿登上金殿的功劳，交换自己将来的安全保障。内外夹攻，遂成为定局。

成为定局后，两位亲王仍分别被遣返他们的封国。第二年，公元前8年，刘骜先生正式封十八岁的刘欣先生当皇太子。到目前为止，同等身价的冯媛女士，第一次受到挫败——一方面是她的儿子刘兴先生不争气，另一方面也是她的红包攻势不够凌厉。从她"当熊而立"的行为上，可看出她是一个方正刚毅的女性，她可以为她所爱的人牺牲，但她缺少对手傅老太婆那种狐媚的迷汤功夫。

刘欣先生被封皇太子的第二年，公元前7年，刘骜先生病重。负责观察星象的官员，发现火星光芒暗淡 (荧惑守心)，一个名叫贲丽的家伙，上了一份奏章，向刘骜先生提出警告说，天象发生变化，必须把这灾祸转嫁到大臣身上，才能平安，否则就不得了啦。

这是中国专制政体下特有的泛政治思想：第一，把超级淫棍的帝王，当成天上的星宿，不同于被他骑到脖子上的小民。第二，帝王的灾难，认为靠着政治力量，可以由小民代替他受罪。于是，刘骜先生选定了他的宰相翟方进先生。盖宰相位尊而多金，才够身价，普通人岂能承担得住乎哉？刘骜先生召见翟方进，板起官式面孔，责备他身为宰相，却不能调和阴阳（这项帽子扣得玄），以致连天老爷都不高兴，发生种种变异，你瞧着办吧。翟方进先生被搞得一头雾水。到了第二天，刘骜先生听说翟方进先生仍没有自杀，气就更大：这不是存心跟皇帝过不去是啥。立刻派了一位钦差大臣（可能是一个心狠嘴泼的小宦官），去把翟方进先生臭骂了一顿，然后赏赐他酒十石、牛一头。——西汉王朝的惯例，对谁赏赐酒牛，就是表示要谁自行处决。翟方进先生只好服毒，霎时倒毙。

◉孙儿的怪病绝症

刘骜先生毒死了翟方进先生，希望宰相之死可以代替帝王之死。可惜，阎罗王似乎不买阳世上政治权力的账，所以毒死翟方进先生后不久，刘骜先生仍然翘了辫子。

刘骜先生既死，二十岁的老侄刘欣先生，继任西汉王朝第十三任皇帝（汉哀帝）。宫廷中的局势，也跟着改变。王政君女士由皇太后升为太皇太后，赵飞燕女士由皇后升为皇太后，而千方百计跟新皇帝刘欣的祖母傅老太婆拉上关系的赵合德女士，在刘骜先生死后，一瞧大势不好，跟翟方进先生一样，也服毒自尽，没有赶得上新的热闹场面。

依照儒家的宗法制度，也就是依照政治上的惯例，傅老太婆虽是皇帝的祖母，而刘欣先生的母亲丁姬女士虽然是皇帝的亲娘，但刘欣先生既已入继大统——是刘欣先生由小宗入继大宗，而不是他祖母他娘入继大统和入继大宗，所以她们仍是封国的小宗身份。

——"大宗""小宗"，是宗法制度的主干，这种入继大统和入继大宗问题，一直在古老的中国政府中，被迂腐的儒家门徒和雄心勃勃的野心家所利用，每次都闹个天翻地覆。公元十一世纪，宋王朝政府有"濮议"之争；十六世纪，明王朝政府又有"大礼议"之争，不仅天翻地覆，而且流血的流血，放逐的放逐，使政府陷于分裂。用现代人的眼光看起来真是无聊，可是，当时的知识分子却认为有用得很。

所以，傅老太婆和丁姬女士在中央政府的地位，成了问题。傅老太婆雄心勃勃，她当然不甘心居于下风。于是，不久就发生火爆场面。有一天，太皇太后王政君女士，在未央宫（西汉王朝最早的冤狱之一——陷害名将韩信先生的地方），大摆筵席。首位当然是王政君，办事人员就在王政君女士身旁，设下傅老太婆的座位，其次是皇太后赵飞燕女士，至于皇帝刘欣先生的娘丁姬女士，则坐第四把交椅。座位刚刚摆好，身为王政君女士的侄儿，宰相兼国防部长（大司马）的王莽先生，前来察看，忽然间大发雷霆，问宫廷筵席总管（内省令）曰："上面怎么有两个座位呀？"宫廷筵席总管曰："正中的是太皇太后，旁边的是定陶傅太后。"王莽先生跳高曰："定陶傅太后，只不过一个封国的太后，怎敢跟太皇太后平起平坐？还不把椅子搬开！"宫廷筵席总管只好把椅子搬开，摆到次席的位置。傅老太婆得到消息，气得浑身发抖。等到大家都已到齐，一再派人前去催请，傅老太婆一概拒绝。宴会不能不进行，但因最重要的角色——皇帝的嫡亲祖母——没有出席，这是一个不祥的预兆，所以每人心里都蒙着一层阴影，虽然强颜装欢，但仍草草结束。

这一场席位争执，导致王莽先生的滚蛋。盖在祖孙的盛怒下，他不得不提出辞呈。主要的阻碍既去，傅老太婆的尊号和她儿媳丁姬女士的尊号，活像一个变色蜥蜴，随着权力的变，而跟着也变。最初，傅老太婆被尊为封国的"定陶恭皇太后"，丁姬女士被尊为"定陶恭皇后"。接着去掉"定陶"二字，傅老太婆被尊为中央的"帝太太后"，丁姬女士被尊为"帝太后"。再接着，傅老太婆被尊为"皇太太后"，丁姬女士仍维持原状。所以公元前一世纪最后十年（九十年代）后的西汉王朝宫廷，四位太后并立，每位太后盘踞一个皇宫，侍女仆从如云。

当然，最当权的是帝太太后傅老太婆。这位身为祖母的老太婆，仍把三十年前（前38）年轻时因"当熊而立"含恨在心的往事，牢牢记住，她要复仇。而就在刘欣先生当皇帝的次年（前6），机会来啦。

原来刘兴先生于刘欣当皇帝的那年（前7），忽然死掉（呜呼，幸好没有选上他当皇太子，否则兄弟同时毙命，西汉中央政府的权力陷于真空，不知道会发生啥怪事），只留下一个患有"肝厥症"的小娃儿刘箕子。他的肝厥症不时地发作，发作时手脚痉挛，指甲趾甲，连嘴唇在内，都呈现铁青颜色。冯媛女士在争夺皇太子的斗争中，吃了败仗，已受到严重的一击。接着儿子去世，更痛不欲生，想不到唯一尚在襁褓的孙儿，又是这种模样，既怜又爱，唯恐做母亲的卫姬女士，没有育儿经验，就亲自抚养，延揽群医。可是，即令这小娃是一个亲王，该治不好仍治不好，等到群医束手，老祖母只好乞灵巫术。这不能怪她迷信。不要说她是公元前一世纪的人，即令二十世纪的今天，人们到了无可奈何之时，照样哀求上苍——佛教徒哀求菩萨观音，基督教徒则哀求耶稣上帝。那时候既没有菩萨观音，而耶稣先生还没有降生，所以冯媛女士只好向天上各种鬼神，祷告献祭。

在辈分上，刘箕子是刘欣的堂弟。当刘欣先生得到堂弟患病的消息，他下令一位官员（中郎谒者）张由先生，带着御医，前往诊治。

◉派出杀手

新皇帝刘欣先生派御医去给老弟看病，本是善意的，而且充分表现他的手足情深，却想不到他所派的这位官员张由先生，却是个问题人物。这问题不是政治上的，而是生理上的。他阁下患着一种精神恍惚症——大概是这种病吧，读者老爷中如有精神病科大夫，务请从以下发生的怪事中，告诉我们他到底毛病何在。呜呼，人生的旅途中，一旦被厄运抓住，就会鬼斧神工般地阴差阳错，西汉王朝中央政府的官员，多如恒河细沙，偏偏选中了精神病患者张由先生，以致引起可怕的冤狱。悲夫。

张由先生带着几位御医，到了中山（河北定州），身为中山太后的冯媛女士，当然盛大招待，医生遂着手诊治。可是，前已言之，刘箕子小娃的痼疾不是短期可以痊愈的，甚至这种痼疾永远不能痊愈。现代医学昌明，不知道有没有办法，但在公元前一世纪那个时代，靠着传统的草药往肚子里灌，尤其是刘箕子还是一个婴儿，用不着请教算命先生，就可知道不会立即见效。

御医诊治不能立即见效，对冯媛女士而言，倒没有啥，她了解他们是全国最好的医生。最好的医生千里迢迢，而又尽了全力，仍治不了病，她不能抱怨什么。可是，张由先生却是大失所望，早一点把小娃医好，他才可以早一天返回首都长安。或许长安有非常紧要的事等着他，或许他过不惯中山的生活，反正是，不管什么原因吧，当他发现不能马上回去，御医们势将留下来长期诊治的时候，他忽然烦躁起来。情绪上的改变，引起他的疯病复发，就在旅馆里大叫大闹，谁也制止不住。然后，他抛下御医，把铺盖一卷，打道返回长安。

返回长安后，当然要向皇帝复命，刘欣先生问他小亲王的病好了没有，张由先生回答说还是老样子。刘欣先生大叫一声，喝令他滚。张由先生刚滚了出来，刘欣先生派的使臣已尾随而至，责问他：既然小亲王的病没有痊愈，你为啥先行回来？这一问，把张由先生的疯病吓得无影无踪，他立刻发现，如果不能把他的行为解释得使皇帝老爷满意，尊头就要落地。呜呼，事到如今，为了保护自己，只有昧下天良牺牲别人矣。于是，他告使臣曰："我本应该等到小亲王病情稳定后再回来的，可是我发现可怕的阴谋：中山太后冯媛女士，假借着给小亲王看病的名义，请了些巫师巫婆，设坛设祭，向上天咒诅皇帝跟傅太后，要他们早死。我身为臣子，怎能忍受这种恶毒的陷害？所以才匆匆赶回，为的是早日向政府报告。"呜呼，苍天苍天，天下竟有这种乱臣贼子。

刘欣先生并不在意谁在弄神弄鬼，但傅老太婆却大喜过望，咦，冯媛呀冯媛，今天你总算栽到我手里啦。于是指派监察部委员（御史）丁玄先生前往调查。丁玄先生是帝太后丁姬女士的侄儿，属于新当权派。在丁玄先生出发前，傅老太婆特别面授机宜。用不着窃听器，我们就可知道这机宜的内容。

丁玄先生一到中山，马上把冯媛女士的娘家人冯氏子弟，和王宫里的重要宦官、宫女，一百余人之多，统统逮捕，关入监牢。每天审讯，十余天下来，事实证明根本没有咒诅之事，以致丁玄先生虽奉有密令，却无法下手。

傅老太婆等了十余天没有消息，她的复仇之心像火烧一样，不能再等。于是再派宫廷侍从（中谒者）史立先生前往。史立先生是一位杀手，他赶到中山，看见丁玄先生正在愁眉苦脸，不由哑然失笑，暗喜曰："这是一个美差，只要办得合傅太后的心，称傅太后的意，就有封侯爵的可能，你这个家伙，却这般愚不可及。犯罪还要证据？笑话。看我的手段，真是富贵逼人，推都推不掉。"

史立先生的手段是酷刑拷打，可是，一连拷死了几个人，仍得不到口供。（呜呼，惨死的是谁家儿女？）他改变战略，找到被告群中意志最弱的一位——男巫刘吾先生甜言蜜语兼威迫利诱，告诉他只要合作，他就可以光光彩彩地出狱回家。史立先生义正词严曰："你何必把别人的罪行，硬揽到自己头上？"刘吾先生相信了史立先生的承诺，他开始自诬，而且诬人。史立先生教他承认咒诅皇帝和傅老太婆，而且把责任全部推到冯媛女士身上，刘吾先生一一照办。

史立先生一旦掌握刘吾先生的自白书和口供笔录，就如虎添翼，立于不败之地，血手开始伸向冯媛女士。第一步，他逮捕冯媛女士的妹妹冯习女士和冯媛女士已寡居的弟妇冯君之女士。

◉死于三十年前的爱心

司法审判，古中国的传统是口供主义，那就是以自白书和口供笔录作为主要证据和重要证据，甚至作为唯一证据。盖中国帝王是太仁慈啦，任何一个人，除非他亲口承认犯罪，否则决不处罚。所以，如何使被告亲口承认犯罪，是法官的主要任务。而被告是不可能亲口承认犯罪的，尤其是千千万万冤狱的被告，纵然想亲口承认犯罪，都无法承认。要想被告亲口承认犯罪——古谓之"坦承不讳"，今谓之"自动招认"——唯一的办法是酷刑拷打。弄到后来，有些英雄好汉，上了法庭，对犯罪行为一口承当时，法官老爷还左右为难哩。盖凡是没有经过酷刑拷打而"坦承不讳""自动招认"的口供，都被疑心不是真的。必须被打得血肉横飞，哭叫连天，那口供才可凭信。

中国传统的学术和政治思想中，没有人权思想，更没有民主思想，只有帝王的权威和官吏的尊严。司法审判，遂充满了黑暗和鲜血淋淋。小民像猪羊一样被拷打，被宰杀，以致民间有"屈死不告状"的格言。其实，岂止小民也哉，失势的皇亲国戚和高官贵爵，一旦落到"狱吏"之手，遭遇同样悲惨。读者老爷必须有这项基本了解，然后才能了解我们在历史上所面对的一些血腥场面。

杀手史立先生，根据刘吾先生的口供，逮捕了冯媛女士妹妹冯习女士和冯媛女士寡居的弟妇冯君之女士，然后教她们"坦承不讳""自动招认"她们伙同冯媛女士咒诅皇帝和傅老太婆的阴谋。冯习女士被这种指控激起怒火，就在公堂之上，她痛骂史立先生丧尽天良。史立先生一瞧，好呀，你死到临头，不哀哀求告，反而咆哮法庭，置法律尊严于何地？于是，下令动刑。呜呼，冯习女士身为封国太后的妹妹，也是金枝玉叶，而今辗转哀号，死在皮鞭之下。

史立先生已拷死了几个人，可是那些人都是小民，他不在乎；如今竟把封国太后的妹妹拷死，这祸可就闯大啦。他不敢再对付冯君之女士，把她还押，然后再施展他的聪明。前已言之，当初随着张由先生到中山的几位御医，并没有随着张由先生返回长安。于是，史立先生选出其中一位徐遂成先生，在经过一番密谈之后，徐遂成先生答应合作，出席法庭，正式作证。请读者老爷听听他的证词。他阁下曰："冯习女士跟冯君之女士，曾秘密地拜托我，她们说：'第七任皇帝刘彻老爷有个名医修先生，医好皇帝的病，赏赐不过千两。而现在，听说皇帝刘欣老爷身体不好，你曾经自告奋勇，去给他医治，即令把病治愈，不过多赏赐几个钱而已，总不能封侯吧。不如把他毒死，中山王刘箕子就可以当皇帝，包管封你一个侯爵。'"

这一段证词，绘影绘声，跟真的一样。而最恶毒的是，在事理上，也确实有这种可能。当徐遂成先生一口咬定有这桩事时，没有人敢肯定绝对没有这桩事。咦，你怎么知道她们没说这话呀？口供主义而非证据主义下的刑事案件，贼咬一口，入骨十分。然后最叫座的还是史立先生的表演，他假装着大吃一惊，表示一万个不相信。然后，像舞台上演戏一样，徐遂成先生指天誓日，捶胸疾首，再加上痛哭流涕，一举一动，完全竞选奥斯卡金像奖姿态，他发誓他说的没有一个字虚假。

现在是套牢啦，史立先生坚持"法律面前，人人平等"的精神，派人到王宫传讯冯媛女士当面对质。冯媛女士侃侃而谈，悲痛地指斥徐遂成先生的攀诬，把徐遂成先生盘问得有点招架不住。史立先生岂容把证人的伪证拆穿，他施出撒手锏，冷笑曰："迷死冯，想当初你身挡野熊，置生死于度外，是何等地英勇，怎么今天反而怕起死来啦？"

这一段话像晴天霹雳，使冯媛女士大梦初醒，到这时候，她才明白这不是法律案件，而是政治案件。隐约地，她已看见隐藏在史立先生背后的复仇血手。这不是靠无罪的证据就可以无罪的，法律性的挣扎已无济于事。于是，她不再作答，站起来立刻返宫（如果法庭不是设在她势力范围的中山封国，恐怕当时就扣押矣）。回到王宫后，告诉她左右的人曰："挡熊救夫，是前任皇帝的事，到现在已三十年矣，怎么还有人记起？而宫廷秘密，史立又如何在三十年后知道？很显然的，宫中有人陷害，无人可救。我不死，她不会罢休。"当天晚上，她服下毒药，抛弃了害病的幼孙，死在御床之上。

冯媛女士悲愤自杀，在杀手看起来，又是另一桩罪状：畏罪自尽。更证明她的罪行确凿。冯媛女士的弟弟冯参先生，已经很老，这时仅担任西汉政府的高级顾问（奉朝请）。刘欣先生命他去司法部报到（入诣廷尉），而报到的结果是可预见的。他拒绝接受侮辱，叹曰："我们兄弟都做到高官，而且身封侯爵，如今竟成了叛逆，死何足惜，只恨地下无颜面对祖先。"举剑自刎。接着冯君之女士，以及冯习女士的丈夫、儿子，共十七人，有的自杀，有的被绑赴刑场斩首。

然而，正当傅老太婆和她的摇尾系统，普天同庆之际，两位英雄人物仗义挺身，呼喊冤枉。一位是首都卫戍司令官（司隶校尉）孙宝先生，要求公开重审。傅老太婆火冒三丈，教刘欣先生下令逮捕孙宝——罪状是为叛逆张目。另一位是皇宫秘书长（尚书令）唐林先生，继起据理力争。傅老太婆简直不相信天下竟有这么多白痴，她把唐林先生贬到西方距长安一千公里外的边陲，当敦煌（甘肃敦煌）边界一名为"鱼泽"地方碉堡的堡长。而张由先生发奸有功，封为最低级的准侯爵（关内侯），史立先生审判有功，擢升为交通部副部长（中太仆，他连最低级的准侯爵都没捞到手，一定大失所望）。

五年后，刘欣先生死掉。冰山既倒，张由先生和史立先生被充军到首都长安南方一千五百公里外，蛮荒烟瘴的滨海地区合浦（广西合浦），就死在那里。然而，冯媛女士和十七位家族成员，已不能复生矣。悲夫。

赵飞燕·赵合德

时代: 公元前一世纪八十

至九十年代

其夫: 西汉王朝第十二任皇帝

汉成帝刘骜

遭遇: 被逼自杀

◉克丽奥佩特拉

公元前十二世纪，东西方曾同时出现两大美女：中国皇后姐己女士和希腊皇后海伦女士。一千年后的公元前一世纪，东西方再度同时出现两大美女：东方美女就是前已言之的王昭君女士，她幸运地没有嫁给当时中国西汉王朝十一任皇帝刘奭先生，而嫁给匈奴汗国十四任单于——呼韩邪单于挛鞮稽侯狦先生，惹得妒火中烧的中国同胞，唉声叹气，捶胸跺脚。不过王昭君女士纯是一桩爱情故事，除了画家毛延寿先生据说因她而被砍头外，没有屠杀和流血的并发症，并且在政治上奠立了中匈两大帝国间的长期和平，也是她对中匈两大帝国最伟大的贡献。

王昭君女士于公元前33年结婚，当即随着夫婿呼韩邪单于北返瀚海沙漠群的匈奴王廷 (王廷，匈奴汗国中央政府和皇宫所在地)。我们大胆地推测，那年王昭君女士大概二十岁，超过二十五岁的可能性很小。而西方美女克丽奥佩特拉女士，那年已三十四岁矣，正是比王昭君女士更美丽、更成熟、更具有魅力的年龄。然而王昭君女士是那么地单纯，克丽奥佩特拉女士却在竞争中长大，心狠手辣。

克丽奥佩特拉女士，另一个译名曰"克娄巴特拉"，她的故事经好莱坞拍成《埃及艳后》，已家喻户晓。事实上她是埃及王国货真价实，如假包换的国王，也确实是埃及王国货真价实、如假包换的皇后。如果精密地说，她的王国应是托勒密王国。盖公元前323年，亚历山大大帝于大醉后不明不白地死掉，马其顿帝国瓦解，部将之一的托勒密先生，于公元前306年，在埃及宣布独立。

因之我们也可以说它是埃及王国的托勒密王朝，犹如爱新觉罗政权是中国的清王朝一样，那就更一目了然。

所以她不是埃及人，而是希腊北部马其顿人，跟亚历山大大帝是同乡。托勒密王朝的国王一向只会说马其顿话，只有她，这位美丽的天才，不但会说马其顿话，还会说流利的埃及话。公元前50年，她十七岁时，老爹魂归天国，她就跟年仅九岁的弟弟布托雷麦欧斯十三世结婚。

——用现代的眼光看，简直是乱伦。但在当时，却是托勒密皇家的传统。这传统的创始人准是一个深谋远虑的家伙。盖无论如何，政权都不会滑到外姓人手里，中国宫廷那种外戚篡夺的场面，永不会出现。

——问题是，专制政体下的政治斗争是无情的，一旦利害冲突，对骨肉同样地残忍。

婚礼使克丽奥佩特拉女士跟她的弟弟托勒密十三世，成为埃及王国共同的统治者。可是，九岁的弟弟兼丈夫，还是一个上树捉雀、下河抓鱼的顽童，当然不会治理国家，对夫妇之爱，更弄不清楚。但他们却各有各的摇尾系统，那些摇尾系统为了自己的利益，拼命地挑拨女王和国王之间的感情。克丽奥佩特拉女士已经很懂事啦，每天抱着一个娃娃丈夫，也实在一百个烦恼。这种内外夹攻的形势，使他们不断地发生争吵打闹。最后，托勒密十三世跟他的拥护者得势。婚后的第二年(前49)，就把她阁下赶出皇宫，放逐到叙利亚。

没有人能忍受这种打击，克丽奥佩特拉女士决心报复，而机会也闪电般地降临。原来就在她阁下放逐的那年，西方已知世界里超级强权罗马帝国，发生政变。执政官庞培先生下令把高卢（法国）总督恺撒先生免职，恺撒先生老实不客气地回军攻陷罗马城。庞培先生抵挡不住，只好率领一部还效忠他的军队，向东逃亡。恺撒先生统领大军穷追不舍，庞培先生逃到哪里，恺撒先生就追到哪里。庞培先生的军队不久溃散，公元前48年，他只身逃到埃及王国，恺撒先生也就追到埃及王国。庞培先生只好自杀，而就在这时候，恺撒先生掉进克丽奥佩特拉女士的圈套。

克丽奥佩特拉女士跟恺撒先生的相会场面，是人生一项传奇。她阁下决心用她美丽的胴体作为赌注，但她无法接近炙手可热的罗马远征军总司令，于是教人用华贵的毛毯把她包住，作为贡礼呈献。当恺撒先生下令打开蠕动着而又香气扑鼻的贡礼时，她赤条条一丝不挂地一跃而起，然后展示她的舞艺，立刻就把那位身经百战的罗马主宰，搞得两眼发直，热血沸腾。恺撒先生见过的美女多啦，玩过的美女也多啦。如果是柏杨先生，晕头转向之余，呼咚一声，栽倒在地，一点也不稀奇。而能使恺撒先生如此那般，说明克丽奥佩特拉女士，恐怕不单单靠她迷人的胴体，一定还有更高级的天纵武功。

接着的节目不必细表，反正是克丽奥佩特拉女士立刻就把恺撒先生征服，上了象牙之床，恺撒先生下令进攻埃及王国首都开罗城。埃及军队怎能是罗马军团的对手，托勒密十三世先生兵败。克丽奥佩特拉女士在她的摇尾系统欢呼声中复位，坐上宝座。

那一年（前48），克丽奥佩特拉女士才十九岁，已显出她残忍的性格。对于恺撒先生，她是一个最可爱的小妻子，柔情蜜意，百般怜媚。可是，对她的大臣和她统治下的埃及小民，却是另一副嘴脸，她处决他们像处决蟑螂一样，连眉头都不皱。

◉特有的魅力

就在当年，恺撒先生大军凯旋。克丽奥佩特拉女士也跟着他回去，她的美貌在罗马造成轰动，不久，生下一个男孩。可是，人生是坎坷的，好景往往短暂。公元前44年，恺撒先生被他的好友刺死，历时四年之久的温柔乡破灭，克丽奥佩特拉女士失去了主宰，在罗马城不但不能立足，而且也没有意义，只好收拾行李，回到埃及。这时她二十三岁，蛮可以再行结婚，但她找不到对象，在埃及王国内，任何人的身份都比她低。同时，为了政治利益，她要保持未婚的假象，等到捕捉第二个靠山。

机会再度闪电般地降临。恺撒先生被刺之后，他的干儿子安东尼先生，侄儿屋大维先生，和另一位稍后即行病故的大将雷比达斯先生，扫平群雄，共同执政，史学家称之为"后三杰"。公元前39年，安东尼先生率领罗马军团到了埃及王国，进入开罗。当他的俘虏——二十八岁的仪态万千、光艳逼人的克丽奥佩特拉女士被带到他面前时，安东尼先生跟他的干爹恺撒先生一样，也立刻如雷轰顶。呜呼，克丽奥佩特拉女士大概是世界上的超级尤物，能使像恺撒、安东尼这样见多识广、美女如云的英雄人物，对她五体投地。前已言之，她不仅仅靠她的花容月貌，更靠她的智慧，包括高贵的教养、丰富的知识、锐利的眼光和判断，以及使男人最容易软化的温柔性格。

——就在台北，前些日子，柏杨先生听到一位老奶向人炫耀曰："天下男人，我只要一招手，他都会晕倒。"呜呼，她竟然在大庭广众中说出这样的话，就够证明她的段数不高。盖这话只能伤害男人的自尊心，不能帮助她招徕资本雄厚的户头也。本来要晕倒的朋友，等于喂了他定心丸，恐怕会一直保持清醒。而且，要男人晕倒一时容易，要男人长久地晕倒，就得有克丽奥佩特拉女士的道行，那不是一个普通老奶所能想象的，盖高贵的气质在风尘中培养不出来。所以，即令有男人长久地晕倒，恐怕也要看一下那是什么样的男人。更主要的是，一个女人一旦到了企图颠倒众生阶段，就不值钱啦，克丽奥佩特拉女士却只求颠倒一个。

恺撒先生是一位政治家兼军事天才，而安东尼先生不过一员战将，勇敢、豪放、憨直、粗线条，并不像干爹那样胸怀大志。克丽奥佩特拉女士用她的机智教育他。他们常到尼罗河上钓鱼，由于克丽奥佩特拉女士在一旁含情脉脉地望着他，安东尼先生就急着更要展示他的本领，偏偏鱼朋友不肯合作，拒绝上钩，使他满头大汗，觉得隔墙扔孩子，可丢了人啦。所以下次再去时，他暗中派遣潜水夫到水底把鱼朋友活生生地挂到钩子上。

然而，第三次再去时，克丽奥佩特拉女士也暗中派遣潜水夫，悄悄地把鱼朋友拿掉，而挂上埃及所没有，只有黑海才有的咸鱼干。安东尼先生正在手舞足蹈地喊叫，却当场出丑。克丽奥佩特拉女士抱住他、吻他，然后正色告诉他曰："打铃，亲爱的。人，有所能，有所不能。你不应该跟一个渔夫较量身手。你钓的不是鱼，而是城市、王国和广袤的大地。"

美貌可以迷惑人，智慧可以控制人，安东尼先生完全被克丽奥佩特拉女士控制。克丽奥佩特拉女士为安东尼先生生下一对双胞胎，一男一女，他们过着神仙般的日子。然而，好日子仍是短暂的，安东尼先生的原配妻子弗尔薇亚女士，在罗马跟另一位执政官屋大维闹翻。她向他挑战，而且双方的部下发生流血事件。弗尔薇亚女士以骄悍闻名于世，她厌恶家事，唯一的愿望是统治她的丈夫，安东尼先生在她那里受到强大压力，所以他一直巴不得离开她越远越好。据说她之所以向屋大维先生挑战，是她认为只有战争，才能使安东尼先生返回罗马。她最后失败，在投奔安东尼的中途，含恨而终，她的性格造成她的悲剧。

安东尼先生没有来得及救援他的妻子，因她失败得太快。但他仍赶回罗马，跟屋大维先生和解，但屋大维先生提出条件，要安东尼跟他的姐姐屋大维亚女士结婚。史书上记载，屋大维亚女士比克丽奥佩特拉女士更年轻、更漂亮、更雍容华贵。问题是，婚姻的美满不美满，完全是主观的，跟各人的鞋子一样，合脚不合脚，只有自己心里有数。安东尼先生维持这种心里有数的婚姻，前后三年。最后，他实在无法忘掉克丽奥佩特拉，这说明克丽奥佩特拉女士有她特有的魅力，致使本世纪（前一世纪）西方世界最伟大的两个人物——干爹恺撒和干儿子安东尼，都在她爱情里团团打转，虽然英明盖世，也无法自拔。安东尼先生毅然决然跟屋大维亚女士离异，跑到埃及，和克丽奥佩特拉女士结婚。这当然掀起狂风暴雨。

◉鼻子的秘密

安东尼先生这项行动，使屋大维先生和罗马市民们怒火冲天。尤其是屋大维先生，他不仅为了姐姐，还是为了安东尼先生前往埃及，不是单身去的，他还带了他所统率的一支精锐部队，那将造成帝国的分裂。于是，两位亲密朋友，因为一个美女的搅局，掀起一场大战。史学家可以找出一百个理由，振振有词兼引经据典，说这场大战是因为这个或因为那个才发生的，事实上却只是为了一个漂亮迷人的美女。嗟夫，"一顾倾人城，再顾倾人国"，无论倾城与倾国，都要血流漂杵。最后，双方庞大的海军在东地中海开火，短兵交接，杀声震天，壮观激烈的场面，读者老爷在《埃及艳后》影片中已看过矣。大战进行到第二天，形势对安东尼先生稍稍有点不利——胜败乃兵家常事，形势稍稍不利更是兵家常事。可是，克丽奥佩特拉女士，就在这个重要关头，显露出来她狡猾的蛇蝎性格。任何人都认为，她会跟她丈夫并肩作战到底，共存共亡的。然而，狡猾的蛇蝎性格特征是，只能共安乐，不能共患难，即令亲如夫妻，也是一样。呜呼，夫妻本是同林鸟，大难来时各自飞。就在这一刹那，克丽奥佩特拉女士把一分钟前还一再重复的海誓山盟，一笔勾销。她追求的不是爱情，而是荣耀和权力，她不能跟安东尼先生同归于尽，她还年轻，这一年，公元前31年，她三十六岁，正是美丽的巅峰。她决心抛弃安东尼，保留实力，用她的美色，另去找一个靠山——当然是胜利者屋大维先生。

——写到这里，祝福读者老爷一生一世，都不要遇到克丽奥佩特拉型的女人，否则的话，你就必须一直是强者。一旦失败，就剃头的拍巴掌，完了蛋矣。不过教人为难的是，克丽奥佩特拉型的女人，无不美如天仙兼才华绝代，再兼柔情蜜意、信誓旦旦，教人怎能分辨出来乎耶。

——真正的爱情是，爱对方跟爱自己一样，甚至爱对方比爱自己更深。克丽奥佩特拉型女人，她固然爱对方，但事实上她只爱自己，爱自己远超过爱对方。该家伙能为她带来荣耀、权力、金钱时，她爱他爱得要命。该家伙不能为她带来这些，而且还成了她得到这些的绊脚石时，爱就风消云散，甚至恨他入骨，顿生杀机。

——读者老奶千万别多心，认为我老人家只说老奶，臭男人也多得是克丽奥佩特拉型，他爱自己也远超过爱他的妻子。

克丽奥佩特拉女士既然另有打算，就在她的座舰上，下令埃及舰队脱离战场，向尼罗河撤退。正在前方指挥作战的安东尼先生，纵是一个霹雳打头上也不能使他这般震撼，霎时间，这个身经百战的老将，六神无主，以致做出了出人意料的决定。他如果奋勇地继续作战，至少还有胜利的可能性，可是，他却下令他的座舰掉转舰头，追赶克丽奥佩特拉。座舰既然撤退，全军失去统帅，天经地义地跟着崩溃。

安东尼先生为什么如此，大多数史学家，尤其是深具文学修养的史学家，都解释说他太爱克丽奥佩特拉女士，她已成为他的主宰，他不能失去她。然而柏杨先生认为还另有一种可能性，那就是他要她下令埃及舰队回航，重新加入战斗。更有一种可能性，她的阵前叛变已造成不可挽救的厄运，他要面对面对她报复。

反正是，不管怎么样吧，安东尼先生没有追上他的娇妻，于海军失败后，在埃及重组他的陆军，而陆军也跟着崩溃，安东尼先生自杀。这位为义父恺撒先生报仇的英雄人物，他在罗马广场上那篇扭转乾坤的讲话，迄今仍是"群众心理学"主要教材。即令上帝亲自出马，也不过造成那种奇迹。然而，他却为一个只爱自己的烂女人，牺牲自己的生命。我们说他痴情也好，说克丽奥佩特拉女士恶毒也好，都无补这个悲凉的结局。

现在克丽奥佩特拉女士开始捕捉屋大维先生，她更熟练地使出她征服恺撒和控制安东尼的浑身解数，她那赖以成功的美丽胴体和高度智慧，再加上她女王的高贵身份，屋大维先生果然再度跳进她的圈套，并且答应她，把她带回罗马，共同享受世界上顶尖的荣华富贵。克丽奥佩特拉女士心里暗自庆幸，而且还可能嘲笑天下的臭男人都是破窑里烧出来的贱货，像台北某老奶自负地，只要招招手就晕倒啦。可是，就在兴兴头头动身前往罗马之前，她忽然发现，屋大维先生不但没有晕倒，他之所以如此这般，并不是爱她，而是想把她骗到罗马，教她裸体游街，让罗马人瞧瞧这个尤物的长相。

于是，轮到克丽奥佩特拉女士震撼啦，她终于遇到一个比她更厉害的对手，自信完全丧失。她只有哭泣，希望屋大维先生不要那么无情——她忘了她对安东尼先生是如何无情的矣。再最后，她教侍女把一条毒蛇放到她酥胸上，让毒蛇咬她一口，辗转哀号，死在她的御榻之上。

克丽奥佩特拉女士戏剧性的悲惨下场，性心理学家归咎于她的鼻子太高，否则的话，世界历史可能重写。臭男人各有所好，屋大维先生偏偏不喜欢太高的鼻子，所以才能保持清醒。

克丽奥佩特拉女士死，立国二百七十六年之久的托勒密王国也亡。

◉双胞胎姐妹花

克丽奥佩特拉女士和王昭君女士，同时出现在公元前一世纪，而且同时出现在该世纪的六十年代。只不过，克丽奥佩特拉女士引起一场大战，千万人被她所造成的情势带入死亡；而王昭君女士却加强了中匈两大帝国之间的和平，使两国千万人民，都安居乐业。

就在克丽奥佩特拉女士丧生于毒蛇巨牙下的十年之后，也就是《埃及艳后》电影The End十年之后，该世纪八十年代，一对双胞胎的姐妹花，在中国西汉王朝的宫廷崛起。

这对姐妹花是：姐姐赵飞燕女士，妹妹赵合德女士。妹妹赵合德比姐姐更为娇艳，心智更为成熟，对臭男人也更有深刻的认识，因而把她的帝崽丈夫刘骜先生吃得死脱，在宫廷斗争中，占更重要的角色。幸好赵飞燕女士是姐姐的缘故（这位姐姐不过比妹妹大一分钟），又是她幸运地先遇到刘骜，稍后她又当了皇后，所以她比妹妹更为家喻户晓。尤其她的身材苗条，正合乎二十世纪美女们的标准，在历史上留下"环肥燕瘦"的成语，以形容美女的百态。"环"，指公元八世纪的杨玉环女士，我们以后再介绍她。"燕"，就是赵飞燕，她以恰到好处的三围，流芳史册。

赵飞燕女士自幼十分贫苦，但她却具有西汉王朝的皇家血液，同时她也不姓赵而姓冯。盖她娘是姑苏郡主——江都（江苏扬州）亲王刘建先生的孙女，嫁给江都郡国民兵团区司官（江都中尉）赵曼先生。赵曼先生有一位音乐家朋友冯万金先生，冯万金先生的爹冯大力先生，也是一位音乐家，在刘建先生的王宫，担任乐队指挥（协律舍人）。冯万金先生家学渊源，他所作的曲谱，包括对前人残缺不全曲谱的整理，演奏出来，无不动人心弦。史书上形容赵曼先生跟他的友人说，进餐时如果没有冯万金先生在座，就吃不饱。这种情形之下，冯公跟赵曼的妻子姑苏郡主，自然也关系密切。古时候社会封闭，男女间没有社交，官员富贵之家，女人们更是连大门都不出，根本没有任何机会接触臭男人。而冯万金先生得以出现，既青年才俊，又多才多艺，当然使姑苏郡主漂亮的大眼睛闪出光芒。尤其糟的是，不知道什么缘故，赵曼先生害了性无能的毛病，姑苏郡主漂亮大眼睛闪出的光芒，遂成为浓烈的欲火。郎有心，妾有意，下文不用问啦，他们上了床啦。

——对于一个男人而言，冯万金先生这种朋友，千万别交。"朋友妻，不可欺"，这是最低的道德标准。不过赵曼先生既然害上性无能，也真他妈的不能怪谁。

那个时代还没有避孕之药，通奸的结果是姑苏郡主怀了身孕，这问题就大矣哉。按照一般常情，往老公身上一赖，就天衣无缝。偏偏赵曼先生很久很久没有跟她同过房，而他阁下又性情凶暴，一旦发现绿帽从天而降，虽不能把人压死，恐怕也得压出血流五步。姑苏郡主急得团团转了一阵，然后想出妙法，假装有病，回娘家调理。咦，她阁下的娘家可不像柏杨先生小门小户，任何人都可把门敲开，尤其是讨债精，一听老头不在，马上搜了个遍，看看躲到床底下没有。姑苏郡主的娘家可是亲王王宫，警卫森严，连个蚊子都飞不进去，即令赵曼先生是女婿，也束手无策，何况太太回娘家又是常事，医药周到，也用不着担心。于是，姑苏郡主就在王宫之内，生下一对双胞胎女娃，姐姐命名赵宜主，妹妹命名赵合德。

——我们既不知道赵曼先生和冯万金先生的籍贯，所以也不知道赵飞燕女士姐妹的籍贯。如果依柏杨先生的主张，赵飞燕女士姐妹身份证上只要写出生地江都就行矣。

两个女娃生下后，因无法带回丈夫赵曼先生家，又不能留在王宫抚养，只好悄悄派人，把两个可怜的孩子，丢到荒郊野外，希望被别人抱走，甚至希望豺狼把她们吃掉，或她们自己饿死，这是私生子的悲惨下场，嗟夫。然而，母女到底连心，过了三天，姑苏郡主自己亲往视探，两个女娃竟仍然活着，只是已啼哭得奄奄将毙，实在于心不忍，就又把她们抱回来，送到情夫冯万金先生家。就在生父家，姐妹二人一天一天长大。可是，当她们快要成年的时候，冯万金先生寿终正寝，冯家家道中落，一对姐妹花在冯家住不下去，辗转流落到首都长安(陕西西安)，在一条巷子里租屋住下。大概是命运之神的安排，就在隔邻，住着一位赵临先生。赵

临先生是阳阿公主 (她阁下是哪个皇帝的女儿，柏老还弄不清楚) 公主府的总管 (家令)，看两个女娃孤苦伶仃，十分同情，就收她们作为义女。两个女娃在茫茫人海中，无依无靠，也就拜他作为义父，常常刺绣一些绸缎，送给干爹，倒也情同父女，外人不知道内情，也都这样认定。大概就在这时，她们改姓赵的也。

◉初入皇宫

赵宜主女士姐妹，既成了赵临先生的女儿，则顺理成章地，不久老爹就把女儿介绍到阳阿公主家，充当歌女。姐姐不但花容月貌，而且身材纤弱，三围迷人——隆隆的乳房和细细的柳腰，步履轻盈，小鸟依人，好像飞燕一样可爱，人们就称她"飞燕"，她也顺水推舟，改名飞燕 (有些书上说，她仍保留宜主的本名，只别号飞燕)。妹妹比姐姐更为娇媚，她阁下肌肤雪白，细腻得像刚凝成的猪油，光滑如缎，当她沐浴后从浴盆里站起来时，身上连一滴水都不沾。而且从以后发展的事实来看，她比姐姐确实更具有智慧。不过有一点却是相同的，她们都苦心地学习歌舞，而终于出神入化。

读者老爷一定还记得，一百二十年前，公元前139年，老帝崽刘彻先生，在她姐姐平阳公主家，和卫子夫女士相遇的往事。而现在，历史重演，刘彻先生第六代孙儿小帝崽刘骜先生，原模原样地遵古炮制。公元前18年，年才三十八岁的刘骜先生，到阳阿公主家中瞎泡，在招待他的盛大宴会上，由公主家的歌女边舞边唱，在旁助兴。在那些回转金莲步的美女群中，刘骜先生第一眼就盯住赵飞燕女士。呜呼，美女必须美到"光艳照人"，才是真正的美女，只有容光焕发，才能先声夺人，使臭男人眼睛一亮。赵飞燕女士身上就好像有吸盘似的，吸得刘骜先生目不转睛。

下一步是啥，就用不着找算卦摊子矣。宴会之后，刘骜先生自然把赵飞燕女士带走。就在御床之上，她阁下展示出她的功夫，书上曰："飞燕瞑目牢握，泣交颐下，战栗不迎。"(柏老按: 这一段可不能翻译成白话) 以致刘骜先生一连三夜抱着她，无法颠鸾倒凤。而他爱她爱得奇紧，又不忍霸王硬上弓。其他姬妾们愤愤不平，问刘骜先生为啥这么体贴，刘骜先生曰："她看起来好像很丰满，可是抱到怀里却柔弱得像没有骨骼，对男人谨慎畏惧，不即不离，具有高贵的教养。你们这些胁肩谄笑、投怀送抱的女人，怎么能跟她比？"把一些老奶说得面红耳赤，咬碎银牙。然而，赵飞燕女士所以如此，不过是她欲迎故拒的战略，为的就是要刘骜先生对她留下深刻的印象。最后一次，血染锦被，证明她是处女。

书上说，赵飞燕女士事实上并不是处女，就在长安的陋巷中，邻居有一位靠猎鸟为生的青年，一表人才，二人早就暗度陈仓，而且恩恩爱爱，难舍难分。如果那青年家境不是那么贫苦的话，赵飞燕女士早成了猎鸟婆矣。可是，他没有力量娶她，她才辗转到了皇宫。皇宫中有一位女官樊嬺女士知道这回事，当赵飞燕女士入宫时，暗暗为她担心。盖中国传统的大男人沙文主义，特别重视处女，尤其是身为帝王的淫棍，更把处女当作自己的尊严。如果刘骜先生发现赵飞燕女士曾经跟别的臭男人睡过觉，那就完啦。依当时的情形，轻则乱棒打出，重则囚禁冷宫，甚至喀嚓一声，玉头搬家。然而，赵飞燕女士竟然用事实证明她是处女，樊嬺女士不禁大吃一惊。觑个机会，悄悄地问曰："到底怎么回事？猎鸟的那小子，没有挨过你呀？"赵飞燕女士曰："我小时候看过不少彭祖秘方，也练过气功，只要悉心调养三天，就还我原身矣。不过刘骜太壮，真有点吃他不消。"

——柏杨先生认为，赵飞燕女士有男朋友，甚至发生肉体关系，是可能的，也是可以理解的，但并不是必然的也。秘方气功，属于屁话。即令是真的，樊嬺女士也决不敢问，她不是傻瓜，呜呼，"知人阴私者不祥"，她知道赵飞燕女士的阴私，已种下祸根，再去乱问，结局一定是杀人灭口，她难道不想活啦？好的开始，就是成功的一半，赵飞燕女士从此把刘骜先生掌握在手心，在皇宫中坐第二把交椅。而樊嬺女士又趁机向刘骜先生推荐赵合德女士。臭男人的心理是，女人越多越好，而皇帝更拥有随心所欲的特权，一听说赵合德美不胜收，立刻魂不守舍，急忙派宫廷秘书(舍人)吕延福先生，用只有皇后才可以坐的御轿(百宝凤舆)前去迎接。如果换了其他老奶，一瞧富贵临头，早就一屁股坐上去。可是赵合德女士却婉转拒绝，她告诉吕延福先生说，必须有姐姐的命令，她才进宫。刘骜先生得到报告，一方面欣赏她的庄重，另一方面更急得抓耳搔腮，跟樊嬺女士计议，开始在赵飞燕女士身上下功夫。先赏赐给赵飞燕女士价值连城的珠宝，一个穷措大出身的女娃，哪见过那些玩意儿，早已眼花缭乱。接着把赵飞燕女士迁到豪华盖世的远条宫(馆)，她就更对刘骜先生感激涕零。

◉祸水·温柔乡

刘骜先生正是要赵飞燕女士产生感激之情，这样樊嬺女士才能向她提出秘密建议，要她把妹妹赵合德女士推荐给刘骜。理由十分充分：第一，刘骜先生还没有儿子，姐妹二人如果像包男妓一样地把他包啦，任凭谁生下一个，就是皇太子，前途就安如泰山矣。第二，亲妹妹总比外人好，外人生了娃儿，就是一颗炸弹，而手足骨肉，是先天的联合阵线，如果发生事端，可以互相援助。第三，主要的是，没有一个帝王不是色迷；如不将赵合德献出来，把刘骜抓住，万一有别的美女脱颖而出，荣华富贵，就成云烟了也。

赵飞燕女士绝顶聪明，立刻接受樊嬺女士的建议，派人去迎接赵合德。一会儿工夫，赵合德女士袅袅婷婷，走下御轿，刘骜先生睁开龙眼一瞧，只见她鬓如乌云，眉若细柳，脸蛋儿红润欲滴，而肌肤简直是一堆白雪。他玩的女人多啦，从来没有见过这样的美艳娇娃，一霎时疑心他的龙眼一定有了毛病，这不是仙女下凡是啥？灵魂就从后脑勺出了窍，张口结舌，一句话也说不出。不但他阁下一人如此，就是左右伺候的那些宦官宫女，也一个个张嘴翘舌。只有一位老奶，被称为"披香博士"(宫廷教习)的淖方成女士，正站在刘骜先生身后，妒火中烧，吐了一口唾沫，悄悄曰："这是祸水，要灭火了矣。"

——在中国，漂亮的女人往往被詈为"祸水"，典故就出在这里。淖方成女士所以说这话，是因为星象家认为西汉王朝的命运属于火星座(火德)，现在祸水要把火星淹没啦。

淖方成女士的话，既小又低，刘骜先生当然没有听到。其实即令听到，也没有用，盖欲火攻心，天塌啦都不在乎，何况祸水。当天晚上，赵合德女士人间少有的胴体，发出千军万马的魅力，含苞渐润，媚态百生，刘骜先生如灌顶醍醐，比跟姐姐赵飞燕女士寻欢时，更教他欲仙欲死。刘骜先生自恨枉活了三十八年，今天总算享受到人生的真正滋味。于是，他把赵合德女士的酥胸，称为"温柔乡"，叹曰："我当终老是乡，不愿效法老祖宗刘彻先生追求的白云乡矣。"想起樊嫚女士的皮条功劳，就赏赐给她名贵的"鲛文万金锦"二十四匹。

于是，赵飞燕女士和赵合德女士，同时被封为"婕妤"——小老婆群的第二级。前已言之，婕妤位比上卿，爵比列侯。姐妹二人，轮流陪刘骜先生上床，皇宫里千万粉黛，到此都成粪土。她们了解她们所受的嫉妒和自身强大的优势，在皇宫里，皇帝是头目，他支持谁，谁就威不可当。为了巩固自己的地位和扫荡潜在的敌人，就在她们掌握了刘骜先生这个权力魔杖之后，也就是她们入宫几个月之后，即行对坐在皇后宝座上的许女士，发动疯狂攻击，并且大获全胜。许皇后罢黜，并于稍后被毒死。关于这幕悲剧，我们将在次一章报道。

许皇后既倒，依刘骜先生之意，立刻就要擢升赵飞燕女士当皇后。可是刘骜的娘，皇太后王政君女士，却嫌赵飞燕女士出身微贱，不肯答应（呜呼，王政君这婆娘，忘记她丈夫的老祖宗刘邦先生，出身是流氓无赖啦）。刘骜先生既不敢违抗老娘，只好憋一肚子气，见人就找碴。如果是柏杨先生这种小民，见人找碴，结果准挨揍。可是，刘骜先生是个帝崽，见人找碴，挨臭揍的就是别人矣。幸亏有位淳于长先生，担任宫廷禁卫军司令官（卫尉），是王政君女士姐姐的儿子——王政君女士是他的姨妈，而刘骜先生是他的表弟。刘骜先生千拜托万拜托他出面疏通，凭他的三寸不烂之舌，才终于把姨妈说得点了御头。

公元前16年，距赵家姐妹入宫不过两年，刘骜先生下令封赵临先生侯爵（成阳侯），为的是堵别人的嘴——你们不是附和俺娘皇太后，说赵家姐妹出身贫贱乎？好吧，侯爵可够得上富贵吧。这是为赵飞燕女士当皇后铺路，赵临先生一念之慈，从一个小职员（阳阿公主的管家），一下子高封侯爵，真是福从天降。

然而，西汉王朝开山老祖刘邦先生，曾有过严格的遗令，任何一个人，必须对国家有绝大的功勋，才能晋封侯爵。专制时代，皇帝的命令，就是法律。而祖宗的命令，当儿孙的皇帝，也不能违反。默默无闻的赵临先生，忽然平地一声雷，西汉政府的大小官员，也跟着平地一声雷。不过赵临先生平地一声雷是直上青云，而大小官员的平地一声雷是对皇帝老爷的乱搞，吓了一跳。刘骜先生平常总是义正词严教他的部下，一定要身体力行，遵守法纪，如今他自己却领先破坏法纪。不过大家吓了一跳之后，骂骂大街，发发牢骚，也就到此为止。顺调分子还借此千载良机，欢欣鼓舞，认为刘骜先生深谋远虑，封得好，封得妙哩。只有一位担任监察部委员（谏大夫）的刘辅先生，向刘骜先生上了一道奏章规劝。不过在专制政治下，任何天经地义，都难以阻挡当权人物不可告人的私欲——不但不能阻挡，反而使当权人物恼羞成怒，更火上加油。

◉美女的特权

刘辅先生曰：

"我听说天老爷要兴旺谁，一定先赐给吉祥。天老爷要教谁倒霉，一定先降下祸殃。这是从古到今，屡试不爽的事。周王朝国王姬发先生和宰相姬旦（即周公旦）先生，要建立大业之时，就有鱼乌之瑞，而君臣们仍戒慎恐惧，互相勉励。何况到了现在，上天既没有降福给你，使你生儿子，又屡屡降祸，发生天灾。即令日夜自我责备，改过向善，挑选正正派派的女子，求子求孙，恐怕为时都已太迟。想不到你陛下纵情纵欲，还弄了一个卑贱的老奶，教她去当皇后，人们就怎么想都想不通矣。俗曰：'腐烂了的木头不可以当柱子，出身卑贱的人不可以当主妇。'（柏老按，谚语的上一句是对的，下一句就是狗屁。）上天和小民都愤愤不平，必然产生祸事，连菜市场上的小贩都知道，偏偏没有一个政府官员敢说一句话。"

原文是这样的焉——

臣闻天之所与，必先赐以符瑞。天之所违，必先降以灾变，此神明之征应，自然之占验也。昔武王周公，承顺天地，以飨鱼乌之瑞，然犹君臣祇惧，动色相戒。况于季世，不蒙继嗣之福，屡受威怒之异者乎。虽夙夜自责，改过易行，畏天命，念祖业，妙选有德之世，考卜窈窕之女，以承宗庙，顺神祇心，塞天下望，子孙之祥，犹恐晚暮。今乃触情纵欲，倾于卑贱之女，欲以母天下，不畏于

天，不愧于人，惑莫大焉。里语曰："腐木不可以为柱，卑人不可以为主。"天下之所不予，必有祸而无福。市道皆共知之，朝廷乃莫肯一言。

——"鱼乌之瑞"，一千年前，公元前十二世纪的故事矣：殷王朝所属的周部落酋长姬发先生叛变，率领大军进攻殷王朝政府时，行到中途，有一条白色鲤鱼跳到他所乘的船上；稍后，又有红颜色的乌鸦向他乱叫，当时认为是一种胜利预兆。可是柏杨先生想，白鱼常见，赤乌还没有听说过，大概精神紧张，看走了眼啦。

这一个奏章，到了刘骜先生面前，把他气得七窍生烟。盖一个人一旦私欲横心，就不是理智可以说服，何况这个奏章的说服力也太弱。刘骜先生的反应既迅速而又强烈，他把刘辅先生抓起来，押到宫廷特种监狱（掖廷秘狱）。宫廷特种监狱比民间普通监狱还要黑暗残忍，殴打棰击，甚至用火烧的铁条在犯人身上烙，不但惨绝人寰，而且灭绝人性。刘骜先生的意思正是这样，他要刘辅先生惨死在那里。然而，一个高级官员忽然神秘地被逮捕到宫廷特种监狱，不知道他犯了啥罪，当然使政府大为震动。皇家禁卫军司令官（中朝左将军）辛庆忌先生，全国武装部队副总司令（右将军）廉褒先生，皇城防卫司令官（光禄勋）师丹先生，政府高级顾问（太中大夫）谷永先生，联名保救。刘骜先生闹了一阵，大概气也消啦，看了奏章，就把刘辅先生移送到普通监狱（考工狱），后来可能觉得杀了他也太不像话，索性饶他一死。可是死罪虽免，活罪难逃，仍把刘辅先生送到劳动营做苦工（鬼薪）。

——呜呼，古之时也，到底还有淳厚之风，所以刘辅先生一被捕，有些高官贵爵还敢联名上书。如果换了现代，天颜既然震怒，恐怕大家都心胆俱裂，一面高叫做人要有道德勇气，一面脚底抹油，唯恐牵连到自己身上。这种镜头，柏老可看得多啦，嗟夫。

刘辅先生的遭遇，果然发生阻吓作用，政府官员一个个都成了没嘴葫芦，无人敢再劝阻（其实，劝阻也没有用，徒增黑狱冤魂）。道路既然铺平，公元前16年，刘骜先生正式宣布册立赵飞燕女士为皇后，擢升赵合德女士为姬妾第一级的"昭仪"。距她们在阳阿公主家当地位低微的歌女，不过两年工夫，连旧主人阳阿公主，都得倒转过来，下跪磕头，巴结奉承。人生的际遇，很少如此传奇。呜呼，这正是年轻貌美女子的特权，她一下子就可以爬到顶峰，理直气壮地分享臭男人的荣华富贵，把一些奋斗终生而仍赤手空拳的臭男人，能活活气死。

现在，刘骜先生左拥右抱，享尽风流，踌躇满志，请他去天上当神仙他都不干。为了取悦赵飞燕女士，特地在皇宫太液池，建造一艘华丽的御船，带着她泛湖赏景，由副部长级官员（侍郎）冯无方先生吹笙伴奏——笙，似乎是世界上最美妙的乐器之一。由赵飞燕女士边歌边舞，刘骜先生则用犀牛角做的簪子，轻敲着白玉酒杯。有一次，正在兴头上，忽然一阵大风，把赵飞燕女士穿的宽裙吹起，像跳探戈舞时打圈圈老奶们的宽裙一样，凌风飘扬（不知道露出使人喘息的三角裤没有，书上没有交代，实在遗憾）。赵飞燕女士被宽裙带动，几乎像小鸟一样地乘风而去。乘风而去的结果当然不会直升云霄，而准是呼咚一声，掉到水里，淹个半死。刘骜先生大惊失色，急叫救命。冯无方先生立刻扑上去，两手正好握住赵飞燕女士的两只玉足。她阁下也乐于被青年才俊握住，就在那强有力的紧握中，继续她的舞姿。为了这一段热闹，宫中传出消息说，赵飞燕女士不但身轻似燕，而且还可以在掌上起舞，显示出她的纤细和弱不禁风。刘骜先生就更色授魂与，神魂颠倒。

◉衣橱里的咳嗽声

赵飞燕女士靠着她的美色，荣冠三宫六院。然而她知道，要想这种宠爱固如磐石，必须得为皇帝老爷生个儿子才行，如果生不了儿子，皇后宝座就像建在沙滩上，随时有垮台的可能。可是，她却一直无法怀孕。不但她一直无法怀孕，连妹妹赵合德女士也一直无法怀孕。读者老爷回忆霍成君女士的故事，就可知道她们内心的焦急和痛苦。霍成君女士之不能怀孕，原因是啥，我们不知道，但赵飞燕女士姐妹不能怀孕，原因是啥，史书上却有记载。这就说来话长；封国在江都（江苏扬州）的亲王刘非先生有一位宠姬李阳华女士，她的姑妈嫁给冯大力先生，而冯大力先生正是赵飞燕女士的嫡亲祖父，该姑妈则正是赵飞燕女士的嫡亲祖母。后来刘非先生死掉，李阳华女士没有儿子（又是无子），而又人老珠黄，被遣出王宫，举目无亲，只好投靠冯大力先生的妻子，赵家姐妹把她当作母亲一样亲近。这位李阳华女士在王宫中久啦，对美容术有特别心得，她有一种"息肌丸"，塞到肚脐眼里，融化到体内，能更增加艳丽。可是它却含有麝香成分，而麝香强烈地伤害到生殖机能。所以赵家姐妹美是够美啦，却月经不调，不是来期不准，就是若有若无。赵飞燕女士偶尔向皇宫药剂师（承光司剂者）上官妩女士谈到这回事，上官妩女士叹曰："这种情形，怎么能生孩子乎哉。"教她用羊花煮汤洗涤，可是已无法挽救。

赵飞燕女士仍不绝望，她的目的是生孩子，不管是谁的孩子。仅只皇帝刘骜先生显然不够用，尤其是刘骜先生又常在妹妹赵合德女士那里，而且她想到刘骜先生本身可能也有问题。于是，她就使用皇后的权力，广为物色健壮的男人，秘密载进她的寝宫，一方面寻欢取乐，另一方面希望健壮的精液，能使她生下娃儿。最初，她还小心谨慎，后来越来越胆大。终于有一天，她正在腾云驾雾、翻江倒海之际，刘骜先生忽然跑来。事先埋伏的暗探向赵飞燕女士飞奔报告，她这一惊，非同小可，急忙收兵出迎。虽然她很镇静，但头发散乱，言语支支吾吾，无法解释她为啥这般神色慌张。刘骜先生不禁起了疑心，不过他阁下怎么也料不到绿帽子会压到他的御头之上，但不久他就听到衣橱里有人咳嗽的声音，使他的御头嗡一声大了起来，不过他太爱赵合德女士啦，只好对她姐姐勉强忍耐。

于是有一天，刘骜先生正跟赵合德女士饮酒欢聚，想起来赵飞燕女士的态度和衣橱里那声咳嗽，忽然气冲牛斗，卷起袖子，虎视眈眈地看着赵合德女士，眼看就要爆炸。赵合德女士知道其中一定有什么过节，大事就要不好，如果不能当场挽回危局，一旦撕破了脸，就再难挽回矣。刹那间她决定采取低姿势行动，跪下来，扑到他怀里，委屈万状地哆曰："皇帝哥啊，请听一言，我们姐妹出身寒微，人单势孤，连一个心疼我们的近亲都没有。而今万分荣幸地当你的大小老婆，供你驱使，又蒙你这么宠爱，提拔我们姐妹在万人之上。有的时候，也难免仗恃你的宠爱，得罪了人，大家已把我们姐妹恨入骨髓，又加上我们少不懂事，不知道宫廷中的规矩，使你皇帝老哥生气。教我们死吧，只要你不再烦恼，我们死也心甘情愿。"说罢此话，立刻一枝梨花春带雨，鼻涕眼泪一齐流出，更楚楚动人，惹人生怜（柏老按：哭也是一种艺术，读者老奶，特别注意）。刘骜先生一瞧，气也没啦，怒也没啦，把她抱起来，柔言安慰曰："亲爱的，这件事跟你无关，我恨的是你姐姐，我打算砍掉她的头，剁下她的脚，扔到茅坑里，心里才舒服。"赵合德女士大惊曰："这是为啥？"刘骜先生把那天的镜头重述一遍，赵合德女士曰："我因姐姐的缘故，才有机会伺候你陛下，姐姐如果被你杀掉，我一个人怎么能活下去耶？何况忽然间把皇后宰啦，天下人会说你啥？我愿意身当这场灾难，打铃，你把我杀了吧。"越说越难过，最后大放悲声，昏倒在地。刘骜先生急忙把她抱起来曰："我正因为你的缘故，所以当时不去搜查衣橱，刚才不过忽然想起来，顺口说说罢啦，你当成真的呀。"百般哀求，才使赵合德女士转悲为喜。事后，刘骜先生秘密追查，终于发现衣橱里那位咳嗽的小子，是禁卫军官（宿卫）陈崇先生的儿子。刘骜先生再度大发脾气，派人到陈家把他杀掉，把陈崇先生免职，逐出宫廷。

——西洋有句谚语曰："只有爱情和咳嗽是隐藏不住的。"陈小子兼而有之，虽然享受到皇后如花似玉般胴体的滋味，却也惨死刀斧之下。在此敬告后生小子，当你有幸或不幸去偷情幽会时，千万别咳嗽。最好是等医生把你的咳嗽治痊愈了再去，切记切记。

◉醋海兴波

然而，赵飞燕女士的情夫不只陈小子一人，她手下虽不能说壮男如云，但壮男至少有一大群，取之不尽，用之不竭。其中一位燕赤凤先生，是在宫廷担任粗工的宫奴，一表人才，虎背熊腰，胸脯结实得像军舰上的锅炉。赵飞燕女士看上了他，赵合德女士也看上了他，他阁下以最卑微的身份，忽然一对尊贵的姐妹花，纵体入怀，感激涕零之余，自然舍命报效（这小子，他妈的艳福不浅）。最初姐妹们尚且互相隐瞒，可是色胆包天，不久就逐渐透露风声，醋海兴波。有一天，燕赤凤先生刚刚离开赵合德女士的寝宫少嫔馆，赵飞燕女士闯了进来。那天正是公元前14年农历十月五日，依宫廷惯例，每年十月五日，都要遥祭皇帝祖先的在天之灵，宫女和女官们在祭祀典礼上，像台湾高山族的土风舞一样，大家臂攀着臂，手牵着手，围成一个圈圈，载歌载舞。今天歌舞中有"赤凤来"一曲，赵飞燕女士酸溜溜地问曰："赤凤刚才为谁来？"赵合德女士曰："赤凤当然为姐姐来，他肯为别人来呀？"一句话把赵飞燕女士顶撞得恼羞成怒，抓起酒杯（大概是燕赤凤先生跟赵合德女士对饮时用的），摔向赵合德女士，赵合德女士一闪，酒杯击中她的裙边。做姐姐的狠狠曰："老鼠想咬人呀。"赵合德女士也生了气，反唇相讥曰："老鼠不想咬人，只不过想在衣服上咬个洞，看看里面是啥货色。"

赵合德女士性情柔顺，对姐姐一向百依百从，忽然凶猛地反击，赵飞燕女士立刻眼如铜铃，嘴唇发青，呆在那里，说不出一句话。在一旁服侍的樊嫕女士大吃一惊，知道再闹下去，一定两败俱伤。她赶忙打圆场，史书上说她"脱旧簪，叩头出血"，强拉着赵合德女士向姐姐道歉。赵合德女士是一个极端聪明的女孩，她刹那间恢复冷静，知道姐妹的命运是不可分的，而且后悔自己的尖锐辞令，她向姐姐哭曰："姐姐啊，我们贫苦时，共盖一条棉被，天冷夜长，冻得不能入睡，你教我抱着你的背取暖，难道忘记这些往事？如今幸而荣华富贵，高人一等，却家门孤单，没有外援，全靠姐妹互相照顾，我们能忍心再自相残杀乎耶？"赵飞燕女士也感到自己过分，抱着妹妹垂泪，亲手摘下头上的"紫玉九雏钗"，给妹妹梳理秀发。

宫廷是个复杂的地方，赵家姐妹这场原因暧昧的争吵，仍传到皇帝老爷刘骜先生耳朵里，就向赵合德女士打听争吵些啥。他当然得不到实情，赵合德女士嘴里能滴出蜜来，她信口开河曰："姐姐忌妒我罢啦，你知道，西汉王朝是以'火'作为标帜的，所以我们暗地里都叫你'赤凤'，就是为了争你这个活宝呀。"头戴绿帽的刘骜先生一听，"赤凤"竟是我，我竟是"赤凤"，别看我其貌不扬，两位绝色美女却爱我爱得紧哩，于是神魂飘荡，龙心大悦。

——在一连串的事件上，我们可以分出赵家姐妹的优劣。用"优""劣"太严格啦，她们只有"非常优秀"和"更非常优秀"之别，赵飞燕女士是一位正常的绝世美女，赵合德女士却有较姐姐更高的心机。赵飞燕女士目的只在早日生孩子，而刘骜先生可能表现得不堪胜任，所以她对他死了心，只在别的男人身上打主意。在她情夫群中官阶最高的是一位副长（侍郎）庆安世先生。庆安世先生不但长相跟柏杨先生一样，堂堂仪表，而且对小提琴、手风琴、钢琴、古琴，等等之琴（史书上只说"琴"，没说啥琴，大概不外乎这些吧），也跟柏杨先生一样，无一不精。赵飞燕女士扬言她也要学琴，请刘骜先生特别准许他出入。于是，不久庆安世先生不但出入皇后之宫，更上了皇后之床。赵飞燕女士还严密调查，把宫廷中孩子最多的一些年轻父亲，列了一个名单，逐一地教他们贡献体力。为了藏匿这些危险男人，特别腾出一间房子，里面布置神龛神像（大概还有一张神床），对外宣称那是她参拜天地进德修业的圣地，任何人任何情形之下，都不准进去，包括丈夫刘骜先生在内。盖她正在虔诚地向上苍祈祷，如果闯断了她跟耶稣基督的心灵交通，耶稣基督心里一烦，就不准她生儿子矣。呜呼，"灭绝皇嗣"的责任，谁敢承当乎哉？刘骜先生心里本来有点偏爱赵合德女士，赵飞燕女士又不希望刘骜先生常常接近自己，结果是，刘骜先生几乎已被赵合德女士包啦，这正中赵飞燕女士，也正中赵合德女士的下怀。

刘骜先生对赵合德女士确实已经入迷，他在当时首都长安昭阳宫中，特地为赵合德女士另行建立一座富丽堂皇的寝宫，中庭一片朱红，殿柱上都施用油漆（中国传统中，朱红是一种尊贵的颜色；而在公元前一世纪，油漆还是一种珍品）。门限都是铜做的（当时铜尚是稀有金属，几乎跟现在的黄金等值，如果换"门限都是黄金做的"，印象就更深刻矣），而铜之上更镀黄金（那时黄金跟现代的钨铀之类一样，价值连城）。用雪白玉石砌成台阶，墙上挂着完全用黄金做的精致壁灯。处处都装饰着蓝田（陕西蓝田）璧玉和翡翠珠宝。这些盖世豪华，不但赵合德女士贫穷出身，没有见过，史书上说，自从中国有皇宫以来，也从没有见过。

●女教习怀孕

赵合德女士的宠爱与日俱增，她知道姐姐玩的花招太多，偷情通奸的事，除非上帝特别保佑，很难天衣无缝。何况赵家姐妹只几个月工夫，就从平地直上云霄，有多少同样美丽的老奶，或过去陪刘骜先生睡过觉，或将来有睡觉的可能，都充满怒火，张开大眼，希望赵家姐妹出错。而身为皇后的赵飞燕女士大张艳帜的干法，跟一桶点了火捻的炸药一样，随时随地，都会爆炸，使赵家姐妹粉身碎骨，尸肉无存。赵飞燕女士已被淫欲和生孩子的渴望，搞得神志不清——从她竟向妹妹发脾气的事上可看得出来。但赵合德女士却清楚地察觉到四伏的危机，她除了广为收买宫里的大小男女外，还更加强控制权力魔杖，盖控制权力魔杖才是最基本的也。有一天，刘骜先生和赵合德女士在一起时，谈谈张家长，道道李家短，不知不觉说到赵飞燕女士。刘骜先生表示他确实听到一些关于野男人的传闻，脸色变得铁青；但赵合德女士却不动声色，淡淡地曰："我姐姐性情太过刚直，刚直一定招来怨恨，宫廷之中，到处都是仇敌，那些因得不到你老哥宠幸的人，迁怒到姐姐身上，就千方百计，诬陷谗构。我们姐妹的性命都握在你手，只要你听她们一句话，赵家就灭门绝种矣。"说到这里，想一想她们的命运也真是这样，忍不住呜咽流涕，悲痛失声。刘骜先生怜香惜玉，急忙搂到怀里，为她拭去眼泪，发誓绝不受任何人的挑拨，绝不上任何人的当。为了表示对赵家姐妹的信任，他采取残酷手段，凡是向他打小报告透露皇后奸情的人，一律处决。

这是自绝聪明的有效高招，他的绿帽子遂变成铁做的，赵飞燕女士也安如泰山。

然而，千算万算，不如天老爷一算，赵家姐妹虽然竭尽所能，仍然不能怀孕。刘骜先生也暗自着急，而且臭男人差不多都是感情走私动物，即令情妇不比正式妻子高明，但为了新鲜，也往往喜欢换换口味（读者老爷容禀，只有你阁下德配天地，道冠古今，爱情专一，早已脍炙人口矣，当然例外）。何况皇帝老爷，只要他愿意，如花似玉就会自动送上。所以即以赵家姐妹的天仙化人，也挡不住刘骜先生向外侵略。当时担任皇宫女教习（学事史）的一位曹宫女士，不但其貌如花，而且学识极好，教授赵飞燕女士《诗经》。夫宫廷之中，乃绝对的阴盛阳衰之地，臭男人只有一个，而老奶浩如烟海。读者老爷必须记住，公元前一世纪时的中国宫廷，也就是刘骜先生在位之际，宫女已有四万余人，赵家姐妹能在四万余位美女中扶摇直上，自然有她们的绝世武功。其他老奶既然沾不到男人的边，唯一的办法只有同性恋，一位仍以女性自居，而另一位则在心理上成为她的丈夫。这种同性恋的结合，术语称之为"对食"，虽实际上同是女性，但表现在外的，则俨然夫妻。曹宫女士的"对食"是另外一位宫女道房女士。

现在，刘骜先生看上了曹宫女士。这件事发生在公元前12年正月，赵飞燕女士立刻就发觉秘密，向曹宫女士询问。曹宫女士不敢承认，于是赵飞燕女士再向道房女士探听曰："皇帝是不是跟曹宫上过床？"道房女士急忙回答不知道。她可能真的不知道，但即令知道，也不敢说知道——跟皇后争宠，那将引起杀机。可是几个月后，曹宫女士的娘曹晓女士(她的出身也是宫女)进宫看她女儿时，发现女儿肚子已经膨胀，盘问怎么回事。曹宫女士告诉老娘说，是刘骜先生打了她的主意。当年十月，曹宫女士在宫廷家畜管理处处长的官舍(牛官令舍)，生下一个男孩。基于同情和顾念及刘骜先生终于有了皇嗣，可能出于自愿，可能出于老娘曹晓女士的请求拜托，也可能是家畜管理处处长的命令，有六位宫女在旁服侍她临盆(我们可推想，道房女士一定在内)。

无论如何，对年已四十一岁的刘骜先生，孩子的降生，是一件喜事。按照当时封建制度的架构，有了皇位继承人，更是一件大事。如果是赵家姐妹生了娃儿，恐怕热闹得天都会翻过来。可是，生儿子的却是另外一个卑微的女性，人性遂行泯灭。

赵家姐妹马上得到情报，她们暴跳如雷兼义愤填膺。在生产后不久，众宫女的祝贺声还没有说完，一个手续完备的皇帝正式诏书——那是全国最高无上权威——上面盖着宰相(御史中丞)副署的大印，由宫廷侍卫官(中黄门)田客先生亲自送给宫廷监狱监狱长(掖廷狱丞)籍武先生，诏书上曰："立即逮捕家畜管理处处长官舍那个产妇和新生的婴儿，以及在旁伺候的六名宫女，扣押特别囚房(暴室狱)。切记，不可问该新生婴儿是男是女，或是谁的孩子。"籍武先生迅速行动，把她们一网打尽。曹宫女士向籍武先生呼吁曰："请你好好看顾孩子，你知道他是谁的骨肉耶。"呜呼，籍武先生当然知道孩子是谁的骨肉，可是，中国宫廷是世界上最黑暗的地方，有权的不但有理，而且他本身更是法律，谁有胆量对抗？事实上，即令有胆量对抗，也没有力量对抗。

●曹宫母子惨死

曹宫女士母子入狱的第三天，宫廷侍卫官（中黄门）田客先生，再度驾临，拿着刘骜先生的诏书，问籍武先生曰："孩子死了没有？"籍武先生曰："仍然健在。"田客先生回去向刘骜先生禀报，一会工夫，他阁下踉跄出来，喘气曰："皇帝老爷（主上）和赵合德女士（昭仪）火冒三丈，你要完啦，为啥不早一点把孩子杀掉？"籍武先生悲不自胜，流下眼泪，曰："孩子是皇帝的骨肉，不杀他我知道我会被处决，可是杀了他我同样也会被处决。反正结局已定，就请你去再见皇帝，代我奏明：他陛下到如今还没有后裔，不管是谁生的，儿子就是儿子，岂有贵贱之别？怎能忍心把唯一的骨肉处死？请他三思。"

田客先生总算有担当，他再回去报告。显然地，赵合德女士起了疑心，认为籍武先生不是理想的奴才，他可能拒绝执行命令，而仍留得孩子活口。所以，当田客先生再出来时，他手上拿的皇帝诏书，已不要籍武先生杀孩子，而是要籍武先生："今夜漏上五刻（天将亮时），把孩子交给宫廷侍卫官王舜。"

事情到此，已无法挽回，籍武先生问曰："皇帝老爷听了我的意见，怎么反应？"田客先生曰："瞠也。"瞠，两眼发直。呜呼，皇帝老爷对自己亲生儿子下毒手，历史上多得是；但皇帝老爷本不愿下毒手，却被一个女人逼得两眼发直，只好下毒手，实在是最奇特的变异。不知道赵合德女士有啥本领，能把该帝崽治得如此服帖。籍武先生没有办法，只好在指定的时间，把孩子交给王舜先生，由王舜先生抱回寝宫。

把孩子抱走之后，厄运砸向那位年轻的母亲曹宫女士头上。田客先生再度出现在宫廷监狱（掖廷狱），交给籍武先生一个绿色小箱，小箱上有刘骜先生的笔迹，曰："籍武，把小箱里的东西交给在押的那个女人，你要亲自监督，看她下咽。"籍武先生打开小箱，有药两包（用不着多说，就知道那是啥药矣），另外还有刘骜先生在一张小薄纸上，亲笔写给"在押的那个女人"的一封可怕的情书，曰："伟能：努力饮此药，不可复入，汝自知之。"

伟能，是曹宫女士的别号。刘骜先生称呼得如此亲热，却要把她毒死，而且勉励她"努力"吃下，人生到此，夫复何言。曹宫女士看到了刘骜先生的便条，哭曰："赵家姐妹果然企图独霸大权，掌握天下矣。我儿前额上长有壮发，跟他爷爷刘奭先生长得一样。孩子在哪里？恐怕难逃一死。求求你，想办法禀报皇太后（王政君女士），救孩子一命。"在狱吏强迫下，她服下毒药，毒发身死。呜呼，曹宫女士，她有何辜？然而，更惨的还是服侍她生产的六位宫女，她们被召入寝宫，出来后一个个面无人色，向籍武先生哭曰："昭仪（赵合德女士）向我们说：'我知道你们没有罪，但你们非死不可。现在由你们选择；是自己了断，还是送到政府处斩？'我们自愿自杀。"自杀方法是上吊，六条绳索悬在梁间，她们遥向家乡的父母哭拜长辞，父母们仍在盼望他们的女儿在皇宫中，或许有一天能出人头地，如今一切结束。没有人能救她们，只有一个人——刘骜先生——有这个力量，但有这个力量的人却正是凶手。另外还有一个人，那就是曹宫女士乞求禀报的皇太后王政君女士，可是宫闱重重，杀机四伏，谁能去？谁又敢去？

——"壮发"是啥，《汉书》颜师古先生注曰："壮发当额前，侵下而生，今俗呼为'圭头'者是也。"颜师古先生的"今"指的是七世纪，距现在一千三百年，已无法从"圭头"上去了解。"侵下而生"，可能是头发生得太低，也就是前额与眉之间的距离太窄。依相书上说，前额不广，主少运不佳。不过这种解释，有点勉强，孩子初生下来，胎发若有若无，很难显示出明确的界限。可能是婴儿的头发本都稀疏柔软，只曹宫女士的婴儿，跟他祖父刘奭先生一样，前额上有几根较为粗硬的头发。孩子被王舜先生抱回寝宫，并没有马上杀掉，而且还为他选择了一位名张弃的宫女，做他的乳母。王舜先生还吩咐张弃女士曰："好好养育这娃儿，你会得到重赏，千万不要泄露。"

——看情形这是刘骜先生临时改变主意，否则王舜先生不可能有这种承担。

◉一哭二闹三上吊

然而，赵家姐妹的密探无孔不入，已控制整个宫廷，所以事情仍然泄露。张弃女士喂养孩子只十一天，忽然，女官（宫长）李南女士，拿着皇帝老爷的诏书，向她索取孩子。张弃女士于法既不敢拒绝（拒绝也没有用，徒赔上自己性命），于情也不能拒绝（老爹看看亲生儿子，总可以吧）。李南女士把孩子抱了去，从此，世界上再没有人听到孩子的消息。一般人看来，这孩子属于"天潢贵胄"，照正史上的程式，一定有六丁六甲，谒者功曹，以及天上地下各种神灵，保护呵佑。可是现在他却孤苦伶仃，距他降生不过二十天，眼睛刚刚睁开，小面颊上刚刚露出可爱的笑容。——读者老爷老奶，如果怀中有二十天的娃儿，可知孩子是怎么脆弱纯真，每一安详的呼吸，都引起爹娘的担心和喜悦。想不到这么一个无识的小儿，一生下来，两位美女死敌已等在世界上，决心把他铲除。我们不知道孩子是怎么死的，可能被活活饿死，几日几夜地哇哇啼声，使我们心碎。也可能被人双手扼杀，连挣扎的力量都没有。

不管怎么样吧，小生命从此消失。一具小小尸体，夜半被人抱出皇宫，扔到荒郊野外。

赵家姐妹谋杀了曹宫女士母子之后不久，又掀起第二场血腥。

第二场血腥女主角是许美人。"美人"，小老婆群第六级，跟赵合德女士第一级的"昭仪"，相差五级。她跟我们不久就要谈到的许皇后，都是刘骜先生祖母许平君女士娘家侄孙女，出身高贵，而且拥有雄厚的姻亲关系，娘家很多人担任高级官员和高级爵位。这已使赵家姐妹在心理上产生自卑，因自卑而恐惧，所以一旦反击，也更为强烈。许美人也是一位美貌娇娘（读者老爷切记：宫廷中哪有丑八怪？便是七八九十流角色，小民看啦都会惊为天人，血压立刻升高到三百——那就是说，头"嗡"的一声晕啦，说不定还会栽倒在地）。老嫖客刘骜先生，虽在赵家姐妹严密管制之下，仍然觑空"召"她上床，一年之中，大概"召"她两三次。公元前11年二月，她怀了身孕。十一月，生下一个白胖儿子。曹宫女士生子是公元前12年，一年之后，许美人又生子，这对赵家姐妹又是一个晴天霹雳，曹宫女士母子的惨剧，再度上演。

当许美人刚分娩时，刘骜先生窃窃心喜，但他长久地被赵家姐妹——尤其是被赵合德女士降伏，不敢公开表示什么，只暗中派宫廷侍卫官靳严先生，陪同御医前去探望，又送给许美人三粒保养身体的名贵丸药。刘骜先生最初的意思，可能希望一直隐瞒下去。但不知道什么原因，或许他了解赵家姐妹暗探密布，恐怕隐瞒不住；或许他受制于赵家姐妹太久，总觉得不对劲，将来万一戳穿，恐怕后果堪虞，他承受不了那时的风暴；或许他忽然福至心灵，认为"自首投案"，要比"缉捕追拿"，容易得到谅解，赵合德女士会因此承认这件既成事实，也说不定。不管什么原因吧，反正是刘骜先生找了一个黄道吉日，趁赵合德女士兴高采烈之际，结结巴巴向她招认他的罪行。好啦！这可不得了啦，刚刚费了吃奶的劲断了一个孩子，现在又出现另一个孩子。赵合德女士对付曹宫女士，是怎么踢腾的，史书上没有提到细节，而对付许美人母子，她阁下踢腾的细节，史书上却有生动的记载，历历如绘。赵合德女士立刻柳眉倒竖，杏眼圆瞪，问刘骜先生曰："你不在我这里睡觉时，总一口咬定住我姐姐那里，好吧，许美人的儿子是怎么生出来的吧。"忽然间她想到事态严重，号曰："难道你存心要姓许的再当皇后呀？"刘骜先生张口结舌，无言以对。咦！如果换了柏杨先生，只要一句话就堵住她的嘴，我的本领是反唇相讥曰："是你们姐妹不会生儿子呀。"可是刘骜先生已心胆俱裂，无法招架，他肚子里一定也会这么喊的，只是不敢说出而已，他只敢用赎罪的表情，乞求怜悯。而赵合德女士表演得确实轰轰烈烈。她早已泪涕交流，痛不欲生，拼命擂自己的酥胸，擂胸还不算，为了加强戏剧性效果，她还用头撞墙，当然不是真撞，所以在被宫女们抱住之后，她就和较小的目标撞——撞柱子，撞床栏杆。十八般武艺亮相已毕，然后哭倒在御床之上，哭着哭着，又从床上栽下来，誓言不再活啦。刘骜先生说了两火车柔情蜜意的话，好容易才把她安顿住。可是，因为刘骜先生没有提出对孩子处置的办法，大闹一场等于白闹，为了取得明确胜利，她就绝食，哭曰："现在怎么安顿我呀！我要回娘家了呀。"——又是老比喻，换了柏杨先生，早答曰："打铃，那太好啦，鼓得白。"然而，绝顶聪明之士，则是善于看人端菜碟的，你吃啥，她端啥，刘骜先生吃紧箍咒，赵合德女士就念紧箍咒。此谓之猫叼耗子，吃定啦。

——一个人必须有看人端菜碟的段数，才能青云直上，故聪明才智之士，恒"见人说人话，见鬼说鬼话"。柏杨先生虽然也非常聪明才智，却是见人固说人话，见鬼也说人话，反正是王二傻子卖柿子，对谁都照本实发，结果赔了个精光。假设当时是柏杨先生，赵合德女士准另有一套，同样也难逃她的手心。

◉连杀二子

赵合德女士演出的节目，"一哭，二闹，三上吊"，是中国女人征服臭男人的传统法宝。最初嘤嘤嗡嗡，跟你哭个没完，哭得臭男人肝肠寸断，兼眼冒金星。如果哭不能达到目的，就来一个天翻地覆、山摇地动。有文闹焉：或卷铺盖回娘家，或跑到办公室鼻涕一把泪一把，或向朋友们宣传丈夫不是人，或在门口指桑骂槐、口沫四溅。有武闹焉：完全戏台上王媒婆的干法，摔桌椅摔板凳，砸家具砸玻璃窗，跑到大街上跳高，甚至一状告到法院。如果仍然不能取胜，则老娘不活啦，跟你这个忘恩负义的王八蛋同归于尽，教你吃人命官司。

"绝食"，属于"闹"的一种。对付权势，是一种抗议，若甘地先生是也。对付爱人，是一种撒娇，就是现在赵合德女士露的一手。她阁下一拒绝吃饭，刘骜先生就慌了手脚，求告曰："我这么爱你，才不隐瞒，什么事都告诉你。我以为你会知道我心的，想不到反而使你气成这个样子，你不原谅我，我只有陪你一块儿死。"于是，他阁下也拒绝吃饭。这反击异常凌厉，赵合德女士承当不起，盖如果僵持下去，只要一顿不下肚，皇太后得知，一翻御脸，赵合德女士可要全盘输掉。而且他既彻底屈服，也就回心转意，反过来劝他，曰："我不吃是为了我既伤心又害怕，你不吃是为了啥呀？你一再保证说：海枯石烂，决不辜负你。而今，许美人有了孩子，不是辜负我是啥呀？"刘骜先生重新发誓曰："皇天在上，永不使许家女儿当皇后，而且天下任何人家的女儿，都不能超过赵家女儿。亲爱的，请你千万放心。"

一场轩然大波之后的几天，刘骜先生派靳严先生拿着他阁下以皇帝身份写的诏书，送给许美人，吩咐靳严先生曰："许美人会把一件东西交给你，你取来后，径到梳妆房（饰室）。"请读者老爷注意：刘骜先生毒死曹宫女士时，还写了一封亲笔私函，而今给许美人，却动用起官文书。呜呼，官腔官调一旦出笼，就更显示大事不好。诏书中说的啥，不问可知，从许美人顺服地接受上，可推测不外是向她说明孩子在她那里不安全，唯一的保护方法，是交给老爹自己隐秘抚养。许美人跟曹宫女士一样，她没有理由，也没有权力不信任她最亲爱的臭男人。于是，许美人看了诏书后，立即把孩子装到一个小箱里，交给靳严先生。可怜的孩子，他还不知道正走向屠场。

刘骜先生和蛇蝎般的赵合德女士，在梳妆房里严阵以待。靳严先生把小箱捧进来，孩子睡得正甜，所以没有啼声。刘骜先生命田客先生的儿子田偏先生，打开小箱。正打开一半，刘骜先生忽然改变主意，挥手教靳严先生和田偏先生出去。

现在，梳妆房里，只剩下刘骜先生和赵合德女士两个狗男女矣，是谁下手把孩子扼死的，我们不知道，而且也永远不会知道。这是一段万籁俱寂的时间，也是一段血腥的时间，大家在户外恐怖焦急地等待，眼看着一个婴儿被谋杀，谁都无能为力。一会工夫，房门开啦，刘骜先生吩咐田偏先生把小箱加以包扎，派宫廷侍卫吴恭先生，拿着临时写下的诏书，送给籍武先生，诏书上曰："小箱里有婴儿尸体，秘密把他埋葬，不可让任何人知道。"籍武先生叹息徘徊，只好在狱墙下挖个小洞，埋到里面。

宫廷总管(掖廷令)吾丘遵先生，是籍武先生的顶头上司，多少暗无天日的事，他都一一看到眼里。他告籍武先生曰："宫廷里大小官员，都被赵合德女士收买，不是共商大计的对象，我一直想找你谈谈。我没有儿子，无所顾忌，而你有儿有女，怕连累了你，所以一直隐忍到今天。宫里宫女们，凡是生孩子的，都被杀害。宫女们怕死，一旦怀孕，吃药堕胎，一个个身受重伤。我想跟你一同找大臣们共同研究对策，可是身为三军统帅（骠骑将军）的王根先生，是个贪污之辈，只认识钱，这种人只能坏事，不能成事。不知道我们有没有办法使长信宫（皇太后）知道？"他们希望刘骜先生的娘王政君女士出面制止惨剧，可是，没有人敢冒这种风险。

——不久，吾丘遵先生逝世，断气时，告籍武先生曰："我快要死啦，从前我们谈到的事，你自己不能单独行动，只有小心小心。"所以，向皇太后告状这条路又告绝望，赵家姐妹就更把刘骜先生吃得死脱，凡是被刘骜先生性欲蹂躏过的宫女姬妾，都要再遭受到赵家姐妹死亡蹂躏。

赵家姐妹——事实上到了后来，姐姐赵飞燕女士已不重要，却是妹妹赵合德女士，始终把刘骜先生置于完全控制之下。从上述的那些情节，她能逼着刘骜先生两年之内连杀二子，可看出她的魅力和恶毒。赵飞燕女士真得庆幸是她嫡亲的同胞姐姐，否则的话，即令对赵合德女士有引荐之恩，也得死在赵合德女士之手。公元七世纪的唐王朝时，中国唯一的女皇帝武曌女士，她阁下就是用最可怕的手段，来报答引荐她的恩主。

◉一项空前骗局

俗云："虎毒不食子。"畜生尚爱自己的儿女，而刘骜先生却一连杀掉自己的两个亲生骨肉，连畜生都不如矣，这是宫廷特有的悲剧。尤其严重的是，刘骜先生并没有其他儿子。中国人古老的传统观念中，没有儿子是一件不可宽恕的罪行，因为那将使祖先的香火断绝，故圣人云："不孝有三，无后为大。"尤其是皇家，尤其是皇帝，没有子嗣，中央政府权力的转移，可能带来不可测的政治危机。刘骜先生宁愿冒一切的不韪，一意孤行，只有一个理由可以解释，这理由再明显不过，他迷上赵合德女士的美色。虽然仍到处打野食，今天跟曹宫女士上床，明天跟许美人睡觉，但这并不能说明他不爱赵合德女士。呜呼，男人的爱情永久而不易专一，女人的爱情专一而不易永久。男人爱某一个女人，能爱一辈子，永不放弃，可是，有了机会，仍会跟别的如花似玉鬼混。女人当爱某一个男人时，就专心爱某一个男人，视别的男人不值一文，可是，一旦变了心，那可比男人变了心，要发疯得多。

刘骜先生被赵合德女士迷惑得已到了伤害心智健全的程度，所以，他不惜杀子。京戏里有《杀子报》，演的是一个寡妇恋奸情热的故事，她唯一的孩子干预母亲通奸，她就杀了孩子。她除了受到法律的惩处外，还受到舆论的惩处。咦，她之所以如此下场，只因她是一介小民。刘骜先生恋奸情热，连杀了两个孩子，谁又敢动他一根毫毛耶钦？有权势的家伙有福啦，在卫道之士眼里，不但法律是双重标准的，道德也是双重标准的也。

而且，赵合德女士的美艳恐怕更超过跟她同时代的埃及艳后克丽奥佩特拉女士，举一个例就可说明。按说，刘骜先生对赵合德女士赤裸的胴体，早已仔仔细细地看了几百遍几千遍矣。换一个平凡的老奶，早失去了诱惑，至少诱惑力会大大地减低。可是，赵合德女士有她特有的魅力，刘骜先生不但没有看腻，反而越看越爱。一天晚上，她阁下正在沐浴，刘骜先生悄悄溜过去，从门缝（或者是墙上小洞）往里偷瞧，被侍女发觉，告诉赵合德女士，赵合德女士急忙躲到烛影后面阴暗地方。刘骜先生仅只一瞥，但玉体如雪，已使他神魂飘荡。过了几天，赵合德女士再沐浴时（古人认为天天洗澡有伤元气，所以都是隔几天或十几天才沐浴一次的。幸亏当时中国的首都在长安，冷的时候多，热的时候少，否则美人儿也会一身汗腥），刘骜先生买通了侍女，教她们不要通报，自己蹑脚蹑手前往，偷瞧了个够，只见玉体横陈，她像出水芙蓉，眉目之间，娇不自胜，简直要消蚀了似的。他阁下情不自禁，叹曰："可惜不能有两个皇后，如果有的话，我非封赵合德也当皇后不可。"

当姐姐的赵飞燕女士，立刻得到消息，好帝崽，你喜欢这个调调呀，乃如法炮制，在沐浴的时候，也请刘骜先生在旁参观，并撩起水珠挑逗他。刘骜先生却觉得索然无味，看了一半就脚底抹油。赵飞燕女士泣曰："爱在一身，无可奈何。"不久，赵飞燕女士生日，做妹妹的赵合德女士前往祝贺，刘骜也跟着前往，酒过三巡，菜过五味，赵飞燕女士认为这个机会如不抓住，以后可能再无机会，于是，她流下急来的眼泪。刘骜先生曰："别人都对酒而乐，你却对酒而悲，难道有啥不高兴的事呀？"说这种话如果不是白痴，就是故意打马虎眼。赵飞燕女士曰："回想起来，我在阳阿公主家当歌女时，你到公主家去，那时我站在公主背后，你目不转睛地看着我。公主知道你的意思，教我伺候你，蒙你把我带到更衣室上床，'下体尝污御服'（柏老按：这句话可不能译成白话）。我要你洗掉，你说，不要洗，留着它作为纪念。果然，不几天就把我接到皇宫。你咬的牙痕，仍在我的脖子上。今日忆及，好像一场梦寐，不由得悲从中来。"

往事引起旧情，刘骜先生也觉得有点内疚，禁不住四顾叹息。赵合德女士知趣，先行告辞，刘骜先生果然留下来，重叙往日情意。而赵飞燕女士就利用这次留宿的记录，发动一项空前的骗局。三个月后，她宣称怀了孕啦，而且写了一封正式备忘录（笺奏）给她的帝崽丈夫，曰：

"我自来到皇宫，蒙你的宠爱，赐给皇后的尊号，已为时很久。最近因过生日的缘故，你念及一向待我的恩情，再度驾临我这里，重新上床。数月以来，月经未至，虽然饮食仍能照常，但我知道你的骨血已在我腹，天神已投我怀。彩虹横贯太阳，应是好的征兆，黄龙盘踞我的酥胸，更是一种祥瑞。希望能繁衍后嗣，抱着皇子趋庭晋见。仰望有一天，你高坐堂上，接受天下祝贺，满心欢乐。"

为免扰乱视听，特录原文于后——

臣妾久备掖廷，先承幸御。遣赐大号，积有岁时。近因始生之日，须加善视之私，特屈乘舆，亲临东掖。久侍宴私，再承幸御。臣妾数月来，内宫盈实，月脉不流，饮食甘美，不异常日。知圣躬之在体，梦天日之入怀。虹初贯日，总是珍符。龙据妾胸，兹为佳瑞。更期蕃育神嗣，抱日趋庭。瞻望圣明，踊跃临贺。仅此以闻。

●一首童谣

赵飞燕女士所以向老公刘骜先生提出一份正式备忘录（笺奏），一则是，宫廷虽规矩如此，对于至尊的帝王，虽亲如夫妻，也不能写情书，只能写官样文章。二则是，赵飞燕女士故意如此，要宫廷的行政部门，把她怀孕的日期，列入簿册。三则是，她希望刘骜先生在她十月怀胎期间，不再接近她，使她有足够的时间实施她的阴谋。

这一招果然使刘骜先生龙心大悦，他立刻回复一张便条，曰："看到你的备忘录，喜庆交集，夫妻之间像一个人一样，王朝政权最重要的事是，皇嗣第一。你刚刚受妊，千万保重，再有什么请求，不要写备忘录啦，告诉宫女一声就行。"并马上下令对赵飞燕女士加倍服侍。问题是，赵飞燕女士事实上却没有怀孕。呜呼，生孩子这桩事，是上帝的特别旨意，有些女人，臭男人一碰就生，有些女人，臭男人前仆后继，她不生就是不生。尤其怪的是，越是需要孩子的女人，偏偏越是不生。赵家姐妹显然已尽了全力，使出了当时所可以使出的花招，仍是不生。赵合德女士已经认命，赵飞燕女士则打出"怀孕"的王牌，乞灵于诡计，她决心从宫外民间抱个小娃冒充。

——民间抱别人的小娃，仅涉及财产继承和祖宗祭祀，麻烦不大。皇家抱别人的小娃，却涉及政权的转移，将引起千万人死亡。即令发觉得早，参与其事的人，包括皇后自己，也要人头落地。赵飞燕女士宁冒这种覆家杀身的危险，说明她已迫不及待，利令智昏矣。

十月期满，赵飞燕女士的爪牙——宦官（宫使）王盛先生，在首都长安郊外，用一百两银子，向刚生产的穷苦妇人，买下她的婴儿，装在小箱里，当作包裹，悄悄运进皇宫。赵飞燕女士大喜过望，可是打开一瞧，婴儿已死。原来箱盖太密，被活活窒息。王盛先生二度到郊外，又买了一个婴儿，在箱盖上钻了几个小洞，再运回皇宫。中国四千余年的宫廷，一向门禁森严，任何人出入，都要经过严密搜查，不单单为了防范类似赵飞燕女士这种偷龙换凤的事情发生，也为了防范流入武器，伤害皇帝的老命。当王盛先生走到宫门口时，婴儿忽然哭起来，吓得他浑身冒汗，赶忙止步。在宫外等了一阵，等到好容易不哭，再要进去，走到宫门，婴儿又哭啦。这样搞了三四次之后，王盛先生忽然起了警觉，岂非是冥冥中的神仙为了保护皇家血统，不教俺这么做乎哉？一定要闯关的话，恐怕大祸就要临头。于是，他决定放弃。

这对赵飞燕女士是一个致命打击，好在她已有善后的准备，那就是，她向刘骜先生写出第二份备忘录，告诉他，她流产啦。（原文："臣妾晚梦龙卧，不幸圣嗣不育。"）刘骜先生垂头丧气，只好怨天尤人。然而，知姐莫若妹，赵合德女士早就知道姐姐耍的啥把戏，她警告赵飞燕女士曰："孩子不生，难道真是流产？三尺童子，都骗不住，何况他是一个皇帝？一旦拆穿西洋镜，恐无葬身之地矣。"赵飞燕女士这时才冷静下来，回想这场危机四伏的故弄玄虚，实在愚不可及。惭愧与恐惧交加，从此死了芳心。

在历史上，赵飞燕女士占相当重要位置，但赵合德女士却湮没不彰。事实上当时的宫廷中，赵合德女士唯我独尊，权势荣耀，对皇帝掌握的程度和所受宠之深、受宠之久，赵飞燕女士都遥遥落后，赵合德女士如果居心夺取皇后宝座，早夺到手矣。

赵家姐妹不能生子，而其他小老婆生子的又全被谋杀——曹宫女士和许美人幸而青史留名，从吾丘遵先生口中，我们知道还有更多的美女母子，都惨死在赵家姐妹的迫害血手。当时就有童谣曰：

燕燕飞涎涎

张公子，总是时常见

铜环亮亮守宫门

燕子飞来啄皇孙

皇孙死

燕啄屎

——张公子，刘骜先生的密友富平侯张放先生。他们两个家伙，常冒充小民，去民间乱搞。

童谣是民间的儿歌。宫廷固是密不通风的禁地，但是，杀了那么多人，又使皇帝绝后，即令是皇帝皇后的权力，都挡不住小民的眼睛。一层阴云包围着西汉王朝的神经中枢，天下人都知道赵家姐妹将有什么下场，只有赵家姐妹不知道。

◉男人是性的奴隶

刘骜先生已注定断子绝孙，赵家姐妹也不得不接受这个事实。

——在这里，我们发现，即令是绝顶聪明和绝顶智慧的人，也都有所蔽。在所蔽的某一点上，比糊涂人还要糊涂。也就是说，在某一点上，就偏偏想不通。赵家姐妹实在不需要杀那么多可怜的母子。盖宗法制度上，皇后是嫡母，嫡母高于一切，不管丈夫跟谁生的孩子，都是她的儿子。对孩子而言，嫡母才是"娘"，才是"母亲"。生母既不是"娘"，也不是"母亲"，而只是"庶母""姨娘"。贵阁下如果参考《红楼梦》，就弄清楚二者的严重分别矣。那位势利眼贾探春女士有一段话，可代为说明。当她的生母赵姨娘为已死了的弟弟争取几两银子的丧葬费时，贾探春女士大义凛然曰："谁是我的舅舅？我舅舅年下才升了'九省检点'(九省巡回法官)，那里又跑出一个舅舅来？我倒素习按礼尊敬，越发敬出这些亲戚了。既这么说，环儿出去，为什么赵国基又站起来，又跟他上学？为什么不拿出舅舅的款来？"

——那位"升了九省检点"的舅舅，是贾探春女士嫡母王夫人的哥哥，跟贾探春女士八棒槌都打不上关系，可是，宗法制度上，那家伙却确实是她的舅舅。而她的真正嫡亲舅舅，却成了外人。盖小老婆只是生育机器，在家庭中没有地位，以致另一位嫡亲舅舅赵国基先生，仍然是个奴才，见了嫡亲外甥贾环先生(环儿)，都得立正鞠躬当跟班。当一个小老婆，连亲生女儿都瞧她不起，盖宗法制度下，家庭中没有亲情，只有势利眼。

——我们不是研究宗法制度，而只是指出宗法制度下嫡母的尊严地位，除非有特殊情形，不能动摇。所以曹宫女士的儿子也好，许美人的儿子也好，他们将来继承了皇位，赵飞燕女士照样是皇太后，八面威风，生母们仍得屈居她的座下，听她吆喝。即令新皇帝尊崇生母，也不会影响到嫡母的荣华富贵。

——如果再对孩子能爱护备至，形势就更明显。嫡母（尤其是皇后嫡母）有权把孩子抱过来自己抚养。日久天长，虽是嫡母庶子，同样可产生亲情，反而跟生母疏远。这可不是柏杨先生一厢情愿，昧着良心编织美丽的远景，历史上固例证斑斑者也。公元一世纪东汉王朝第二任皇帝刘阳先生，小老婆（贵人）贾女士生了娃儿刘炟先生，大老婆马皇后（嫡母）就抱来自己喂奶。结果刘炟先生只认马皇后是他的娘，而生母贾女士生前，一直委屈下位，很难跟儿子见一面，死后也草草埋葬。

——我们并不赞扬大老婆用谋略把别人母子生生拆散，但是，与其把别人母子谋杀，还不如拆散。我们主要的意思是，赵家姐妹在这一点上，变成疯狂的和不必要的杀手。

刘骜先生和赵家姐妹，既然承认不可能再有儿子，则只好用别的方法，解决皇位继承问题。在冯媛女士的篇幅里，我们已叙述过解决的经过。刘骜先生有两位弟弟：一位是刘康先生，早已死掉，留下一子刘欣；刘康先生的娘就是傅女士。一位是刘兴先生，他娘则是"当熊而立"的女主角，被傅女士陷害而死的冯媛女士。赵家姐妹接受了傅女士的甜言蜜语和金银财宝，同时，赵家姐妹为了将来的安全，也倾身结纳。——以辈分论，傅女士是刘骜先生的庶母，赵家姐妹叫她"姨娘"的也。所以，刘骜先生择定了侄儿刘欣先生作为皇储，奠定了傅女士陷害冯媛女士的基础。

刘骜先生跟任何皇帝一样，有生之年，都沉醉在漂亮女人的酥胸上，而赵合德女士又是美女中的美女，刘骜先生更在她身上付出全部精力。呜呼，男人最大的悲哀正在这上。女人性行为过度，也就是纵欲过度，影响非常地小，盖上帝造人，就使男人担任主动的冲击角色，所以男人一旦性行为过度——纵欲过度，立刻就现出原形。刘骜先生的身体逐渐地不能支持。有一天，去长信宫朝见他娘皇太后王政君女士时，老娘看他弯腰驼背，骨瘦如柴，一副"痨病鬼"模样，痛彻心腑，垂泪曰："你怎么成了这个样子，听说侍卫官班伯先生总是规劝你，你要好好地待他。"

——这段话的原文是："帝间颜色瘦黑，班侍中本大将军所举，宜宠异之。"读起来有点怪，老娘应该劝儿子少近女色，保重身体才对，却忽然拉出一个"班侍中"，要封班侍中的官，晋班侍中的爵，好像只要有人劝劝，老娘就满意啦，儿子做了没有，却不闻不问。

然而，事关人类最原始的兽性冲动，不要说班伯先生劝没有用，就是老娘劝同样也没有用。呜呼，大多数男人都是性的奴隶，为了性的发泄和满足，赴汤蹈火，在所不辞。《笑林广记》上有一则故事：一个老头娶了一个少妇，旦旦而伐之，终于一病不起。医生诊脉已毕，叹曰："你阁下骨髓已尽，只剩下脑髓啦。"老头大喜曰："脑髓还可供战几回的？"咦。

◉西门庆式之死

男人之所以称为男人，某种意义上，主要表现在性行为的能力强度。一个男人最大的羞辱莫过于被女人摘指为性无能，这比当众照他雪白的屁股上打五十大板，还要面目扫地。而纵欲过度，却一定带来性能力衰弱，为了维持男人的尊严和继续性的享受，只好乞灵于药物。这种药物，俗谓之"春药"，学院派谓之"催情剂"。读者老爷闲下无事，请翻阅一下报纸上的分类广告，这类广告多啦，"阳痿不举""举而不坚""坚而不久"，都有神医奇药，供君选择。今固如此，古更激烈，尤其是皇帝老爷，美女如过江之鲫，前已言之，每人看一眼都能累出白内障，更别说每人上一次床矣。因之皇宫之中，"春药"更为发达。盖臭男人为了讨女人的欢心和维持男性的威风——试想一想，如花似玉经一丝不挂地躺到床上，静候并且渴望着大战爆发，臭男人却在旁边心有余而力不足地干着急，纵是盖世英雄，都会无地自容。而药物既是唯一的希望，当然拼命猛吃。

问题是，任何春药都严重地伤害身体。举世闻名的西门庆先生，就是丧生在春药之下的。《金瓶梅》上关于这一段，有详细的描写，摘录几行，请读者老爷跟刘骜先生之死，互相对照，书上曰：

(潘金莲)(拿了三粒药丸)拿烧酒都送到西门庆口内。醉了的人，晓的什么，合着眼只顾吃下去。那消一盏热茶时，药性发作起来……勒勾约一顿饭时，(西门庆)那管中之精，猛然一股冒将出来，犹水银之泻筒中相似。忙用口接咽不及，只顾流将起来。初时还是精液，往后尽是血水出来，再无个收救。西门庆已昏迷过去，四肢不收。妇人也慌了，急取红枣与他吃下去(可能红枣能消解他阁下所服的那种春药)，精尽，继之以血，血尽，出其冷气而已，良久方止。妇人慌做一团……西门庆苏醒了一回，方言："我头目森森然，莫知所以。"

这是一个开端，接着——

比及到晚夕，西门庆又吃了刘橘斋第二帖药，遍身疼痛，叫唤了一夜。到五更时分，那肾囊（睾丸）肿胀破了，流了一滩血。龟头上又生出疳疮来，流黄水不止，不觉昏迷过去。

最后——

过了两日，吴月娘痴心只指望西门庆还好，谁知道天数造定，到了正月二十一日，如火烧身，变出风来，声若牛吼一般，喘息了半夜。挨到早晨，巳牌时分断气身亡。

刘骜先生正是西门庆先生的翻版，他阁下到了后来，连走路都有点迟钝，面对着娇艳欲滴的赵合德女士，束手无策，只有握着赵合德女士的玉足，才能勃起。于是，史书曰："有方士献大丹，其丹养于火，百日乃成。先以大瓮贮水满，即置丹于水中，水即沸腾（柏老曰：好家伙），乃易去，复以新水，如是十日不沸，方行服用。"一种投到水里水都沸腾的药物，以皇帝之尊的千金之体，竟敢吞下肚子，以博一欢，可谓"牡丹花下死，做鬼也风流"矣。刘骜先生每次和赵合德女士上床，就吃一粒，果然其效如神，刘骜先生的龙心，跟赵合德女士的芳心，同时大悦。而不久就异想天开，认为吃一粒如果是一个大悦，如果吃十粒，岂不是十倍大悦乎哉，恐怕要舒服到九霄云外矣。

服十粒大丹的日期是公元前7年三月丙戌日（丙戌日是几日，一时查不出，古人最大的毛病之一，是好弄玄虚，索性写出某日，岂不简单明了）。那天晚上，赵合德女士已有点微醉——微醉的美女更勾人魂魄，她要享受臭男人在性上给她的十倍快乐，就一次把十粒大丹塞到刘骜先生的嘴里（这是根据《赵飞燕别传》，而《赵飞燕外传》说是只教他吃了七粒，不管多少吧，反正都要了他的老命）。刘骜先生吃了之后，跟西门庆先生一样威不可当，初夜时分，他跟赵合德女士在锦绣帐里，颠鸾倒凤，花样百出，不断地发出淫亵的笑声。可是到了午夜，他阁下却陷于昏迷，不能再扩大战果。一会坐起来，一会趴下去，大概已开始痛苦。好容易天色稍明（注意，已折腾了一夜），刘骜先生勉强爬下床，穿裤子的时候，忽然精液涌出，不能停止，一个斤斗栽倒。赵合德女士大吃一惊，急忙扶起，精液仍往外猛流，弄得裤子上、被子上全是，一塌糊涂。正恐慌间，他阁下已断了御气。

这一段原文如下：

后，帝（刘骜）行步迟涩，颇为气惫，不能御昭仪（赵合德）。有方士献大丹……帝日服一粒，颇能幸昭仪。一夕，在大庆殿，昭仪醉，连进十粒，是夜绛帐中拥昭仪，帝笑声吃吃不止。及中夜，帝昏昏，知不可将。抵明，帝起御衣，阴精流输不禁，有顷绝倒，挹衣视帝，余精出涌，沾污被内，须臾帝崩。

西门庆先生死时三十二岁，刘骜先生死时四十六岁。他还算幸运的。第一，他比西门庆先生多活了十五年；第二，他没有像西门庆先生受那么多罪。但他们同是西门庆式之死——死于春药。

◉打落水狗

刘骜先生暴毙后，赵合德女士还没有来得及流下眼泪，已有宫女分别向皇太后王政君女士、皇后赵飞燕女士，飞奔报告。一老一少，赶到现场，抚尸痛哭。虽然召来了一大群御医，已无力挽救矣。

刘骜先生之死，等于赵家姐妹势力的瓦解，积十余年的怨毒，开始爆发。最初大家仅只造谣说可能是赵合德女士把皇帝谋杀的，后来则言之确凿，一口咬定非是她谋杀的不可。王政君女士既悲且怒，下令宫廷总管（掖廷令）、宰相（丞相）、最高法院院长（廷尉），组织联合法庭，审问赵合德女士，调查刘骜先生致死的当时情形。赵合德女士现在第一次遇到靠美貌不能克服的困难，她已想象到她出席法庭时所遭遇的可怕场面，泣曰："我一向把刘骜看成孩子一样，玩弄在股掌之上，宠爱和荣耀，冠于天下。怎能够在公堂之上，跟皇宫总管之类的芝麻小官，争辩床上男女间的事乎哉？"玉手捶自己的酥胸曰："刘骜哥啊，你去哪里啦？"哭了一阵，自杀而死。

——赵合德女士到底是用啥方法自杀的，书上没有明白交代，或曰"呕血而死"，或曰"自绝"，都太抽象，看情形可能是服毒。然而，不管是服毒也好，上吊也好，反正是她的结局使我们既称心快意，又感慨系之。称心快意的是，她的残忍和对宫中母子们一连串的谋杀，终于得到报应。感慨系之的是，一代美女，成了臭男人纵欲的牺牲品，她是该死的，但她该为谋杀宫女和孩子而死，不应该为谋杀皇帝而死。但她终于死啦，史书上没有记载她的年龄，我们只好推测，公元前18年她们姐妹在阳阿公主家当歌女的时候，假定是二十岁，现在公元前7年，恰恰三十一岁，正是一位刚刚成熟丰备的美丽少妇。

富贵荣华来得突然，去得也突然。霎时间，天崩地裂，十一年权倾天下，化成一具中毒后丑陋的僵尸。

——埃及艳后克丽奥佩特拉女士于公元前31年自杀，二十四年后的公元前7年，赵合德女士自杀。嗟夫。

赵合德女士死后，只剩下赵飞燕女士矣。她虽然没有直接涉及刘骜先生之死的官司，但宫廷中的权力，已开始变化。刘骜先生的侄儿刘欣先生，继承伯父遗留下来的宝座，成为西汉王朝第十三任皇帝。刘欣先生的娘丁姬女士，成了皇太后，祖母傅老太婆（谋杀冯媛女士的主凶），成了太皇太后。王政君女士虽然也被尊称为太皇太后，赵飞燕女士也被尊称为皇太后，可是她们没有儿子，已失去了权力魔杖。王政君女士还可倚靠政府中那些拥有实力的她的娘家子弟，而赵飞燕女士只好倚靠刘欣先生祖孙们对她的感恩矣——刘欣先生得以排除叔父刘兴先生，当上皇帝，赵家姐妹尽了全力。事实上，刘欣先生对这份恩情，马上就加以回报。

赵合德女士虽死，但太皇太后王政君女士彻查刘骜之死和赵合德女士责任的命令，仍然有效。刘骜和赵合德是公元前7年三月死的，到了这年冬天，调查告一段落，首都卫戍总司令（司隶校尉）解光先生，提出正式报告。我们在本文中所引述的关于曹宫女士母子和许美人儿子之死，都取材于这份官文书，不再抄录矣。在报告结尾，解光先生要求：

"这些事虽然都发生在今年四月大赦令之前（刘欣先生四月登极，依例大赦天下），但我们查考，公元前132年，有个男人曾挖掘本朝开国皇帝刘邦墓旁傅夫人的冢，也是在大赦之后，当时皇帝刘彻先生曾下令曰:'这件事情,不应该赦免。'天下人都以为立场严正。而今,赵合德女士倾乱宫廷,灭绝皇嗣,赵氏家属,应依法全族斩首。敬请再予深入彻查,命宰相(丞相)以下,有关单位,共同会商罪刑。"

呜呼,依当时的法律,"灭绝皇嗣",是一项滔天大罪,任凭谁都要付出血流成河的代价。可是,也幸亏"皇嗣灭绝",刘欣小子才爬上龙墩,他不能不在内心私处,深幸他的伯父刘骜先生愚不可及。而且,仍是老话,他之所以能爬上龙墩,也仰仗赵家姐妹大力支持,可以说恩重如山。现在仅只半年,实在不好马上翻脸,把赵飞燕女士从皇太后宝座拉下马来,交给法庭审判。他的祖母傅老太婆和老娘丁姬女士,对赵家姐妹感激之情尤在,虽然救不了妹妹赵合德,但一定要救姐姐赵飞燕。但这个罪名实在太严重,又无法大事化小,小事化无。于是,刘欣先生宣称,赵飞燕女士服侍刘骜先生,没有功劳,也有苦劳,而且事情都是赵合德女士一个人干的,她已经自杀,等于伏诛,赵飞燕女士并不知情,不必再牵连她。而只下令把赵氏家属,那些靠裙带关系而富贵的一群男男女女、哥儿公子,一股脑发配充军到首都东北一千公里外的濒海荒凉地带辽西郡(河北卢龙)。

◉结局——自杀北宫

赵合德女士已死,赵家举族被放逐到边陲滨海地区,宫廷之中,只剩下皇太后赵飞燕女士孤单单一个人矣。对赵家的处罚,以当时的法律标准——应属灭族之罪,可以说轻而又轻,史书上虽没有记载，但我们可以想象得到，赵飞燕女士哭诉求情，已流尽了眼泪。

然而，太轻的处罚，引起强烈的反感，几乎是全国哗然，事情可能再行扩大，于是，政府高级顾问（议郎）耿育先生，上了一个报告给皇帝刘欣先生。曰：

"世界上有非常的变化，然后有非常的谋略去因应。刘骜陛下自知早年没有生下继承人，因而想到，如果晚年再有儿子，万一自己死掉，儿子还小，不能当家做主，政府权柄，可能会滑到老娘之手。一旦老娘骄纵乱搞，无所不为，小皇帝又幼又弱，政府官员们恐怕毫无办法，那将是一个危险的局面，将伤害到王朝的安全。所以，他高瞻远瞩，不准妃妾宫女们，再生儿子，目的就在于断绝祸乱的根苗，而把皇位传授给你，以求巩固领导中心。解光先生既没有安邦定国的能力，又不知道发扬刘骜先生大公无私的品格和德行，反而钻到皇宫禁地，挑剔搜索，连床笫之间男女私情，都揭发出来。简直对刘骜陛下是一项莫大侮辱，诬陷他杀亲生儿子，给人们一种不正确的印象，认为刘骜陛下因宠爱某人而大肆诛戮，失去了公平的判断，更辜负了刘骜先生为国家所做的牺牲。要知道，伟大的道德范畴，往往不受世俗的拘束，建立盖世的功业，往往跟多数人的意见不同。这乃是刘骜陛下的深谋远虑，比大家高明万倍以上。你陛下道德巍伟，正符合上苍的要求，岂是现在那些庸庸碌碌、目光如豆的官员，所能有的？而且，当事情发生时，不敢据理力争，防患于未然，等到刘骜陛下死了之后，一切都告结束，却去翻老账，追究已不能挽救的往事，认定死人错误百出，我就怎么想都想不通。因此建议你把这件事交给有关单位，把我这段话，向天下宣布，使小民都知道刘骜陛下的伟大见识。如果不这样，势将使这种诽谤，伤害到刘骜陛下，还要流传后世，造成永远的伤害，恐怕决不是刘骜陛下的本意。"

且抄原文于后，以便读者老爷对照，原文：

世必有非常之变，然后乃有非常之谋。孝成皇帝（刘骜）自知继嗣不以时立，念虽未有皇子，万岁之后，未能持国，权柄之重，制于女主，女主骄盛，则嗜欲无极，少主幼弱，则大臣不使，世无周公抱负之辅，恐危社稷……故废后宫就馆之渐，绝微嗣祸乱之根，乃欲致位陛下，以安宗庙。愚臣既不能深援安危，定金匮之计，又不知推演圣德，述先帝之志，乃反复校验省内，暴露私燕，诬污先帝倾惑之过，期成宠妾妒媚之诛，甚失圣贤远见之明，逆负先帝忧国之意。夫论大德不拘俗，立大功不合众。此乃孝成帝至思，所以万万于众臣。陛下（刘欣）圣德盛茂，所以符合于皇天也。岂当世庸庸斗筲之臣，所能及哉。……且事不当时固争，防祸于未然……晏驾之后，尊号已定，万事已讫，乃探追不及之事，讦扬幽昧之过，此臣所深痛也。愿下有司议，即如臣言，宜宣布天下，使咸知先帝圣意所起。不然，空使谤议上及山陵，下流后世……甚非先帝托后之意也。

呜呼，看了这个报告而不翻白眼的，准是一个天生的保镖护院型的黄马褂。耿育先生可谓千古人妖，身怀绝技，是非黑白，在他手里，彻底颠而倒之。西门庆型的淫棍成了"大德""圣贤"，谋杀亲子的畜生成了"远见""至思"。如果耿育先生是受了赵飞燕女士的贿赂而出此，固然罪不可逭，但不过利令智昏罢啦，没钱可拿时，良心固仍在也。如果他是主动干这么一票，就问题大矣，盖从根到梢都坏啦。耿育先生是中国文化人中无耻败类的标杆——为有权有钱的恶棍，杜撰谁都不相信的大谎，企图一手遮天，掩尽人的耳目。

然而，也正因为这一个报告，刘欣先生有了借口，事情遂告一结束，不再扩大。不过，法律上、政治上的表面平静，不等于人心的实质平静，太皇太后王政君女士和王家在政府中的高级官员，都在咬牙切齿。偏偏地，刘欣先生是个短命鬼，他比伯父刘骜先生还荒腔走板，除了玩女人外，还搞同性恋，身为宰相（大司马）的美男子董贤先生，就是他的枕上密友。刘欣先生是公元前7年登极的，而于公元前1年，才二十六岁时，就一命归阴。在他归阴之前，祖母傅老太婆提前死掉，赵飞燕女士第二度失去了靠山。继董贤先生担任宰相（大司马）的王莽先生，说服了姑母王政君女士，乃以太皇太后的名义，颁布诏书曰："皇太后（赵飞燕）与昭仪（赵合德），俱侍帷幄，姐妹专宠，残灭继嗣，悖天犯祖，无为母之义。贬皇太后（赵飞燕）为孝成皇后，徙居北宫。"这是一个凄凉结局的开始，赵飞燕女士像被赶鸭子一样地赶到北宫。赶到北宫后的一个月，王政君女士第二道诏书又到，曰：

"赵飞燕自知罪恶重大，很少进宫向我请安(朝请稀疏)，有失子妇之道。虽无供养之礼，却怀着狼虎般的恶毒，皇家无不怨恨，人民也都仇视。教她继续盘踞皇后宝座，决非上帝的本心。现在贬谪她当一介平民，前去看守她丈夫刘骜的坟墓。"

赵飞燕女士看到诏书上的官腔，知道她已走到绝境。成了平民之后，她就跟最卑微的宫女一样，杂在奴婢群中，劳动操作，受无穷无尽的侮辱。大势已去，魔杖早失，她已成为牵进屠场的羔羊，再没有人可以投靠矣。在一场彻夜痛哭之后，自杀身亡。是服毒？或是上吊？或是像埃及艳后一样，弄条毒蛇咬一下？我们不知道。她比妹妹赵合德女士多活了六年，大概三十七岁，正是魅力如火的年龄。当她自杀前的刹那，回首往事，恐怕会怅然人生如梦，懊悔不如仍在阳阿公主家做一个歌女矣。

赵家姐妹的美色没有在政治上引起风暴，但在床笫上引起的风暴，却是空前的——赵合德女士是用床笫功夫把皇帝老爷活活搞死的第一位后妃。而赵飞燕女士不过普通的蛊惑，在这场公案中，只是配角而已。以她们姐妹为题材的文学作品很多，明王朝诗人袁凯先生曾有咏"白燕"诗云："赵家姐妹应相妒，莫向昭阳殿里飞。"一时传诵，被人称为袁白燕，作为赵家姐妹在人间的最后遗响。

许皇后

时代：公元前一世纪八十

至九十年代

其夫：西汉王朝第十二任皇帝

汉成帝刘骜

遭遇：丈夫毒死

●控制奇紧的反抗

赵家姐妹自从进入皇宫，第一个遭到毒手的是当时的皇后许女士。许女士的名字，史书上没有记载，我们只好称呼她的头衔。

——在以后的中国社会，儒家学派男尊女卑的观念，大肆发作，大多数女人的名字，不为外人所知，有头衔的称她们的头衔，无头衔的称她为张氏王氏，我们也只好如此。

许皇后是昌邑人（山东巨野），她跟赵家姐妹恰恰相反，有一个显赫的家世，是公元前一世纪二十年代被毒死的皇后许平君女士的侄女。许平君女士的爹许广汉先生，只有一个女儿——许平君。许广汉先生死后，他的侯爵因无人继承的缘故，自然消灭。但许广汉先生有两个弟弟：许舜、许延寿，也都是侯爵。西汉政府特别下令，把许延寿先生的儿子许嘉先生，过继给许广汉先生，继承许广汉先生的爵位，并主持许广汉先生的祭祀。所以说，许平君女士跟许嘉先生，是姐弟关系，本文的女主角许女士，是许嘉先生的女儿，叫许平君女士姑妈的也。

许平君女士的独生子刘奭先生，于公元前49年登极，成为西汉王朝第十一任皇帝。他一直哀悼自己娘亲在位的时间太短，不满四年，就被霍家毒死，所以在替儿子刘骜先生选妻的时候，就指定许嘉先生的女儿。在婚姻关系中，许女士是刘骜的长辈，刘骜是许女士的晚辈，如果是普通小民，这婚姻将受到卫道之士猛烈的抨击，可能被拳打脚踢，赶出村子。可是，皇帝有乱伦的特权，卫道之士只敢向小民卫道，对大权在握的朋友，连碰都不敢碰。

刘奭先生对这桩亲事十分重视，特别派遣宫廷高级侍卫官（中常侍）和最亲近的侍卫官（黄门），护送许女士到太子宫。他们回来后，向刘奭先生报告，形容刘骜先生高兴的模样，老爹大喜，喊曰："快拿酒来，祝贺我有这么好的孩子和这么好的媳妇。"左右马屁精一瞧老家伙这么兴奋，一齐高呼万岁。一年之后，许女士生下一个男孩，可是竟然夭折。呜呼，如果这男孩不死，整个形势都会变化，赵飞燕、赵合德姐妹的阴谋就不可能成功。公元前33年，刘奭先生死掉，刘骜先生继位当西汉王朝第十二任皇帝，许女士水涨船高，也成为皇后，不久，又生了一个女儿，而又早夭。当皇后而没有儿女，就注定是一个悲剧。

许皇后绝顶地聪明、智慧，漂亮非凡，见多识广，读了不少史书，从当太子妃到当皇后，多少年来，一直把刘骜先生控制得奇紧，其他小老婆，很难跟刘骜先生见面，更别说上床啦。可是没有儿子是她的致命伤，刘骜先生已经即位四年，而子嗣仍无消息，身为老娘的皇太后王政君女士和身为舅父的武装部队总司令（大将军）王凤先生，恐怕刘骜先生真的断子绝孙，整天唉声叹气。正在这时候，忽然接二连三发生变异，诸如日蚀、地震，等等，人心惊慌。这些事跟女人、孩子根本扯不上，但摇尾系统教它扯上它就扯上。武装部队总司令部兵工署署长（大将军武库令）杜钦先生，要求刘骜先生，不应只守着许皇后一个女人，而应该多选美女。祭祀部副部长（太常丞）谷阴先生，也抓住机会，向刘骜先生建议，应扩大向民间搜求小民的女儿。供应部部长（光禄大夫）刘向先生，这位著名的星象家，用他的占卜，提醒刘骜先生可能有绝嗣的危险。

刘骜先生本来就喜欢女人，被许皇后独占了那么多年，早就腻啦，跃跃欲试地想换换滋味。想不到天赐良机，这么多人缘竿而上。世间只有劝人不要讨小老婆的，或劝人少讨小老婆的，从没有劝人多讨小老婆，或劝人拼命讨小老婆，而且越多越不嫌多的。只有宫廷才出现这种离奇节目，官员们为了自己的政治利益，不惜把皇帝的身体当作破锣猛敲。而该破锣却不觉得自己是个破锣，反而龙心大悦。刘骜先生发现，既然上自老娘，下至各种马屁官崽，一致坚持，非有大量的美女陪着睡觉，西汉王朝就有危机，色胆包天兼理直气壮，他第一步就是对控制他太紧的许皇后女士反叛，下令大大裁减皇后宫的费用，包括宫廷经费，衣服车马，以及各种开支，对许皇后娘家的赏赐赠与，一律紧缩。——紧缩到六十年代老爹刘奭先生在位时的标准。

许皇后被这一棒打昏了头，她提出书面抗议，摘要曰：

"时代不同，长短相补，凡增凡删，都没有破坏王朝的制度。前后古今，有大有小，有多有寡，不可能完全一样。六十年代老爹（刘奭）在位，对五十年代祖父（刘询）在位时的措施，并没有事事仿效。宫廷官员不知道史事斑斑，只说皇帝如此规定，使我连手都不能伸。假设我想在某地做一个屏风，'从前没有这个呀'，他们就可以用你的命令压我。宫廷官员，既嫉妒，又狠毒，个个逞强争胜。当我尚得到你宠爱时，还咄咄逼人，而现在情形，他们就一天比一天更为凶悍，再加上你的这种命令，我往何处倾诉？我在皇后宫，你没有多给一分一文。宫廷开支，我不动用公库，教我向谁讨取？你的命令恐怕难以执行，惟请明鉴。"

◉巫蛊大狱

许皇后书面抗议的原文摘要是：

> 时世异制，长短相补，不出汉制而已。纤微之间，未必可同。若竟宁前与黄龙前，奢俭不同，岂相仿哉。家吏不晓，今一受诏如此，且使妾摇手不得。……设妾欲作某屏风张于某所，曰故事无有，或不能得，则必绳妾以诏书矣。……宦吏忮狠，必欲自胜。幸妾尚贵时，犹以不急事操人。况今日日益侵，又获此诏，其所持劫，岂有所诉。妾在椒房，陛下未肯给妾纤微，宫内所需，若不公库小取，将安所仰乎。……唯陛下深察焉。

这件事在见面之时，或在枕头之上，本来可以轻易解决的，而竟动用起来文书，已可预卜它的结果。刘骜先生把谷阴、刘向几位先生强调"灾异咎验，皆在后宫"的报告，给许皇后看。盖不仅仅要她看所以忽然"节约救国"之故，也要她看他不得不大嫖特嫖，即将广为推行"美女救国"之故，希望她心理上先有一个准备。

许皇后的好运，到此已尽，经济上的抑制，只是一个悲剧即将开始的信号。刘骜先生最初还偶尔到她那里住一宿，敷衍敷衍。后来，索性不再理她。而就在这时候，宫廷中的美女数目，扩张到四万有余，创造中国历史上宫女人数最多的纪录，不但空前，而且绝后。

公元前18年，赵飞燕女士进宫，紧接着赵合德女士进宫，形势更趋恶劣，四万余美女，全军覆没，许皇后更恩断情绝。赵家姐妹看准机会——这可不是我们把你搞垮的，而是你早已经垮啦，我们不过落井下石，顺水推舟——散布谣言兼打小报告，一口咬定许皇后和姐姐侯爵夫人许谒女士，还有另一位姬妾班婕妤女士，结合在一起，用巫蛊咒诅宫廷怀孕的宫女和武装部队总司令（大将军）王凤先生，而且还咒诅刘骜本人。

——原文曰：

赵飞燕谮告许皇后、后姐安平刚侯夫人谒、班婕妤挟媚道，祝诅后宫有身者王美人及凤等，罂及主上。

——班婕妤，安陵（陕西咸阳东）人，她的一位侄儿是有名的史学家——《汉书》的作者班固先生，另一位侄儿则是中国的拓荒英雄，西域（新疆）万王之王的班超先生。班婕妤女士于刘骜先生继承帝位后，被选进宫，最初是"少使"（姬妾十一级），后来升"婕娥"（姬妾三级），而最后升"婕妤"（姬妾二级，仅比赵合德女士的"昭仪"低一级），曾生一个男孩，却不久夭亡。班婕妤女士出身于高级知识分子的家庭，所以她有当时一般老奶们很少有的礼仪修养和文学功力。刘骜先生一度爱她得很，有一次，刘骜先生在御花园游逛，邀请她上车跟他坐在一起，这是宫廷中一项殊荣，但她委婉拒绝曰："老哥，历史上显示，凡是圣贤君王，总有德高望重的大臣奉陪在侧；只有昏乱的君王，才特别喜欢他心爱的美女。"刘骜先生虽是西门庆型的淫棍，但仍愿听别人说他天纵英明，于是龙心大悦。而皇太后王政君女士听啦，龙心也大悦，赞曰："古有樊姬，今有班婕妤。"

——樊姬女士是公元前六世纪，楚王国第六任国王芈侣（楚庄王）先生的姬妾。芈侣先生喜爱打猎，不但残忍，而且荒怠政府公务，樊姬女士劝他不听，就拒绝吃肉，芈侣先生只好停止去外边乱跑。有一天，芈侣先生主持御前会议，回来得比较晚，樊姬女士问他被啥事耽误，芈侣先生曰："跟贤明的宰相虞丘子先生谈话，不知不觉谈了很久。"樊姬女士不由得掩住樱桃小口笑起来，芈侣先生曰："你笑啥？"樊姬女士曰："虞丘子先生当了十年宰相，从没有听说他推荐过一个人才，也从没有听说他把一个坏蛋免职，他似乎不是贤明，而只是一个八面玲珑的老奸巨猾，不但蒙蔽他的长官，还占着茅坑不拉屎，阻挡真正有才干的人进入政府，你还欣赏他哩。"虞丘子先生辗转听到这番话，知道混不下去，就推荐孙叔敖先生当宰相，楚王国在孙叔敖先生的治理下，称霸当时的世界。

——皇太后王政君女士虽然夸奖过班婕妤女士，但一听说她追随许皇后之后，用巫蛊咒诅，立刻翻脸。当宫廷法官审问班婕妤女士时，她对曰："我听说过，死生有命，富贵在天。努力做善事，还不见得追求到福，难道做恶事，反而可以追求到乎哉？假使鬼神有知，不会接受我的咒诅。假使鬼神无知，我咒诅又有什么用处？"刘骜先生深受感动，把她释放，不再追究。班婕妤总算逃了一死，但赵家姐妹的声势正迅速膨胀，她知道一定会受到更严厉的排斥，于是要求搬到长信宫，侍奉皇太后王政君女士。离开假想敌的地位，是保护自己的唯一途径。

——刘骜先生死后，班婕妤女士去陵园守墓，就病故在那里。一代才女，寂寞而终。

◉痴痴地等

班婕妤女士虽然逃生，但许皇后和姐姐侯爵夫人许谒女士，却逃不掉。这种巫蛊案件，在卫子夫女士的篇幅里，读者老爷恐怕太熟悉啦。许皇后姐妹极可能真的有这种勾当，希望丈夫回心转意。但也可能并没有这种勾当，而被栽赃。呜呼，每个时代都有每个时代的"撒手锏"，西汉王朝的"撒手锏"是巫蛊，只要把这个撒手锏砸到头上，纵然是孙悟空先生，都摆不脱，何况一个皇后，何况一个侯爵夫人——更何况一个小民乎哉。悲夫。

结果，许谒女士处斩，许皇后贬谪为平民，囚禁昭台宫，许氏家族全体逐出首都长安，遣返到他们的故乡昌邑。许皇后前后当了十六年皇后，垮了个彻底。可是，悲剧还在后面，许皇后的聪明才智应是毋庸置疑的，尤其可贵的是她不肯屈服，始终奋斗挣扎。可是，聪明的人不是每一时刻都聪明，再聪明的人都有糊涂的时候，而且，她的命运不济。

许皇后另一位姐姐许礛女士，也是一位侯爵夫人，她的丈夫韩宝先生去世后，她在家寡居。而就在这时候，一个胆大包天兼荒腔走板的荷花大少淳于长先生，出现在她生命里。淳于长先生是皇太后王政君女士姐姐的儿子，有这么结实的亲戚，所以他也是一位侯爵，当时的职位是宫廷警备司令官（卫尉）和皇宫特别贵宾（侍中）。皇太后王政君女士是他的姨妈，皇帝刘骜先生则跟他是表兄弟，而且感情很好，前已言之，连赵飞燕女士的皇后，都要靠他疏通，才能成功。这使他不可一世，权震公卿。他阁下看上了漂亮的小寡妇许靡女士，先是跟她秘密幽会，之后，索性把她娶过来当小老婆。这是一桩骇人视听的丑闻，一个侯爵把另一位侯爵的正配妻子，收作姬妾。

淳于长先生过度的挥霍，使他的经济情况，总是拮据。于是，脑筋动到许皇后的头上。那时，赵飞燕女士已当上了皇后，淳于长先生透过许靡女士向许皇后表示：只要有足够的金银财宝，他有办法可以使她复出当"左皇后"。许皇后深信他有这种力量，大喜过望，全权拜托。不过，许皇后也有自知之明，她想，恢复皇后的地位，恐怕不可能，所以她只希望能当一个"婕妤"，愿即足矣。

——许皇后以正配之尊，只求再当小妻，降志辱身，说明她的可怜心境。我们不能想象，如果一旦成功，将会出现什么场面。赵飞燕女士姐妹当初进宫时，是先朝见她，向她下跪磕头的。如今形势倒转，她反而要向赵飞燕女士姐妹下跪磕头（赵合德女士的"昭仪"，比"婕妤"还高一级），情何以堪？而许皇后宁愿如此，是她胸怀大志，先求复出，再求反击？抑或只求逃出冷宫，一切屈辱，都在所不惜？

淳于长先生从许皇后那里拿到的银子，史书上说，前后有千余万两，是一个使人咋舌的数目。他宣称一有机会，一定会向他的姨妈皇太后王政君女士说情。但实际上，他根本没有打算开口。他当然愿意促成这件事，不过他知道这是不可能的，"左皇后"不可能出现，如果可能，也轮不到许皇后，赵合德女士早坐上宝座矣。"婕妤"更不可能，即令许皇后愿意也不可能，自从开天辟地以来，只有大官贬为小官，还没有皇后贬为小老婆的。淳于长先生的目的，只在骗一个可怜弃妇的银子罢啦。但最悲哀的还是，淳于长先生不但不为许皇后尽心，反而嘲笑她异想天开，不自量力。每当许嫫女士去冷宫探望妹妹时，这对狗男女来往的信件中，对许皇后更是嬉笑怒骂，百般嘲弄。呜呼，淳于长先生轻佻无赖，还可理解，而许嫫女士竟不念姐妹之情，由她肯当小老婆这件事上，可看出她早已无心肝矣。

公元前8年，许皇后囚禁冷宫，已有十载，而仍在痴痴地等。王凤先生早已下台，由他弟弟王根先生继续当权，这一年王根先生病体日重，也要退休。淳于长先生认为他最有资格接替舅父王根先生的职位，而王根先生的侄儿王莽先生，也认为自己最有资格。权力斗争不久就白热化，就在王根先生病榻旁，王莽先生用一套极具有刺激性的话，去挑拨王根先生，曰："淳于长看见你久病在床，高兴得不得了，自以为他就要掌握大权，已经开始封官拜爵，内定某人当某官，某人当某爵。"当王根先生蠢血沸腾时，王莽先生适时地揭发淳于长先生跟许嫫女士和许皇后之间的事。王根先生冒火曰："你为啥不早说？"王莽先生曰："不知道你的意思，所以一直不敢禀报。"王根先生曰："还等什么，快去报告皇太后。"

王政君女士听了侄儿王莽先生的报告，大怒曰："这个孩子竟这么乱搞，那还得了，快去报告皇帝处理。"于是，王莽先生再求见刘骜先生。刘骜先生倒不觉得有啥罪大恶极，同时又碍于老娘的亲情，只从轻发落，仅下令把淳于长先生免职，遣送回他侯爵的封邑——他的侯爵名"定陵侯"，定陵，现在的河南舞阳。

◉厄运像魔绳

事情到此为止，应该全部结束。可是厄运一旦开始，往往是一连串的，像一根缚到身上的魔绳一样，越挣扎，缚得越紧，而终于被它勒死。

厄运的使者王融先生，是王立先生的儿子，而淳于长则是王立先生的表弟。王立先生也是一位侯爵，不过侯爵虽是侯爵，却是一个光棍侯爵，在政府权力中枢没有地位，也就是没有实权。在资格上及能力上，他自以为应该当宰相或当全国武装部队总司令的，可是偏偏被王根先生夺了去，他认为全是淳于长先生捣的鬼。到底淳于长先生捣了鬼没有，我们不知道，反正王立先生既经这么认定，那就足够暴跳如雷，恨之入骨矣。表兄弟间不共戴天之仇的狗咬狗局面，人人皆知，连身为皇帝的刘骜先生也都清清楚楚。

当淳于长先生收拾行装之际，王融先生去问淳于长先生，能不能把"车骑"送给他。

——"车骑"，顾名思义，有车有马，马背上当然还骑着装备精良、威风凛凛的卫士群。三世纪后，"车骑"改称"卤簿"，名目虽异，结构一样，都是用来展示官威的一种卫队者也。读者老爷看京戏时，无论什么大官，出场亮相之前，总有几个呆头鹅家伙，先出来排列两旁，那就是"车骑""卤簿"矣。俗不云乎："大军未动，粮草先行。"在官场上，则是"官崽未动，车骑卤簿先行"，他们如虎如狼，奔驰街上，为官老爷开道，把小民赶得抱头鼠窜，四散逃生。用现代"开道警车"比喻，就更容易了解。外国元首光临访问，从飞机场到他阁下住的行宫行馆，警车一列，呜呜前导，连红绿灯都丧失作用，十分过瘾。

淳于长先生既然被贬回他的封邑定陵这个小地方，而且已无政府官职，这种吃五喝六的摆阔玩意儿，当然再用不着。当王融先生把这个请求向淳于长先生提出后，淳于长先生是个伶俐鬼，灵机一动，不但满口答应，双手奉送，还另外奉送一批稀世的珠宝，拜托帮忙。王融先生大喜过望，回去说服老爹，要老爹代淳于长先生向皇帝说情。王立先生是个老糊涂，而且也可能这"车骑"根本就是他想要的，于是他向刘骜先生上了一份奏章，建议免除淳于长先生的放逐。奏章上曰："对于淳于长，你既然顾念到你娘皇太后的亲情，不加处罚，如果仍赶他回到封邑，同样使你娘皇太后伤心，不如准他留在长安，戴罪立功。"

刘骜先生看到奏章，龙心一动：这可怪啦，他们本来仇深似海的，不落井下石，已经很正人君子矣，怎么竟然为他说话乎哉？这里面必有毛病，或许王立先生真的"外举不避仇"，为国家珍惜栋梁，也或许有什么其他不可告人的内幕。于是，他教有关单位深入调查。

任何内幕都禁不住调查的，不久真相大白，刘骜先生大生其气，下令逮捕王融先生。王立先生得到消息，魂飞天外。专制时代的官司是可大可小的，他本来坚持他之所以请留淳于长先生，是为国惜才，如果王融先生在公堂之上，公开供出原是只为了"车骑"和稀世珠宝，一发不可收拾，谁都不能预料有什么后果。为了保护自己，他逼着儿子自杀，王融先生只好服毒。

王融先生不死，如果皇太后王政君女士从中干预，事情可能——也只是可能——不致扩大。而王融先生一死，使刘骜先生大为震惊，认为杀人灭口，其中一定有更可怕的阴谋，于是下令逮捕淳于长。淳于长先生在案发之时，就知道大势不好，不但难留长安，恐怕还有更大危险，立即束装就道，奔向他的封邑。这时刚走到洛阳，就在洛阳被捕，囚入洛阳监狱。洛阳司法官员得到的命令是"穷治"，穷治也者，就是挖根刨底，上穷碧落下黄泉，一定要查出来龙去脉，而来龙去脉就是我们上面所叙述的。刘骜先生可以忍受官场贿赂，但不能忍受他的妻子被人戏弄。淳于长先生就在洛阳监狱中绞死，家属放逐到两千公里外南方蛮荒地区的合浦（广西合浦）。

——不知道那位许嫭女士在不在放逐之列？既然她是正式的小老婆，而又成为笑柄，恐怕免不了也去合浦海边，捉鱼为生。

现在，轮到我们的女主角许皇后矣，在一切都变成泡影之后，就在公元前8年，刘骜先生死的前一年，在赵飞燕、赵合德姐妹的温柔乡里，向可怜的仍痴心等待他回心转意的原配妻子，作无情的裁定。他派最高法院院长（廷尉）孔光先生，拿着他的诏书，前往行刑。

许皇后面对着宫廷特有的烈性毒药，往事一一浮现眼前，不禁痛哭失声。然后，在监刑人虎视眈眈的注视下吞下去，毒发身死。史书上没有记载她的年龄，如果她二十岁当皇后的话，死时不过三十余岁。

傅氏孝哀皇后

时代：公元前一世纪九十年代

其夫：西汉王朝第十三任皇帝

汉哀帝刘欣

遭遇：夫死·被迫自杀

●亲上加亲

中国传统文化中，女人不是人，所以女人往往没有名字——不是真的没有名字，而是名字被视为毫不重要，越是到了后来，女人的名字越销声匿迹。在许皇后篇幅里，我们曾被迫追随传统史学家之后，称她的头衔，可是问题就出来啦，在她当皇后之前和在皇后职位被褫夺了之后，只好仍称她皇后，而事实上那时她根本不是皇后。而且如果大家都姓张，则"张皇后"就有七八个，教我们如何下笔？如何辨识乎哉？所以，柏杨先生改变主意，索性把她们的谥号或尊号，当作她们的名字，为的是使读者老爷脑筋休息休息，眼睛省省力气。

依照这个原则，我们现在介绍一位在历史上默默无闻，事迹寥寥无几的傅孝哀女士。

——傅孝哀女士，姓傅，史书直接称她为"傅皇后"。因她的丈夫刘欣先生是西汉王朝第十三任皇帝，他阁下死了之后，被尊称为"孝哀皇帝"，老婆傅女士，也跟着被尊称为"孝哀皇后"，我们就称她为傅孝哀女士，以醒眉目。反正谁也不知道她的真实名字是啥，为了研究她而给她起上一个，自问也可强词夺理。贵阁下不见从地下挖出一个骷髅，学人专家就叫他是"北京人"乎？事实上他的真姓真名可能叫王二麻子，如果有知，该骷髅忽然间开金口、吐玉音，提出抗议，谁也抵挡不住。

我们已介绍过刘欣先生从一个亲王，登上了皇帝宝座的经过。他的祖母是傅老太婆，他娘是丁姬女士，他伯父是第十二任皇帝刘骜先生。现在列出一表，才能搞得更清楚：

刘奭（第十一任皇帝）

许平君（大老婆皇后）——**刘骜**（第十二任皇帝）

傅女士（小老婆婕妤）——**刘康**——**刘欣**（第十三任皇帝）

冯媛（小老婆婕妤）——**刘兴**——**刘箕子**（第十四任皇帝）

当刘骜先生发现他终不能再有儿子时，他和赵飞燕、赵合德女士，决定把政权转移给侄儿刘欣，经过情形，不再费唾沫矣。傅老太婆幸而保住老命，寿终正寝，但从她为孙儿争取宝座，和对三十年前的宿怨，毫不放松地加倍报复，可看出她的阴狠和心机。当她儿子刘康先生娶妻时，她还不能完全自主，等到刘康先生的儿子刘欣先生娶妻时，老太婆就决定为孙儿娶一位她娘家的女儿。娶娘家的女儿是一种老谋深算，谓之"亲上加亲"，使娘家的势力跟权势结合，永不外溢。这位配给刘欣先生的娘家女儿，就是我们的女主角傅孝哀女士。她爹傅晏先生，正是傅老太婆的侄儿。

刘欣先生最初被迎接到首都长安，先封为皇太子。皇帝刘骜先生派师丹先生担任皇太子的教习（太傅），下令祖母傅老太婆和亲娘丁姬女士，仍留在封国所在地定陶（山东菏泽定陶区），不准随刘欣先生走马上任。盖儒家系统的宗法制度中，"为人后者，不得顾私亲"。政府有关单位还特别成立一个小组，研究"皇太子能不能跟他的祖母和母亲见面"。研究的结论是不能见面。

傅老太婆千方百计把自己的独生孙儿掇弄成皇位的继承人，就是希望到长安作威作福，如今不但不能作威作福，反而又失去了孙子，当然气冲斗牛。在当时的法律上和伦理上，她无从施展，但她有她的左道旁门，大量的金银财宝再度滚进了皇后赵飞燕女士和宰相王根先生的腰包（傅老太婆很清楚，只要允许她到长安，她有的是本领囤积更多的金银财宝）。于是，皇太后王政君女士特别允许傅老太婆和丁姬女士，每隔十天，可以到太子宫探望刘欣先生一次，那就是说，她们婆媳可以到长安啦。刘骜先生反对，老娘王政君女士曰："刘欣年龄还小，是傅老太婆把他抱大的，准她去看望刘欣，不因为她是祖母，而是把她当成奶妈。"但仍作小小让步，傅老太婆可去，丁姬女士却不可去，因丁姬女士只生刘欣，没有养刘欣也。——事实是丁姬女士无法养刘欣，生下刘欣后，祖母就把娃儿抱走啦。傅老太婆不在乎奶妈不奶妈，只要她能去长安就行。皇帝就是权力魔杖，现在不得不姑且委屈，只等刘骜先生一死，刘欣登极，大权会立即在握，想怎么搞就怎么搞。

公元前7年，刘骜先生终于死掉。傅老太婆高兴得屁都放出来，刘欣先生刚坐上金銮殿，死皇帝刘骜先生的棺柩还停在殿前，没有安葬，傅老太婆就教刘欣先生下令封岳父大人傅晏先生侯爵。师丹先生叹曰："整个国家都是皇帝的，亲戚何患不富贵？却这样急吼吼地迫不及待，岂能长久乎？"在傅晏先生封为侯爵一个月后，女儿傅孝哀女士，晋升为皇后。

●傅王两家激烈斗争

傅孝哀女士虽然顺理成章地当了皇后——她这一年大概十七八岁——但刘欣先生的祖母傅老太婆和亲娘丁姬女士，却遇到困难。傅老太婆天天逼着孙儿公开尊崇她当太皇太后，尊崇丁姬女士当皇太后，可是根据宗法制度的理论，刘欣先生继承帝位，是他个人的事，不能"一人得道，鸡犬升天"，把全家人都搞到"大宗"系统里去。傅老太婆和丁姬女士，仍是"小宗"，傅老太婆仍是定陶王国的太王太后，丁姬女士仍是定陶王国的王太后。而刘欣先生才二十岁，又刚刚坐上宝座，屁股还没有暖热，政府大权仍在太皇太后王政君女士娘家人王姓家族的手里，他不敢直接颁发命令。所以，傅老太婆越催得紧，刘欣先生越为难。

这情形被绝顶聪明的侯爵董宏先生看到眼里，他认为机会到啦，于是向刘欣先生上了一个条陈，引用公元前三世纪五十年代的故事。盖秦王国第五任国王嬴异人先生的亲娘是夏姬女士，后来过继给华阳夫人，等到嬴异人先生坐上王位，夏姬女士和华阳夫人，同时都称王太后。所以董宏先生建议，应该援引这个前例。

傅老太婆当然大喜过望，刘欣先生也感谢董宏先生为他解围。可是，却触怒了王姓家族，以全国武装部队总司令（大司马）王莽先生为首，副总司令（左将军）师丹先生为次，联名弹劾董宏先生。在弹劾书中指出，"皇太后"的名号至尊至贵，有一无二。秦王国是一个没有文化的野蛮之邦，董宏先生竟然引用它们的故事，显然瞧不起天子英明，应该依"大逆不道"的法律条款，治他的罪。那就是说，董宏先生应该满门处斩。

刘欣先生一肚子不高兴，但他抵抗不住王姓家族的压力，虽对董宏先生没有满门处斩，却仍不得不撤销他的侯爵，贬成一个平民。

董宏先生赌输啦，但他也点爆了傅王二家激烈争斗的火药库。傅老太婆气冲冲地找到刘欣，骂他小子没有用，连亲娘和亲祖母的尊号都束手无策。刘欣先生一想，这也对呀。于是他转向太皇太后王政君女士，要求支持。王政君女士不好意思拒绝，就以她阁下太皇太后的身份下令，追赠定陶亲王刘康先生（刘欣的爹）"共皇"，尊称傅老太婆"定陶共皇太后"，丁姬女士"定陶共皇后"。

傅老太婆当然不满意，但她是能忍的，她等待着下一个契机。而王姓家族，摩拳擦掌，也在等待下一个契机。而下一个契机来啦。那就是在冯媛女士篇幅里介绍过的宴会席次之事。在王莽先生的坚持下，把居于首席的傅老太婆的椅子，搬到次席。

刚把椅子搬开，王政君女士、丁姬女士、赵飞燕女士，以及刘欣先生带着傅孝哀女士，陆续到齐，只有傅老太婆拒绝参加。宫廷之中，间谍密布，早有小报告打到她那里矣。王政君女士弄不清是怎么回事，几次派人去傅老太婆住的北宫催请，都请不来。刘欣先生第一个不高兴；皇帝不高兴，其他参加的人，自然不敢高兴，一场宴会，弄得兴致索然。

傅老太婆立刻加以反击，她要刘欣先生对王莽先生采取行动。王莽先生得到消息，光棍不吃眼前亏，就自动辞职。刘欣先生立即批准，但碍于王政君女士的面子，仍赏赐他黄金五百斤。王莽先生丢官，王姓家族的权势响了警报。首都卫戍司令官（司隶

（校尉）解光先生，抓住机会，弹劾王姓家族的两位当权分子：官拜侯爵的王根先生和王况先生。王况先生是王根先生的侄儿。奏章上曰：

> 曲阳侯根宗重身尊，三世据权，五将秉政，天下辐辏自效。根行贪邪，赃累巨万，纵横恣意，大治室第。第中起土山，立两市，殿上赤墀，户青琐。游观射猎，使奴从者被甲，持弓弩，陈为步兵，止宿离宫，水衡（水利部）供张，发民治道，百姓苦其役。内怀奸邪，欲管朝政，推亲近吏主簿（秘书）张业为尚书（皇帝机要秘书），蔽上壅下，内塞王路，外交藩臣……案根骨肉至亲，社稷大臣，先帝（刘骜）弃天下，根不悲哀思慕，山陵未成，公聘取故掖廷女乐（皇宫歌女）五官殷严、王飞君等，置酒歌舞，捐忘先帝厚恩，背臣子义。及根兄子成都侯况，幸得以外亲继父为列侯侍中（皇宫贵宾），不思报厚恩，亦聘取故掖廷贵人以为妻，皆无人臣礼，大不敬不道。

◉ 全族覆没

这一弹劾，正中皇帝刘欣先生的下怀，他不能真的"按律惩治"，如果真的"按律惩治"，王根、王况休矣，好在他的目的只在排除王姓家族势力，于是把王根先生遣回他的封邑曲阳（安徽凤台），而对王况先生比较严厉，撤销他的侯爵，贬为平民。

王姓家族衰落，傅姓家族兴起，丁姓家族也跟着沾光。傅老太婆有三位堂弟，除了皇后傅孝哀女士的爹傅晏先生封孔乡侯外，傅喜先生封高武侯，傅商先生稍后封汝昌侯。更在稍后，傅老太婆的娘，曾改嫁一位姓郑的，生了一子郑恽先生，虽然已经死啦，也追封信阳侯，而由他的儿子郑业先生继承爵位。更追封傅老太婆的爹崇祖侯，丁姬女士的爹褒德侯。丁姬女士大哥丁忠先生已死，丁忠先生的儿子丁满先生，封平周侯；二哥丁明先生，封阳安侯。这一群新兴的侯爵和他们新参加政府后的官职，使傅丁二家的势力，霎时间如日中天，炙手可热。

以上都是发生在公元前7年的事，也就是刘骜先生死掉，刘欣先生上台那一年的事。到了第二年（前6），傅老太婆向她二十年前的情敌冯媛女士报复，发生流血冤狱。权力和富贵使摇尾系统迅速建立起来，宫廷高级侍卫官（黄门郎）段犹先生、宫门司令官（郎中令）泠褒先生，旧案重提，上奏章给刘欣先生，认为傅老太婆和丁姬女士的尊号，应该改正。刘欣先生把这份建议交给政府有关的高级官员，研究它实行的可能性。任何人都看出这只是一种责任分担手段，表示可不是俺陛下一意孤行的，而是大家异口同声的。于是大家研究的结果，全体同意，不但同意，而且一致强调这项建议合情合理，遗憾它提出得太晚。只有次席宰相（大司空）师丹先生、宰相孔光先生和新任的全国武装部队总司令（大司马）傅喜先生，表示抗议。理由是啥，前已表过，反正根据的是宗法制度"大宗""小宗"的鬼把戏。这当然使傅老太婆大发雷霆，她阁下是当时全中国最有权威的女人，而竟连一个尊号都弄不到手，简直是奇耻大辱。对付这三个人很简单，刘欣先生下令把师丹先生撤职，而且索性连侯爵也被削夺，贬成平民。不久，再把孔光先生撤职，同样连侯爵也被削夺，贬成平民。傅喜先生总算是傅家班，仅只撤职，而仍保留爵位，遣送回他的封邑高武（河南南阳）。

这场大获全胜的斗争，已明显地展示傅家班威不可当。新任宰相朱博先生当然是傅家班的尾巴，他继续坚持傅老太婆由"定陶共皇太后"，改称"帝太太后"，住永信宫；丁姬女士由"定陶共皇后"，改称"帝太后"，住中安宫。而王政君女士的"太皇太后"，赵飞燕女士的"皇太后"，仍然如故。所以在公元前一世纪九十年代，西汉王朝共拥有四位"太后"；每一位太后，都有她们的官属，包括位与宰相等级的财务处长（少府）和交通处长（太仆）。反正用的都是小民的纳税钱，壮哉。

傅老太婆和丁姬女士争取到尊号是公元前5年三月的事，到了六月，丁姬女士一命归阴。刘欣先生更下令取消"帝太太后"，改称傅老太婆为"皇太太后"——好像"皇"比"帝"高一截，傅老太婆更踌躇满志。想不到三年后的公元前2年，她阁下也一命归阴。呜呼，死亡是件悲哀的事，谁都不愿与世长辞，尤其是正享受着顶尖的权势。可是，从以后发展上看，幸亏她阁下和丁姬女士，先后死掉。盖死得晚不一定是幸福，长寿超过某一种程度，更不一定是幸福，甚至可能是一场灾祸。最重要的是，人要死得巧，而傅老太婆和丁姬女士，正属此类。

傅老太婆翘了辫子的次年（前1），刘欣也跟着翘了辫子。当了七年皇帝，死时才二十六岁。由被诬杀的冯媛女士的孙儿刘箕子先生，继任皇帝。刘箕子先生那一年不过九岁，还是一个娃儿，政府大权刹那间重新回到太皇太后王政君女士手里，王政君女士把她的宝贝侄儿王莽先生召回中央政府，任命他当全国武装部队总司令兼皇宫机要秘书长 (领尚书事)。

这是一个大报复的架构，暴风雨迅速而激烈。赵飞燕女士不得不在被贬成平民后自杀。而傅孝哀女士，这个柔弱善良，从来不干预政治的皇后，更首当其冲。在王莽先生坚持下，由太皇太后王政君女士下令，曰："定陶共王太后 (傅老太婆) 与孔乡侯傅晏，同心合谋，背恩忘本，专恣不轨，悖逆无道。今令孝哀皇后退居桂宫。"桂宫是囚禁宫廷囚犯的地方。接着，第二道命令又到，再贬傅孝哀女士为平民，傅孝哀女士也只好自杀，大概只二十五岁，皇后群中，又多了一个横死的艳尸冤魂。她没有参与任何政治斗争，但她却死于政治斗争。赵飞燕女士我们知道她是为啥死的，而傅孝哀女士却没有任何罪状，她唯一的罪状是，她是傅家的女儿。

——王莽先生把傅老太婆恨入骨髓，所以接着是挖掘她阁下的坟墓，理由是她和丁姬女士都是"外藩臣妾"，不应葬在首都长安，而应改葬到她们的封国定陶 (山东菏泽定陶区)。当挖掘傅老太婆的墓时，忽然崩陷，压死数百人，开棺后臭味传播数里之外。挖掘丁姬女士墓时，棺材忽然起火，王莽先生因而宣称那是上帝降的天火。我们不敢想象如果傅老太婆不先一年死掉，会发生什么残忍镜头。咦，怨毒之于人，深矣。

王氏孝平皇后

时代：一世纪初

其夫：西汉王朝第十四任皇帝

汉平帝刘箕子

遭遇：自焚

●隔绝母子之情

傅孝哀女士自杀后，下一届的皇后——王莽先生的女儿登台。史书上没有留下她的名字，依照我们自定的规则，称她为王孝平女士。王孝平女士跟傅孝哀女士，恰恰相反，傅孝哀女士是那么平淡庸碌，而王孝平女士却自始至终充满传奇。不过她们的命运却是一样，从生到死，都身不由主，虽然享尽世界上的荣华富贵，仍跟大海里的一叶孤舟一样，被现实政治卷入无情的漩涡，最后冤沉海底。

王孝平女士她爹王莽先生，是全部故事的编剧兼导演，关于他阁下，我们不能完全不介绍，离开了他这个混蛋老头，王孝平女士的故事即行悬空，无法了解。前已言之，西汉王朝第十三任皇帝刘欣先生，于公元前一世纪一命告终，王莽先生重返政府，对傅丁二姓家族，展开大规模报复，政权再度滑到王姓家族手里。刘欣先生没有儿子——我们再提醒读者老爷一句，专制政体中，没有儿子是一件可怕的不幸。依照血统的远近，只有迎接远在中山（河北定州）的亲王刘箕子先生入承大统。刘箕子先生是冯媛女士的孙儿，刘兴先生的独子。第十二任皇帝刘骜先生选择皇位继承人时，刘欣先生胜利，刘兴先生失败，刘兴先生于返回他的封国中山后不久，就蒙主宠召，由儿子刘箕子先生继承亲王的爵位。而刘箕子先生生下来就有毛病，以致引起傅老太婆对冯媛女士的杀机。

这些都是往事，现在，刘欣先生翘了辫子，依照顺序，刘箕子先生是最近亲的皇族，当他于公元前1年被隆重接到长安，抱上金銮殿时，年才九岁，小学堂三年级的娃儿，还不能离开娘亲卫姬女士。卫姬女士是名门之女，老爹卫子豪先生，曾当过宫廷卫戍司令（卫尉），他妹妹做第十任皇帝刘询先生的姬妾（婕妤），长女做第十一任皇帝刘奭先生的姬妾（婕妤），都生儿育女。第十二任皇帝刘骜先生认为卫家的女儿都有生孩子的专长，就把卫子豪先生的幼女——卫姬女士，许配给他的弟弟刘兴先生，果然不负所望，生了一个男孩——刘箕子。好容易养到九岁，却被弄到千里之外的首都长安。

宝座是人人盼望的，刘箕子的爹刘兴先生，就曾为它奋斗过，现在突然间滑到孩子的手里，做母亲的卫姬女士，当然欢天喜地，乐不可支。依照惯例，很显然地政府会接她去长安，名正言顺地当皇太后。尤其在人情上，九岁的刘箕子娃儿是她的独生儿子，需要娘亲的照顾。然而，专制政治污浊而无情，形势已非当年，王莽先生正是独揽大权，把中央政府完全置于他控制之下。好容易把傅丁二姓家族排除之后，他不允许凭空再冒出另一个新的傅丁家族。他采取的仍是老办法，坚决维持卫姬女士"外藩臣妾"的地位，只加给卫姓家族一种没有实质权力的尊崇和荣耀，却拒绝她踏进皇宫。首先宣布由刘箕子先生的堂兄刘成都先生，继承亲王（中山王）的爵位。然后，封卫姬女士为中山国王的王太后（孝王后），并把苦陉县（河北无极）作为她的采邑（汤沐邑），又把她的哥哥卫宝先生，弟弟卫玄先生，都封成准侯爵（关内侯）。

这跟当初对付傅老太婆的手段如出一辙，用政治力量，隔绝母子之情，主要的当然是使卫姓家族不能接触政权。王莽先生的儿子王宇先生警觉到潜伏的危险——一旦太皇太后王政君女士完蛋，或一旦刘箕子先生长大，卫姓家族势必排山倒海而来，那时候以老爹王莽先生为首的王姓家族，将面临傅丁二家覆灭的厄运。于是，他悄悄地写信给卫宝先生，教卫姬女士上书给王政君女士，一方面表示谢恩，另一方面抨击傅丁两家罪大恶极，希望迎合王莽先生的心理，准许她去首都照顾娃儿。老奸巨猾的王莽先生不会跳进这个圈套，他用九岁娃儿皇帝刘箕子先生的名义，颁下诏令，曰：

中山孝王后（卫姬），深明为人后之义（宗法制度，一旦孩子过继给别人当儿子，就跟亲爹亲娘断绝父子母子关系），条陈故定陶傅太后（傅老太婆）丁姬（皇太后）悖天逆理，上僭位号。徙定陶王（刘景）于信都（河北衡水冀州区），为共王（刘康）立庙于京师（长安），如天子制，不畏天命，侮圣人言，坏法乱度，居非其制，称非其号，是以皇天震怒，火烧其殿。六年之间，大命不遂，祸殃乃重。竟令孝哀皇帝（刘欣）受其余灾，大失天心，夭命暴崩（柏老按：这就是说，刘欣先生的死，原来死于他祖母和他娘称皇太后之故），又令共王祭祀绝废，精魂无所归依。朕惟孝王后深说经义，明镜圣法，惧古人之祸败，近事之咎殃，畏天命，奉圣言，是乃久保一国，长获天禄，而令孝王（刘康）永享无疆之祀，福祥之大者也。朕甚嘉之。

◉小女孩成为政治斗争工具

这个诏令充满了暗示——暗示绝不允许卫姬女士"居非其制，称非其号"。但随着诏令而下的，却是更多物资上的赏赐，把故安（河北易县）七千户人家加拨到卫姬女士的汤沐邑里，另外发给她和她的继子现任亲王刘成都先生，每人黄金一百斤。对召唤卫姬女士到长安一事，当然一字不提。

这是一种安抚，希望卫姬女士安分认命，不要再出什么花样。可是，卫姬女士不能忘掉自己的孩子，她怀念爱儿，日夜哭泣。这时候她才发现，她宁愿儿子留在身旁，也不愿儿子到千里外的长安当傀儡头目。孩子还小，还离不开母亲，做母亲的更不放心别人抚养，何况他还有病在身。

王宇先生不赞成老爹这种断恩绝义的心肠，他再度教导卫姬女士，要她表明态度，直接向太皇太后正式请求前来首都陪伴幼儿。万万料不到，来往的书信却落到密探之手。王莽先生的反应强烈而残忍，他把儿子王宇先生处决。对亲生儿子都能下毒手，对别人更不用说啦，为了斩草除根，卫姓家族，包括新封的两位准侯爵舅爷在内，也一律处决。卫宝先生的女儿这时正是中山王国的王后——刘成都先生妻子，也立刻逮捕，流放到南方两千公里外蛮荒地区的合浦（广西合浦）。

现在，卫家只剩下孤苦伶仃的卫姬女士一个人，已不怕她再兴风作浪。可怜的卫姬女士，在她刚要更上一层楼的时候，却跌下来，全族跟着粉身碎骨。卫姬女士只有在警卫森严的王宫中，以泪洗面。十一年后的公元10年，那时，刘姓西汉王朝已经覆亡，王姓新王朝已建立了一年，她才逝世，埋葬在丈夫刘兴先生墓旁，一直没有再见儿子一面。

王莽先生是什么时候兴起雄心，要篡夺西汉王朝政权，自己建立王朝的，我们不知道。只知道在他重返政府后，一切努力——包括杀掉自己儿子和卫姓家族，都是朝向夺权的目标急进，既解决了卫姓家族绊脚石，下一步就是更严厉地掌握皇帝刘箕子先生。而最好的掌握方法，莫过于把女儿嫁给他。

公元4年，王莽先生向姑妈王政君女士说，应该替年已十二岁的刘箕子先生选择妻子啦，王政君女士既老又昏，当然听侄儿的。王莽先生完全采用古礼——公元前十二世纪周王朝所用的古礼，在古礼中，皇帝不只单娶一位妻子，而是同时一下子就娶十二位妻子，术语称之为"天子十二女"，盖老婆如云，才能多生男孩也。王政君女士遂下令有关衙门，物色年龄相当的名门世家的美貌少女，造成名册，呈请裁夺。名门世家既不愿隐瞒（谁不愿女儿当皇后，自己当国丈耶）也不敢隐瞒（隐瞒便有"欺君之罪"，那可更糟），不久就把名册呈到皇帝那里，事实上是呈到王莽先生那里。他阁下一瞧，每一个候选女郎，都门阀煊赫，而王姓家族的女郎又占一半，他阁下的女儿王孝平女士，虽然也在其中，却没有必胜把握。

王莽先生这时候才发现他的"古礼"为他带来了政治危机，他必须解救这项危机。于是他采取以退为进战略，报告王政君女士曰："我既没有特别的才能，我女儿也没有出众的容貌，请求准许把她剔除。"王老太婆一想，大概是他不想教王姓家族跟皇帝再亲上加亲吧，这种谦卑和忠贞，使她老人家深深感动，就吩咐有关衙门，王姓家族的女儿，一律取消。就在这个节骨眼上，王莽先生庞大的摇尾系统发动攻势，政府高级官员们纷纷向王政君女士呼吁，要求不必再行遴选啦，应该直接指定王莽先生的女儿当皇后才对。全国各地中级以下官员和一些民众，接二连三而上，宣称王莽先生德配天地，道冠古今，不教他的女儿当皇后，却打算另选别家的女儿当皇后，天下还有比这更荒谬更违礼悖情的事乎哉。

强大的压力使老糊涂王政君女士更加糊涂，只好尊重民意和舆论，宣布选定王莽先生的女儿做刘箕子先生的妻子。王莽先生表示他不敢当，更表示他的女儿也不敢当，折腾了一阵之后，他再度想起他的"古礼"，建议仍需要十一位美女作为陪嫁的侍妾（媵），并且请太皇太后先行派遣钦差大臣去查看自己女儿的相貌，是不是够得上水准，再请太皇太后指定星象家算卦，占卜吉凶。呜呼，这还有啥可查看的？还有啥可占卜的？在提出建议的时候，已有了肯定答案。但王莽先生仍要耍耍这些花招，表示他是迫不得已兼大公无私。

查看的结果是王莽先生的女儿妙不可言，占卜的结果更是上上大吉——卜辞曰："金水吐相，父母得位，定主康强逢吉。"大事既已确定，紧跟着是订婚，一切仍是"古礼"，计聘金黄金二万斤（二万斤者，即三十二万两，这个数目能把人吓死），钱币二亿贯（一贯是一千个钱，依当时的购买力，二百个钱可供五口之家三个月的伙食，二亿贯就是二百亿钱，够台湾全岛小民吃一个月矣)。

——西汉王朝开山老祖刘邦先生以流氓起家，穷得叮当作响，子孙却拥有这么大的财产，银子是哪里来的？

◉由皇太后而公主

王莽先生既然决心夺取政权，整个国家都要装到腰包，当然不在乎什么黄金铜钱，而且为了表示谦让美德，他仅只接受铜钱四千万贯，就在这四千万贯中，还抽出三千三百万贯，分配给十一位侍女（滕）的娘家，每家得到三百万贯。这种漂亮的做法，引起一片喝彩，王莽先生就是需要这种喝彩。摇尾系统向太皇太后提出抗议说，皇后的聘礼只七百万贯，跟侍妾的聘礼相差无几，不但不公平，而且还有损皇后的尊严，要求增加。王政君老太婆下令再增加二千三百万贯，连同王莽先生原留的七百万贯，共三千万贯。呜呼，王莽先生真是人杰，经他这么一搞，使国库又多支出二千三百万贯，这都是穷苦小民的纳税钱，却让王莽先生做了面子。但王莽先生仍继续上演特写镜头，就在三千万贯中，拨出一千万贯，散发给比较穷困一点的王姓家族——他要使每一个可能利用的角色，对他都有感谢之情。摇尾系统又向太皇太后建议说，根据"古礼"，皇帝的岳父大人的封邑，至少应有五十平方公里，而新野（河南新野）恰查出有良田二万五千六百顷，正好用来增加他的封邑。王莽先生的目的既是全国土地，当然不要这小小的二万五千六百顷，所以坚决拒绝。

订婚热闹了一阵之后，接着是结婚，结婚当然比订婚更热闹。

公元4年二月的黄道吉日，首席宰相（大司徒）马宫先生，次席宰相（大司空）甄丰先生，护卫着皇帝专用的御轿御车（乘舆法驾），到王莽先生的公爵府迎娶新娘——王莽先生重返政府后就受封公爵（安汉公）。派人代表迎娶，也是皇帝特权，民间的礼俗是，新郎必须亲自坐轿前往迎娶才行，可是新郎如果不是普通小民，而是皇帝，传统礼教就完全崩溃，盖传统礼教的权威是专门对付小民的也。刘箕子先生如果是一个普通人家，不自己亲自迎娶，而只派代表，恐怕拳脚交加，遍体鳞伤矣。王孝平女士跟刘箕子先生一样，年才十三岁，十三岁正是初中学堂一二年级不懂事的孩子，这时妆扮就绪，坐上皇家御轿，抬到皇宫。呜呼，虽在两千年之后，我们仍可想象皇帝"大婚"时的盛大奇况，御林军夹道警戒，皇家迎娶和国戚送亲的壮观行列，使当时的首都长安，万人空巷，夹道欢呼。他们三生有幸，亲眼看到人间最惊心动魄的荣华富贵。——如果有人洞穿流光，看到这场荣华富贵男女主角和男女配角的可怕下场，恐怕血液都会冻结，呜呼。

结婚次年（6）农历十二月八日，俗称"腊八"，王莽先生向皇帝兼女婿进献椒酒，却把毒药放在酒里，刘箕子先生一连肚痛了几天，一命告终。可怜的王孝平女士，只当了一年皇后，就成了寡妇，她恐怕是世界上最年轻的寡妇之一，才十四岁。刘箕子先生死后，再没有亲近的兄弟叔侄可以继承帝位，西汉王朝的皇统断绝。这时候王莽先生可以自己登台的，但他仍小心翼翼地进行，他在疏远的刘姓皇族中，挑选了一位两岁娃儿——刘婴先生，教他继承宝座。两岁娃儿是一个标准的傀儡，王孝平女士理所当然地成了皇太后，恐怕也是世界上最年轻的皇太后之一。

刘婴娃儿被人抱着在龙椅上坐了四年，到了公元9年，王莽先生布置妥当，时机已经成熟，刘婴娃儿就被人再抱下来，年才五岁。——他所以当上西汉王朝最后一任皇帝，是因为他年纪太小；而他所以在王朝覆灭后仍保持小命，没有像刘箕子先生那样被毒死，也是因为年纪太小。

王莽先生现在成了皇帝，他建立的政权称为新王朝，表示一切都从头更新。把刘婴娃儿封为新王朝的公爵——定安公，而把已十八岁的女儿王孝平女士，封为新王朝的定安太后。王孝平女士是一个温柔的女孩，史书上称赞她"为人婉顺，而有节操"，她眼睁睁看着西汉王朝覆亡，自己绮丽的梦想被现实政治无情毁灭，落寞的心灵中感到一种无可奈何的悲愤。但她处在夹缝之中，西汉王朝是自己的夫家，新王朝皇帝则是自己的老爹，使她无法选择，她唯一的反应是常常假装害病，拒绝朝见。王莽先生也感到对不起女儿，就改封她为"黄皇室主"，为她再婚铺路。"黄皇室主"是王莽先生根据古礼制定的怪名词，实际上就是"黄皇公主"。"黄皇"是啥？没有人知道，只有王莽先生知道。他阁下是"复古大王"，儒家学派的复古精神，在他身上发扬光大。他夺取政权后，对任何事情都要求回复到公元前十二世纪周王朝时的原状，"黄皇室主"不过是最小的花样之一。

●纵身火窟

王莽先生既有心为女择夫，俗语曰："自古嫦娥爱少年"，他想找的是一位小白脸型的青年才俊，而这小白脸型青年才俊，必须是自己最信赖朋友的家属。于是他看上了陆军将领（立国将军）孙建先生的儿子孙豫。孙豫先生是当时有名的世家公子，名门巨阀心目中理想的女婿。当下召见孙建先生，跟他交换意见。王莽先生此时已是九五之尊的皇帝老爷，能跟皇帝老爷结成亲家，孙建先生当然高兴加三级。回家后告诉儿子，孙豫先生更大喜若狂，世界上娶妙龄公主为妻，已不容易，而他阁下还兼娶了妙龄"皇后"和妙龄"皇太后"为妻，更是空前绝后的荣耀，父子们决定按照王莽先生的指示进行。

那一天，王孝平女士又推说身体不适，不去朝见老爹。孙豫先生接到王莽先生的通知，立刻梳妆打扮，整装修容，油头粉面兼西服革履，胡子刮得光光的，皮鞋擦得亮亮的，上马时可能还临阵磨枪，吃了两粒维他命丸，带着御医，前往探病，直接走向王孝平女士住的寝宫。她的寝宫不是柏杨先生家的客厅，只要敲开门，就可"登堂入室"，大放厥词。寝宫警卫森严，从来不见男人踪影，而宫女密布，一个陌生人根本跨不进去半步。可是孙豫先生却因奉有诏令，得以通行无阻。宫女们急忙禀报王孝平女士，她大吃一惊，盖往日都只有御医单独前来，今天怎么却派了一位将军之子带领，御医们不是不知道路呀？她只好出来相见。御医本是陪绑，胡乱问了几句，就告退出去，只留下孙豫先生在座。

咦，那一年王孝平女士十九岁，加上营养又好，正是一朵初绽的嫩苞，娇艳欲滴，孙豫先生想到这就是未来的妻子，免不了说了些赞美爱慕的话。王孝平女士立刻发现他的来意，转身退回内室，用皮鞭打她的宫女，责问她们怎么随便把乱七八糟的臭男人放了进来，这当然是打给孙豫先生听的，孙豫先生只好抱头鼠窜。

王莽先生得到报告，女儿宣称志在守节，遂取消为她物色夫婿的计划。

——柏杨先生以君子之心，度小人之腹，认为这件事十分古怪，恐怕有诈。女儿、孙建、孙豫，以及一些老实的小民，几乎都跳进王莽先生的大鼓。皇帝老爷要想嫁女儿，在传统上，一纸命令就万事俱备。他陛下又严遵"古礼"，更不必费那么多手脚，古礼岂有让臭男人先到闺房中眉目传情的？即令不是古礼，而是当时的礼，也没有这一套。所以只有一种可能，那就是王莽先生为了皇家的尊严，根本不希望女儿再嫁，故意派一个小子，去激起女儿的愤怒，来堵女儿的以及别人的口。试想一想，在那种环境下，王孝平女士能张开双臂，抱住孙豫先生就亲个嘴乎哉？

我们的推断越想越对。用不了多久，就因为王孝平女士的婚事，引起了一场政治上的屠杀。王莽先生最得力的亲密战友，封公爵的甄丰先生（就是代表刘箕子先生迎亲的那家伙），有一个封侯爵的儿子甄寻，担任首都长安市的市长（京兆尹），用王莽先生常用的伎俩，宣称上天显示，应效法公元前十二世纪周王朝的"古法"，把中国划分左右，以陕州（河南三门峡陕州区）为界，陕州以西的西中国，由甄丰先生当君主（右伯），陕州以东的东中国，由另一位亲密战友平晏先生当君主（左伯）。王莽先生是靠这种鬼话连篇"符命"起家的，现在套到他头上，他不能不听从，只好下令照办。甄寻先生得到甜头，于是再杜撰第二次神意，上天又显示啦，显示的是："黄皇室主应嫁甄寻。"嗟夫，得意不可再往，甄寻先生得意之后，又再往矣。王莽先生对分割中央政府权力的左右二伯，已咬牙切齿，现在报复机会来啦，他咆哮曰："黄皇室主天下母，此可谓也。"下令逮捕甄寻，结果，老爹甄丰先生自杀，根据口供，包括公爵侯爵以及政府部长高级官员在内的数百人，一齐处决。

王孝平女士从此沉寂，在她坟墓一样平静的寝宫中，消耗她的青春年华。

这样过了十五个年头，公元23年，全国各地打着西汉王朝旗号的民间武装力量，向长安进攻。该年十月，前锋攻入宣平门，长安两位年轻市民朱荣先生和张鱼先生，率领着一群朋友，揭竿而起，投效前锋军营，作为向导，攻击皇宫，声震天地地呐喊曰："反贼王莽，为啥不出来投降？"宫门紧闭，没有人回答。于是改用火攻，那一天刮着大风，风助火势，一片火海，烟屑冲天，直逼王孝平女士的寝宫。这时宫里已乱成一片，男的哭，女的叫，有的逃命，有的则认为情势不致坏到这种程度。王孝平女士站在那里，望着逼面如炙的熊熊烈火，一霎时流下眼泪，泣曰："我还有什么面目，再见西汉王朝的皇家？"虽然仍有宫女劝阻，但她志向已决，向前狂奔过去，奋身往火窟中一跳，接着一声漫长的惨叫，刹那间美丽的胴体，化成一团灰烬，年才三十二岁，为她老爹的政治欲望，付出她的终身幸福和生命。

　　——皇帝老爷王莽先生当天就被乱刀分尸，建立只十五年的新王朝，也跟着灭亡。

长发
披面

提要

　　《皇后之死》第三集以"长发披面"为名，系出于《甄洛》一章，其中提到郭女士与甄洛争夺后位，甄洛被"诬以谋反"，被逼服毒自杀，死后"长发披面，以糠塞口"，柏杨的解释是"叫她的灵魂，既无脸见人，又有口难言"。

　　柏杨说，"诬以谋反"是"中国传统文化中最拿手的合法屠杀"，罪证是"巫蛊"。柏杨说这是两汉王朝的撒手锏，不断地被操作，像被邓绥斗垮的阴孝和，借口也是"巫蛊"。

　　然后便是"冤狱"。柏杨特别批判苦刑拷打的冤狱，显然有切身之痛。通常冤死的都不止一人，还包括家族系统中的要员，没死的全遭放逐。

　　参与一场又一场惨烈的宫廷斗争者，主要是外戚和宦官，这是东汉王朝的特色。从光武帝刘秀到灭汉的曹丕，后宫都斗得不可开交，柏杨从郭圣通（光武皇后）写到甄洛（最终还是没当上魏文帝曹丕的皇后），中间包括宋敬隐（汉章帝刘炟贵人）、梁恭怀（同上）、阴孝和（汉和帝刘肇皇后）、李恭愍（汉安帝刘祜宫人）、阎姬（刘祜皇后）、梁莹（汉桓帝刘志皇后）、邓猛女（同上）、田圣（桓帝采女）、窦妙（桓帝皇后）、董孝仁（汉灵帝刘宏的母亲）、宋孝灵（灵帝皇后）、王灵怀（灵帝美人）、何灵思（灵帝皇后）、董贵人（汉献帝刘协贵人）、伏寿（献帝皇后）等，以这些女性为主要叙述对象，柏杨勾勒了东汉帝位变迁的悲惨历史。

序

——所谓"借古讽今"

中国自从公元前一世纪，罢黜百家，独尊儒术以来，泛政治道德观念，开始繁衍，几乎对所有的事物，只要有权的大爷愿意，就都可以往政治的或往道德的方向，加以引申曲解。明明拉不上关系的，也能硬拉上关系。中国人的灵性——想象力、创造力和辨别是非的思考力和勇气，遂受到可怕的伤害。盖泛政治道德是一种钳制独立思考的残酷工具，专门制造假象，并且用压力保护这种假象，胆敢戳戳假象屁股，揭揭假象伪装的家伙，都要人头落地。于是，久而久之，真相被淹没、被扭曲，甚至被牺牲。中国人不但不敢接触真相，反而恐惧真相。万一有人胆大包天，使真相大白。习惯于假象的朋友，也会加以拒绝，而且恼羞成怒。

最近在电视台上演的美国电视影集《根》，美国人——包括那些奴隶主的后裔在内，没有一个人认为那是对白人和黑人的挑拨离间，更没有一个人认为那是"别有居心"地激起黑人对白人的仇恨。另外一个影集《珍珠港惊魂》，暴露了上校夫人跟士兵通奸的丑闻，也暴露了没有奥援的低级军官，如何用妻子去巴结上校的内幕，美国人——包括美国三军将士在内，也没有一个人认为那是对美国军人的侮辱，更没有一个人认为那会打击美国的军心士气。这些小说和由这些小说改编的影集，如果在台湾，它能露面乎哉？即令露面，铁定地要大祸临头。呜呼，两千年来与日俱增的密如蛛网的禁忌，造成了中国人走肉行尸的伟大景观。俗云："看了《玉匣记》，不敢放个屁。"《玉匣记》是中国最古老的占卜书籍之一，禁忌多如驴毛，生活在《玉匣记》世界里，出门都要看好日子，坐板凳都要看方向，洗衣服也要看时辰，一举一动，连偶然打个喷嚏，都可能得罪鬼神。——中国人怎能虎虎生风？

柏杨先生自从在高雄《台湾时报》，跟它的姊妹旧金山《远东时报》，以及香港《香港晚报》写"湖滨读史札记"，发掘出来一些历史上被埋葬了的事实，于是《玉匣记》里的牛魔王和琵琶精，纷纷出笼，一口咬定我"借古讽今"。台北某一次所谓文化人聚会上，有几个庙堂作家，还一口咬定我另一本专栏《乱做春梦集》，更借古讽今得厉害。嗟夫，"借古讽今"是一种阴险恶毒、动手杀人前歇斯底里的嘶喊，可以听到磨刀霍霍。最早的是嬴政大帝，用它焚书坑儒。最近的是"四人帮"，用它摧毁人性，制造千万冤狱。然而，我们奇怪的不是杀戮，而是这些古代的人和古代的事，怎么会被硬拉到今日的人和今天的事上？柏杨先生不过用现代人所了解的和通用的字汇，对古人古事做一个报道和分析，如此而已。如果一定要在其中找些罪行恶迹，自以为那就是他，或自以为那就是影射某一个家伙，则中国五千年历史，就成了一部《新玉匣记》矣，小民还敢读历史乎耶？

我们最大的盼望是，中国人必须跳出《玉匣记》，管它黄莺叫也好，臭虫跳也好，不再疑神疑鬼，自己拼命往自己头上猛罩。中华民族必须扫除积沉已久的病态心理，必须成长为一个健康的民族。有健康的心理和健康的人生观，然后才能生产一个健康的社会。天地何其广阔，有多少事等待去做，中国人的眼光应往前看，没有开阔的、气吞八荒的胸襟，只在疑神疑鬼中打滚，只有使自己更鬼祟，使中华民族更衰弱。中国弄到今天这种地步，报应已够沉重的矣，不应该再为子孙种下恶因。

最后，引用古德先生一诗，作为祝福。古德先生诗曰——

彩云影里神仙现 手把红罗扇遮面

急须着眼看仙人 莫看仙人手中扇

1982年1月21日于台北新店花园新城

郭圣通

时代: 公元一世纪二十至四十年代

其夫: 东汉王朝第一任皇帝

汉光武帝刘秀

遭遇: 被废·气死

●招抚河北

王莽先生被乱刀分尸之后，新王朝也跟着灭亡，接着而起的是玄汉王朝，由一群地痞流氓和饥民盗匪组成中央政府，推举刘玄先生当皇帝。在这种政府领导下的中国局面，是可以想象的，全国再度陷于混战，就在这场再度发生的混战中，一个国民小学堂毕业程度（秀才）的刘秀先生，悄悄崛起。他阁下本是一介小民，但在血统上，却是西汉王朝皇族的后裔，直到他的曾祖父刘买先生，还是一位侯爵。侯爵的采邑在南阳郡（河南南部、湖北北部），所以刘秀先生是南阳郡蔡阳县（湖北枣阳）人，拥有相当大的耕地，生活十分惬意。年轻时，他最大的志愿是："做官当做执金吾，娶妻当娶阴丽华。"

——执金吾，掌旗官也，皇帝老爷或宰相这类的头目出门，警戒森严，卫队密布，掌旗官手执顶端刻有"金乌鸟"雕像的巨棒，骑着高头大马，昂然前导，威风凛凛，好不光彩。至于阴丽华女士，用不着多说就可肯定，她至少是刘秀先生附近几个村庄里，最美丽的少女。

——刘秀先生的故事，好像一个巨掌，照传统史学家就是一嘴巴。盖传统史学家笔下，中国历史上每一个大人物，或每一个所谓的大人物，千篇一律，都"少有大志"。把一些年轻读者，骗得一愣一愣。无论如何，身为一个开国皇帝，建立一百九十六年之久的东汉王朝的刘秀先生，可不是小人物吧，他却硬是"少无大志"的也。

刘秀先生于公元22年，聚众起兵，反抗新王朝的暴政。第二年，大破新王朝精锐兵团，而就在这一年，他如愿以偿地娶了十九岁的阴丽华女士做妻子。史书上把这一段婚姻，说得天花乱坠，合情合理：刘秀先生跟阴丽华女士的哥哥阴识先生是老朋友啦，听到提亲，立刻兴高采烈地满口答应。这当然是可能的，但同样也有另一种可能，一支民间武装力量忽然集结，牛鬼蛇神，七拼八凑，事实上跟土匪差不多，当头目的家伙"一朝权在手，便把令来行"，恐怕是想娶谁就娶谁，想跟谁睡觉就跟谁睡觉。对付绿林好汉山大王，阴识先生有多大胆量，敢不满口答应乎哉？

——现在河南邓县（今河南邓州——编者注）有一个皇后城，据说就是当年刘阴二位成亲之处。

刘秀先生结婚的当年（23），玄汉王朝建都洛阳，全国各地英雄豪杰和一些野心家，风起云涌，各霸一方，成为无数独立王国，对中央政府睬都不睬。如果中央政府够强够大，自然会用武力镇压，大军一到，如秋风扫落叶，一鼓荡平。可是，玄汉王朝的中央政府没有这个力量，只好派遣他们的重要官员，前往动乱地区，用半恐吓半说服手段，使那些地头蛇归顺中央。刘秀先生被选中担任这个角色，中央政府给他的头衔是代理全国武装部队总司令（行大司马事），前往河北（黄河以北）招抚。所谓代理全国武装部队总司令，不过一个空衔，既没有实权调动军队，更没有实力来一个雷霆万钧。只仗着中央政府钦差大臣头衔，带着他初起事的一小撮——二百人左右的私人军队，渡过黄河，一路滚雪球般地向前推进。而就在这时候，刘秀先生豪情万丈，和他左右的一些亡命之徒，密谋叛变。那就是说，他想自己当皇帝。

可是，当他正在宋子〔河北赵县〕招兵买马，大干特干之际，传来他难以承当的噩耗。宋子南方一百五十公里的邯郸〔河北邯郸〕，一位摆卦摊的王郎先生，宣称他是西汉王朝第十二任皇帝刘骜先生的儿子刘子兴，坐上金銮宝殿，建立新的中央政府。提起刘骜先生，读者老爷的印象一定相当深刻，这位赵飞燕、赵合德姐妹的淫棍丈夫，以连毙二子的禽兽行径，闻名于世。民间传说，仍有一个未被发觉的娃儿，被好心肠的宫女，抱着逃出宫门，辗转逃到邯郸，抚养他长大成人，穷苦无依，只好靠替人算命占卜过日子。但他气宇非凡，见识超人，而且交游广阔，隐然已是当地黑社会的领袖人物。所以，当大家拥护他当皇帝的时候，力量已经十分壮大。

——王郎先生是不是刘子兴先生，刘子兴先生是不是刘骜先生的儿子，我们不知道。刘秀先生和他的摇尾系统当然誓不承认，不过事实上，却不见得没有这种可能性。王郎先生的突变，对刘秀先生是个可怕的打击，使他的事业几乎全部瓦解，更几乎送掉老命。但也正因为王郎先生的介入，我们的女主角才有机会登场，成为东汉王朝的第一任皇后。呜呼，世界上充满了阴差阳错的连锁反应，一人的举动，往往影响千里外漠不相关的人们的命运，人生奥秘，一言难尽。

王郎先生当皇帝的那天，即下令缉拿刘秀先生，并派人逮捕刘秀派在邯郸的代表团。代表团团长耿德先生听到消息，魂飞天外，率同他的属员，连夜越城逃走。

●政治婚姻

刘秀先生在宋子得到王郎先生称帝的消息，还不太吃惊，但不久他就发现大势不好，盖王郎先生是以皇子的身份出现，在那个宗法制度根深蒂固的社会，皇家血统就是一项强大号召。虽然刘秀先生拼命宣传王郎先生是冒牌货，但挡不住大众认为他真是宫廷斗争下漏网的孤雏。黄河以北地区各郡县纷纷响应邯郸政府，而邯郸政府已派出使节，悬十万户侯爵的赏格捉拿刘秀，刘秀先生只好狼狈逃命。他放弃宋子，逃到卢奴（河北定州），再逃到蓟州（北京），再逃到信都（河北衡水冀州区）。就在信都，孤独无援，苟延残喘。当时，他阁下只有三条路可走：一是投降王郎先生的新政权；一是逃回首都洛阳，请中央政府派遣大军出击；一是自己集结力量，和王郎先生对抗。投降王郎先生的新政权是不可能的，那是一条"喀嚓"一声人头落地的死路。逃回洛阳，一则千里迢迢，不见得逃得过，二则刘秀先生也知道玄汉王朝的中央政府，并没有力量派出大军。于是，他选择了第三条路。

刘秀先生第一个争取的，是最大的一个武装集团，拥有十余万众的真定（河北正定）民兵司令官刘扬先生。刘扬先生是西汉王朝的王爵（真定王），凭他的皇家身份和雄厚的财富，占着举足轻重的地位，而他偏偏正跟王郎先生的新政权结合。当刘秀先生派出他的使节刘植先生前往游说的时候，忧心忡忡，很显然地，如果刘扬先生拒绝，他就"四大皆空"，陷于绝境。这是一个严重关键，他的前途，甚至他的残生，都握在刘扬先生手中。他不能想象，一旦刘扬先生翻脸，十万精锐向他发动攻击时，他将有什么下场。

感谢耶稣基督，刘植先生带来了好消息，刘植先生曰："刘扬先生愿意跟你合作，但有个先决条件，就是要跟你结成姻亲。这件事关系我们的兴衰存亡，我已替你一口答应啦。"刘秀先生还弄不懂怎么回事，惊疑曰："老天爷在上，我还没有儿女，怎么联婚呀？我妹妹刘伯姬，已经跟李通那小子订了婚，怎么能拆散呀？"刘植先生曰："不是跟你的儿女姐妹联婚，而是跟你联婚。刘扬先生要把他心爱的外甥女郭圣通嫁给你。"

郭圣通女士，真定藁县（河北石家庄藁城区）人，她爹郭昌先生，曾抛弃数百万的财产继承权，让给他的异母弟弟，得到乡人们一致尊敬。稍后在真定郡政府担任过行政科长（功曹），他妻子是当时真定王刘普先生的女儿——在史书上，这位女儿被称为"郭主"，即嫁给姓郭的郡主也。这位"郭主"，就是刘扬先生的妹妹，生了一男一女，男名郭况，女名郭圣通。甥儿甥女，都依靠着舅父大人。这时，刘扬先生看出了刘秀先生青年才俊，可能建立大功大业，才提出把甥女许配给刘秀先生的要求。

刘扬先生是不是知道刘秀先生已经娶了阴丽华女士，史书上没有交代，依情势判断，刘秀先生已经到了代理全国武装部队总司令的地位，成为王郎先生第一号追捕的人犯，他的身世恐怕早已家喻户晓。但刘扬先生仍要这么做，为的是要狠狠地赌上一注，失败则大家同归于尽，胜利则成了皇亲国戚，同享荣华富贵。

刘秀先生遇到难题，他曰："我已娶了阴丽华啦。"刘植先生曰："那有啥关系？依照古老的传统文化，皇帝一娶就是九个，王爵侯爵，一娶就是三个。现在你才不过两个，差得远哩。而且，刘扬先生势大气粗，如果不跟他联婚，我们还有啥可折腾的？所以我已代你满口答应，木已成舟，别无选择，请你三思。"

其实用不了三思，只要一思，就乐不可支。刘扬先生不是要他的命，只是要他娶一位如花似玉，而这正合臭男人的老口味——妻子越多越好。于是刘秀先生假装被刘植先生的大义说服，手舞足蹈兼欢天喜地，按照当时礼俗，先派刘植先生充当大媒，带着金银财宝（柏老按：刘秀先生哪里来的金银财宝？不是抢来的，难道是天上掉下来的？）先去真定城，送作聘礼。然后，自己亲往迎娶。呜呼，大混战时代中，一个头目，亲自前往娶亲也好，亲自前往出席会议也好，都是一场生死交关的冒险，谁敢保证刘扬先生不霎时变卦，把娇客一刀两断，然后带着刘秀先生的尊头向邯郸政府请功？好在是，刘扬先生真心结纳，到十里之外迎接，把刘秀先生安顿在宾馆下榻。择了一个黄道吉日，举行结婚大典。

这是中国历史上一桩重要的政治性婚姻，刘秀先生实在不敢预卜郭圣通女士带给他一个什么样的家庭，等到洞房花烛之夜，才发现她貌美如花，仪态万千，另有一种乡土气息的阴丽华女士所没有的雍容华贵的风度，使乡巴佬出身的刘秀先生，如置身云雾，受宠若惊。

●事情终于爆发

政治婚姻带来政治利益，岳舅父刘扬先生的主力军，跟甥女婿刘秀先生的残兵败将，组成联合兵团，声势大振。结婚的次年(24)，联合兵团攻陷邯郸，杀掉王郎先生，河北逐渐置于刘秀先生的军事控制之下。再次年，刘秀先生公开叛变，在鄗县(河北柏乡)建立东汉王朝政权，自称皇帝。稍后，倒转过来封他的主子——玄汉王朝皇帝刘玄先生——一个王爵(淮阳王)。

公元26年，刘秀先生定都洛阳，正式立郭圣通女士当皇后。原配阴丽华女士，只好屈居姬妾第一级的"贵人"。郭圣通女士生五个儿子：刘强、刘辅、刘康、刘延、刘焉。阴丽华女士也生五个儿子：刘阳、刘苍、刘荆、刘衡、刘京(另外还有一位姬妾许美人女士，生一个儿子：刘英)。子以母贵，郭圣通女士既被立为皇后，她生的长子刘强先生，自然被立为皇太子。

不过那位因她介入而受到排挤的阴丽华女士，在宫廷中和政府中，仍有强大力量。阴丽华是刘秀的同乡，专制时代，任何一个新兴王朝的开国帝王，或揭竿而起的草莽英雄，基本武力都是靠同乡子弟兵的。这件事很容易证明，只要检查一下功臣们的籍贯，就可一目了然矣。所以郭圣通女士的地位，一直孤立，而阴丽华女士的势力，却盘根错节，把刘秀先生团团包围。一个新兴王朝的帝王，传到第二、第三代之后，他们以国为家，对故乡的缅怀之情，才会逐渐消失；而在第一代，地域观念仍是一个重要的政治感情，大多数高级官员和高级将领，都是幼年时的玩伴和青年时的同伙，乡音亲切，他们之间有共同的话题和共同的历史背景。

这对郭圣通女士，是一种磨损，以致影响到刘秀先生的情绪。虽然郭圣通女士已贵为皇后，但刘秀先生在以后几次御驾亲征的战役中，却只携带阴丽华女士前往，而且爱屋及乌，深爱阴丽华所生的孩子，尤其是刘阳。不久就发生一件事，公元39年，刘秀先生下令全国郡县严格检查人民户口和耕田地籍。在各郡县奏报的文书中，陈留郡（河南开封陈留镇）的表册里，却夹着一张神秘的字条，写曰："颍川（河南禹州）弘农（河南灵宝）可问，河南（河南洛阳）南阳（河南南阳）不可问。"这显然是承办人员所写，糊里糊涂，误夹到上奏给皇帝的庄严报告中的。刘秀先生下令追查，当然没有人敢承认含有什么特别意义，只支支吾吾说，那是在街上捡到的。刘秀先生自不相信这种鬼话，但又没有办法证实，只好大发脾气。而这时候，年才十二岁的刘阳，正在他爹身旁，就解释曰："颍川、弘农，虽然富豪很多，可是并没有政治后台，所以户籍地籍，可以放心大胆地去调查。而河南是国家首都，多的是亲信大臣；南阳是皇帝故乡，到处是皇亲国戚，可千万碰不得，一碰准大祸临头。"刘秀先生这才恍然大悟，特派皇家侍卫武官（虎贲将）前去诘问，果然这般。从此对刘阳这个孩子另眼看待，宠爱有加，认为皇太子立得太早，应该教刘阳干才好。

其实这只是情绪累积下的一个转折点，正常情形下，不可能因一席对话，就兴起"易储"的重大决定。而是早就憋在心里，遇见一个特别事件，使它突然升到表面。既然升到表面，刘秀先生也就不再掩饰。郭圣通女士如果千忍百忍，忍气吞声，还可能挽救，至少可能使事情拖延下来，或许有改变主意的希望。可是，郭圣通女士的反应却是冷嘲热讽。冷嘲热讽些啥，史书上没有记载，大概记载下来有损刘秀先生的尊严，我们揣测是，不外拼命挖刘秀的疮疤，掀刘秀的底牌，说他忘恩负义，不记得当初穷途末路，靠她舅舅才有今天啦之类。

呜呼，冷嘲热讽只能招来对方更严重的反击，而不能使对方低头。夫妻间使对方低头的，只有两种方法，一是强大的压力，一是尽量包容，用柔情感动对方回心转意。这两者郭圣通女士都没有采用，于是，事情终于爆发。公元41年十月十九日，刘秀先生突然发布正式诏书，曰：

"皇后郭圣通女士，仗恃她的权势，心怀怨恨，屡屡违犯我的旨意，不能一视同仁地照顾非她所生的孩子，宫廷之中，别的孩子见了她，就像见了老鹰。既没有相爱的品德，却有吕雉、霍成君的手段(柏老按：这是指控她要谋杀啦，血口喷人的栽赃)，岂能托孤给她？现在派宰相(大司徒)戴涉，皇族委员会委员(宗正)刘吉，前往宣布我的决定：立刻缴出皇后印信(这就是撤职)。贵人阴丽华女士，是我故乡的良家妇女，在当小民的时候嫁给我，德比周公，而辛勤下位，应该接任皇后。这是一件不幸的变故，官员们不可以表示赞成和歌颂。"

●母子俱废

诏书原文曰：

皇后怀执怨怼，数违教令，不能抚循他子，训

长异室。宫闱之内，若见鹰鹯，既无《关雎》之德，而有吕、霍之风。岂可托以幼孤，恭承明祀？今遣大司徒涉、宗正吉持节，其上皇后玺绶。阴贵人乡里良家，归自微贱，"自我不见，于今三年。"宜奉宗庙，为天下母。……异常之事，非国休福，不得上寿称庆。

这项诏书是霹雳般公布的，事前没有任何迹象。而刘秀先生也就是为了要避免少数不识相的高级官员的反对，才猝然而发，造成既成事实，用来堵他们的嘴。郭圣通女士这时候才发现她已一败涂地，任何争辩都是多余的。她缴出皇后印信，黯然离开住了十六年之久的皇后宫，搬到别殿。在泪流满面中，眼看着位在她之下的阴丽华女士，爬到她头上，坐上皇后宝座。在此之前，阴丽华女士见了她要下跪参拜的，在此之后，她却要向阴丽华女士下跪参拜，人生中最难堪的羞辱，蓦然间劈头罩下。

这时候全体政府官员，都向新任皇后靠拢，只有皇家教习（殿中侍讲）郅恽先生，向刘秀先生进言曰："夫妻之间的感情，连父母子女，都不能开口，何况我不过一个部下，怎敢参加意见？只希望你陛下谨慎细查，不要使天下人议论纷纷，才可以没有后患。"刘秀先生曰："你一定了解我的本意，我不会太绝情。"是不是因为郅恽先生的建议，或是刘秀先生本来就决定他的行事步骤，都不重要，重要的是，刘秀先生决定仍使刘强保留皇太子的职位，并且加封郭圣通女士的第二个儿子刘辅当中山王，称郭圣通女士中山太后。稍后，刘秀先生索性把已封公爵的所有的儿子，一律晋封王爵。

然而，刘强先生的皇太子职位，任何人都看出岌岌可危。他是废后的儿子，而现任皇后的儿子，正得老爹的宠爱，阴姓家族和南阳籍的官员将军们，绝不允许废后的儿子继承帝位。刘强先生自己，也忧心忡忡，不能自安，他也知道他面临的是什么危机。于是郅恽先生向他建议曰："太子老爷，你长久坐的是一个危险万状的位置，也是一个使老爹感到痛苦难解的位置。不但有违孝道，事实上也杀机重重。历史上不少例证，帝王是明智的帝王，儿子是千古的孝子，结果却因为芝麻绿豆小事，反目成仇。孔丘先生的大著《春秋》里，特别指出：子以母贵。为你自身的利害打算，不如辞去皇太子，逃出是非窝。"

刘强先生如梦初醒，他终于找到解决的方法。于是，他向老爹请求让位。刘秀先生假装着不忍心，加以拒绝。嗟夫，只要掉到权力的漩涡，父子之间都不得不使用诈术。刘强先生急于摆脱那些虎视眈眈的压力，只好拜托一些跟老爹接近的皇亲国戚，再三请求，刘秀先生才表示已被说服。公元43年，他阁下用正式诏书宣布曰：

《春秋》之义，立子以贵。东海王阳，皇后之子，宜承大统。皇太子刘强，崇执谦退，愿备藩国，父子之情，重久违之。其以强为东海王，立阳为皇太子，改名庄。

这就是说，把东海王刘阳，跟皇太子刘强，两相对调。阴姓家族，到此大获全胜，刘强先生的封国在东海（山东郯城），刘辅先生的

封国在中山 (河北定州)。刘强先生被废后的次年 (44)，老爹下令改封刘辅先生当沛王，封国在沛郡 (安徽淮北)，郭圣通女士也改称沛太后。而且对郭圣通女士的亲弟郭况先生、堂兄郭竟先生、堂弟郭匡先生，都加封侯爵。郭圣通女士的叔父郭梁先生，早已去世，没有儿子，刘秀先生就封他的女婿陈茂先生也为侯爵。

七年后的公元50年，郭圣通女士的娘刘女士——也就是"郭主"，寿终正寝。刘秀先生对这位岳母大人，表示最高贵的情操，他亲自参加她的葬礼，这是一件天塌了似的大事，权力魔杖所去的地方，文武百官就像苍蝇一样地挤在那里，好不轰动。刘秀先生还把岳父大人郭昌先生的棺柩，从遥远的真定，运到首都洛阳，跟岳母大人合葬。

刘秀先生对母子俱废的家国变故，处理得十分宽厚，郭圣通女士虽然不幸被废，但中国历史上所有被废的皇后群中，她却最最幸运。然而，任何一个当事人，都不能心平气和地跟历史上同类型的人物比较。郭圣通女士从高位上跌下来，虽然没有发生血腥事件，但打击同样严重，娘家和儿子荣华富贵，解除不了内心的空虚和羞辱。她被尊称"沛太后"，史书上都没有提到她是不是离开皇宫，去沛郡依靠儿子。在皇宫中称"沛太后"，不过是不把她算作皇宫的一员，免得她面对昔日形势。只有在儿子的王宫里，她这"沛太后"，才能恢复自尊。最初，郭圣通女士还依靠母亲，而母亲死啦。母亲死的第二年 (52)，她也孤苦伶仃地含恨去世。十七年皇后，十年贬谪，假如她十八岁结婚的话，死时已四十五岁矣。

宋氏敬隐皇后

时代：一世纪七十至八十年代

其夫：东汉王朝第三任皇帝

汉章帝刘炟

遭遇：下狱·服毒自杀

◉三对姐妹花

公元75年，我们前述的东汉王朝第二任皇帝汉明帝刘阳先生，一命归天。(他本来叫刘阳的，当上皇太子后，改名刘庄。)刘阳先生一命归天之后，由他的儿子刘炟先生继任东汉王朝第三任皇帝。

刘炟先生有两大特点，使我们肃然起敬，一是他的名字"炟"，字典上很难找，反正这是一个死亡了的字。二是他阁下的艳福，青出于蓝，又跟他那些淫棍祖宗们不同。刘骜先生不过拥有一对姐妹花——赵飞燕女士和赵合德女士，就演出了西门庆式之死，而刘炟先生却拥有三对：

窦章德女士姐妹

宋敬隐女士姐妹

梁恭怀女士姐妹

我们说他拥有三对姐妹花，可不是说他仅只拥有三对姐妹花；东汉王朝初期的姬妾宫女，虽没有西汉王朝末期那么多，但也在一万人左右。但这三对姐妹花，却全部搅进宫廷的惨烈夺床斗争中，成为我们所要叙述的女主角。

刘炟先生于公元75年登极，才十八岁，公元78年二十一岁时，正式册立姬妾第一级(贵人)窦章德女士当皇后。窦章德女士是东汉王朝初建时宰相(大司徒)窦融先生的曾孙女，窦融生窦穆，窦穆生窦勋，窦勋先生娶了亲王刘强先生(就是前篇那位让座的皇太子)女儿沘阳公主，然后生下窦章德和她妹妹。窦家是一个权势煊赫的权贵豪门，亲戚朋友，都是高官，满布政府要津，窦家的子弟横行不法，活像一群豺狼，接二连三地闯祸，闯到最后，窦氏家族全体被逐出首都洛阳，押解回他们的故乡扶风平陵（陕西咸阳西北八公里）。可是窦穆先生仍不知道收敛，仗着他是公主老奶的公公，认为所向无敌，竟然干预到郡政府的司法审判，史书上没有说明这场干预的内容，但能够使高高在上的皇帝老爷勃然大怒，可知道一定过分得离了谱。结果，窦穆先生和窦勋先生，父子同时下狱，双双处决。

父子双双处决，使窦家一蹶不振，老娘沘阳公主把重振窦家昔日威风的希望寄托在两位女儿身上。公元77年，刘炟先生当皇帝的第二年，千方百计，把两位女儿送进皇宫。刘炟先生正年轻力壮，立刻就被她们的绰约风姿和艳丽容貌，搞得魂不守舍，封她们姐妹同当小老婆群第一级"贵人"。这时候本文的女主角宋敬隐女士姐妹，和下文的女主角梁恭怀女士姐妹，早已在宫，也是小老婆群第一级"贵人"。皇宫里六位"贵人"并立，同时角逐皇后宝座。

窦章德女士拥有绝顶聪明——这在她以后处理几件大血案上可得到证明。其实用不到以后，就在她入宫的当年，不过十八九岁，正是大学堂一二年级女学生纯洁天真的年纪，已显示她的心机，对权力魔杖刘炟先生，曲意承欢。她也知道刘炟先生的嫡母皇太后马明德女士，有比刘炟先生更大的影响力，所以对老太婆也下了一番功夫，终于击败了宋梁两家姐妹，而于次年(78)，被册立成皇后。

问题是，窦章德女士虽然当上皇后，跟当年赵飞燕女士当上皇后一样，她和她的妹妹，却都没有儿子。前已屡屡言之矣，无论皇后也好，姬妾也好，没有儿子是一个可怕的致命伤。

偏偏地，我们的女主角宋敬隐女士，却生了一个儿子，取名刘庆。老爹刘炟先生急于确定皇太子身份，就于公元79年，正式宣布册立刘庆小娃当皇太子，这使窦章德女士妒火中烧，兴起杀机。

◉宫内外布下天罗地网

宋敬隐女士跟窦章德女士，都是扶风平陵（陕西咸阳西北八公里）人，她八世祖宋昌先生，在公元前二世纪西汉王朝第五任皇帝刘恒时，曾封侯爵。但以后家境衰落，被排斥在政治圈外。宋敬隐女士老爹宋扬先生，不过是扶风郡一个小康之家。

把宋敬隐女士姐妹带进皇宫的，是她老爹宋扬先生的姑妈，盖姑妈生了一个女儿，嫁给东汉王朝名将马援先生，生了一位女儿马明德女士，充当第二任皇帝刘阳先生的"贵人"，她也没有儿子，但她的智慧高人一等，而且心地慈祥。皇帝丈夫刘阳就把另一位姬妾贾贵人女士生的儿子刘炟小子，交给她喂养。史书上形容这段母子之情曰："尽心抚育，劳悴过于所生。肃宗（刘炟）亦孝性淳笃，恩性天至，母子慈爱，始终无纤介之间。"

——刘阳先生在把刘炟小娃交给马明德女士喂养时说的一句话，可传千秋万世，天下人，包括臭男人和所有老奶，都应奉为金科玉律。他曰："人未必当自生子，但患爱养不至耳。"若霍成君女士，若赵飞燕姐妹，在这节骨眼上，心灵闭塞得就像一个干屎橛，认为儿子亲生的才算数，别人生的儿子全是蛇蝎，非扑杀不可。如果她们也有这种领悟，何至引起那么大的血腥风暴乎哉。马明德女士的爱心融化了刘炟先生的孝心，他敬慕她超过亲娘贾贵人女士。

在亲戚关系上，宋敬隐女士的爹宋扬先生，跟马明德女士是表兄妹；宋敬隐女士跟刘炟先生，也是表兄妹。当马明德女士稍后被皇帝丈夫擢升到皇后，刘炟小子被立为皇太子的时候，马明德女士知道她的两位表侄女漂亮出众，而且又有才有艺，就把她们征选到太子宫，作为刘炟先生的小老婆。用不着多说，一对天生丽质的姐妹投怀送抱，刘炟先生正是十六七岁的少年，他简直爱她们爱得发疯。她们相信有那么一天，皇后会落到她们姐妹之中一个人的头上。

公元75年，刘炟先生登极。公元78年，窦章德姐妹进宫，跟宋敬隐姐妹同时当"贵人"。次年，宋氏姐妹中的妹妹，也就是宋敬隐女士——史书上称她"宋小贵人"，生下儿子刘庆。而就在同一年，晴天霹雳，刘炟先生册立了窦章德女士当皇后，同时也封刘庆小娃当皇太子。为了安抚宋敬隐女士破碎的芳心，特别破格地擢升她爹宋扬先生，当中央政府中级官员的议郎。

宋敬隐女士没有被选上皇后，而被窦章德女士后来居上，虽然她只二十三四岁妙龄，但已了解到皇帝丈夫对她的宠爱已经消失，儿子刘庆小娃所以能当上皇太子，只因大老婆窦章德女士还没有生儿子罢啦，一旦窦章德女士也下了蛋，皇太子的位置铁定不保。所以她和姐姐"宋大贵人"，更小心地侍奉丈夫。问题是，丈夫已经远离，整天在窦章德女士那里鬼混，根本见不到面，姐妹们只好用全部精力侍奉婆婆。马明德女士也看出姐妹们正当绮貌年华时的寞落，又爱又怜，可是却无法使儿子改变态度，最多只能做到保护她们姐妹不受伤害。

窦章德女士虽然在第一回合中，夺得皇后宝座，但她没有儿子，也没有她婆婆马明德女士那种高度智慧和爱心。她如果效法她婆婆那样，把宋敬隐女士的刘庆小娃抱过来自己喂养，该是多么美的结局。可是她不在身旁找成功的榜样，却到一百年前找失败的榜样，她决心效法霍成君女士和赵飞燕姐妹，采取血腥手段。

公元79年，皇太后马明德女士逝世，宋敬隐姐妹的保护罩消失，窦章德女士开始伸出她的毒手。呜呼，窦章德女士至少有一点跟霍成君女士相似，那就是，她们都有一个骄横肤浅兼不明事理的亲娘。我们推测，窦章德女士那年也不过二十二三岁，还没有能力安排一项阴谋，安排阴谋的是她娘沘阳公主。当时窦章德女士的哥哥窦宪先生，当禁卫军司令官（虎贲中郎将），弟弟窦笃先生，当宫廷侍卫官（黄门侍郎），他们负责侦察宋氏家族的过失。在宫廷之内，窦章德女士和沘阳公主，指使宫女宦官，严密监视宋家姐妹。

——宋敬隐姐妹的老爹，不过当一个手无寸铁的文官。而窦章德女士，除了自己是皇后外，老娘是公主，哥哥弟弟都掌握实权。这场斗争，一开始就决定了怎么落幕的矣，悲夫。

任何一个人，只要存心在他身上找毛病，就准会找出毛病。

在窦氏家族布下的天罗地网中，不久就抓住了宋敬隐女士的小辫子。盖宋敬隐女士偶尔生病，病中嘴馋想吃"生菟"。

——生菟，俗称菟丝子，是一种植物，中国医药常用的一种营养药剂。

◉"双安全"

一个人一旦被当作猎物，就是再小心谨慎都没有用，盖明枪易躲，暗箭难防。躲过了这一箭，还有那一箭，不可能箭箭都能躲过。宋敬隐女士因病中想吃生菟而招来大祸。有人说如果她忍一忍口馋就好啦，其实她即令不想吃生菟，也同样会招来大祸，不过那将是另一条导火线。

宋敬隐女士写一封信给娘亲，请娘亲买点生菟送到皇宫。这封普普通通的家书，落到窦家班狗腿密探之手，竟成了百口莫辩，犯罪确凿的证据。身为皇后的窦章德女士，假装大吃一惊，再假装痛心疾首，天呀天呀，皇帝老爷对你姓宋的，有哪点不好？你竟狠心用生菟作巫蛊，去咒诅他早死，好让儿子登极，自己当皇太后呀？哭闹一阵，又喊叫一阵，表演了无懈可击的忠贞之后，她向刘烜先生哀哀乞求曰："老哥，亲爱的，打铃，心肝，宋敬隐既然想当皇太后，为了你的老命，我还是把这个皇后让给她吧，我宁愿当小老婆，宁愿贬到冷宫，也不愿你的千金之体，有个好歹。哎呀，在这皇宫之中，美女那么多，有谁疼你呀。"窦章德女士用的是潘金莲女士惯用的手段，刘烜先生一瞧美貌娇妻爱自己爱得如此结实，不由大为感动。虽没有立即反应，但对宋敬隐女士已兴起无名厌恶，不再跟她见面，并且下令把皇太子刘庆小娃迁出皇宫，迁到宫外的承禄观去住。

对窦章德女士而言，这是一个好兆头，刘炟呆瓜已跳进她的圈套，只要再勒紧一点就可以斩草除根啦。于是她重新调整天罗地网，教皇宫总管（掖廷令）正式检举宋敬隐女士包藏祸心。为了国家的安全和元首的安全（柏老曰：此之谓"双安全"，罩到谁头上，谁都得脑浆迸裂），要求对"生菟"奇案，做深入的调查。刘炟先生已被窦章德女士的床上洋劲，搞昏了头，而且"调查"也是应该的，谁都不能说"调查"不对，怎么，你连"调查"也害怕呀，难道有啥隐私，害怕水落石出呀？

问题是，目的只在制造冤狱的政治性"调查"，就不能称之为调查，而只能称之为找碴，找不到碴就索性栽赃。尤其是逮捕之后再调查，就更是当权派的片面之词。刘炟先生如果仅只同意暗中调查，还有一线生机，但他却下令逮捕（钩考）调查，就万无生机矣。宋敬隐女士和她的姐姐大宋贵人女士，双双被押送到宫廷法庭，由担任宫廷侍卫的宦官蔡伦先生，当主审法官。他是窦家班的狗腿，知道该怎么办。这两位尊贵年轻的姐妹花，昨天还是他的主子，今天他端出小人得志的嘴脸，下令拷打。用拷打去"调查"，"调查"的结果就用不着费唾沫矣。最初宋氏姐妹"空言狡展"，蔡伦先生"不足采信"。最后，宋氏姐妹受不了苦刑，明知道承认了会招来可怕的灾祸，可是仍不得不"坦承不讳"，而且攀上亲生儿子，承认五岁的刘庆小娃也参与她们的阴谋，图谋不轨。

——这位蔡伦，就是历史上所称发明纸的蔡伦。呜呼，中国人宁可永不用纸，也不要有这种丧尽天良被阉割过的酷吏。而他竟发明了纸，实在是对人类文明的一项嘲弄。

根据宫廷法庭的"调查"，公元82年，刘烜先生颁下诏书。把五岁的皇太子刘庆小娃贬成亲王，而立另一位年才三岁的亲王刘肇小娃当皇太子。诏书曰：

> 皇太子（刘庆）有失惑无常之性，爰自孩乳，至今益章，恐袭其母凶恶之风，不可以奉宗庙，为天下主。大义灭亲，况降退乎？今废庆为清河王。皇子肇（刘肇）保育皇后，承训怀衽，导达善性，将成其器。盖庶子慈母，尚有终身之恩，岂若嫡后正义明哉。今以肇为皇太子，使得谨守宗祧，钦哉惟命。

——这得插几句话，刘肇小娃是另外一位姬妾梁恭怀女士（小梁贵人）的儿子，窦章德女士把他抱来喂养。所以诏书中才有"皇子肇保育皇后，承训怀衽"的怪话。不知道底细的人，还以为窦章德女士啥时候发奋图强，也生了一个儿子哩。在下一章梁恭怀女士篇幅里，我们将再介绍窦章德女士这个神来之笔。

儿子被逐下皇太子宝座，接着是惩罚年轻的母亲。蔡伦先生坚持法律尊严，要求把宋家姐妹绞死。刘炟先生却教先行囚到皇宫秘密监狱（暴室），等待他阁下最后裁决。可怜一对娇生惯养的姐妹，受尽了羞辱和痛苦，遍体鳞伤，蜷卧在囚室一角，哭天不应，哭地不灵，悲愤交集，她们知道已到了绝境，最后，买通看守，双双服毒自杀。

她们的老爹宋扬先生，立即免职，逐回故乡扶风平陵（陕西咸阳西北八公里），那些势利眼的郡县官员，当初巴结奉承，唯恐马屁拍得不够舒服，而今也一翻狗脸，抓住一桩司法案件，把他逮捕入狱。幸亏每一个时代都有仗义的侠情之士，他的朋友张峻、刘均二位先生，千方百计为他奔走，总算把他救出。然而，太多的悲伤，已把他压碎，出狱后不久，即告死亡。

——宋敬隐自杀二十六年后的公元106年，刘庆先生的儿子刘祜，继任东汉王朝第六任皇帝，那时他十三岁，还不能有所作为。再等到公元121年，终于平反了这场冤狱，追尊祖母"敬隐皇后"，距囚室绝命，已四十年，尸首早化尘土矣。

梁氏恭怀皇后

时代：一世纪七十至八十年代

其夫：东汉王朝第三任皇帝

汉章帝刘炟

遭遇：忧死

●家世坎坷

梁恭怀女士，安定乌氏（宁夏固原）人，她的祖父梁统先生，在一世纪二十年代东汉王朝政府之初，曾封侯爵。梁统先生有三个儿子，继承爵位的长子梁松，跟第一任皇帝刘秀先生的女儿舞阳公主结婚。公元57年，刘秀先生死掉，刘阳先生继任第二任皇帝，梁松先生以姐夫之亲，当辅政大臣。可是他只是一个纨绔子弟，只会享富，却不会享贵，常常写信给郡政府或县政府，干预请托，闹了个一塌糊涂，只两年时间，到了公元59年，就被免职。梁松先生对于竟被免职这件事，怨气冲天，到处散发匿名信传单之类（飞书），对当权派大肆攻击，攻击的结果是招来更强硬的反应。当权派说服了皇帝刘阳先生，于公元61年，把他逮捕处决。梁氏全家，被放逐到首都洛阳南方两千公里的九真郡（越南清化），比经常放逐犯人的合浦（广西合浦），还要远一千公里，这可说明当权派仇恨梁松先生到什么程度。

梁松先生的两位弟弟：梁竦、梁恭，都在这场灾难中，被投入蛮荒。一直到六十年代末期，才准许他们返回故乡。梁竦先生有三个儿子，三个女儿。公元75年，刘阳先生逝世，刘炟先生继位。公元77年，梁竦先生把三个女儿中的两个女儿——最小的女儿梁恭怀女士，跟她的姐姐，一同献进皇宫。刘炟先生来者不拒，把姐妹两人同时封为小老婆群第一级"贵人"，梁恭怀女士称"小梁贵人"，姐姐称"大梁贵人"。

从梁家的遭遇，可以看出姐妹的背景，那是一个破落了的豪门和破落了的世家。把女儿献给皇帝，听候皇帝老爷玩弄，是重振家声的唯一希望。尤其是，万一能为皇帝老爷生个儿子，就更赌得了大彩，一步登天。关于梁竦先生怎么能把女儿献给皇帝，而且一进皇宫就被封第一级姬妾，当中曲折过程，史书上没有交代，只说了一句："肃宗（刘炟）纳其二女。"为啥纳他的二女，而没有纳别人的二女？皇帝老爷身边的美女成群结队，他怎么会忽然想到遥远的凉州有一对姐妹花？呜呼，"献女"是一种政治投机，我们推测，身为伯母的舞阳公主——她是刘炟先生的姑妈，恐怕是主要的关键，如果没有她的推荐，姐妹进不了宫，即令进了宫，也不可能立即取得第一级高位。

——另有一种说法，说是梁松先生被杀，梁家全族放逐到九真，两个女儿被当作囚犯的家属，没收到皇宫里的。当然也有这种可能，果真这样，梁松先生是公元61年处决的，公元77年，梁恭怀女士才十六岁，是她一生下来就被抱进宫廷矣，姐妹的命运就更孤苦，但也免得她担惊受怕，随着父母过放逐生活。

不知道是幸或不幸，做妹妹的梁恭怀女士，入宫后不久就怀了身孕，于公元79年，她不过还是一个十八岁的大女孩时，生下刘肇小娃。这时候，"生冤奇案"正如火如荼，皇后窦章德女士这时候才忽然想起婆母皇太后马明德喂养姬妾所生儿子（就是她老公刘炟）的往事，她下令把刘肇小娃抱到正宫，她也亲自喂养，希望也能达到婆母当初喂养刘炟先生那样的效果。

——这里有个奇怪的问题，窦章德女士当初为啥没有兴起喂养宋敬隐女士所生刘庆小娃的念头？是一直到后来，经名师指点，才想起这套老把戏？还是她也曾有过这主意，而宋敬隐女士拒绝？我老人家认为，她这样做完全是为了对付宋敬隐女士。盖窦章德女士于公元77年入宫时十八岁的话，公元79年只不过二十岁。谁都不能肯定(包括她自己)以后不生孩子，她没有喂养刘肇小娃的必要，而她竟迫不及待地喂养，只不过为了夺取皇太子宝座的斗争铺路。幸亏玉皇大帝有眼，以后没教她生儿子，如果生了儿子，刘肇小娃性命不保。

窦章德女士抱到刘肇小娃后发生的事，在宋敬隐女士篇幅里，已言之矣，首先把刘庆小娃逐下皇太子宝座，而让刘肇小娃坐上去。接着是逮捕宋敬隐女士姐妹，姐妹在皇宫秘密监狱自杀。窦章德女士忍不住芳心大悦，盖潜伏着的危机，至此一扫而光。

◉病故？谋杀？

梁恭怀女士刚生下婴儿，还没有在怀里暖一分钟，就被窦章德女士抢走。她虽然悲哀，却不敢抱怨，因为她是小老婆，她只为丈夫生儿子，而不是为自己生儿子。在宗法制度下，窦章德女士才是合法的娘——嫡母。

儒家学派可以建立宗法制度，却无法毁灭亲情。梁恭怀女士不能不爱自己的儿子，尤其当她听到刘肇小娃被立为皇太子的消息后，她跟她的姐姐(大梁贵人)和她远在故乡的娘家人，都掩饰不住喜上眉梢。虽不敢公开地大跳大闹庆祝，但暗地里仍免不了私自庆祝。我们可以想象到他们的喜悦，家庭中秘密设筵，或妯娌姑嫂叔伯兄弟间，咬耳朵互传小道新闻。最初还知道自我克制，几个月下来，可能有些人形诸颜色，甚至还可能有些半吊子亲友，对外亮出招牌，横冲直撞。

反正不管怎么样吧，梁恭怀姐妹跟家人私下高兴的情形，立即传进窦家班耳朵。

——梁恭怀女士的儿子当皇太子，她不喜悦是不可能的，教娘家人伪装愁眉苦脸，更不可能。而且，即令梁家真正做到戒慎恐惧，窦家班也会感觉到梁家不近人情，危险性更大。呜呼，反正是无论如何，都逃不出厄运。

窦章德女士更想到一点，梁恭怀女士如果仗着她有儿子，谋取皇后宝座，万一皇帝老爷动了真情，她阁下恐怕招架不住。不趁着宠爱的高潮，先下手为强，等到大势已去时再挣扎，便噬脐无及矣。窦章德女士用的是啥法宝和啥细节，我们无从得知，史书上只曰："窦皇后（窦章德）忌梁贵人（梁恭怀）姐妹，数谮之于章帝（刘炟），遂渐致疏离。"这是第一步。

第二步是，窦家班要把梁氏家族一扫而光，以便将来刘肇小娃长大后，只能把窦家当作外婆舅舅，而完全忘了梁家。于是，史书曰："窦氏（窦家班）乃作飞书（匿名书）以陷竦（梁竦）。""飞书"的内容，史书没有记载，但我们可保证它一定恶毒万状，足够梁竦先生吃不了兜着走。更厉害的是，司法系统掌握在窦家班之手，他们可以任意做任何奇怪的解释。

刘肇小娃被立为皇太子的第二年(83)，刘炟先生下令给汉阳郡（甘肃甘谷）郡长（太守）郑据先生，逮捕梁竦，囚入监狱。前已言之，政治性的案件，无罪适足以招来更大的痛苦，在酷刑拷打之下，梁竦先生自动招认跟"飞书"完全吻合的种种罪行。既然坦承不讳，所以在这一年，在监狱中"伏法"——绞死。梁氏家族全体放逐到九真郡（越南清化），也就是六十年代他们家族被放逐过的地方，如今旧地重游。因为口供牵连到梁竦先生的寡嫂舞阳公主，她也被放逐到新城（河南新密），派重兵守卫。

——舞阳公主的遭遇，使我们想到法国屈里弗斯冤狱。一个手无寸铁的寡妇，却重兵守卫，好像她能里应外合，把侄皇帝搞垮似的。可看出窦家班陷害梁家罪名的严重。驻屯大军，旨在向全国显示，谋反的事情可是真的呀，如果不是真的，劳师动众干啥。

家里遭到这种惨变，十九岁的梁恭怀女士和她姐姐所受的打击，已使她们精神瓦解。史书上说她们"忧死"，但对忧死过程，却没有一字一句交代。不过，这两个字，已使人垂泪，十九岁豆蔻年华，岂是"忧死"的年龄？何况姐妹二人，同时"忧死"？官文书上，她们是病故，事实上恐怕是一场双双毙命的谋杀，真相如何，留疑迄今。

五年后的公元88年，刘炟先生一命告终，年方十岁的刘肇小子登极（汉和帝）。皇宫之中，杀机四伏，是世界上最危险的地方，凡是泄露皇宫任何一句话的人，即令那句话可以增加皇帝的威望，也得被斩首，此之谓"泄禁中语"。即令老爹是宰相，妻子是公主，也活不了命。在这种情形下，自然没有人告诉刘肇小子的身世，刘肇小子自然而然也一直认为窦章德女士是他的亲娘。

——遇到柏杨先生这种不设防的大嘴巴，如果生在古代，再有幸能出入皇宫，恐怕就是有八九十个尊头，都不够用。沉默是金的人有福矣，古今皆然。

然而，窦家班也开始走下坡路，没有人教他们走下坡路的，是他们自己走的。权势是一种可怕的怪物，它像一连串腥鱼在引诱一群猫一样，把猫一步一步引诱到万丈悬崖，然后就在那里把它们乱棒打死，或者把它们踢下去，粉身碎骨。

权势使人更相信权势，而权势在窦氏家族之手。那位谋杀宋梁二家的窦家班杀手——窦宪先生，以皇帝舅父之尊，已高升到全国武装部队总司令（大将军），并且出击匈奴汗国，为国家立下功勋。然而，权势越膨胀，罪恶越增加，到了公元92年，年已十四岁的小皇帝刘肇，在他老哥刘庆先生（被贬为亲王的前任皇太子，他当然恨窦家班入骨）、宦官郑众先生和禁卫军司令官（卫尉）丁鸿先生秘密协助下，发动一场大规模的逮捕，把窦家班和他的摇尾系统一网打尽。窦宪先生自杀，狐群狗党们都绑赴刑场，一律砍头，幸而留得一口气的，也被驱逐回籍，或放逐到边远地区。只一天工夫，权势如火如荼的窦家班崩溃，窦氏家族在东汉王朝权力中枢消失，距他们陷害宋氏家族和梁氏家族，不过十年。使我们这些在权势圈外的小民，兴起无限感叹。

现在，只剩下皇太后窦章德女士一人——等她得到消息，挽救已来不及。爪牙既去，本领已无从施展，这时她才开始担心会不会有人忽然戳穿她的西洋镜。幸而上帝恩待她，没有人这样做，但她也尝到梁恭怀女士那种家破人亡的惨痛和随时暴露她谋杀皇帝亲娘的压力，这日子是暗淡的。公元97年，她阁下就在暗淡的日子里死掉。二十年左斗右斗，如今只剩下一缕孤魂。

窦章德女士一死，禁忌解除，事实就是事实，人性就是人性，世界上最强大的力量，再可怕再邪恶的政治，都无法永远压制。所以，她阁下刚咽了气，还挺尸在床，梁恭怀女士的堂兄梁禅先生，就有一封信给当时在朝的三位宰相(三公)，要求申冤。宰相之一(太尉)的张酺先生立即报告刘肇小子，刘肇小子这才大吃一惊。张酺先生报告完毕，刚刚告辞，梁恭怀女士的姐姐梁嫕女士的一份奏章，已送到刘肇小子跟前，文曰：

"我，梁嫕，我的妹妹梁恭怀，曾充当'贵人'，得到你爹刘炟的宠爱，蒙上天恩典，生下了你，却不幸被窦宪兄弟陷害，使我爹梁竦死于冤狱，尸骨都不知去向。而娘亲和弟弟，又被放逐到两千公里以外。只有我逃出魔掌，躲到民间，日夜恐惧败露，没有方法呼救。现在总算时来运转，你亲自主持政府，人心称庆。窦宪兄弟奸邪，既然都已处决，全国从噩梦中醒来，我也可以舒一口气。特地向你陈情，想当年西汉王朝第五任皇帝刘恒先生登极，他娘亲的薄氏家族获得荣耀。第十任皇帝刘询先生登极，他祖母的史氏家族也都擢升。我们梁家，虽然跟薄史两家一样，可是遭遇却相差天壤。我爹冤死，不可复生，我娘年逾七十，我弟弟梁棠等人，仍贬谪荒蛮绝域，不知道生死信息。请你准许安葬我爹的尸体，释放娘亲和弟弟回到故乡，恩同天地，存殁都感。"

从这两份报告上——窦章德女士一死，就迅速地出现——可知梁氏家族早已准备妥当，只等老巫婆断气，立即迅雷般发动。一切都布置好啦，包括政府高级官员在内，静候着意料中的发动后的反应。十四岁的皇帝刘肇小子，急教传唤梁嬺女士入宫，而梁嬺女士已在宫门口待命矣。（如不是准备妥当，她的文书怎能适时地递进去？她又有啥本领跑到宫门口？窦家班已垮，众目睽睽，已转向梁家班矣。）

梁嬺女士是刘肇小子的姨妈，她把刘肇小子娘亲的惨死，跟他外祖父的惨死，以及舅家的放逐，一一说来，姨侄二人，哭成一团。接着是剑及屦及的实际行动，刘肇小子以皇帝身份，下令追赠他早逝的娘亲为"恭怀皇后"——这就是我们称她阁下为梁恭怀女士的缘故。再把她当初草草下土的尸体挖出，重新以皇后的礼数，跟她姐姐大梁贵人女士，同时安葬在西陵。距梁恭怀女士之死，已十六年矣，如果她不死的话，也不过三十四岁，地下有知，她会含笑九泉，然而地下固无知也，只不过活着的人一阵热闹，嗟夫。

——再以后的事是，刘肇小子下令把外祖父梁竦先生的棺柩，从汉阳运到首都洛阳，就在女儿坟旁，再建大坟，由刘肇小子亲自送葬。接着，外祖母率着家属从九真回到洛阳，刘肇小子把他的三位舅父大人，都封成侯爵：梁棠先生乐平侯，梁雍先生乘氏侯，梁翟先生单父侯。在千劫万灾之后，否极泰来，梁氏家族，霎时兴隆。只梁氏父女姐妹，已成灰烬矣。

阴氏孝和皇后

时代：一世纪九十年代至二世纪初

其夫：东汉王朝第四任皇帝

汉和帝刘肇

遭遇：冤狱囚死

●皇亲世家

我们写着写着，已由西汉王朝，进入东汉王朝。宫廷小老婆群的编制和位号，也大大地不同。读者老爷一定记得西汉王朝以"昭仪"为第一级，以"上家人子""中家人子"为第十五级的一连串香艳刺激的头衔。东汉王朝建立之后，第一任皇帝刘秀先生来自民间，对那些一连串香艳刺激的头衔，有一种由衷的厌恶。在多妻之下，再加上大男人沙文主义的私欲澎湃，他还不能一下子兴起革命，创造一夫一妻制度。他采取的态度是，减少小老婆的数目，只有下列五级：

特　级：皇后

第一级：贵人

第二级：美人

第三级：宫人

第四级：采女

第五级：大家

非常抱歉的是，我们介绍得有点太迟，读者老爷在宋敬隐女士和梁恭怀女士篇幅里，会发现她们最初的身份，都是"贵人"。明白了编制的改变，就可明了她们在宫廷中的关系位置。

本文的女主角阴孝和女士，她最初的位号，也是"贵人"。

阴孝和女士是由贵人爬上皇后宝座的，她所以能爬上皇后宝座，因她有煊赫世家之故，并没有费吹灰之力。但后来失败，却引起她那煊赫世家的覆灭。阴孝和女士充当了二世纪初最可怕的一桩冤狱的女主角，可是，她在历史上却默默无闻。遭遇已经不幸，历史地位的淹没，使这不幸更加悲凉。读者老爷一定还记得"娶妻当娶阴丽华"的往事，阴丽华是东汉王朝第一任皇帝刘秀的妻子，而且是正式皇后，她的哥哥阴识先生，在一世纪四十年代，封为侯爵，曾担任过首都警察厅长 (执金吾)。

阴识先生生儿子阴理，阴理先生生儿子阴纲，阴纲先生生女儿阴孝和。阴氏家族倚靠着美貌娇娘阴丽华女士，在中央政府铸下铁桶般的权势。他们是最初的第一任皇帝刘秀先生的岳家，开始炙手可热，接着是第二任皇帝刘阳先生的舅家，更日正中天，仅侯爵就有四位，女孩子多半送进皇宫，男孩子多半娶了公主。

——阴家有一个小子娶了公主后，还闯下了灭门大祸。阴丽华女士的弟弟 (也是阴识先生的弟弟) 阴就先生，生儿子阴丰，娶了第一任皇帝刘秀先生的女儿郦邑公主。这是一项表兄妹婚姻，亲上加亲，应该更亲。可是公主是干啥的？她爹可是皇帝。请贵阁下举目四观，很多老奶，她爹不过是个董事长经理部长司令之流，都能把她烧得六亲不认。而另一方面，阴丰是个世袭侯爷，最自我约束的世袭侯爷，都会像一个恶霸。史书上曰："公主骄妒，丰亦狷急。"一男一女，同时猛敲炸弹，就非同归于尽不可。公元59年，阴丰先生手执钢刀，把郦邑公主宰掉。呜呼，杀了平民的妻子，不过一人抵命，杀了皇帝的女儿，就要全家抵命。当时皇帝刘秀先生顾念舅父家的亲情，特别网开一面，只把凶手阴丰先生绑赴刑场，斩首示众；老爹老娘阴就先生夫妇，免除刑场亮相节目，教他们在家自杀；侯爵封邑，自然一律撤销。

跟皇家通婚，是保持家族永远荣华富贵的妙法，公元一世纪88年，东汉王朝第三任皇帝刘炟先生死掉，十岁的刘肇小子继承宝座。公元92年，刘肇先生十四岁，阴家用尽心机，把女儿阴孝和女士，送进皇宫。她固然漂亮得不像话，但皇宫里的老奶，根本没有一个其貌不扬的，阴孝和女士靠着阴氏家族的强大力量，脱颖而出，最初被封第一级"贵人"，公元96年，再晋升为正式皇后。这一年，刘肇先生十八岁，阴孝和女士大概十六七岁，正是刚刚懂事的高级中学堂三年级或大学堂一年级女学生，她踌躇满志——不要说一个十六七岁的女娃踌躇满志，纵是沙场老将柏杨先生，如果爬上高位，也同样踌躇满志。

然而，快乐和幸福，最不容易保持。某些情形下，只要自己珍惜，曲意地珍惜（有些老奶甚至用自己不求长进的手段珍惜），固然可能一直快乐幸福。可是，在另一种情形下，即令再加百倍地珍惜，快乐幸福也会失去，那就是，破坏的力量不来自自身，而来自无法控制的外力。

就在阴孝和女士当上皇后，踌躇满志的那年冬天，另一位美女邓绥女士，悄悄选进皇宫，被封"贵人"。当她晋见皇后，冉冉下拜时，弱不禁风兼楚楚可怜，阴孝和女士再也想不到，这个驯顺得跟怀里小猫一样的女孩，竟是杀手。

◉她不知道处境险恶

这位美丽的杀手邓绥女士，不但跟阴孝和女士一样，也有煊赫的家族背景，而且跟阴孝和女士还是至近的姻亲。邓绥女士跟阴孝和女士的爹阴纲是表兄妹，要比阴孝和女士尊长一辈。邓绥女士的祖父邓禹先生，是东汉王朝的开国元勋之一，封为侯爵，当过宰相，最后晋升到国家最尊崇的高位——太傅。他的儿子邓训，跟阴丽华女士弟弟阴兴的女儿结婚，生下邓绥。

我们用下表显示阴邓二家的婚姻关系，表上人物都在这场宫廷斗争中，扮演主要角色，有的命丧黄泉，有的贬窜蛮荒：

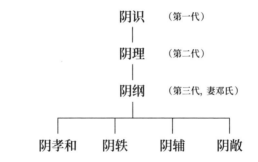

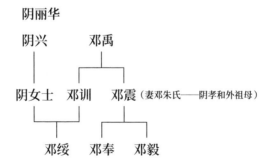

史书上说，邓绥女士是一位可爱的姑娘，从小就善体人意。由一件小事上可看出来，她五岁的时候，祖母爱她爱得要命，虽然仆妇如云，但仍亲自替孙女剪发。祖母老眼昏花，看不清楚，有一次，剪刀刺伤了她的额角，如果换了柏杨先生的孙女，早就大跳大叫，闹个没完，至少也要嘟囔两句"老糊涂"之类，以示抗议。可是邓绥小孙女虽只五岁年纪，却忍住痛，不说一句话。仆妇们悄悄问她难道不痛呀，她曰："怎么不痛？可是奶奶疼我，给我修剪，我如果叫起来，她心里会难过，我才强忍着不叫的。"她读了很多书，在她十二岁的时候，儒家学派的经典大部分都能精通，把她的那些哥哥们气得要死，以致老娘阴女士担心曰："你一点不会缝纫，只知道读书，将来去当大学堂教习〔博士〕呀？"她这才开始学习女红。

公元96年，邓绥女士跟其他高贵世家的女儿，一同被选送入宫，服侍皇帝。〔柏老按：皇帝老爷真是舒服，而中国的皇帝老爷比西洋的皇帝老爷更舒服万倍，仅仅对女人的需求方便上，就显出高竿，盖自有儒家学派摇尾系统，把"想玩多少女人，就可玩多少女人"的荒唐行径，制成金科玉律。呜呼，如果有人介绍我老人家当皇帝老爷，我发誓准送他一笔大大的糠米薰（commission，佣金——编者注）。〕史书上形容她的美丽，曰："后〔邓绥〕长七尺二寸，姿颜姝丽，绝异于众，左右皆惊。"连"左右"都惊，身为皇帝的刘肇小子，就更惊啦。于是，她就上了床，于是，她就被封"贵人"。

这一年，阴孝和女士刚当上皇后，屁股还没有把宝座暖热哩，就有大批美女涌进，而邓绥女士出类拔萃。阴孝和女士这才发觉，这位年方十六岁的长辈亲戚，是自己的劲敌。果然不错，刘肇小子对阴孝和女士的热情，倾盆大雨般地转移到邓绥女士身上。阴孝和女士的反应是采取一连串注定她非失败不可的行动，那就是，她既嫉妒又愤怒。前曾言之，宫廷不比民家，民家老奶，嫉妒愤怒的结果了不起离婚，即令动刀动枪，也不过伏尸二人，血流五步。宫廷老奶，嫉妒愤怒的结果往往牵连到整个家族。如果能掌握着色魔皇帝，像赵飞燕女士，足使对方惨败；如果色魔在对方手中，像本文的女主角阴孝和女士，那就等于集体自杀。

阴孝和女士那年也不过十七八岁，她的人生经验还不足以发现处境的险恶，每逢刘肇先生想起了她，要跟她上床时，她就拒绝，宣称她病啦。嗟夫，民家老奶，用这一套，可能产生压力。妻子把房门一关，来个消极抵抗，臭男人只好躺到客厅沙发上，冬天无被，或许冻个发昏第十一，辗转反侧，长跪哀求，最后指天誓言，再也不敢拈花惹草啦。更厉害的老奶，甚至不开大门，臭男人就更失魂落魄，敲门无人应，打电话无人接，或投奔亲友，或投奔旅馆，忧心忡忡，老奶乃大获全胜。可是用来对付皇帝老爷，他有千万个如花似玉在性饥渴状态下，准备着随时纵体入怀，吾友孟轲先生曰"为渊驱鱼，为丛驱雀"，正是此一写照。拒绝上床，难不住他，反而火上加油。

邓绥女士抓住阴孝和女士的弱点，她对刘肇先生没有儿子，表示忧虑，主动挑选美女，送去陪刘肇先生睡觉。这是一石双鸟的手段，一则展示她的贤淑，使刘肇先生更宠爱她，二则她要刺激阴孝和女士更嫉妒更愤怒。她知道，一个人如果被嫉妒愤怒所控制，就什么可怕的蠢事都做得出。

●敌人的谋略

邓绥女士是一个深具心机的女娃，她既然要刺激阴孝和女士更嫉妒更愤怒，就特别使出最有效的柔媚功夫。阴孝和女士越骄傲，她越谦卑。阴孝和女士越吃醋，她越表示宽宏大量。阴孝和女士越鼻孔冒烟，她越诚惶诚恐。她正确地了解，关键在皇帝老爷刘肇一个人身上，只有他的喜怒才可决定一切。所以，平常日子，当她晋见阴孝和女士的时候，一定小心翼翼，战战兢兢，好像大祸就要临头。对待其他姬妾和宫女，就更谦恭，而且不断主动推荐她们跟主子睡觉。甚至对奴仆厮役，也都善言善语，和颜悦色。结果是，在刘肇先生的耳朵里，她建立了一致好评的口碑。

——邓绥女士这种性格，可能不是做出来的。不过，当她有为而发时，这性格就阴鸷可怕。

有一天，邓绥女士忽然得了感冒，躺在御床上哼哼，刘肇先生爱她奇紧，特别准许她的家人进宫服侍，可以自由出入，不限时日。邓绥女士知道这种殊遇的危险性，它可能被人利用作为攻击她的工具，"生菟奇案"就是一个血例。所以她拒绝曰："皇宫禁例森严，是一个是非之地，如果教他们自由出入，恐怕破坏传统规则，使我受到诽谤。盖别人会说，为啥只有你例外呀？无论上下，都有损害，我不敢接受这项破格的恩宠。"在意料中的，刘肇先生叹曰："别的姬妾，以见到家人为荣为喜，只有你反而引为忧虑，聪明智慧，超越常人。"

——中国宫廷，像一个有活瓣的漏斗，被送进去的漂亮老奶，不管她是皇后也好，姬妾也好，宫女也好，再不能离开那个魔窟。除非翘了辫子，或皇恩浩荡，把她们逐出，便跟她们的家人，永远隔绝，只有皇帝有权允许家人进宫探望。

这件事情之后，刘肇先生对邓绥女士，更加宠爱。但邓绥女士真是天生丽质，她小小年纪就领悟到皇帝的宠爱是不可恃的，所以她更谨慎。每逢皇宫宴会，皇后以下，包括小老婆群，无不衣香鬓影，焕然一新，只有邓绥女士淡妆浅抹。偶尔跟阴孝和女士在一起时她不敢张嘴。这些，刘肇先生一一看到眼里，而她正是要他阁下看到眼里的，刘肇先生总是安慰她曰："打铃，你这番用心，太苦了自己。"

阴孝和女士不是傻子，她看穿了邓绥女士的手段，但无可奈何，她的敌人是那么坚强，使她无从下手。所以，当她的外祖母邓朱氏女士进宫探望她时，只有向她哭诉，外祖母心疼外孙女，当然也为她抱不平。而就在这时候，刘肇先生忽然一病不起。可怜的阴孝和女士，她已气得到了爆炸边缘，不知道趁着"人之将死，其言也善"的内疚心情，努力挽回那已丧失的爱情，反而悻悻然告诉寝宫的宫女曰："有那么一天，我要使邓家一人不留。"

没有力量害人，而先泄露害人的阴谋，是一项可怕的灾祸。如果阴谋属于"先焚后阅"的极度机密，灾祸就更加倍。这种机密之所以泄露，百分之九十九由于所语非人——选错了谈话对象。阴孝和女士最贴身的宫女中，已有人被邓绥女士收买，这时，卖主求荣的机会到啦。

邓绥女士如果大哭大闹准砸，这位不满二十岁的绝世美女，有八十岁老娘的绝世心机。史书上说，她听到消息后，流下眼泪，曰："我竭尽我的能力，侍奉皇后，仍得不到她的谅解，使我获罪。丈夫死亡，妻子虽然不必随着也死，可是古书上说过，姬旦愿代替国王，越姬更先国王之死而自杀，都在历史上留下美名。我决定自尽，既可以报答刘肇对我的宠爱，又可以使我们邓氏家族平安，同时也免得使后人讥讽阴孝和再制造'人猪'，只要能办到这三点，死也瞑目矣。"

——姬旦先生是公元前二十二世纪周王朝的公爵（周公），他的哥哥姬发先生当第一任国王（武王）时，忽然害病，古书（《周书》）上说，他向上天祷告，愿代替姬发先生死；结果姬发病愈，大家都没有死。越姬女士是公元前六世纪越王国国王勾践先生的女儿，嫁给楚王国第十三任国王芈轸先生（昭王），古书（《列女传》）上说，芈轸先生也害了病，眼看要伸腿瞪眼，她阁下就自己上了吊，结果芈轸先生倒真死啦。

邓绥女士可能是真的如此痛心，但也可能只是表演——即令表演，她表演得也很认真。她阁下一面流泪，一面就要吞下毒药。问题是在人群之中，大喊不要活啦，惊天动地找毒药、找麻绳，攀着窗口要跳楼，恐怕是耍宝性质。柏杨先生就曾遇到过这种场面，有一次被唤去给朋友劝架，朋友太太蓬头散发，非撞死在南墙上不可，谁都拉不住，我的尊臂还被她咬了一口，咬破了皮肉事小，它会再长出来，咬破了衬衫事大，我只有那一件。于是乎喟然叹曰："阿巴桑，你既然要撞，君子有成人之美，我也不拦阻于你，你就撞吧。"一面把一一四电话拨得咚咚直响，一面高声问曰：

"殡仪馆是几呀，我看早一点通知它，订个座位。"想不到她倒不撞啦，改变姿势，坐在门口一把鼻涕一把泪，骂我老人家狼心狗肺哩，我就拔腿而逃。

◉ "忧死" 桐宫

邓绥女士之死不了，在意料之中，如果她真的死啦，侍女们全体都要遭殃。但仅只抱住她哀号乞求，不能解决问题，必须找一个名正言顺的理由，使她自动下台才行，否则，大话既然出口，就只好弄假成真矣。幸亏一位聪明的宫女赵玉女士，灵机一动，告诉她一个好信息。她说，她刚得到传话，刘肇小子病况已有明显的转机。

"娘娘呀，"赵玉女士曰，"皇帝老爷的病已经好转，你却死啦，岂不使他伤心。"

邓绥女士这才没有再闹下去。想不到玉皇大帝也真听她的，第二天，刘肇先生的病，果然真的大大见轻。邓绥女士在宫中建立的摇尾系统，立刻就把她的这段精彩节目报告上去。呜呼，如果你阁下是刘肇先生的话，你该怎么想吧，阴孝和女士的愚狠，邓绥女士委屈万状的爱心，形成一个明显的对比，你自然会留下深刻的印象。

现在，一切都布置妥当，形势和心理状态，也都酝酿成熟，邓绥女士和她的家属，开始反击——血的反击。

公元102年，刘肇先生二十四岁，阴孝和女士、邓绥女士大概都在二十一二岁。在邓绥女士和她家属策划下，反击开始。有人（注意这个"有人"）向政府检举阴孝和女士跟她的外祖母邓朱女士（也是邓绥女士的婶娘），共同从事"巫蛊"，咒诅皇帝刘肇先生早死。

前已言之，每个时代有每个时代的撒手锏，两汉王朝的撒手锏是"巫蛊"，只要使出这个撒手锏，对手就毫无招架之力。刘肇先生早就对阴孝和女士感到厌恶，正要找个借口，而"巫蛊"正是借口。往日的万种恩情，都已忘记，他下令由高级宦官（中常侍）张慎先生、宫廷秘书（尚书）陈褒先生，跟皇宫总管（掖廷令），组织联合法庭，逮捕邓朱女士和她的两个儿子邓奉、邓毅（都是邓绥女士的堂兄），再逮捕阴孝和女士的三位弟弟阴轶、阴辅、阴敞，予以苦刑拷打。这群人都是皇亲国戚兼金枝玉叶，没有人能忍受这种可怕的羞辱和可怕的肉体痛苦。没用几天，他们就一致地"坦承不讳"兼"自动招认"确实从事"巫蛊"勾当。

——"冤狱"似乎是中国传统文化之一，连尊贵的皇后都不能幸免，中国遂成为盛产冤狱的国家。嗟夫，我们希望中国是法治国家，是理性国家，再不要产生冤狱啦，即令非产生不可，也不要产生苦刑拷打的冤狱。盖冤狱只伤害法律尊严，苦刑拷打则伤害人性尊严，伤害得太久，人性扭曲，国家就受到报应。

刘肇先生看到口供，正中下怀，立即派宰相（司徒）鲁恭先生，拿着皇帝的诏书到长秋宫（皇后所居），把阴孝和女士罢黜，囚禁到一个被称为"桐宫"的独立小屋。事关"大逆不道"，又加上邓氏家族权势正蒸蒸日上，没有人敢提出异议（事实上，提出异议也没有用）。阴孝和女士老爹阴纲先生，喝下毒药自杀。老弟阴辅先生，已在监狱里被活活拷死。外祖母邓朱女士，老舅邓奉、邓毅，遍体鳞伤，在囚室泥地上辗转哀号，也在稍后毙命。

——凡是撒手锏型的冤狱，历史上大都一审定分晓，没有上诉的规定。即令有上诉的规定，上诉也是白上诉，徒费唾沫。法官根据当权派的意愿找证据，找不到证据就打出口供，只要动用苦刑，还怕没有口供乎哉。谁要不服，把谁交给我老人家，用不了一天，我就教他坦承不讳兼自动招认他就是刺杀美国总统林肯先生的凶手，敢不敢打一块钱的赌？——说穿了简单得很，只要上两次老虎凳，拔下两只指甲，就够他口吐真言矣。

死的死，活着的也逃不出网罗，阴氏家族和邓朱女士所属的那支邓氏家族，全部放逐到日南郡（越南东河）。

——阴氏家族自一世纪二十年代由阴丽华女士兴起，到二世纪初全族放逐日南郡，飞黄腾达八十年，到此被踢出中国政治舞台。邓绥女士不久就高升为皇后，除了邓朱女士这一支之外的其他邓氏家族，扶摇直上。直到公元121年，邓绥女士已成为皇太后，一病而死，树倒猢狲散，邓家班主要人物，包括三个侯爵、一个将军、一个部长、一个首都洛阳市市长（河南尹），也被如法炮制地陷入另一场苦刑拷打的冤狱，集体自杀，全部完蛋。

阴孝和女士自被囚入桐宫，便没有人知道她的下落，史书上只说她"忧死"。如何忧死，又何时忧死，都没有记载。读者老爷对这种死法，应该不会陌生，反正是家破人亡，只剩下孤伶一身，死得凄凉。而这场冤狱，在以后也永没有昭雪，悲哉。

李氏恭愍皇后·阎姬

时代：二世纪初至二十年代

其夫：东汉王朝第六任皇帝

汉安帝刘祜

遭遇：毒死·囚死

●逼她服下烈性毒药

我们曾同时介绍过赵飞燕、赵合德两位女士，现在再同时介绍李恭愍、阎姬。虽然她们都是在同一时间、同一空间出现，但相互关系，却大不相同。赵飞燕和赵合德是同胞姐妹，感情亲密，互相支持。而李恭愍和阎姬，却是死仇，不共戴天。

李恭愍女士的身世，我们一无所知，只知道她是一个地位卑贱的宫女，在偶尔一次的机会中，被皇帝老爷抱上御床，生下一个儿子，于是激起身为皇后的阎姬女士的醋火，把她毒死。后来，儿子当了皇帝，才追尊她一个皇后头衔，如此而已。史书上的文字，更为简单，《后汉书》曰：

帝 (刘祜) 幸 (上床) 宫人李氏，生皇子保 (刘保)，遂鸩杀李氏……(刘保当了皇帝后) 上尊谥曰恭愍皇后。

李恭愍女士在皇宫中的地位，渺小得不如一颗沙砾。而她的对手阎姬女士，却高高在上，威震群雌。阎姬原籍河南荥阳 (河南荥阳)，她的祖父阎章先生，在一世纪五十年代，就曾把两位妹妹，献进皇宫，给当时东汉王朝第二任皇帝刘阳先生做小老婆，被封小老婆群第一级"贵人"，这是一个起步，开始跟皇家建立姻亲关系。阎章先生生阎畅，阎畅先生生四男一女，儿子阎显、阎景、阎耀、阎晏，女儿就是本文的女主角阎姬。

——任何被献进或被选进皇宫的老奶，都漂亮非凡。读者老爷一定要永远记住这一点，才能了解她们之间的斗争，为啥十分惨烈。盖她们不是漂亮和不漂亮的差别，而是漂亮和更漂亮的差别，每一位如花似玉的对手都是另一位如花似玉。皇宫之中没有丑的，只有更美的。

公元105年，东汉王朝第四任皇帝刘肇先生死掉，太子刘隆即位。次年，刘隆小子也死掉，年方十三岁的刘祜小子即位，成为东汉王朝第六任皇帝。114年，刘祜小子二十一岁，阎姬女士十六七岁左右，跟一批家世同样煊赫的美女，被选进皇宫。男人二十一岁，正是性欲兴旺的巅峰，这么多美女玉体横陈，刘祜小子自然见一个爱一个，见一双爱一双，就把她们一律封为第一级小老婆"贵人"。

"贵人"再擢升一级，就是皇后矣，一场激烈的斗争，在美女之间和美女家族之间，秘密展开。最后，于她们进宫的次年(115)，阎姬女士击败所有的对手，登上皇后宝座。刘祜二十二岁，阎姬才十七八岁。

阎姬女士所以能大获全胜，不单纯靠她的美色，前已言之，每一个老奶的美色，都足以使臭男人晕倒在地，主要的还由于阎姬女士家族的姻亲关系。在阴孝和女士的篇幅里，读者老爷一定还记得邓绥女士，她在挤垮了阴孝和女士之后，当上皇后。公元105年，老公刘肇先生去世，太子刘隆继位，她成了皇太后。106年，侄儿刘祜小子继任，她仍是皇太后，大权在握，不可一世。她的弟弟邓弘先生，官封侯爵(西平侯)，而邓弘先生的妻子，跟阎姬女士的娘，却是同胞姐妹。于是，阎姬女士的娘，通过姐姐，通过姐夫，直达姐夫的姐姐——就是皇太后邓绥女士的座前，女儿的大事就决定啦。

阎姬女士虽然其貌如花，虽然有强硬的后台，但她年纪太轻，没有经过人生道路上艰难的历程。她不是出类拔萃人物，只是一个平凡的美女，所以，她怀着强烈的忌妒。呜呼，强烈的忌妒是两头尖的利刃，不但伤害别人，也伤害自己。问题是，正因为太少的人能不忌妒，这世界才五色缤纷，悲云惨雾。她当皇后后不久就发现身为卑贱宫女的李恭愍女士怀了身孕，而且生下小娃刘保。阎姬这时不过十八九岁，依二十世纪中国法律，才刚成年，但她已经知道该怎么办（或许她的家人告诉她该怎么办），她把李恭愍女士（她的年龄恐怕不会超过二十岁）唤到跟前，逼她服下宫中特有的烈性毒药（鸩酒）。可怜，一个身不由主的大女孩，只因为被男人拉上过一次床，就招来杀身之祸，而杀她的也是一个女人。

然而，皇帝老爷刘祜先生，除了刘保小娃外，没有别的儿子（阎姬女士没有儿子，是她的致命伤）。到了120年，仍不得不宣布册立刘保当皇太子。

◉尸畔阴谋

阎姬女士没有理由阻止刘保小娃当皇太子，但她恨他恨入骨髓，又因为杀了他亲娘的缘故，怕他长大成人，继承了帝位后，向自己报复，所以也怕他怕入骨髓。史书上没有记载她是否企图谋害小娃，盖阎氏家族的势力，还没有膨胀到可以谋害皇太子的程度，所以，阎姬女士所努力以赴的，是使阎氏家族的成员，迅速掌握大权。刘祜106年当皇帝时，只有十三岁，由皇太后邓绥女士听政，一直听到121年，刘祜先生已二十八岁矣，邓绥女士仍紧抓着政权不放，刘祜只好听邓家班摆布。就在这一年，邓绥老太婆逝世，刘祜先生才第一次当家做主，而阎姬女士也才扬眉吐气。刘祜先生对邓家班的厌恶可想而知，他一当权，就把邓氏家族杀的杀，砍的砍，全部逐出政府，而大肆起用阎氏家族。阎姬女士的四位哥哥，一齐安排到首都卫戍部队中担任重要的带兵军官（并为卿校，典禁兵），大哥阎显先生封侯爵（长社侯），老娘（不知道姓啥叫啥）已死，追封蒙阳君——男人封"侯"，女人封"君"。阎显兄弟的孩子们，不过都只有七八岁，一个个也担任宫廷侍卫（黄门郎）。阎家班开始建立，并迅速茁壮成长。

阎家班的势力稍为稳固后，立即行动。皇后阎姬女士跟刘祜的乳母王圣女士、皇后宫总管（大长秋）江京先生、高级宦官（中常侍）樊丰先生，共同陷害皇太子刘保的乳母王男女士和宫廷膳食总管（厨监）邴吉先生。皇帝老爷刘祜先生勃然大怒，下令把王男、邴吉斩首。

阎家班陷害的内容是啥，书上没有交代，而只曰"共谮"，即大家一齐说坏话。坏话是啥，虽没有记载，但能把刘祜先生搞得蠢血沸腾，动刀杀人，可看出内容一定绘影绘声，十分结实。接着，阎姬女士的毒手指向只有十岁的皇太子刘保，这次陷害的内容是啥，史书上仍没有交代，只曰："乃再妄造虚无构谗。"刘祜先生又第一蠢血沸腾。——十岁小娃能有啥过失，值得当父亲的咬牙切齿？说他蠢血沸腾，还是温柔敦厚得很哩，简直是兽血沸腾。沸腾的结果是，刘祜先生召开御前会议，讨论罢黜皇太子。刘祜先生刚提出他的意见，身属阎家班的工程部部长耿宝先生，跟一些摇尾分子，同声赞成。只有交通部部长（太仆）来历先生、祭祀部部长（太常）桓焉先生，表示反对曰："儒家学派的经书上说，年龄不超过十五岁的孩子，如果犯了错误，他自己不应该负责。况且王男、邴吉的阴谋，皇太子可能并不知道。现在问题不在于罢黜皇太子，而在于为皇太子物色优良的保姆和教师。"

呜呼，看了"王男、邴吉的阴谋"，我们现在忽然猜出阎家班陷害的内容是啥啦——准是其效如神的传统法宝"诬以谋反"。阎家班一旦众口齐咬，咬定王男、邴吉要干掉刘祜，拥戴他儿子刘保小子登极，刘祜先生只好蠢血沸腾。尤其当"证据确凿"地显示刘保小娃也参加了该项阴谋，他阁下的蠢血就沸腾得更厉害。司法部长（廷尉）张皓先生曰："从前乱臣贼子江充，造构谗邪，倾覆刘据（卫太子），刘彻（孝武）在很久之后能够觉悟，可是大错已经铸成，后悔又有啥用。而今皇太子不过只有十岁，怎么能责备他乎哉。"

这些话都具有至理，十岁的小娃，不可能参加，更不可能主持干掉老爹的阴谋。即令口不择言，扬言要干掉爸爸，也不过顽童发泼，只见其憨，不见其恶。何况他从小接受传统的"孝为百善先"教育，十岁的年纪，还在小学堂读三年级，怎会有叛逆思想乎也。问题是，一个人只要蠢血沸腾，就不可理喻，阎家班既布下天罗地网，刘祜先生就跳不出，他坚持要对儿子严厉处罚。最后，皇帝当然胜利，下令撤销刘保皇太子的封号，贬成王爵（济阴王），阎家班拔掉了眼中钉，举班腾欢。

然而，阎家班的好日子不过一年，次年 (125) 三月，刘祜先生率领一群大小老婆和政府文武百官，出发向南方视察，走到南阳 (河南南阳)，忽然得了急病，赶忙折返，折返途中，到了叶县 (河南叶县)，竟一命归阴。死在游逛途中的皇帝，中国历史上不多，此之前的公元前三世纪九十年代，秦王朝的嬴政大帝，曾死在首都长安 (陕西西安) 东方四百公里的沙丘 (河北平乡)。第二个就是刘祜先生矣，他死在首都洛阳南方一百五十公里的叶县。

于是，嬴政大帝死后的盛况，重新播出。就在死皇帝刘祜先生的尸体旁边，阎家班举行紧急秘密会议，阎姬女士、阎显兄弟、江京先生，一个个悲愤欲绝，悲的是权力魔杖霎时消失，冰山倒塌，愤的是刘祜这家伙，早不死、晚不死，偏偏死在路上，不是故意跟阎家班过不去是啥？尤其是忽然想到，消息传出去，留在首都洛阳的高级官员，如果把已经罢黜的刘保小子抱到金銮殿上继任帝位，该怎么办吧。想到这里，大家心胆俱裂。

◉阎家班的橡皮图章

嬴政大帝死后，曾"秘不发丧"，现在，刘祜先生死后，阎姬女士和她的兄弟，也决定"秘不发丧"。把刘祜的尸体仍放在卧车里，宣称他阁下病重，厌恶吵闹，不准任何人打扰他，只留下皇后阎姬女士在身畔侍奉汤药。阎姬女士这时不过二十七八岁，为了政治利益，每天向一具僵尸嘘寒问暖，一会儿端上汤，一会儿端上药，又要向僵尸说一些教别人听得见的甜言蜜语——扮演这个角色，也够她吃力的矣。如此这般地装腔作势兼提心吊胆，在路上走了三天。第四天上午，才赶回洛阳。进得皇宫，立刻下令宰相(司徒)刘熹先生，前往祖宗神庙(太庙)和郊外神坛(社稷)，向上苍祈祷。然后，到了晚上，才正式宣布皇帝老爷翘了辫子。

——这场捣鬼的事件，给我们一个启示，所谓"官文书"，或所谓"第一手资料"，并不每一件都绝对可信。如果根据西汉政府发布的煌煌公报，当皇后皱着眉头向卧车嘘寒问暖，当宰相明火执仗去祈天祷地的时候，就必须认定刘祜那时候还活着。想不到到了二十世纪，却出现官文书在法庭上作为证据的条文，真是世界十大稀奇之一。

刘祜先生既死，一切按照尸畔密谋行事，阎姬女士发布死皇帝的遗诏，由刘懿小娃继承帝位。刘懿是刘祜先生的堂弟，他们的血统关系，用下表说明：

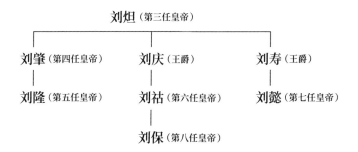

刘懿小娃那一年几岁？史书没有记载，只称他为"幼主"，大概总在十岁以下(这话请不必抬杠，十三四岁，照样称为幼主)。他被掇弄上宝座，成为东汉王朝第七任皇帝(少帝)，当然是一个如假包换的傀儡皇帝，阎家班手里的橡皮图章。一幕自导自演的"跳加官"闹剧开锣，由傀儡皇帝下诏，尊阎姬女士皇太后，任命阎显先生陆军总司令（车骑将军），掌握军权。至于那位死皇帝刘祜先生的亲生儿子刘保小子，却受尽冷落，他想进宫哭别老爹，宫门警卫森严，不准他进去，只准他在宫门外遥遥举哀。史书上说，十一岁的刘保，在宫门外祭奠时，大放悲声，几乎晕倒在地，踉跄地回到他的住处德阳殿，不饮不食。官员和小民们眼看他小小年纪，含冤负屈，又这般孝思，都为他唏嘘流涕。

阎姬女士当了皇太后后，急于扩张阎家班势力，斗争的目标直指全国武装部总司令（大将军）耿宝先生。同时，在阎家班内部，不知道什么原因，窝里反起来，竟向原来"亲密的战友"刘祜先生的乳母王圣女士和高级宦官（中常侍）樊丰先生开刀（阎家班内讧，可能是王樊二位要求分享更多的权力，而阎显先生决心独占；但也可能是阎氏兄妹要杀人灭口）。阎显先生略做布置，奏请皇太后阎姬女士，擢升次席宰相（太尉）冯石先生当首席宰相（太傅），擢升三席宰相（司徒）刘熹先生当次席宰相（太尉），起用前任工业部长（司空）李郃先生当三席宰相（司徒）。东汉王朝的"太傅""太尉""司徒"，称为"三公"，是国家最崇高的官职。三个家伙飞上云霄，对阎显先生感激不尽，遂成为阎家班豢养的三条糊涂狗，教它们咬谁它们就咬谁。于是，第二步，阎显先生跟"三公"联名弹劾耿宝、王圣、樊丰，和宫廷参议（侍中）谢恽、周广。把所可以预见的反对分子，一网打尽，指控他们"结党营私""罪具难逭"。第三步，阎姬女士接到这份弹劾书之后，下令调查审讯。政治性冤狱都是先写好了判决书才调查审讯的，所以意料之中，樊丰、谢恽、周广，死在苦刑拷打之下，耿宝先生服毒自杀，王圣女士和她那位骄纵不可一世的女儿王伯荣女士，放逐到北方严寒的边塞雁门（山西代县）。

一片血腥中，阎家班威震天下，阎显先生的三位弟弟，也跟着纷纷擢升，位居要津。阎景先生当宫廷卫戍司令官（卫尉），阎耀先生当首都洛阳警备司令官（城门校尉），阎晏先生当首都洛阳警察厅长（执金吾）。表面上，大权已牢牢抓住，固若金汤。

然而，天老爷似乎跟阎家班作对，只不过半年，傀儡皇帝刘懿小娃病倒，而且日益加重，随时有死掉的可能，阎姬女士和她的哥哥阎显先生开始发愁。就在这危急震撼的当儿，一位高级宦官（中常侍）孙程先生，野心勃勃，他认为机会已经成熟，他想，他有力量发动一场宫廷政变，夺取政权。

◉宫廷喋血

孙程先生的计划是，趁着刘懿小娃病重，情况混沌、人心浮荡之际，拥戴被罢黜的皇太子刘保小子即位，把阎家班连根拔除。他先跟刘保的主任秘书（谒者长）兴渠先生商量，探听刘保小子的反应，曰："刘保本来是先帝刘祜的嫡亲血统，刘祜错误地听了陷害谗言，使他受到贬谪。现在在位的皇帝小娃，如果一病不起，这是一个天赐良机，我们正好迎接他登极，把阎家班推翻。"兴渠先生认为这件事有成功的可能，曰："这是一件好计谋，但要细心布置。"

孙程先生立即秘密行动，跟他最要好的朋友皇太后宫膳食总管（长乐太官丞）王国先生商量，王国先生愿意参加。再跟宫廷侍卫（中黄门）王康先生商量，王康先生曾当过太子宫的官员，自从刘保小子被废，他就愤愤不平，这正是他效命的时候。

到了这一年（125）十月二十七日，刘懿小娃断了御气。阎家班再度在尸旁秘密会议，仍然使用"秘不发丧"老办法，一面宣称皇帝病危，一面征召散居全国各地亲王们的年轻王子，前来首都洛阳，准备再遴选一个娃儿继续当阎家班的玩具。盖必须是个娃儿，阎家班才可以长久地掌握大权。

等到钦差们出发，阎姬女士紧闭宫门，下令戒严，由阎家班所掌握的军警卫戍部队，保护皇宫，加强戒备。

问题是，皇宫不比卧车，卧车简单，皇宫里男男女女，人多嘴杂。而孙程先生和他的朋友又在宫中的时间太久，所以，他们立刻就得到正确情报——刘懿已死，阎家班手里已丧失了权力魔杖。这时孙程先生已联络了包括他在内的十九个死党，都是宦官。

十一月二日，距刘懿小娃断气只有四天，十九个亡命之徒在德阳殿西钟楼下，秘密集结，互相割下衣襟，作为誓记。到了第二天（三日），准备完成。入夜，十九个亡命之徒，手执武器，向刘保小子住的崇德殿进发。这是一个最大的冒险行动，成功啦，他们是忠义之士，高官贵爵，金堂玉马，摇尾系统的歌颂赞美，会凶猛而出。失败啦，那可不得了，杀头砍脑，连家人都得绑赴刑场，成为千古以下罪大恶极的乱臣贼子。

十九个亡命之徒一闯进崇德殿，正碰到阎家班首脑之一的江京先生和另三位党羽宦官刘安、李闰、陈达，在那里守卫。一看杀进来十九条手执凶器的大汉，不禁大吃一惊。江京先生仗着他一向的威势，大声喝曰："你们干啥？"他希望能发生镇压作用，孙程先生也不答话，大刀一挥，就把江京先生可敬的尊头砍掉。刘安先生等三个家伙，一瞧原来真的杀人呀，转身就跑。十九个亡命之徒怎能纵虎归山，追上去一刀一个，只剩下李闰先生，趴到地上，全身抖得像一座要零散了的老爷车，众刀齐举，眼看就要砍下的千钧一发之际，孙程先生上前阻止，用刀架到他脖子上，厉声曰："今天我们来迎接刘保登极，你如果赞成，拥戴功劳算你一份。如果反对，那咱们就教你人头落地。"李闰先生以诡计多端闻名于世，很得宫廷人众的敬畏，孙程先生就是想利用他的谋略和声望号召，共成大业。这时李闰先生已吓得屎尿直流——三个同党已伏尸身旁，证明孙程先生的话可不是闹着玩的，他一迭连声答应入伙，只要饶他老命，他一定为刘保赴汤蹈火，在所不辞。

现在，冒险事业进入决定阶段，十九个亡命之徒，裹胁着李闰先生，冲到刘保小子的寝宫。孙程先生把刘保小子抱到龙椅之上，然后由孙程先生传出新皇帝的诏书，号召宫廷秘书(尚书)和侍从官(仆射)以下的官员，起义勤王。

◉跟四脚朝天的乌龟一样

十九个亡命之徒虽然把刘保小子抱上宝座，但那是一个冒着烟随时都会爆炸的宝座，既没有兵，又没有将，空空荡荡，只靠着刘保小子皇家血统的招牌。而这招牌灵不灵，要看有没有军队支持，没有军队支持，不要说皇家血统不值一根葱，纵是狗家血统也不值一根葱。虽然孙程先生传出皇帝旨意，召集文武百官，但谁敢保证文武百官听他的乎哉。即令听他的，事实上如果有一小撮精锐的突击部队，即时发动攻击，他们立刻也就成为瓮中之鳖。一旦绳捆索绑，天老爷都救不了矣。

问题是，阎家班跟公元前二世纪西汉王朝的吕家班一样，是一群脓包，平常日子，仗着权力魔杖，左晃右晃，俨然尾大人物，一旦变起肘腋，需要靠自己单独面对时，就跟四脚朝天的乌龟一样，只有干瞪两眼。阎显先生是阎家班的首领，他正在皇宫跟妹妹阎姬在一起，一听到消息，吓得魂飞天外，最害怕的日子竟真的来啦。他不知道如何反应，只踱来踱去，长吁短叹。一位名叫樊登的宫廷侍从（小黄门），在旁献计，要他用皇太后的诏书，调遣外籍兵团司令官（越骑校尉）冯诗先生、御林军司令官（虎贲中郎将）阎崇先生，率领他们的军队，讨伐叛逆。

——这是一个好办法，但阎显先生是陆军总司令（车骑将军），事到生死关头，他为啥不亲自出马？真是蠢不可及，但由以后发生的事，说明他可能自己并没有把握。然而，他身为总司令而不能掌握军队，却去做必须掌握军队才可以做的事，不仅仅蠢不可及，简直是自己掘一口井自己再一头栽进去。

冯诗先生奉诏入宫，阎姬女士亲自吩咐曰："将军呀，一切靠你啦，能逮捕刘保，封万户侯爵，能捉到李闰，封五千户侯爵。"并派樊登先生跟冯诗先生一同出发，教他再调遣其他军队。冯诗先生一想，你这个婆娘平常日子作威作福，只信任你的亲人，今天教我这个外人替你打天下，我可不干。一出宫门，抽冷子把樊登先生一刀两断之后，扬长而去。咦，如果冯诗先生接受阎姬女士的差遣，孙程、刘保休矣。成功失败，间不容发。

宫廷卫戍司令官（卫尉）阎景先生得到报告，急忙集结几百位他所能集结的卫士，向皇宫进发。宫廷秘书（尚书）郭镇先生，正卧病在床，孙程先生派遣的钦差驾到，教他率领羽林军去逮捕阎景，他的病霍时痊愈了一半，从床上一跳而起，召集部分羽林军出动。两路人马，在中途遭遇，郭镇先生跳下坐骑，大叫曰："阎司令官下车，请听诏书。"阎景先生喝曰："他妈的诏书。"拔刀就砍，郭镇先生躲过一刀，抽出佩剑，直刺阎景先生座车。阎景先生这个饭桶，连这一剑都没有提防，一剑正中前胸，大叫一声，栽到地上，羽林军一拥而上，长戟叉住他的咽喉，动弹不得，只好束手就擒，他的军队一哄而散，纷纷逃命。阎景先生被押到监狱，当天晚上，因伤势过重，一命归天，阎家班报销了最主要的一个。

阎景先生的救兵是阎家班唯一的挣扎，这时天已明亮，孙程先生派人进宫，向阎姬女士索取皇帝御玺，阎姬女士晓得她的那些饭桶哥哥再变不出花样，大势已去，只好交出。孙程先生拿到皇帝御玺，如虎添翼，立刻派监察部委员（侍御史）搜捕阎家班。这是一个天翻地覆的大复仇，阎显、阎耀、阎晏，一齐下狱，就在狱中，全体绞死，阎氏家族被放逐到中国南方最遥远的蛮荒边陲比景（越南广平筝河口）。

——越南的广平是当时中国最南的边城之一。北距首都洛阳，直线三千公里，是中国历史上最远的一次放逐，阎氏家族，从此在中国政坛上消失，前后风光，不过十年。

——西汉王朝和东汉王朝皇帝们的姻亲，史书上称之为"外戚"，一向跟皇帝分享政权。分享政权的结果，几乎都落得全族覆亡的下场。然而前仆后继，姻亲们仍继续不断地要分享。呜呼，权力太迷人啦，再血淋淋的前车之鉴，都不能使后人猛省，徒使我们这些局外人，兴起无限叹息。

刘保小子铲除了阎家班后，接着下令把阎姬女士囚入离宫——皇宫外的一座小屋。这位年纪不过三十岁左右的美貌徐娘，一夜之间变成孤苦一身，娘家人杀的杀，贬的贬，她跟那些历史上所有被囚禁在离宫冷宫里的末路皇后一样，痛苦、羞惭、绝望。而于第二年 (128)，就死在她的囚床之上。是怎么死的，没有人知道，但她的良心不安，使她昏迷中看到被她毒死的那位李恭愍女士的冤魂，频频向她索命。至此，一场宫廷斗争，谁胜谁败，都化成一缕云烟。后人有诗叹曰：

乾道主刚坤主柔　骄痴妒悍总招尤

机关算尽徒增慨　十载雌风一旦休

——阎姬女士虽死，但她所造成的局势，却留下可怕的后遗症，使东汉王朝提前结束。那就是，刘保小子等事情平息之后，论功行赏，一口气把孙程等十九个亡命之徒，都封侯爵。而这些人却都是宦官，从此，宦官在东汉政府中，扮演主要角色，使东汉王朝，终亡于他们徒子徒孙的下一代宦官之手。

梁莹·邓猛女

时代：二世纪五十至六十年代

其夫：东汉王朝第十一任皇帝

汉桓帝刘志

遭遇：忧死·囚死

●梁家班兴起

在没有叙述梁莹女士和邓猛女女士之前，我们必须先了解二世纪三四十年代东汉政府和东汉宫廷的政治形势，否则便无法了解这两位花枝招展的年轻皇后，何以崛起，又何以命丧黄泉。

前已言之，两汉王朝皇帝的姻亲（外戚），一向跟皇帝共享政权，姻亲靠着姐姐、妹妹、姑妈、女儿等等，是皇帝的妻子或皇帝的娘，支持自己的权势；而皇帝靠着岳父、舅父、内兄内弟、表兄表弟等等，巩固自己的统治。所以，每当新皇帝上台的时候，就换上一批跟自己有直接关系的姻亲——主要的是自己妻子（皇后）的娘家人。这跟十八世纪以降，民主国家的政党更易一样，一个新政党上台，政府原来的高官贵爵，一律扫地出门，而由自己党内的重要人物接替。唯一不同的是，民主国家官员的转移是和平的，两汉王朝姻亲的转移，每一次都血流成河。

东汉王朝第八任皇帝刘保小子，于公元125年把他的嫡母阎姬女士逼死，把阎家班一网打尽。公元132年，刘保先生十八岁（可以勉强称他先生矣），应该正式娶老婆啦。说他应该正式娶老婆，不是指他在此之前，从没有接触过女人，事实上早有四位被封为"贵人"的如花似玉，日夜陪他上床，不过她们都属于小老婆群。刘保先生对这四位如花似玉，雨露均沾，不知道擢升哪一位当皇后才好。左右为难，无法决定，最后异想天开，不如抽签算啦，抽到谁就是谁。然而，四位如花似玉中的一位——梁妠女士，却有强大的家世背景，读者老爷还记得那位惨死的梁恭怀女士乎，梁恭怀女士是四任帝刘肇先生的娘，她的侄儿梁商先生，被封侯爵（乘氏侯），而梁妠女士，就是梁商先生的女儿。在梁家的运用下，宫廷秘书主任（尚书仆射）胡广先生和宫廷秘书（尚书）郭虔、史敞二位先生，对抽签之举，联名反对。而梁家再在幕后积极活动，刘保先生遂决意让梁妠女士当皇后。梁妠女士当了皇后之后，刘保先生马上增加她老爹梁商先生封邑的面积，任命担任首都洛阳警察厅厅长。接着，把梁商先生的儿子梁冀，也封侯爵（襄邑侯）。虽然在政府官员猛烈的攻击下，把封梁冀侯爵的诏令撤销，但四年后的公元135年，仍任命梁商先生当全国武装部队总司令（大将军），任命梁冀当首都洛阳市长（河南尹）。

从此，东汉政府大权，滑到梁氏家族之手，气焰冲天。而尤以梁冀先生，性情特别凶暴。洛阳县长（洛阳令）吕放先生曾提醒梁商先生，对儿子应加管教。谁知道不管教还好，一管教后患无穷。梁冀先生探听出来是吕放先生打的小报告，立刻派刺客把吕放先生干掉，然后痛心疾首地表示那是吕放先生仇家下的毒手，任命吕放先生的弟弟吕禹先生继任洛阳县长，向仇家报复。呜呼，仇家固是仇家，却不是凶手，可是，当权派认定他们是凶手，他们就是凶手矣，任何辩解和无罪的证据都没有用。史书上说，数百人被拉到刑场处决，哭声震天。

公元141年，梁商先生病死，梁冀先生继任全国武装部队总司令（大将军），就像长了翅膀的老虎一样，公元前一世纪三十年代霍家班的霍显女士，比起梁冀先生，简直是幼儿园小班。梁冀先生是中国历史上最可怕的恶棍之一，东汉王朝政府的大小官员和全国小民，都战栗在他的淫威之下，虽然也有大无畏的正直之士，前仆后继地跟他对抗，但全都付出杀头的代价。公元二世纪的三四十年代，中国境内一片悲云惨雾。

公元144年，刘保先生病死，只活了三十岁，年才两岁的皇太子刘炳小娃，继任东汉王朝第九任皇帝（冲帝），梁妠女士身为嫡母（刘炳是小老婆第三级"美人"虞女士所生），天经地义地成了大权小权一把抓的皇太后。刘保先生在世的时候，梁家班已和尚打伞，无法无天，现在只不过二十六七岁，正在妙龄的梁妠女士，唯我独尊，怀抱着牙牙学语的婴儿皇帝，她说的话就是法律，她的决定就是国家政策，梁家班——尤其是她那个顽劣凶暴的哥哥梁冀，就更鼻孔朝天，把天下所有的人，甚至包括皇帝在内，都没看到眼里，认为只要他的小指一动，对方立刻就尸骨无存。他不知道什么是民心，不知道什么是克制，只知道对任何反对都采用高压手段，在政府中掀起几次野性屠杀，首都洛阳，成了恐怖世界。

●跋扈将军

刘炳小娃登极的次年（145），忽然也死啦。三岁小娃自然没有儿子，而老爹刘保先生，也没有其他儿子，只好在皇家血统最近的亲王中，遴选继承人，于是征调亲王（清河王）刘蒜先生，和亲王（勃海王）刘鸿先生的儿子刘缵小娃，齐到首都洛阳。刘蒜先生多大年纪，史书上没有记载，大概已经成年，他跟刘炳小娃，共一个曾祖父刘庆先生——一世纪八十年代被罢黜的皇太子，他于被罢黜后，改封亲王（清河王），亲王的爵位传下来，现在由刘蒜先生继承。刘缵小娃的血统却比较遥远，他只是刘炳小娃的堂叔父，不过，他在另一方面却占优势，那就是，他才八岁，晚上睡觉，还会尿床的也。

专制时代，任何当权派都希望高高在上的皇帝是个白痴，不是白痴的话，是个"幼主"也行。梁家班当然不愿意选择已经成年，而且很有才干的刘蒜先生，盖选择了刘蒜，岂不等于自己找个火盆扣到自己头上。所以，他们选择了八岁小娃刘缵，计议一定，立即由皇太后梁妠女士下令，把小娃迎进皇宫，登上金銮宝殿，成为东汉王朝第十任皇帝（质帝）。

然而，刘缵小娃却是一个聪明孩子，他不久就发现梁冀专横凶暴。第二年（146），他已九岁，有一天，早朝结束后，看见梁冀先生趾高气扬的背影，忍不住说了一句，曰："天啊，他真是一个跋扈将军。"

——跋扈，在二世纪之前，是当时中国最流行的词汇，指一个人蛮横霸道和凶狠暴戾。

可怜的孩子，他这一句话为他招来杀身之祸。梁冀先生听到小娃皇帝给他这样的评语，不禁暴跳如雷。哎呀，你还是一个顽童，就有这种想法，将来长大成人，大权在握，我还能保住脖子乎哉？于是他决定把小娃铲除。就在该年六月，一个宦官把掺着烈性毒药的煎饼，端到饭桌上，刘缵小娃一连吃了几个之后，毒性发作，剧痛加上火烧样的窒息，使他栽到地上呻吟。孩子是那么聪明，他知道他中了毒，向闻讯奔来急救的宰相（太尉）李固先生泣曰："煎饼有问题，我已中毒，请给我一点水，或许还可以活。"站在李固身旁的梁冀先生插嘴曰："千万不能喝水，喝水可能引起呕吐，就更没有救矣。"话还没有讲完，孩子一声惨叫，手脚刹那间变成铁青颜色，气绝身死。

这是中国历史上第一个在位时被谋杀的皇帝，悲夫。

现在，又碰到了继承人老问题。以宰相李固先生为首的政府官员，旧话重提，再度推荐刘蒜亲王。梁家班已经拒绝过刘蒜一次，绝不可能在第二次时同意。皇太后梁妠女士看上了面目清秀、年才十三岁的小子刘志。他是一位侯爵（蠡吾侯），八任帝刘保先生的堂弟，九任帝刘炳和十任帝刘缵先生的堂兄。在刘缵先生说了那句"跋扈将军"致命的话之前，梁妠女士已有意把娘家女儿嫁给他，现在，就更坚持非他不可。可是，在御前巨头会议（三公会议）上，大家一致拥护刘蒜先生，梁冀先生的主张陷于孤立，以致在会后闷闷不乐，不知道用啥手段才可突破这种僵局。高级宦官（中常侍）曹腾先生曰："你们梁家一连几代，都是皇帝的姻亲，而你阁下又掌握政府实权，部属似雨，宾客如云，免不了犯错，更免不了得罪人。刘蒜亲王清正严明，人人敬畏，如果当上皇帝，恐怕你们梁家逃不了大祸临头。如果拥戴刘志小子，他从一个穷苦的侯爵，升到元首高位，一步登天，对你会有感谢之情，梁氏家族的荣华富贵，才能确保。"

——曹腾先生这段话，是不是接受刘志小子的委托，我们不知道，但很显然地，他分析中肯。不过千算万算，不如天老爷一算，再也料不到，梁氏家族却倾覆在刘志小子手里。这是后话，按下不表。

梁冀先生听了曹腾先生的意见，感到事态确实严重，他曰："我就是要这么办，可是宰相们都不同意，又该如何？"曹腾先生曰："傻瓜，你掌握兵权，还在乎那些手无寸铁的白面书生？一声令下，造成既成事实，谁敢放屁？"一语道破了专制政治的奥秘，有权指挥军队的家伙才是大爷。梁冀先生一跳而起，跺脚曰："就这么决定。"

第二天，梁妠女士再召集御前巨头会议，当大家再提出刘蒜亲王时，梁冀先生勃然大怒，厉声曰："事关国家的安全和王朝的兴亡，我不能不择善固执。刘蒜亲王固然有很高的品格，但他没有治理国家的能力，我身负先帝的托孤重任，不允许有些怀着私心的人，利用这种形势，做出伤害皇家的事。刘志先生各方面都有优异表现，我希望大家公忠体国，不要再从事无谓的争吵。好啦，散会。"

宰相李固先生仍坚持他的意见，梁家班的反应很简单，由皇太后梁妠女士下令把李固先生撤职，然后把刘志小子接入皇宫，当天晚上就宣布登极，君临中国，成为东汉王朝第十一任皇帝(桓帝)。

◉脱光相亲

以上是二世纪三四十年代东汉王朝的权力形势，在这种形势下，本文两位女主角之一的梁莹女士，首先在宫廷出现。

梁莹女士是全国武装部队总司令（大将军）梁冀先生最幼的妹妹，也是皇太后梁妠女士最幼的妹妹，在刘志小子尚是侯爵的时候，梁妠女士就有意把这位幼妹嫁给他，刘志小子当上皇帝，就更是嫁定啦。现在，刘志小子即位的次年（147），已十六岁，梁妠女士立刻着手缔结这件婚姻。在梁家班指使之下，有关单位（有司）向皇太后上了一份奏章，建议皇帝老爷应迎娶梁莹女士当皇后，曰：

"《春秋》一书，写得明白，政府派大臣去迎娶王后，只要一出发，那女子就成了王后啦。而今梁冀先生的妹妹，有高贵的门第，婚姻大事，更有皇太后的命令，应该依照规定，送出聘礼。"

——原文：

"有司奏太后曰：'《春秋》迎王后于纪，在途则称后。今大将军冀女弟，膺绍圣善，结婚之际，有命既集。宜备礼章，时进征币。'"

——文言文最大的特征是前言不照后语，拿板凳腿硬往人骨头上接。短短八句话，就成了两截。"迎王后于纪，在途则称后"，跟刘志小子娶梁家女儿有啥关系？活生生地连在一起，把我们这些读者老爷，累得躺地不起。

既然都是安排好的，下文不卜可知。不过，史书上对相亲这一段，却有香艳的报道，这是中国文学描写妙龄皇后美丽胴体的唯一作品——不但从前没有，以后也没有。

《汉杂事秘辛》说，宫廷女官（保林）吴姁女士和高级宦官董超先生，奉皇太后之命，前往梁家，把梁莹女士，从头到脚，从外到内，检查了个一佛出世，二佛升天。文曰：

"吴妁女士跟董超先生，拿着皇帝（刘志小子）的诏书，同到梁家，梁家一片欢呼。落座后不久，梁莹女士先到中厅亮相，纤纤细步，走回闺房。吴妁、董超遵照诏书指示，在旁仔细观察她的举止，一切都十分优美。于是，董超先生留在中厅，吴妁女士一人进入闺房。梁莹女士屏声静息，听她摆布。这时，侍奉的婢女全被逐走，房门紧闭，正是上午九时左右，阳光穿过纱窗，照到梁莹女士脸上，光艳四射，像朝霞映雪，使人不敢正视。水汪汪的大眼，柳叶般的窄眉，流露着难以抗拒的妩媚。朱红嘴唇，洁白牙齿，耳轮饱满，鼻梁挺直，双颊红润欲滴，下巴像磨光的浮雕，五官配合，貌美如花。

"吴妁女士摘下梁莹女士的耳环，解开她头上的绒髻，秀发瀑布般泻下，乌黑光亮，几乎可以映出人的影子，吴妁女士双手才能握住。发长几跟身齐，梁莹女士坐在榻榻米上，秀发委顿，尚余一半。

"接着，吴妁女士就要解开她的纽扣，看她的下体。梁莹女士满脸通红，像着了火般燃烧，忸怩挣扎，不肯脱光。吴妁女士曰：'皇家规矩，一定要检查全身，这是最后的手续，必须解开裤带，才尽到我的职责。'

"梁莹女士不能拒绝皇家的规定，一种羞辱的感觉袭来，忍不住泫然泪下，只好闭上眼睛，任凭吴妁女士为她宽衣褪裤。在脱的时候，内衣上的芳香和处女特有的气息，阵阵扑鼻，使人沉醉。

"梁莹女士终于脱光，赤条条一丝不挂，美丽的胴体呈现眼前。咦！她身上肌肤，光泽洁白，细嫩得好像一吹都会破碎，手摸上去，竟自动滑下。双肩和脊椎，跟挺立的玉石相似。双乳刚刚发育，微微耸起，勉强可以盈握。可爱的肚脐，隐约下陷，能够容纳一粒直径半寸的珍珠。

"再往下检验，私处坟起（柏老按：这一句可不会翻译）。然后使梁莹女士展开她的大腿，看她的宝贝。只见中间含着仙丹，像往外喷火，说明她是一位处女。因梁莹女士营养良好之故，所以胴体丰满。三围巧到好处，身长七尺一寸，肩宽一尺六寸，臀部一尺三寸，臂长二尺七寸，指长四寸，青葱尖尖，如同初削的竹笋。腿长三尺二寸，足长八寸。踝骨妍美，脚底平滑，脚趾修长，而且收敛。穿上丝袜绣花鞋，教她走路，轻盈端庄，听不见声音。

"到这时候，吴姁女士再检查她的声音。教梁莹女士拜谢，口呼'皇帝万岁'，梁莹女士缓缓叩首，依照吩咐，口呼'皇帝万岁'，声音幽扬，优雅悦耳，好像轻风送出洞箫。于是，再察看她的肛门，没有痔疮。再察看她的皮肤，没有疤痕。全身如玉，没有雀斑肉瘤。总结是，梁莹女士艳如天仙，包括嘴巴、鼻子、腋下、下体、双足等等，天生丽质，毫无瑕疵，美不胜收。"

◉气死锦绣床上

《汉杂事秘辛》当然是文言文，柏杨先生大部分都看不懂，而看懂的部分，也难下译笔。现在把原文录后，读者老爷如果童心不退，不妨研究研究，开开茅塞。

原文曰：

姁（吴姁）即与超（董超），以诏书趋诣商（梁商——梁冀的爹）第，第内欢噪。食时，商女莹（梁莹），从中阁细步到寝。姁与超如诏书，周视动止，俱合法相。超留外舍，姁以诏书如莹燕处，屏斥接待，闭中阁子。时日晷薄辰，穿照屡窗，光送着莹面上，如朝霞和雪，艳射不能正视。目波澄鲜，眉妩连卷，朱口皓齿，修耳悬鼻，辅靥颐颌，位置均适。姁寻脱莹步摇（耳环），伸髻度发，如黝鬌可鉴，围手八盘，坠地加半握。已，乞缓（解）私处结束（裤带）。莹面发赪抵拦。姁告莹曰："官家重礼，借见朽落（胴体），缓（解）此结束（裤带），当加鞠翟（观察）耳。"莹泣下数行，闭目转面内向。姁为手缓（解），捧着日光，芳气喷袭，肌理腻洁，拊不留手，规前方后，筑脂刻玉，胸乳菽发，脐容半寸许珠。私处坟起，为展两股（大腿），阴沟渥丹，火齐欲吐，此守礼谨严处女也。约略莹体，血足荣肤，肤足饰肉，肉中冒骨。长短合度，自颠至底，长七尺一寸，肩广一尺六寸，臀视肩广减三寸，自肩至指，长各二尺七寸，指去掌四寸，肖十竹萌削也。髀至足三尺二寸，足长八寸，胫跗丰妍，底平趾敛，约缣迫袜收束，微如禁中，久之不得音响。姁令推谢皇帝万年，莹乃徐拜，称皇帝万年，若微风振箫，幽鸣可听。不痔不疡，无黑子创陷，及口、鼻、腋、私、足，诸处均美。

《汉杂事秘辛》一书，有人说是东汉王朝时人的纪实，有人说是宋王朝时人，根据宋王朝皇帝"大婚"礼数，杜撰而成。这属于考据范围，不必去钻故纸堆。我们了解的是，皇后是何等的尊贵，而当时梁家班正掌握大权，梁莹女士的姐姐是皇太后，哥哥是全国武装部队总司令，可是她却像摆在菜市场出卖的猪肉一样——好听一点说，她像娼妓一样，赤裸裸地躺在那里，任凭主顾或嫖客，东摸西捏，甚至直抵隐蔽深处。这给我们一个启示，中国历史上，女人不是人，皇帝老爷更不把女人当人，女人只是玩物，只是专供臭男人发泄淫欲的工具。此所以老奶即令爬到皇后的高位，也随时会被踢下来，或囚或杀。没有人权，同时也没有人格。她们必须更上一层楼，爬到皇太后的宝座，手里还得掌握着儿皇帝这个魔杖，才能真正地维持自尊。

梁莹女士被迎娶进宫那一年，大概十五六岁，从她的双乳还未长成上，可看出端倪。但是，皇帝刘志小子，也不过十六岁，而她又美艳绝伦，娘家权势又威震朝纲，一对娃娃夫妻，当然十分恩爱——史书上的酱缸术语，称之为"独得宠幸"，其他小老婆群和所有宫女，全被排斥。而梁莹女士生长在富贵之家，又身为第一夫人，自然习惯于挥霍奢侈，史书上形容："宫帷雕丽，服御珍华，巧饰制度，兼倍前世。"刘志小子对她是既爱又畏，服服帖帖。

然而，好景不长，三年后的公元150年，身为老姐的皇太后梁妠女士，寿终正寝。按理说，刘志小子已十九岁，可以亲自处理政府事务啦，可是，梁家班已根深蒂固，梁冀先生死握着政权不放，刘志先生只好仍继续充当玩具，教他画押他画押，教他打叉他打叉，一肚子气，只好发泄到老婆身上。而且臭男人都喜新厌旧（读者老爷容禀，你阁下可是盖世圣鬼，当然例外，千万别气），再美丽的老奶，日夜纠缠，也早有点腻啦。最重要的还有一项供刘志借口的是，梁莹女士始终没有生儿子，一个皇后没有儿子，小辫子就被别人抓到手里。于是刘志小子理直气壮地开始对她冷落，大部分时间都钻到别的美女怀里。

梁莹女士应该察觉到危机逼面，她的遭遇跟霍成君女士的遭遇，非常相同，她应该提高警觉，含垢忍辱，努力维持现状。可是她太年轻啦，150年时，她才是十八九岁大的孩子，如果生到现在，高级中学堂不过刚刚毕业，对宫廷的阴森恐怖，一无所知。她所知的只是婚后几年间，小丈夫跟她恩恩爱爱，海誓山盟，而如今他却变了心。她不能接受这个事实——她的心智不允许她接受，她开始做出残忍的、失尽人心的反击。她调查那些怀了身孕的美女，一一把她们毒死。不久，这个恐怖的美丽杀手，在宫廷中就陷于完全孤立。

刘志小子不敢惹她，因为他畏惧她哥哥梁冀先生，但他内心却恨她，真正到了"敢怒而不敢言"的地步。好吧，我虽不敢惹你，我不爱你，你哥哥总没办法吧。他就索性跟她来一个死不见面。皇宫那么大，找也找不到，叫也无处叫。煊赫的家世和全国武装部队总司令的百万雄兵，都无法挽回爱情。

梁莹女士气得发疯，但她无计可施，终于病倒，那是气病的，沮丧、悲愤，病榻前冷冷清清。熬到公元159年，她咽下最后一口气，孤零零死在锦绣床上，才二十五六岁。我们可以确定，那是一具世界上最美丽的尸体之一。万人称羡的上帝杰作，戛然中断。

◉巩固地盘

梁莹女士的死，使邓猛女女士在宫廷中的地位，突然重要。

邓猛女女士本来应是梁家班的，但命运使她加入邓家班。读者老爷一定还记得公元二世纪初，东汉王朝第四任皇帝刘肇先生在位时，那位把皇后阴孝和女士挤垮，而自己爬上皇后宝座的邓绥女士，邓绥女士有个侄儿邓香，而邓猛女女士正是邓香先生的女儿。换句话说，邓猛女女士是邓绥女士的侄孙。

邓猛女女士的娘宣女士，嫁给邓香先生。于生下邓猛女后不久，邓香先生一病逝世，宣女士怀抱着娃儿，再嫁给梁纪先生。

——嗟夫，由宣女士再嫁这件事上，看出中国古代的婚姻观念，跟二十世纪的婚姻观念，在某一种尺度上，几乎完全相同。妻子死啦，丈夫可以再娶；丈夫死啦，妻子也可以再嫁，天经地义兼地义天经。邓家是一个皇亲国戚的高贵门第，丈夫与世长辞，年轻妻子即行另投高明，而且还带着娃儿，没有人失惊打怪。可是到了十一世纪，理学道学猖獗，害人精程颐之类，一声吆喝："饿死事小，失节事大。"女人遂失去人格，变成臭男人豢养的家畜。宣女士幸而早生一千年，如果生在十一世纪之后，以她丈夫所拥有的辉煌家世，恐怕只有守寡到底，永无翻身之日。呜呼，中国妇女有祸啦，理学道学像毒蛇一样缠到所有老奶身上，摆也摆不脱，甩也甩不掉。现在虽然已到了二十世纪末期，女权日益高涨，可是后遗症的强烈，仍使我老人家叹为奇观。

这位梁纪先生，正是全国武装部队总司令梁冀先生妻子孙寿女士的舅父，襁褓中的娃儿邓猛女女士，就改从继父的姓，名梁猛女——我们也开始称她这个姓氏。所以在亲属关系上，她跟孙寿女士是表姐妹。

梁猛女女士一天一天长大，俗云，女大十八变，越变越好看。在十五六岁的时候，已出落得像一朵鲜花。这对孙寿女士是一个诱惑，不是诱惑她搞同性恋，而是引起她政治性的欲望。梁冀先生已经把妹妹梁莹女士献给皇帝当大老婆，她如果能把表妹献给皇帝当小老婆，在宫廷中就更增加梁家班的政治资本。梁冀先生同意她的主张，于是，公元153年——梁莹女士当皇后后第五年，把她送进皇宫，成为刘志先生小老婆群的一员。这时候刘志先生对梁莹女士的爱情，已经衰退，忽然面前出现一位更艳丽夺目的美女，不禁神魂颠倒，立刻封她"采女"。采女虽是小老婆群最低一级的职位，但职位高低跟恩爱的程度，并不成正比例。刘志先生把当初爱梁莹女士的狂热，全部转移到梁猛女女士身上，梁莹女士终于失宠。咦，看了关于介绍梁莹女士胴体的宫廷报告，所有臭男人都会脖子发直，而竟然还有比她阁下更美的梁猛女女士压过她，天下娇娃，层出不穷，而又都集中宫廷，怪不得连柏杨先生这种道貌岸然之物，都想当皇帝想得发疯。

中国传统文化之中，一人得权，鸡犬当官。读者老爷在皇后身上，可以获得印证。一个老奶一旦当上皇后，她的娘家人就抖而阔之（当然，一旦皇后垮台，娘家人也跟着一齐泡汤）。梁猛女女士不久就晋升到小老婆群第一级"贵人"，老爹已死，刘志先生就封她哥哥邓演先生侯爵（南顿侯），邓演先生死掉，由儿子邓康先生继承爵位。

（看情形，邓演先生的嫡子邓康——梁猛女的异母哥哥，年龄应比妹妹大得多。）

梁莹女士之死，对梁家班是一个严重打击，皇宫里梁家女儿多的是——仅"贵人"级的小老婆群，就有七位，但没有人能把刘志先生套牢。权力魔杖不在梁家班手里，就有随时发生变化的可能性，一旦宫廷传出皇帝诏书，要解除梁冀先生全国武装部队总司令的职务，请问怎么办吧？接受则全盘都输，不接受则只有叛变，他们不愿面临这种抉择。

梁冀先生急于掌握刘志先生，他看准了梁猛女，为了建立更密切的关系，他坚持要把她收作自己的女儿。这种想法真是奇怪，只有二抓牌才会有如此石破天惊的古怪念头。梁猛女女士是梁冀妻子孙寿女士的表妹，也应该是梁冀的表妹。基于都姓"梁"的缘故，蛮可收作妹妹，怎么能教她降低一辈，当女儿乎哉？好吧，为了政治利益，当女儿就当女儿吧。可是此"梁"到底不是彼"梁"。梁纪先生之"梁"，到底非梁冀先生之"梁"，尤其事实上梁猛女女士亲爹姓邓，硬生生拉到自己膝下，而现在的形势又是翻了过来的，不是梁猛女需要梁冀，而是梁冀需要梁猛女，问题就出来啦。

●茅厕密谋

梁猛女女士的娘宣女士，对梁冀先生的提议，认为那样做也好，不那样做也好。但她的大女婿，担任政府参议（议郎）的邴尊先生，提出反对，他曰：

"妹妹正得皇帝宠爱，皇后的宝座在望，用不着靠梁冀的力量，将来我们自己有自己的班底。而且，梁冀作恶多端，已天怒人怨，梁莹女士又是如此下场，反映出皇帝对梁家班的厌恶，一旦山崩地裂，梁家班会全军覆没，我们搅到这潭浑水里干啥。"

宣女士对邴尊先生的意见，十分重视，但她又想，未来的祸福，怎能预料？跟二十年之久的权贵世家结合，岂不更如虎添翼耶。正在犹豫不决之际，梁冀先生得到邴尊先生拒绝的消息，大发雷霆，俺收梁猛女当女儿，是瞧得起她、栽培她、提拔她，向俺下跪求俺收她当女儿——甚至当孙女的人，多如牛毛，俺理都不理哩。不识抬举的东西，俺要你们尝尝不识抬举的味道。

——恶棍型人物，无论他是皇帝也好、宰相也好，等而下之是一个小小局面的头目也好，唯一的手段就是高压。怎么，你不服气呀，大刑伺候。

梁冀先生剑及屦及，马上派出职业杀手，把邴尊先生刺死。邴尊先生一死，宣女士知道毛病出在什么地方，心惊胆战。问题是恐惧只能使人屈服，不能使人心甘情愿。宣女士本来有接受梁冀先生要求可能的，女婿一死，两家结上血海深仇，已无法和解。她唯一的办法是加强自己住宅的戒备，免得凶手再现。

事情发展到这种地步，宣女士即令屈服也没有用，梁冀先生决定斩草除根，他要把宣女士也干掉，使梁猛女娘家人一扫而光，无依无靠，他这个老爹就做定啦。于是，他再派出职业杀手，直指宣女士。不过这一次梁冀先生的运气不好（而且从这次开始，梁冀先生的运气一直不好，用星象家的话来说，他阁下的气数已尽）。原来宣女士跟高级宦官（中常侍）袁赦先生毗邻而居，当职业杀手深夜爬上袁赦先生家屋顶，打算借袁家屋顶，跃到宣女士家时，突然被发觉。那时既没有电话，又没有警铃，袁赦先生教他的家人蜂拥而出，齐力敲锣打鼓，一霎时声震田野，向宣女士报信。

宣女士马上知道发生了啥事，在严密护卫下，她乘车直入皇宫，找到女儿，一齐向刘志先生报告这场未成功的谋杀。刘志火冒三丈，好梁冀，你可真凶，杀人杀到俺皇帝家人的头上啦。积压在心头多少年来对梁家班的愤怒，一齐爆发，他要反击。于是假装拉屎，跑到茅厕里，开始他的阴谋。他向最贴身的随从小宦官（小黄门吏）唐衡先生，探听消息，问宦官们有谁跟梁家班处不好的或反对梁家班的。这当然有，唐衡先生告诉他，高级宦官（中常侍）单超先生和随从宦官左倌先生，曾跟首都洛阳市前任市长、已故的梁不疑先生（梁冀的儿子），反目有仇。另外高级宦官徐璜先生和侍卫队队长（黄门令）具瑗先生，私下痛恨梁家班入骨，只是不敢公开表示。

刘志先生虽然身为全国最高元首，现在却只敢在茅厕里闭门密谈，他把五个人找到，向他们提议发动勤王，五个人一致站在皇帝这一边。为了祸福同当，生死与共，史书上说，刘志先生把单超先生的手臂，咬出血来，作为盟誓。

——把别人手臂咬出血来，这算他妈的啥盟誓？至少也要互咬手臂出血，或咬自己手臂出血才像话。可是自己手臂出血，岂不痛得哎哟哎哟，只有皇帝老爷才想出这种只流别人血的妙法。

梁莹女士是公元159年七月死的，现在，不过到了八月，梁家班已面临末日。可能梁冀先生感觉到不对劲，也可能他已听到什么风声，那一天(史书上说是"丁丑"，谁知道"丁丑"是哪一日？查起来头昏眼花。直接写出那一日岂不简单明了，偏偏冒出"丁丑")，梁冀先生派宦官群中他的亲信宫廷侍卫(中黄门)张恽先生，到皇宫警卫司令室(入省宿)，打算接管警卫。刘志先生不能不立刻行动，盖警卫大权一去，便万事都休矣。乃下令逮捕张恽先生，宣称他来自宫外，意图不轨。这是一个血淋淋的罪状，刘志先生在五人保护下，隆重升殿，由机要秘书们(诸尚书)分别撰写诏书，秘书长(尚书令)尹勋先生率领所有可以集结的宫廷侍卫，把守皇城，为了预防被人盗用，把兵符(符节)集中保管。然后，由具瑷先生带领全副武装的一千余人御林军，跟首都洛阳卫戍司令官(司隶校尉)张彪先生的卫戍部队会合，包围梁冀先生大厦连云的豪华住宅。

◉血流成河

这个突变，大出梁冀先生意料，他掌握权力二十年之久的心路历程，使他的自信空前膨胀——他认为即令是皇帝，对他也不敢反抗。事实上，他也确实毒死了一个。他这种膨胀的自信，产生颟顸和冥顽不灵，宫廷中积一月之久的密谋，他竟没有得到一点比较具体的情报。所以当大批兵马从天而降，把他的住宅团团围住时，他吓得魂飞天外，手足无措。等到合围完成，宫门防卫司令官(光禄勋)袁盱先生，手拿皇帝的诏书，在门口宣读对梁冀先生的处分：

第一，解除梁冀先生全国武装部队总司令职务。第二，封梁冀先生比景侯。第三，梁冀先生应率领他的家属前往他的封邑。

比景侯的封邑在比景，而比景，阎姬女士篇幅里，有过介绍，在现在 (二十世纪) 越南的广平县 (今广平省——编者注) 境，距首都洛阳，航空距离三千公里，是当时中国最南方的荒凉边城。阎家班就放逐到那里，而今轮到梁家班矣。不过，可怕的还不是比景遥远，而是封比景侯只是一个幌子，仇家满布朝野，梁冀先生只要一出大门，他的命运不卜可知。绝对的权力一旦瓦解，铁定会招来绝对的报复。

梁冀先生平时威风凛凛，智慧百出，勇不可当，现在却束手无策，他无法调动大军，尤其是，他即令想调动大军，也调不动。他是一个公子哥儿出身的恶棍，不是远谋深虑的奸雄，他对他的军队不能控制。史书上没有描写这个恶棍死前的嘴脸，只直截了当地说，他跟他的妻子孙寿女士，双双自杀。他们夫妻一死，留下的梁氏家族，连比景也去不成啦。刘志先生下令作地毯式的逮捕，凡梁氏家族和孙氏家族，不管老头也好，少年也好，妇女也好，怀抱中吃奶的婴儿和天真活泼的顽童也好，一个不漏，全体绑到刑场斩首。这是吕氏家族、霍氏家族覆灭的戏，再次血淋淋演出。

梁氏家族在东汉王朝政坛上，屹立三十年，先后出现过：

两个皇后

七个侯爵

两个皇帝的一级小老婆（贵人）

两个全国武装部队总司令（大将军）

三个驸马

五十七个部长和将军（卿将尹校）

七个女性（妻子或女儿） 郡君（王爵） 或县君（侯爵）

如果每一个人再有一百个家属（包括奴仆），梁氏家族至少在一万人以上。孙寿女士的孙氏家族，数目也应相差无几。三十年荣华富贵，到此结束，堆积如山的无头尸体，为这两大家族的灭绝，留下见证。

随着梁氏家族的覆灭，凡隶属梁氏家族的梁家班组织的成员，仅部长、将军，就有数十人之多，也跟着处决。史书上只笼统曰："连及公卿列校、刺史二千石，死者数十人。"没有指出姓名。指出姓名的只有：首席宰相（太尉）胡广先生、次席宰相（司徒）韩演先生、三席宰相（司空）孙朗先生，他们的运道比较好，没有拉出去砍头，而只撤职免爵，成为平民。而梁家班外围一些趋炎附势的马屁精，查出三百余人，全体罢黜。在这场大整肃后，东汉政府的官员，几乎一空。

现在，我们回到女主角梁猛女女士。

就在梁冀先生自杀，梁家班全被屠宰的当月——公元159年八月，刘志先生宣布梁猛女女士继任皇后，接替气死的梁莹女士遗留下的位置。刘志先生恨死了"梁"字，就把她改姓"薄"，称为薄猛女女士。薄猛女女士既不姓梁，更不姓薄，她的亲爹本是邓香。于是到了公元161年，终于恢复了她的本姓——邓猛女女士。

——一个皇后的姓，改来改去，中国历史上还是第一次，而这种改不基于血缘上、伦理上的理由，却基于政治上的理由。"政治"，在中国历史上一直是一支主流，大事小事，无一不受它的影响。

●暴室暴卒

一人得官，鸡犬升天，邓猛女女士当皇后后，刘志先生追赠邓猛女早死的老爹邓香先生侯爵（安阳侯），封邓猛女的娘，那位几乎被梁冀刺客杀掉的宣女士"县君"（女性侯爵）。邓氏家族欢欣鼓舞，一个邓家班的时代来临。

——梁家班"无少长，皆弃市"的尸体，在坟墓里还没有腐烂，所流的血还没有全干，邓氏家族已飞奔着往前急追。权力使人胆大包天，眼睛模糊，耳朵听不清，鼻子嗅不出，咦。

然而，爱情是递减的，皇帝老爷因毫无忌惮之故，递减得更快。刘志先生皇宫里，史书上记载，仅小老婆群第四级——最低级的"采女"，就有"数千人"，数千人到底是多少人，我们无法肯定，二三千人固可称"数千人"，八九千人也可称"数千人"。姑且推测为五千人的话，一个"采女"如果有两位宫女服侍，仅"采女"这一级的宫女，就一万五千人矣。其他还有第一级"贵人"，第二级"美人"，第三级"宫人"，加上服侍她们的宫女，再加上充当其他职责的宫女，总数目可跟西汉王朝末期比美，有三四万人矣。新任的宫门保卫司令官（光禄勋）陈蕃先生，曾有一份报告给刘志先生，曰：

> "采女数千，食肉衣绮，脂油粉黛，不可赀计。俗谚言：盗不过五女门。以女贫家也（女儿嫁妆能把家搞穷）。今后宫之女，岂不贫国乎。"

刘志先生有点不好意思，为了表示他从善如流，特下令释放五百名宫女。五百名宫女实质上对刘志先生毫无影响，盖释放的宫女都有相当年龄，即令留在皇宫，刘志先生也不会多瞧她们一眼，他仍然拥有美女如云。不过，对邓猛女女士那股热劲，已成过去。嗟夫，这可不能片面责备刘志，任何一个臭男人（包括可敬的柏杨先生在内），有那么多的美女排队而上，都会如此如此，这般这般。

邓猛女女士受不了被冷落的羞辱，她踏上她那些前辈皇后的覆辙——狂妒，她认为所有的美女都是该死的，忘了她当初是怎么爬上高位的矣。这时刘志先生已把宠爱转移到另一位郭贵人女士身上，两个美女为了争夺刘志，陷于长期缠斗，她说郭贵人的坏话，郭贵人也说她的坏话，坏话的内容我们不知道，也不重要，重要的是权力魔杖刘志先生听谁的话。用不着胡思乱想，刘志先生当然听郭贵人的，事情遂告决定。

公元165年二月，刘志先生翻脸无情，突然下令撤销邓猛女皇后的位号，逮捕她，送到宫廷特别监狱（暴室）囚禁。任何一个身在高位的人，都不能忍受这种摔下深谷的打击，史书上说她"忧死"，这是可能的，但更有可能被杀——毒死或绞死。她不比她的前任梁莹女士，梁莹女士跌下来时，宝座没有动摇，梁家班权势正在巅峰，刘志先生不敢骤下毒手，而邓猛女女士却是全盘都输。刘志先生不是有高贵情操的人，他只是个庸俗的市井流氓，什么事都干得出。

邓猛女女士为邓氏家族带来富贵，也带来灾难。她的叔父首都洛阳市市长（河南尹）邓万世先生和她的侄儿，也就是她爹的孙儿、继承安阳侯爵位的邓会，同时逮捕，叔侄二人，就在监狱里绞死。另一位也是侯爵（昆阳侯）的侄儿邓统先生，命运比较好，他被捕下狱后，没有砍头，仅只撤销侯爵封号，逐回他的故乡新野（河南新野）。她的娘亲宣女士，上天保佑她死得早，免掉一场势败后的痛苦遭遇。

邓猛女女士于公元153年进宫，公元165年不明不白地香消玉殒，进宫时十八岁的话，死时不过三十岁，正是刚刚绽开的花朵。十三年的缠绵爱情，换来两位亲人的人头落地和全族放逐。

邓猛女女士本身是平凡的，不过是皇宫中夺床斗争的一个小小插曲，但她引起梁氏家族的全灭，却是传奇的。一直到两千年之后，我老人家都不明白，梁冀先生当初为啥有那种非把她收作自己女儿不可的奇异念头？这奇异念头除了使梁氏家族覆没外，也使邓氏家族覆没。当邓猛女女士初坐皇后宝座时，她认为她可以牢牢掌握刘志。呜呼，除非具有赵合德女士那种神秘本领，历史上还没有第二个女人，能使皇帝一直保持爱心。何况，赵合德女士的老公刘骜先生，在第十年就"以身报肉"矣，谁敢保证再过十年，他仍能一如往昔乎哉。

田圣 · 窦妙

时间：二世纪六十至七十年代

其夫：东汉王朝第十一任皇帝

汉桓帝刘志

遭遇：田圣被杀 · 窦妙忧死

◉一刀下去·玉头落地

邓猛女女士是直接受郭贵人女士攻击，而全族覆没的，邓猛女女士既然死亡，以常情推测，郭贵人女士当然脱颖而出，继任皇后的职位。可是，嫖客们没有爱情，只有肉欲，大嫖客们尤其如此。皇帝老爷刘志先生，在邓猛女女士死后不久，对郭贵人女士也玩腻啦，要换换口味。他把全部宠爱，雨露均沾地分给九位"采女"（小老婆群第三级）。九位采女中，尤以田圣女士，艳丽妖媚，美冠三军。这位天生尤物，不但像半路杀出的程咬金，把气焰正张，眼看就要爬上皇后宝座的郭贵人女士挤垮，她更虎视眈眈，企图坐上去。刘志先生也正是这个主意，可是她的问题不发生在她的自身，而发生在她的家世。出身寒微，是她的致命伤，因为她除了依赖权力魔杖外，没有外援。首都洛阳卫戌司令官（司隶校尉）应奉先生，在金銮宝殿上，就曾引经据典，竭力反对。宰相（太尉）陈蕃先生，更进一步地建议，如果教贫贱出身的田圣女士当皇后，不如擢升现在身为贵人（小老婆群第一级）的窦妙女士当皇后。

——窦妙女士恰恰相反，她的家世灿烂夺目。在宋敬隐和梁恭怀女士的篇幅里，读者老爷一定还记得那位大获全胜的窦章德女士，宋梁两位都死在她阁下和她阁下的家族之手。这些家族在窦章德女士死后，虽然全被逐出政府，但百足之虫，死而不僵，他们不同于其他外戚的命运，只不过失势而已，并没有一扫而光。窦章德女士的远房侄儿窦武先生，以深通儒家学派经典，闻名当世。他的女儿窦妙女士，自然也是皇亲国戚。刘志先生拗不过政府官员的立场，但主要的还是他自己也并不十分坚持。反正谁当皇后，对他阁下而言，都是一样。于是，就在邓猛女女士死掉当年(165)的冬天，册立窦妙女士当皇后。这是刘志先生第三任皇后，史书上没有说她的年龄，依中国一向早婚的传统，她应在十八岁左右。她刚当皇后的最初几个月，刘志先生对她着实新鲜了一阵。可是，以梁莹女士的花容月貌和销魂蚀骨的美丽胴体，刘志先生不过三年就玩腻啦，窦妙女士比梁莹女士似乎要差一截，所以几个月后，刘志先生仍回到以田圣女士为首的九位采女的怀抱，打得火热。这使窦妙女士妒火中烧。呜呼，前屡言之，妒火不但能烧坏别人，也能烧坏自己。刘志先生对一个妒火中烧的妻子，无心领教，离她越远越好。而窦妙女士也就越忌越妒，刘志先生看到眼里，对田圣女士更是越发疯狂地宠爱。后人有诗叹曰：

溺情无过绮罗丛　欲海沉迷太不聪

二十年来一昏浊　徒教妇寺乱深宫

——妇，指美女。寺，指宦官，尤其指那五位参加厕所密谋，后来全封侯爵、掌大权的宦官。

任何一个臭男人，性行为过度，就得付出性行为过度的代价。中国五千年历史，大多数帝王们都短命而死，宫廷里如山如海的美女们昼夜上床，旦旦而伐，是最主要的原因。刘志先生不能例外，他纵情在以田圣女士为首的九位美女的酥胸大阵，过他风流天子的生活，终于精力枯竭。公元167年，一病卧床，眼看就要断气，为了回报给他肉欲上的满足，他把田圣等九位采女，一律擢升为小老婆群第一级的"贵人"。到了该年的十二月，刘志先生翘了御辫，死他娘的啦。首尾计算在内，当皇帝当了二十二年，才三十六岁。如果不是那么多如花似玉，他还有得活哩。

窦妙女士当了三年皇后，受尽了田圣女士等九位美女的气。刘志先生一死，窦妙女士顺理成章高升皇太后，那一年，她这位皇太后不过二十岁，大学堂二三年级女学生，花朵般年龄，在窦家班拥戴下，临朝听政，掌握中央政府大权。刘志先生的尸体还有余温，她就开始报复，下令把田圣女士杀掉。大树已倒，没有人敢拒抗皇太后的命令。可怜田圣女士，这位无依无靠、有口难言的孤女，芙蓉般的面颊上还带着哭夫的眼泪，就被禁卫军拉出，不容分说，一刀下去，玉头落地，宫廷中又多一个冤魂。窦妙女士初次尝到权力的味道，再下令把其余的八位贵人，一齐处决。幸亏高级宦官（中常侍）管霸、苏康先生，两位跪在窦妙女士面前，苦苦哀求，八位贵人才算免掉一死。呜呼，人生的变数太多，而宫廷中的人生变数更多，血腥和歌舞，间不容发。

●平地一声雷

窦妙女士报了私仇之后，面临着帝位继承人问题。刘志先生没有儿子，窦妙女士的皇太后现在是架空的。她爹窦武先生在她当了皇后后，父以女贵，被封侯爵（槐里侯），担任首都洛阳城垣戒严司令官（城门校尉）。窦妙女士就跟老爹商量，必须尽快在皇族之中，遴选出下届皇帝。窦武先生再跟监察部资深委员（侍御史）刘儵先生考虑良久，认为只有十二岁的刘宏小子，最最合适。刘宏小子是一个皇家血统疏远的没落王孙，贫苦而贱微，只不过一个三等侯爵（亭侯），封邑在解渎（河北安国东北）。

——西汉王朝和东汉王朝，侯爵分为三等：第一等县侯，封邑一县。第二等乡侯，封邑一乡。第三等亭侯，封邑不过一个小村落（吾友关羽先生，就是亭侯）。

——西汉王朝开国皇帝，那个老流氓出身的刘邦先生，在起兵叛变秦王朝之前，曾干过"亭长"，就是一个小村落的村长。刘宏小子皇家血统的位置，列如下表：

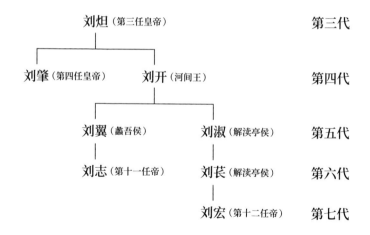

刘儵先生所以推荐刘宏小子，主要原因是，在有资格继承帝位的皇族中，以他最年轻和最昏庸。窦妙女士必须有一个这种既年轻又昏庸的幼主，才可以理直气壮地继续掌握大权，而皇太后

掌握大权者，也就是皇太后的亲人掌握大权——直截了当地说，也就是身为皇太后老爹的窦武先生掌握大权。郎有心，妾有意，馊主意既经提出，双方一拍即合。窦妙女士马上派刘儵先生和高级宦官（中常侍）曹节先生，拿着皇太后诏书，带着宫廷护卫及禁卫军（中黄门虎贲羽林兵）一千余人，前往河间（河北献县）迎接。历史上，这是一个盛大壮观的场面，刘宏小子平地一声雷，从一个穷措大，一步登天，成为最高元首，威风凛凛兼喜气洋洋，人生如果有运气的话，他阁下一旦来临，真是连城墙都挡不住。虽在两千年之后，我们仍可听到他小子心窝里唱歌的声音。

史书上说，二世纪四十年代时，首都洛阳就有一首童谣曰：

城上乌，尾毕逋。公为吏，子为徒。一徒死，百乘车。车班班，入河间。河间姹女工数钱，以钱为室金为堂。石上慊慊舂黄粱。梁下有悬鼓，我欲击之丞卿怒。

是不是真有这首童谣，我们不敢肯定，因为它充满了星象家所谓的预言。而这种"烧饼歌"式预言，根本没有价值，因为人类只有能力在形式上推理，还没有能力看到未来的具体形象。而且，即令一切是肯定的，这首儿歌，经过文言文把它一酱，读起来已不像儿歌，而像一段千锤百炼的经书。

然而，史书上说，到了六十年代，一切都应验啦。"城上乌，尾毕逋"，指当时皇帝刘志先生，像乌鸦一样，盘踞皇宫，只知道贪污。"公为吏，子为徒"，五十年代中国边疆大乱，叛变频起，大军征讨，广征民兵，爹被征去当低级雇员，儿子被征去当兵。"一徒死，百乘车。车班班，入河间。"指千余禁卫军去河间迎接刘宏小子。下面五句，直到六十年代末期，刘宏小子坐上宝座之后，才陆续兑现。"河间姹女工数钱，以钱为室金为堂"，指刘宏小子的娘董孝仁女士——在下一篇，我们将专文介绍她：她阁下贪得无厌，卖官鬻爵，除了要钱，还是要钱。"石上慊慊春黄粱"，指本文的女主角皇太后窦妙女士，豪华奢侈，教人剥黄粱佐餐。"黄粱"在当时只有福建省南部出产，俗称"地菠萝"，大概是凤梨之类。福建省南部距首都洛阳，直线一千五百公里，万山千水，羊肠鸟道，实际距离，总在四千五百公里以上，加速的驿马驿车，也要走五十余天：五十余天的长途跋涉，要保持进贡御用水果的新鲜，是一件可怕的浪费。"梁下有悬鼓，我欲击之丞卿怒"，人民不堪宫廷狗男女们的剥削，想击鼓伸冤，可是官吏之类，为了保护自己的乌纱帽，对这些犯上作乱的乱臣贼子，自然义愤填膺。

——从这首童谣，可看出东汉王朝刘志、刘宏两位皇帝老爷在位时（也就是二世纪四十年代到八十年代之间），中国政治和社会，已彻底腐烂，大暴动终于在八十年代爆发，把东汉王朝倾覆。

◉太大的打击面

刘宏小子于公元168年，正式即位。当时的权力形式是：全国武装部队总司令（大将军）窦武先生（皇太后窦妙女士的爹），首席宰相（太傅）陈蕃先生、次席宰相（司徒）胡广先生、三席宰相（司空）王畅先生。窦武先生封侯爵（闻喜侯），他的儿子窦机先生，侄儿窦绍先生、窦靖先生，也都封侯爵。一女当权，一家旱地拔葱。身为皇太后的窦妙女士，接着又封陈蕃先生侯爵，对前往河间（河北献县）迎接新皇帝的高级宦官（中常侍）曹节先生，也封二级侯爵（长安乡侯）。一个新当权的窦家班，于是建立。

这一年（168），新即位的小皇帝刘宏，才十三岁，他的乳娘赵娆女士，随着一手哺养长大的刘宏，一同进宫，宫里尊称她"赵夫人"。假定她二十五岁时奶刘宏小娃，现在也不过三十八岁，正是成熟的年龄，美丽、机警、狡黠，最拿手的本领还是善解人意。她知道荣华富贵的源头在年轻的皇太后窦妙女士手上，所以日夜侍奉左右，曲意承欢，把窦妙女士搞得如醉如痴，芳心大悦。盖窦妙女士虽然贵为皇太后，可是她从没有出过闺门，又那么年轻，怎能逃过一个老奸巨猾的女巫之手乎。同时，赵娆女士施出交际手腕，贿赂加甜言蜜语，宫廷里一些负责行政事务的女官（女尚书），统统成了她的姐妹淘，把窦妙女士团团包围。而高级宦官王甫先生，跟封了二等侯爵的曹节先生，更跟赵娆女士结合，全神贯注地博取窦妙女士欢心。这种情形，在《红楼梦》里可看出影子，贾府大大小小，男男女女，都在看贾母的眼色行事。不同的是，贾母已老，而窦妙女士正在妙龄。曹节、王甫就利用他们的谄媚，跟赵娆女士狼狈为奸，大肆卖官鬻爵，使窦妙女士一一照准。

大批来路不明的贪官污吏马屁精，由皇太后直接指派，东汉王朝政府，不但大权旁落，而且陷于瘫痪。陈蕃先生向窦武先生秘密进言曰："曹节、王甫，这两个坏蛋，在刘志在位时代，就混水摸鱼，弄得民怨沸腾。现在趁皇太后当权，如果不马上把他们铲除，恐怕到了后来，就更无法控制矣。"窦武先生也有同感，于是，他跟宫廷秘书（尚书）尹勋先生、宫廷参议（侍中）刘瑜先生、首都洛阳驻军司令官（屯骑校尉）冯述先生，共同商量行动步骤。这一年（168）五月一日，发生日蚀。陈蕃先生再度向窦武先生秘密进言曰："我已快八十岁矣，对世事还有什么企求？只希望为政府尽忠，扫除害群之马，也为了帮助你建立不朽的勋业，才贪恋这个官位。现在机会已经成熟，日蚀是一项重要的天变，上帝已对东汉王朝提出警告。我们正可利用这项警告，请皇太后把宦官完全罢黜。赵娆女士和那一批宫廷女官，为非作歹，闹得天怒人怨，也应该一网打尽。要发动就要迅速发动，夜长梦多，拖延太久，恐怕有变。"

窦武先生也有同感，立刻向他的皇太后女儿窦妙女士提出。以他们父女之亲和女儿对老爹的依赖——可以说言听计从，窦武先生的建议应该被采纳的。不过窦武先生所提出的打击面太大，大到使窦妙女士两眼发直。盖如果依照老爹的主意，她周围的那些恭顺的人群，就要一扫而光，全部被逐被杀。而她又没有直接发现他们有什么滔天大罪，所以这样做不但是不可思议的，而且是疯狂的。窦武先生显然没有考虑到一点，那就是，一扫而光之后，由什么人服侍皇太后？事实上，接班人仍然是女官和宦官，问题仍然存在。这是一个无法解开的死结，中国传统宫廷制度的死结。窦武先生解释曰："依王朝的规定，宫廷侍卫（黄门）、高级宦官，只在皇宫服役，看守门户，管理财产罢啦。而今他们却干预到政府的行政，摇尾系统都做了大官小官，把国家弄得一团糟乱。自应该把他们全都驱逐，罪大恶重的，更应该杀掉，使王朝政治，耳目一新。"窦妙女士曰："宫廷里不能没有宦官，有罪的当然应该处罚，怎么能一竿子打落一船人，不分青红皂白，一股脑干掉呀？"

窦武先生只好指出高级宦官管霸先生和苏康先生专横凶暴，无恶不作。窦妙女士下令把二人逮捕，就在狱中绞死。窦武先生再指出曹节先生和他那一党的罪状，窦妙女士正被曹节先生拍得舒服，虽不便于拒绝老爹的要求，但也不采取行动。窦武先生不能坚持，只好退出。到了这一年 (168) 的八月，陈蕃先生忍耐不住，向皇帝刘宏小子——事实上是向皇太后窦妙女士，上了一份终于引起一场可怕屠杀的奏章，奏章上曰：

"我听说，言论不直，行为不正，不但欺天，而且负人。话说得太深刻，意表得太明显，群凶一定恨入骨髓。在二者之中，我愿接受灾祸，而不敢欺天负人。首都洛阳，现在已乱成一片，人言啧啧，都说曹节、侯览、公乘昕、王甫、郑飒、赵娆，以及宫廷里的女官，结成一个小集团，扰乱天下。攀附他们的人，纷纷升迁。不肯降身的人，都受到中伤。政府高级官员，都成了河里的木头，不言不语，随波浮沉。你陛下刚刚当上皇帝，顺应民情，已把为害最大的苏康、管霸，一齐处决，小民听见，普天同庆。可是几个月下来，你陛下又纵容其余的人乱搞，元恶大奸，正是此辈。现在如不诛杀，必然发生大的灾难，危害政府。大灾难一旦爆发，恐怕难以控制。请你陛下把我的这份奏章，公开宣布，使他们知道我嫉恶如仇，不敢继续为非作歹，政治才有走上轨道的可能。"

◉宦官猛烈反击

陈蕃先生真是一个标准的老糊涂，白活七十余岁，仍书呆子一个。虽位居宰相，对现实政治，却摸不清要害，竟认为宦官怕他，只要知道他嫉恶如仇，就不敢为非作歹啦。而且窦武以老爹之亲，面对面促膝长谈，都不能打动女儿的心，陈蕃先生却想靠一篇奏章，使她阁下改变主意，简直是幼儿园小班的想法。何况奏章名义上虽是呈给皇帝，事实上是呈给皇太后，内容却要整肃皇太后左右最亲信的侍从，这等于把头伸到鳄鱼嘴里，根本没有逃生的可能。窦武、陈蕃像两头蛮牛，只知道仗着皇太后窦妙女士的力量，埋头猛冲，不知道政治是艺术，政治斗争更是艺术。高级宦官曹节先生和乳娘赵娆女士，本是窦家班的人，是先天的埋伏在皇宫里的主要助手。可是窦武、陈蕃，可能不屑于跟这种人为伍，也可能热血沸腾，没有这种眼光。反正是，他们把曹节先生和赵娆女士生生逼到敌人的阵营。皇宫之中，除了窦妙女士孤零零一个年轻的皇太后外，连个得力的助手都没有。

窦武、陈蕃二位，还不知道危机四伏，仍在紧锣密鼓，目标指向作恶多端的宫廷侍卫长（黄门令）魏彪先生。皇太后窦妙女士只好下令，免除魏彪先生的职务，由另一位宦官山冰先生继任。在窦武、陈蕃先生的坚持下，窦妙女士再下令逮捕长乐宫秘书（长乐尚书）郑飒先生，收押北寺监狱。陈蕃这老头，大概把宦官恨入骨髓，向窦武先生埋怨曰："这种东西，抓住就应该立刻处决，何必经过坐牢审问手续，岂不麻烦？"

——陈蕃先生对即将爆发的血腥屠杀，要负主要责任，他心躁气傲，咄咄逼人，对政治形同白痴。法律在他眼里，跟他所痛恨的宦官们在他眼里一样，都不值一屁，只靠情绪治理国家，能杀就杀。他阁下如果成功，也不见得会好到哪里去。

窦武先生比较有理性，他打算利用掌握法律的优势，达到排除宦官的政治性目的。他教新任的宫廷侍卫长（尚书令）山冰先生，会同宫廷秘书长（尚书令）尹勋先生、监察部资深委员（侍御史）祝瑨先生，组织会审法庭，就在监狱里审问郑飒。郑飒先生口供中，牵连到曹节和王甫。（话得说回来，这口供是怎么得来的？又是怎么牵连到的？从窦武、陈蕃二位对宦官仇视的事实，我们可断定审问时所施的苦刑拷打，一定惨不忍闻。呜呼，苦刑拷打之下，要啥口供有啥口供。不要说牵连到两个他们已决心铲除的宦官，就是教郑飒先生牵连柏杨先生，也照样会牵连个结实。）

山冰和尹勋得到这份口供，大喜过望，连夜把奏章递进去，再提前议，要求斩草除根。事情发展到这里，窦武、陈蕃两个书呆，胜利在握，踌躇满志，认为曹节、王甫赤手空拳，抓他们像老鹰抓小鸡一样，不费吹灰之力。

然而，巨变就在这时候发生。盖奏章递进了皇宫，不过递到收发处而已，必须经过宦官之手，才能到达皇帝面前，或到达皇太后面前。高级宦官一连串地被捕被杀，使所有宦官，都朝不保夕，人人自危。宫廷中风声鹤唳，草木皆兵。所以对政府官员的每一个奏章，都心颤胆惊。传递山冰、尹勋奏章的小宦官，早已被吩咐过，要严密注意审讯后任何进宫文件。小宦官对三更半夜送来的奏章，觉得不对劲，他马上通知长乐宫总务主任(五官史)朱瑀先生，朱瑀先生悄悄把密封着的奏章打开，只看了几行，就怒发冲冠，嚎曰："宦官犯法，当然可以杀。可是对我们没有犯法的，为啥也要诛尽斩绝？"

情急则智生，他连夜下令，召唤长乐宫他属下助手，紧急集合，到有共普、张亮等十七人，他痛哭流涕宣称："窦武、陈蕃已有秘密报告，要求撤换皇帝刘宏，这是大逆不道的罪恶，我们虽粉身碎骨，也要保护圣躬。"然后歃血为盟，决定先干掉窦武、陈蕃。而陈蕃先生前面那份奏章，也被小宦官偷瞧了内容，适时地泄露出来，大家更火上加油，少数犹豫不决的，也悲愤填膺。他们把情况报告曹节、王甫，这两位吓了一身冷汗，决定采取猛烈的反击，下令宦官们故意东奔西跑，大声鼓噪，造成一种可怕的混乱。

然后，曹节先生狂奔到刘宏小子的寝宫，告警曰："大事不好，窦武、陈蕃发动政变，要对你陛下下手，危在旦夕。唯一的办法是立刻坐上金銮宝殿，发出诏书，号召勤王。"不要说刘宏小子那年才十三岁，就是八十三岁，变生肘腋，也心乱如麻。于是在宦官群武装保护下，登上前殿。赵娆女士当然随在刘宏小子身旁，跟他分担福祸。曹节先生吩咐关闭所有宫门，传唤宫廷秘书(尚书)跟他们的属下职员，教他们缮写皇帝诏书。第一道诏书就是任命王甫先生当宫廷侍卫长（黄门令），前往北寺监狱，逮捕尹勋先生和山冰先生。

◉首都大屠杀

山冰先生已经就寝，忽听有皇帝诏书，急忙爬起来迎接，面前赫然站着他的奏章中要求逮捕的王甫，不禁吃了一惊，转身就要开溜，王甫先生大喝曰："好山冰，你胆敢拒绝皇帝的命令呀。"一剑刺去，从背后直穿前心，山冰先生连叫一声都没有，就栽倒在地。尹勋先生从梦中惊醒，出来探问究竟，王甫先生杀得性起，手起剑落，尹勋先生也命丧黄泉。王甫先生放出已走到鬼门关边缘的郑飒先生，一同返宫。

宫廷内外虽发生这样巨大的流血变化，但迄今为止，宦官群的力量仍十分脆弱，他们手中只有一个皇帝刘宏小娃，其他啥都没有。假如有人向窦武、陈蕃告密，先发制人，一面保护另一位权力魔杖皇太后窦妙女士，一面集结武装部队，宣称奉皇太后之命，捉拿劫持皇帝的一小撮孟贼，宦官群既失去了号召，又没有实力，只有消散一途。然而，可怜的窦家班，他们像一群瞎子兼聋子，竟仍然高枕安卧。主动一失，成了被动，便面目全非。

王甫先生回宫后，直接到皇太后居住的长乐宫。平常，他胁肩谄笑，一副奴才模样，现在陡地扬眉吐气，大声发号施令，喝令窦妙女士把皇太后的金印交出来。这是一个尖锐的对比，奴才们翻脸无情时，露出的嘴脸，比亚马逊河特产的庇狼亚食人鱼还要可怕。窦妙女士听到厉声喧哗，还没有从床上爬起来，金印已被阵前起义的宦官宫女们搜去。王甫先生得到了皇太后的金印，立即封锁长乐宫所有的宫门和直接通向外界的"复道"。这时，宦官们已准备好了诏书，由刚出狱的郑飒先生，率领宫廷侍卫，前往逮捕窦武、陈蕃。

——这是一项危险的任务，等于单枪独马攻打狮群。窦武是拥有重兵的全国武装部队总司令，陈蕃是全国尊敬的政坛元老，两个人如果稍有准备，郑飒先生就肉包子打狗，有去无回矣。宦官们所以派郑飒先生，一则大概因为他急于公报私仇，二则也因为，即令失败也没关系，反正他在监狱里就死定啦。

直到这时候，窦武先生才得到消息，他所认为绝不会发生的事，竟然发生，好像晴天霹雳一样，手脚失措。现在他发现，事已至此，只有军队才能扭转危局和救他们父女的性命。于是，他逃到他侄儿窦绍先生当司令官 (步兵校尉) 的"步兵营"，紧急召集就近的首都洛阳北郊驻军，向他们宣称："宦官谋反，凡能杀贼勤王的一律重赏。"仅这一星点反应，郑飒先生就碰到麻烦，军营中箭发如雨，郑飒先生身旁几个倒霉的家伙，先后倒地，他阁下只好撤退。

曹节、王甫现在有两颗金印在手，一颗是皇帝的，一颗是皇太后的，他们所颁发的诏书，不管内容是啥，都是国家最高权威。他们下令给三天前才从北方中匈边境还朝的匈奴军区司令官 (护匈奴中郎将) 张奂先生，命他率领首都洛阳的卫戍部队 (五营兵)，和王甫先生的宫廷警卫军 (虎贲羽林) 会合，向窦武先生拒守的步兵营攻击。这时，陈蕃先生才听到风声，他把事情搞大啦，却无法使它平息，虽然是万人敬仰的首席宰相(太傅)，在两颗金印的诏书之下，已被肯定为乱臣贼子，他手无寸铁，唯一的一条路，是以身殉职。他率领宰相府一些属员八十余人，手持刀斧，直奔皇宫，这气象是悲凉的，就在中途，跟王甫先生的宫廷警卫军，头碰头地相遇。陈蕃先生和他的属员高声叫曰："窦武忠心报国，而你们这些宦官却逞兵叛变，怎么反过来血口喷人呀。"王甫先生咬牙切齿曰："先皇帝刘志刚死，坟墓还没有干，窦武是什么东西，对国家有啥贡献，却父子兄弟，都封侯爵。又在家里花天酒地，偷偷摸摸把宫女们弄过去享乐，不过十几天时间，家产就猛增几万两银子。身为政府高级官员，竟是这种德行，天下还有公道乎哉？你身为宰相，跟他一个鼻孔出气，也是一个奸邪，还有啥可说的？小子们，给我把这一个老家伙拿下！"

陈蕃先生那群脆弱的乌合之众，当然敌不过训练有素的正规军，结果全被揪倒在地，绳捆索绑，押送到北寺监狱。这是郑飒先生坐牢的地方，现在仇人来啦，那些大小宦官一见陈蕃，眼睛发红，一拥上前，拳打脚踢，一面殴打，一面骂曰："你这个老妖怪，还敢不敢削减我们的人数？还敢不敢拉低我们的待遇？"陈蕃先生落到这种地步，知道已无生理，也向宦官们破口回骂，而破口回骂，当然招来更重的殴打，这位将届八十岁的东汉王朝首席宰相(太傅)，口吐鲜血，被踏到地上，奄奄一息。曹节、王甫恐怕发生变化，下令把他立即处决，是砍头，抑或是绞死，史书没有交代，反正是一命告终。

●囚禁南宫

这是一个漫长的恐怖之夜，好容易熬到天色渐明，政府军在皇帝诏书调遣下，从四面八方涌来，把窦武先生的步兵营团团围住，双方对垒。窦武先生虽然是全国武装部队总司令（大将军），但他跟过去那些靠权势抓到军权的将军——我们姑妄称之为"降落伞型将军"，在本质上没有分别，都是用行政权力硬罩到军队头上的。二十世纪现代化的民主法治国家，这是正常的。但在二世纪专制时代或封建社会，却表示他在部队中没有基本力量。所以像梁冀先生之类，平时声势煊赫一时，事到临头，才发现"总司令"头衔，不过是一个空壳。

窦武先生处于绝境，他唯一的仗恃女儿皇太后窦妙女士，已被夺去金印，身处在封锁紧密的深宫之中，眼泪汪汪，在盼望老爹拯救。而老爹目前只有他侄儿所能暂时掌握的"步兵营"，政府军浪潮般地涌到，在人数上已占优势。再加上政府军奉有皇帝的诏书，又有能征惯战的大将军张奂先生指挥，而窦武先生却倒转过来，成了叛逆，已经站在下风。然而，这还不是致命的，如果窦武先生能挥军出击，只要粉碎包围，用奇兵突袭皇宫（事实上，皇宫的守卫薄弱，能调遣的都调遣到前方去啦），只要能弄到一个权力魔杖——无论是皇帝或皇太后，都可以霎时间旋转乾坤。可是，窦武先生这个总司令却只是一个降落伞，不是一员战将。而且当时社会，人们（包括军队）对宦官们都有一种长期累积下来的尊敬和恐惧心理，这种心理上的阴影，根深蒂固。

宦官群恰当地利用这种心理，王甫先生教士兵们向步兵营大声喊话，曰："窦武造反，有真凭实据，皇帝发兵讨叛杀贼。你们都是国家的军队，负责保卫宫廷安全，应该知道忠奸是非。起义来归的，皇帝自有重赏。"这种号召强而有力，步兵营开始瓦解，不到两小时（自旦至食），散了个净光。窦武和窦绍叔侄二人，上马逃走。那当然是逃不掉的，只好自杀。

宦官群接着展开流血整肃，窦武先生的家属——除了他的妻子外，包括亲戚，甚至他的客人、朋友，一律逮捕，不分男女老幼，全都处决。支持窦武先生最有力的宫廷参议（侍中）刘瑜先生，洛阳郊区驻军司令官（屯骑校尉）冯述先生，都屠灭三族。万人以上的血，洒遍首都，法场上号声震天，被处斩的老幼妇孺的无头尸体，排列数里之遥。宦官群更趁机报仇，一口咬定禁卫军司令官（虎贲中郎将）刘淑先生，宫廷秘书（尚书）魏朗先生，跟窦武先生通谋，两个人就在狱中自杀。接着把窦武先生的妻子，贬窜到日南郡（越南东河）。凡是窦武先生所任命的官员，一律撤职软禁。

——软禁，东汉王朝时称"禁锢"。虽没有投到监狱里坐硬牢，却在家里，或在某一个指定的地方，划一个范围，在那个划定的范围里，行动可以自由，比坐硬牢稍微好受一点，但不能越过圈圈一步，盖警卫森严，插翅难飞。

呜呼，窦武、陈蕃所以千挑选、万挑选，挑选上刘宏小子，就是看中了他年纪尚小，便于窦家班继续当权。想不到刘宏小子登极只不过九个月，竟全盘都输。虽不是刘宏小子主动挥刀，但这场悲剧也未免来得太快，人生路程上，谁敢逆料啥事会发生、啥事不会发生乎哉？

现在，只剩下独锁深宫的窦妙女士一人矣，跟我们过去介绍过的失势皇后或失势皇太后一样，历史再度重演。她被那些昨天还百般谄媚奉承的摇尾系统，囚禁在南宫——皇宫最南的一个小院。前已言之，奴才一旦翻脸无情时，是可怖的。他们丝毫不念及窦妙女士曾经保护过他们，却因衔恨她爹，把愤怒全部转移到女儿身上，认为她是最后的一颗眼中钉。次年（169）四月，发生怪事，史书上说，金銮殿的顶梁忽然掉下一条青颜色的蛇，正好掉到皇帝屁股坐的龙墩上，左爬右爬，爬了一阵才爬走。而天气忽然转坏，狂风暴雨，下起冰雹，雷声霹雳声，首都洛阳高大的树木，被拔起的有一百余株。在古代，这被称为"天变"，表示上帝对当时政府的警告。农业部长（大司农）张奂先生（他因率军攻打窦武先生的步兵营有功，已升了官），建议刘宏小子，应去朝拜皇太后窦妙女士，奏章上曰："宜思大义复顾之报，以全孝道而慰人心。"盖当初若非窦妙女士首肯，刘宏小子还在河间（河北献县）偷鸡摸狗哩。

●死于囚所

刘宏小子面对着张奂先生的建议，思一思，想一想，天良发现，决定去看看他的恩人兼伯母。高级宦官听到消息，大为紧张，窦妙翻身的机会虽然很小，但不可不防微杜渐，万一小帝崽跟他的恩人兼伯母，见面后闲话家常，和好如初，拆穿了政变内幕，祸事就深不可测矣。于是千方百计，劝阻刘宏不要前往。刘宏才十四岁，十四岁的娃儿还没有能力跳出老奸巨猾的手心，也就打消原意。

这样一直拖到公元171年，刘宏小子满十六岁，依中国传统的早婚习惯，他阁下娶了皇后——宋孝灵女士，双双到永乐宫（皇太后宫，窦妙女士原来住的地方），朝见刘宏的亲娘董孝仁女士。这时候刘宏小子天良再度发现，觉得似乎应该再朝见一位长辈，如果忘了这位长辈的昔日大恩，简直连畜生都不如矣。就在那年十月一日，隆重地率领政府及宫廷高级官员，到囚禁窦妙女士的小院——南宫，做官式朝拜。早有宫廷总管（掖廷令）设下御宴，刘宏先生亲自向伯母敬酒，窦妙女士也只好强作欢颜，一饮而尽。

这一次戏剧性的会面，使窦妙女士升起一线盼望，盼望自己囚禁的生活可以改善，也盼望她那放逐到两千公里外日南郡的娘亲能够生还。宫廷侍卫长（黄门令）董萌先生，同情窦妙女士的遭遇，在以后的日子里，总是乘着机会，向刘宏先生解释窦妙女士政变中无辜的地位。刘宏先生有点省悟，就常派董萌先生送东西到南宫，供奉比从前加倍丰富。帝恩的意向既然这么明朗，囚禁自然松懈，窦妙女士逐渐恢复无位无权的皇太后的尊严。可是，这个春天是短暂的。死对头曹节、王甫，再度反击，他们撒出法律的网，指控董萌先生出口不逊，毁谤侮蔑刘宏先生娘亲董孝仁女士（谤讪永乐宫），把董萌先生逮捕下狱，就在狱中处决。

窦妙女士重回悲惨之境，刘宏先生是太忙啦，忙于和美女调情，忙于贪赃枉法，忙于所谓的处理国家大事。而"太忙"的人，最容易忘恩负义，因为没有时间回忆，所以他的天良不再出现。而刘宏的妻子宋孝灵女士，正在当权，大家正热闹着谄媚欢呼。加上董萌先生的前车之鉴，再没有人敢提及，也再没有人愿提及这位被罢黜了的过气皇太后矣。次年(172)，窦妙女士得到消息，她娘亲在遥远的日南郡病故，不禁大恸，卧病在床。那些高级宦官群正是盼望她卧病的，只有因病死亡，才不会发生不可预料的后遗症。那年六月，窦妙女士终不明不白逝世，距她威震宫廷，毒死田圣女士，只有五年，阴魂如果不散，她们将在惨淡的另一个世界，作讽刺性的相会。窦妙女士死时大概二十五岁，一个丰满的少妇，被投进蛇蝎宫廷，她自己也就成蛇蝎，而也终于被另外的蛇蝎咬死。

高级宦官群对她的余怒不息，曹节、王甫向刘宏先生建议，不能以皇太后的身份埋葬她，而只能用小老婆群第一级"贵人"的身份入土，这正是窦妙女士原来的职位。刘宏先生这时的脑筋偶尔清醒，他曰："这算啥话，我这个皇帝还是她教我干的呀。"曹节、王甫又生花招，坚持窦妙女士不应该跟刘志先生合葬，刘宏先生下令政府官员开会研究，派高级宦官(中常侍)赵忠先生监议。

——世界上有"监考"的焉，有"监誓"的焉，想不到还有"监议"的，这种奇异的制度幸亏没有留传下来，使我们感谢上苍。

虽然有宦官"监议"，仍有不怕死的英雄好汉。会议桌上大部分官员们都是识时务的俊杰之士，像一群呆头鹅，坐在那里，只咽唾沫，谁都不敢先开尊口。司法部长（廷尉）陈球先生打破沉寂，第一个发言曰："窦太后良家盛德，由皇后而皇太后，当然跟刘志先生合葬，有啥可讨论的？"负责"监议"的赵忠先生冷笑曰："好哇，你既如此说，就请写出来。"写出来就写出来，陈球先生立即写下他的意见。赵忠先生脸色大变，恶意地点头曰："你可是胆子不小。"陈球先生曰："窦武、陈蕃，已经冤死，窦太后又被无缘无故地囚禁，民怨沸腾，今天为国效忠，就是有人怪罪，死也甘心。"这个顶撞直揭疮疤，而且"动摇"了宦官群的"国本"，赵忠先生一跳而起，两眼冒出凶光，宰相（太傅）李咸先生插嘴曰："我跟陈球先生意见相同，窦太后不应该埋葬到其他地方。"这时候大家才嗫嗫嗫嗫嗫地表示附和。赵忠先生发现高压手段失败，只好接受这个结论。

死后合葬也好，不合葬也好，窦妙女士不过一具僵尸，已不在乎埋到什么地方。但政府官员们和全国国民对宦官群的愤怒，已到了"倒数秒"阶段，不久即行爆炸，把东汉王朝炸得粉碎。

董氏孝仁皇后

时代：二世纪八十年代

其夫：东汉王朝解渎亭侯刘苌

其子：东汉王朝第十二任皇帝

汉灵帝刘宏

遭遇：自杀

●饿狼扑进羊群

董孝仁女士，是中国历史上第一位丈夫不是皇帝，而自己却当上了皇太后的老奶。她是河间人（河北献县），史书上没有介绍她的家世，显然她的家世微不足道，可能只是一介平民，即令不是平民，顶多不过中下级的小官小宦之家，所以她才嫁给三等侯爵（亭侯）刘苌先生。

前已言之，刘苌先生是东汉王朝第三任皇帝刘炟先生的后裔——重孙，因为小宗复小宗的缘故，所以他阁下只能封一个三等侯爵。从他儿子刘宏先生以后当上皇帝视财如命的现象推测，刘苌先生这个不事生产的破落户，经济情况，恐怕很糟，虽不一定跟柏杨先生一样，左借右借过日子，但也仅比一般贫苦人家稍好一点而已。

董孝仁女士就是在这种情形下嫁给刘苌先生的，既没有灿烂辉煌的前瞻，也没有可能改善生活的实力；而刘苌先生的三等侯爵，再传下去，依照亲疏等差的宗法原则，儿孙就都要成为平民矣。然而十三岁的儿子刘宏，却忽然被中央政府窦家班看中，迎接到首都洛阳，继承大统，简直是春梦成真，喜从天降。可惜这时候老爹刘苌先生已经入土为安，不能分享儿子带来的无上尊荣。老娘董孝仁女士倒是赶上了这场热闹，呜呼，世界上还有比儿子一下子当上皇帝更传奇的时来运转乎哉？不过，她阁下跟她的一些前辈，诸如傅孝哀女士、丁姬女士、卫姬女士一样，遭遇到同样的难题，虽然儿子是皇帝，而她仍是"藩妾"——皇帝老爷（即令皇帝老爷是自己亲生的小娃）属下一个普通侯爵的妻子，既不能前往首都洛阳风光，更不能当皇太后弄权，因为已有一位皇太后窦妙女士在宝座上猛坐哩。

但是，亲情无法抹杀，刘宏小子于公元168年登极之后，窦妙女士同意追尊老爹刘苌先生"孝仁皇"（注意，只称"皇"，而没有"帝"，儒家系统咬文嚼字，认为这正表示刘苌先生从没有实质上掌过大权，而也从没有坐过龙墩），把他的坟墓改称"慎陵"（小民的坟墓叫坟墓，皇帝的坟墓叫"陵"，也是文字把戏的一种，保镖护院型文化人，乐此不疲）。同时尊称仍活着的老娘董孝仁女士"慎园贵人"，以区别她"三等侯爵夫人"的卑微身份。慎园贵人的威风事实上跟皇太后一样——即令法令上规定不一样，地方官员也不敢不一样，谁敢不拍现任皇帝娘亲的马屁乎哉？唯一不一样的是，她阁下不能去首都住皇宫。

这是一个永远跟儿子隔离的局势，现任皇太后窦妙女士年纪正轻，至少十年二十年还死不了，宫廷既不允许有两个皇太后，窦家班势力又正在鼎盛，那些以儒家正统自居的官僚群，不可能破坏这种制度。董孝仁女士只好孤零零干泡在她的故乡河间，跟西汉王朝第十四任皇帝刘箕子小子的娘亲卫姬女士一样，直到老死。

然而，人生道路难以预料，只不过短短八个月，宦官群发动政变，窦家班全军覆没，窦妙女士被囚。不但让出了宝座，而且空出了皇太后所住的永乐宫。宦官群开始动脑筋，他们认为如果把刘宏小子的娘亲迎接到首都洛阳，不但老娘会心怀感激，就是刘宏也会心怀感激，母子同时感激，等于一箭双雕，宦官的权势将更为稳固。刘宏小子不过十三岁，当然盼望娘亲驾到，这时也不管他妈的法令制度啦，有权就是有理。次年(169)三月，就把董孝仁女士从河间迎接到洛阳，尊为"孝仁皇后"——大家一致叫她"董太后"，名正言顺兼理直气壮地住进永乐宫，这是继她儿子当皇帝之后的第二次春梦成真，从一个永无出头之日的三等侯爵夫人，升迁到中央政府至高无上、手握权力魔杖的皇太后。这种使人兴奋的遭遇，听起来好像童话故事。

可是，童话故事都是纯洁和优美的，而以董孝仁女士为主角的传奇，却含垢纳污，一片肮脏。老娘董孝仁和儿子刘宏，他们虽然身居当时中国最高的权位，却没有一分一厘心情为国家人民着想，而只为自己着想。像两只饿了一冬天的野狼扑进羊群，盘踞深宫，不顾一切地狂噬猛吞。盖刘宏先生一直讥笑他的伯父——也是他的前仟皇帝刘志先生，不懂得聚敛金银财宝。

——史书上记载他讥笑刘志先生不能"作家"，这个"作家"，可不是一个名词，如果是个名词，就跟二十世纪写文章的朋友被称为"作家"同一意义矣。二世纪时的"作家"，"作"是动词，刘宏先生的意思是，刘志先生不会料理家庭财务。呜呼，刘志先生的贪婪无耻，已在东汉王朝占第一把交椅，而刘宏先生还嫌他乱搞得不够，则刘宏先生的贪婪无耻，就更山摇地动，地动山摇矣。

◉母子嗜钱如命

绝对专制社会中，整个国家都是皇帝一人的私产，全国人民都是皇帝一人的奴仆。所以我们实在弄不懂，刘宏先生为啥还要私房钱？唯一的解释是，他仍有可怜兮兮小民们的想法："到手的钱才是钱！""口袋里的钱才是钱！"一直到二十世纪八十年代，很多乡下佬仍不肯把钱存进银行，而宁愿装到铁罐里，埋到后院地下。等到有一天要用时，扒出来一瞧，钞票已烂成一堆废纸矣，只好大放悲声。

一则故事可说明这种心理状态。两个穷措大在一块儿互诉衷曲，其一曰："我要成了富翁，吃了就睡，睡了再吃。"其二哂曰："我要成了富翁，吃了再吃，哪有工夫睡耶？"刘宏这个穷措大出身的皇帝，现在就是吃了再吃。他要把银子放在眼皮底下，才感到安全。而老娘董孝仁女士也是穷措大出身，她的容貌应该不会差到哪里去，但她吃了又吃，那种非洲土狼才有的贪婪馋相，使我们想起京戏《法门寺》刘媒婆的嘴脸。

母子同心之下，刘宏先生公开卖官鬻爵。东汉王朝的老少帝崽们，也有过卖官鬻爵的场景，但他们收的赃款，都当作国家税收，而董孝仁女士和儿子刘宏所收的赃款，却直截了当装进自己腰包。母子们开出的价钱是：部长级官员（二千石）二千万钱，州长级官员（四百石）四百万钱。只要拿出这个数目，无官的当官，有官的升官。至于有些官员，确实政绩斐然，依照法令考绩，应该升迁的，也得缴纳半数，至低也得缴纳三分之一。县长级官员，则以县份的贫富，分出若干等差，富县县长定价三百万钱，贫县县长二百万钱也行。董孝仁女士有现代商人的灵活头脑，有钱大爷，当然先缴钱后上任，如果价钱太高，没人买得起，就变通办法，可以先上任，后缴钱。于是，有钱的王八坐上席——不但坐上席，而且坐官席。今天还在妓女院当大茶壶，见了嫖客胁肩谄笑；明天一手交钱，一手交货，忽然就成了县太爷，成了国家正式官员（朝廷命官），坐在公堂之上，一脸都是尊严，抓住嫖客，说他妨害风化，猛打板子。

主要的是，那些钱是从哪里来的？嗟夫，不管用什么形式，钱都来自小民。《红楼梦》上有句话形容皇帝老爷下江南时的盖世豪华曰："说穿啦，不过把皇帝的钱，花到皇帝身上。"这教我们想起另一则故事，宋王朝宰相蔡京先生，有一天问他的宝贝儿子们，米是从哪里来的？有的说从仓库里来的，有的说从麻袋里来的，有的说从席子里来的，盖农家都是用席子囤米者也。呜呼，把皇帝的钱花到皇帝身上，是蔡京先生宝贝儿子们的见解，只看到半截，仓库、麻袋、席子，既不能产米，皇帝老爷又哪里来的金银财宝？事实是"把小民的钱花到皇帝身上"。这些小民的钱，可不是正式纳税的钱，而是卖儿卖女、上吊投井的血泪钱。天下既然有"先上任，后缴钱"的禽兽之官，皇帝本人就是谋财害命的凶手，小民被敲骨吸髓，哭天不应，哭地不灵，只有两条路可以选择，一条路是刚才所说的卖儿卖女，上吊投井，另一条路则是群起抗暴。刘宏先生的东汉王朝，就倾覆在小民的抗暴壮举上。

山崩地裂就要来临，可是深宫里的穷措大母子，却毫无所知。不但毫无所知，还变本加厉，认为被他们百般蹂躏的东汉政府，是钢铁做成的，怎么敲打都不会碎。所以到了后来，连宰相级官员（三公）都公开出卖，宫廷中遂金山银海，董孝仁女士的芳心和儿子刘宏先生的龙心，同时大悦，觉得这才是真正的人生。刘宏先生亲承母教，得意忘形，有一天问宫廷参议（侍中）杨奇先生曰："我比我的伯父刘志先生如何？"杨奇先生曰："你跟刘志先生，天生的一对。"刘宏先生一向瞧不起他伯父的，一听这话，脸色气得铁青。还好，总算没有爆出刀光血影，而只把杨奇先生，贬到五百公里外去当地方官——汝南郡（河南汝南）郡长（太守）。杨奇先生像逃避瘟疫一样，逃离污秽的宫廷。

杨奇先生被排斥，说明一种现象，不行贿的官员，在中央政府已无法立足，上自宰相，下至中下级官员，全靠钱和嗜钱如命的宦官们支持，他们做官的唯一目的，是搜刮银子。公元184年，一个以张角先生为领袖，庞大愤怒的农民抗暴集团，四面八方蜂起。然而，被钱堵塞了心窍的母子，颟顸如初。公元185年，宫廷忽然大火，灵台殿、乐成殿、章德殿、和骧殿，一扫而光。母子们大张挞伐刮来的钱，也烧成灰烬，懊丧得恨不得向南墙上撞死。再开始聚敛已来不及，在高级宦官张让、赵忠先生的建议下，刘宏先生下令增收田赋——每亩增收十钱，民变遂更不可遏止。

◉媳妇的报复

董孝仁这位穷措大皇太后，对宫庭外的杀声哭声，固可无动于衷，拼命敛财如故，但对宫廷内的权力斗争，她却无法避免地卷到里面——一个可怕的敌人，悄悄在她身旁崛起。

这位可怕的敌人何灵思女士，是刘宏先生的大老婆，东汉王朝现任皇后，也是董孝仁女士的儿媳妇。何灵思女士生下儿子刘辩，而另一位小老婆王灵怀女士，生下儿子刘协。何灵思女士妒火中烧，效法那些当皇后的前辈手段，把王灵怀女士毒死。关于这一段，我们在何灵思女士篇幅里，再作报道。而现在只说王灵怀女士死后情形，刘宏先生大肆咆哮了一阵之后，担心刘协小娃也遭毒手，就把刘协小娃送到皇太后住的永乐宫，请老娘董孝仁女士抚养。董孝仁女士当然对孙儿严密保护，何灵思女士虽急得团团转，却再也找不到机会。这使她对她的婆母，怀恨在心。按照宗法制度，皇后生的儿子刘辩小娃，当然是皇太子。可是，刘协小娃要比刘辩小娃聪明，刘协小娃又是劫后余生，身为祖母的董孝仁女士，就想教刘协小娃当皇太子。何灵思女士由怀恨转成恐惧，再由恐惧转成加倍的怀恨。

公元189年，刘宏先生忽然卧病，政府高级官员们考虑可能会一命归阴，纷纷建议他早日确定皇太子人选。刘宏先生乃决定刘协小娃，并把决定告诉宦官兼首都中央军团司令官（上军校尉）蹇硕先生。正要通知政府正式发布，刘宏先生大限已到，死翘翘啦。蹇硕先生知道这项遗命会遭到何灵思女士的哥哥，全国武装部队总司令（大将军）何进先生强烈反对，就计划先下手为强。于是，秘不发丧，而以活皇帝的名义，召何进先生进宫。何进先生匆匆而至，就在宫门口，跟首都中央军团（上军）参谋长（司马）潘隐先生，碰个照面。潘隐先生向他使了一个示警的手势。他们是老朋友啦，何进知道发生变化，转身就走，潘隐先生尾随而至，告诉他命在须臾。何进先生吓得着实抖了一阵，接着集结他所能控制的精锐部队，在全国各郡驻京办事处联合总处（百郡邸）布防，观望进一步发展。

幸亏进一步发展的是好消息，何灵思女士派出亲信，召唤哥哥前往。原来蹇硕先生一听何进先生入而复出，晓得消息已经走漏，如果坚持到底，已落后了一步，只好俯首帖耳，请求何灵思女士宣布十四岁的刘辩小子继任皇帝——东汉王朝第十四任皇帝少帝。

刘辩小子既当上皇帝，娘亲何灵思女士水涨船高，当然是皇太后，何进先生再兼任宫廷机要秘书长（录尚书事），兄妹二人，分拿内外大权，声势煊赫，膨胀到戏剧性的高涨。蹇硕先生自然不肯甘休，并不是他先天好战，也不是他忠于故主刘宏先生的遗命，而是，专制政体下，政治斗争一经开始，就不能停止，必须一直斗争下去，直到对方送掉老命，或直到自己送掉老命。

蹇硕先生不相信他的政敌会饶了他，事实上他的政敌也确实不会饶了他。有一天，蹇硕先生写了一封密函给另外两位高级宦官（中常侍）赵忠、宋典，要求共同采取激烈行动，紧闭宫门，由皇太后董孝仁女士下诏捕杀何进。

——前面所提到的两位气焰万丈的高级宦官王甫、曹节，都已死亡。王甫先生死得最惨，他被捕下狱，父子活活拷打至死。曹节先生有太白金星保佑，死在床上。

这封信到达赵忠、宋典手里后的变化如何，难以预料。同在宫廷之中，为啥不面对面，而必须把如此可怕的机密，用黑字写到白纸上？岂蹇硕先生已被软禁了乎哉？我们不敢确定。不过敢确定的是，这位信差郭胜先生（也是宦官，不过是小宦官），跟何灵思女士兄妹，是南阳（河南南阳）同乡，却中途拐弯，送到何进先生手里。何进先生这时候不再吓一跳啦，局势已全部掌握，他教宫廷侍卫长（黄门令）把蹇硕先生逮捕，一刀砍下尊头。

——我们认为，这封信可能是何进先生伪造的，用来消灭异己。盖越想越觉得问题重重，即令被软禁，蹇硕先生也没有必要写这样一封信，他不是呆瓜。

蹇硕先生之死，象征董孝仁女士的失败，她正是力促刘协小子当皇帝的主持人。何灵思女士不再继续容忍啦，她在言词行动上，对这位穷措大出身的婆母，明显地表示今非昔比。董孝仁女士这个老丐婆，虽贵为太皇太后，却不知道儿子已死，权力魔杖已去。她唯有收敛她的锋芒，才能苟延残喘，却像一头猪一样，认为靠她的兄弟，身为陆军元帅（骠骑将军）的董重先生，也是一样。这种错误的判断，使她付出判断错误的代价。她愤愤地向她的媳妇何灵思女士开骂曰："你仗着你老哥是全国武装部队总司令，就这么嚣张跋扈，目中无人呀。我要发起脾气，教陆军元帅砍掉何进的头，易如反掌。"没有实力支持的恐吓，谓之虚声恐吓，只能惹火上身，不能使对方屈服。何灵思女士把婆母的话告诉哥哥。何进先生立即反击，他跟三位宰相，以及他弟弟何苗先生，联合上了一份奏章，奏章上强调：董孝仁女士平常日子，通过已死了的高级宦官（中常侍）夏恽先生和永乐宫总管（太仆）封谞先生，勾结州郡政府，贪赃枉法，勒索财宝，全存身边，对国家的法纪，已严重破坏。而且，仍是老话，藩妾不可以在首都停留。奏章要求把董孝仁女士逐出永乐宫，遣返她的封国河间，不准逗留。何灵思女士立刻批准，何进先生跟着立刻采取行动，派遣军队把董重先生的住宅包围，董重先生只好自杀。

董孝仁女士身为现行皇帝的嫡亲祖母，二十二年之久的皇太后，再也想不到会发生如此剧变。当宦官群翻脸无情，冲进永乐宫，要把她架出去的时候，她走其兄弟的后尘，也服毒自杀，抛下她绞尽脑汁搜刮来的金山银海和价值连城的珠宝，一个铜钱都没有带走。根据史书推断，她毒发身死时，大概五十三岁。她的尸体归葬河间，一场传奇跃升，也传奇收场。

宋氏孝灵皇后

时代：二世纪七十年代

其夫：东汉王朝第十二任皇帝

汉灵帝刘宏

遭遇：死于囚室

●一开始就危机四伏

宋孝灵女士，是宋敬隐女士兄弟的曾孙女。

宋敬隐女士是一世纪八十年代，东汉王朝第三任皇帝刘炟先生的妻子之一，她因"生菟奇案"，被大老婆皇后窦章德女士诬陷，死于宫廷冤狱。这场冤狱，已有专文介绍。后来她的儿子刘肇先生继位第四任皇帝，冤狱才算伸雪，已经覆没的宋氏家族，再在东汉政府复兴，形成一种力量。

这力量累积七十年之久，而于二世纪七十年代，再度进入宫廷。公元170年，东汉王朝第十二任皇帝刘宏小子在位，前已言之，他于公元168年十三岁时一步登天，当上了皇帝的。到公元170年，刘宏小子已十五岁。用现代眼光来看，不过是一个还不太懂事的男孩，可是中国传统的早婚制度和皇家特有的淫风，使他跟他的前辈一样，早早地就跟女人上了床。宋孝灵女士那一年几岁？史书上没有记载，大概也在十五岁，同样也是一个还不太懂事的女孩，被宋家献给刘宏，作为一项政治投资。刘宏小子封她为小老婆群第一级——贵人。第二年，在娘家人强大力量的支持下，再被刘宏小子擢升为大老婆——皇后。

——中国历史上这种娃娃皇帝和娃娃皇后，车载斗量。国家就踩在刘宏这个还是初级中学堂毕业生年纪的顽童脚下。而皇后宋孝灵的双乳，恐怕还未长成。比起王孝平女士，固然稍胜一筹，但仍使人忍不住有一种看草台戏的感觉。

宋孝灵女士虽然当了皇后，老爹宋酆先生，也因是皇后之父的缘故，封为二等侯爵（不其乡侯），可是，谁都没有料到，这不是一个好的开始，而是坏的开始，小夫妻间的感情并不和谐。刘宏小子对这位小妻子提不起兴趣。内情如何，我们不知道，但至少不能说宋孝灵女士不漂亮，如果不具备天姿国色，她根本进不了皇宫，即令进了皇宫，史书上也会指出她这方面的缺陷。

中国宫廷是杀机四伏的高级妓院，任何没有掌握权力魔杖的人，包括皇后、妃子、宫女、宦官在内，地位生命，都像熟透了的石榴，随时随地都会砰然一声掉下来，跌个粉碎。无数身怀绝技的小老婆，仿佛一群饿狼，看到身负重伤的同类时，她们做的不是同情她保护她，而是更残忍地撕裂她。小老婆群的朱唇玉齿中，谗言诽语，倾盆而出。这个年轻皇后，几乎从开始就坐到火药库上。

公元172年，也就是皇太后窦妙女士死翘翘，宦官势力日正中天的一年，东汉王朝兴起冤狱。

冤狱的男主角刘悝亲王，是第十一任皇帝刘志先生的弟弟，现任皇帝刘宏小子的堂叔，封国在勃海（河北南皮），所以称为"勃海王"，他阁下是一位典型的王孙公子，史书形容他曰："素行险僻，僭傲不法。"从当时弹劾他的奏章上，可看出他的行为。六年前的公元165年，首都北方军团参谋主任（北军中候）史弼先生就向皇帝指控过他曰："刘悝对外集结各路地痞流氓、英雄好汉，对内狂饮乱嫖，整天游荡，毫无节制。交结的朋友，全是被逐出家庭的逆子和被逐出政府的叛徒。州政府和县政府不敢碰他，他的师傅和封国宰相（国相）不敢惹他，如果不早日阻止，恐怕会发生灾祸。”

当时的皇帝还是他老哥刘志，仅只下令把刘悝降级，把封国从勃海迁到瘿陶（河北宁晋）。勃海是一个郡，管辖八县，而瘿陶只不过一个小县，这等于把一个庞大帝国的君主放逐到一个小镇当君主一样，财富和权势，都剥削了八分之七，对一个挥霍惯了的荷花大少而言，当然是一个打击。刘悝先生的反应不是闭门思过，可能他也曾经闭门思过，思过的结果却是：自己并没有过，过都是别人的。所以他迫不及待地发动“复国”攻势，要恢复他原来的勃海封地。他的攻势全靠贿赂，他找到了高级宦官（中常侍）王甫先生，承诺说，只要能够复国，当用五千万贯钱（五百两黄金）作为谢礼。

刘悝先生算是找对了对象，王甫先生正是适当人选，皇帝老哥刘志对他言听计从。可是，神差鬼使，刘志先生卧病在床，拖到公元167年，临死之前，想到刘悝先生到底是自己的亲弟弟呀，就在遗诏内，训令刘悝先生仍恢复勃海旧土。

这次举动使刘悝和王甫都大喜若狂，刘悝先生大喜若狂，是他终于“复国”，王甫先生大喜若狂，是他根本没有开口，却不费吹灰之力，得到五千万贯。

◉一生茫茫然

然而不久大家都瞪了眼，先是王甫先生瞪了眼，后是刘悝先生瞪了眼。刘悝先生当然愿意拿出五千万贯回报，可是当他探听内幕，发现王甫先生并没有为他出力时，他就拒绝支付五千万贯贿款。王甫先生不肯甘心曰："我没有开口就办成了事，是我的运气，你管这干啥？只要你'复国'成功，就得兑现。"屡次派人催讨，屡次碰钉子而归，王甫先生鼻孔冒烟，发狠曰："好吧，你以为我没有出力，我就出力教你瞧瞧。"

当刘志先生死掉，刘宏小子还没有坐上宝座的那段时间，因为政治权力处于真空状态，所以谣言四起，谣言之一是，刘悝先生自以为他是死皇帝刘志先生的弟弟，肥水不落外人田，应该由他继承宝座才对；而肥水竟然落到外人田，他可能发动一项政变。流传了一阵，等到刘宏小子登极，谣言才告平息。高级宦官（中常侍）郑飒先生、宫廷侍卫官（中黄门）董腾先生，跟刘悝先生私交甚笃，一直信件往返，保持联络。这件事王甫先生早就知道，而现在他才加利用，施出"诬以谋反"的撒手锏。首都卫戍司令（司隶校尉）段颎先生，是王甫先生最得力的毒牙，于是，就在公元172年十月，段颎先生逮捕郑飒、董腾，羁押北寺监狱，任凭二人"空言狡展"，在苦刑拷打下，也终于取得"坦承不讳"的口供。另一位毒牙，宫廷秘书长（尚书令）廉忠先生，理直气壮地向皇帝刘宏小子提出报告，指控郑飒、董腾图谋不轨，打算把刘宏赶走，而迎立刘悝。支持指控的证据，堆积如山，即令天纵英明的柏杨先生，也都不能不信，更何况昏庸如猪的刘宏先生乎哉。他立刻采取紧急措施，下令冀州州长（刺史）逮捕刘悝，迫其在狱中自杀。刘悝先生妻妾十一人，子女十七人，侍女二十四人，以及五十二个更为无辜的亲属，全在狱中绞死。东汉政府晋封王甫先生侯爵（冠军侯），用以酬庸他破获叛逆阴谋的功勋。

刘悝先生之死，跟我们的女主角皇后宋孝灵女士，风马牛毫不相干。可是，问题却出在刘悝先生的正配妻子宋王妃身上，盖宋王妃是宋孝灵女士的姑妈，这就相干啦。王甫先生对这项亲情感到恐惧，恐惧宋孝灵女士暗中为她的姑妈复仇。为了自己的安全，他必须再下毒手。

在王甫先生精密的布置下，撒下天罗地网，可怜的宋孝灵女士，还蒙在鼓里。刘悝先生全家惨死五年之后的公元178年，王甫先生的布置成熟，他联合政府高级官员（太中大夫）程阿先生，向刘宏先生揭发宋孝灵女士用左道旁门手段，咒诅皇帝。接着，小老婆群纷纷而上，为这项揭发作证。宋孝灵女士到此，纵满身是口，都无法为自己辩解。结婚以来没有十分亲密过的丈夫刘宏，不能忍受妻子的这种咒诅，他以皇帝的名义，颁下诏书，撤销她的皇后封号，囚禁到宫廷特别监狱（暴室）。只不过二十三岁的皇后宋孝灵女士，她茫茫然被献进皇宫，茫茫然被掇弄上皇后宝座，再茫茫然被逮捕下狱。史书上没有记载她一句声音——连一声哭泣、申诉、呼冤的声音都没有。但我们可想出她的迷惘和忧伤，身陷重围，孤苦无助。进了暴室之后，不到几天，就被害死，没有人知道她是如何死的。她那因女而贵的老爹宋酆先生，跟她的哥哥弟弟，也全被处决，其他家属被放逐到边疆。一场政治投资，八年后的利息是大人和孩子一片伏尸。后人有诗叹曰：

　　历朝废后总伤伦　　更奈网罗出寺人

　　汉代外家多灭族　　冤如宋氏最酸辛

除了当权派王甫、曹节和同党的小老婆群，宫廷中其他宦官和宫女，对年轻皇后无缘无故冤死，充满悲痛。大家凑钱出来，收拾宋家父女兄妹的尸体，归葬到他们故里扶风平陵（陕西咸阳西北八公里）。

宋家是在公元178年被屠的，十年后的公元189年之初，史书上说，刘宏先生忽然做了一梦，梦见把帝位传给他的叔叔皇帝刘志先生，满面怒容曰："宋孝灵有什么罪过，你使她绝命？刘悝又有什么罪过，受到你的迫害？而今他们已向天庭控诉，上帝饶不了你。"刘宏先生霍然惊醒，大为恐慌，悄悄问御林军左军司令（羽林左监）许永先生曰："糟啦，有没有办法补救？"许永先生曰："宋孝灵女士是你的原配妻子，正宫皇后，跟你共同承奉祖宗庙祭，治理国家。人们从没听说她有啥过失，而你却偏相信谗言妒语，使她清白之身，受到极刑，又祸连全家，天下人不但痛心，而且怨恨。刘悝亲王是你叔叔皇帝刘志的同胞弟弟，远在封国，根本没有叛逆之心，你没有弄清楚，竟把他杀掉。天道明察，鬼神是骗不了的。唯有马上对他们重新埋葬，以安冤魂。远贬在外的宋氏家族，也应该马上放他们回来。更应该恢复刘悝亲王的封号，为他选择继承人，只有这样，才有消灾祛祸的可能。"

然而，刘宏先生是个护短的窝囊货，他没有能力翻案，何况，他已经卧病在床，而且就在当年（189）四月，断了尊气，死他娘的啦。宋孝灵女士连个于事无补的事后昭雪，都没有得到。而宋氏家族，也在东汉王朝的政治舞台永远消失。

王氏灵怀皇后
何氏灵思皇后

时代：二世纪八十年代

其夫：东汉王朝第十二任皇帝

汉灵帝刘宏

遭遇：先后被毒死

●屠夫之女

二世纪八十年代时，东汉王朝政权，已历时一百五十年之久，政治机能不但僵化，而且腐烂。中国有句俗话，曰："一蟹不如一蟹。"东汉王朝的皇帝也是一样，一个皇帝不如一个皇帝。在正式官文书上，他们都是圣明天子，实际上却好像历史隧道中赛跑的猪群，祖孙父子，奋勇地比赛谁最下流，谁最昏庸。第十一任皇帝刘志先生，不过一个瘪三无赖，在他手里，把东汉王朝的墙脚挖空。第十二任皇帝刘宏先生，比瘪三无赖都不如，索性弄包炸药埋到已挖空了的墙脚下，轰然一声，把它炸碎。

——每一个王朝的政权，最初建立时，都是铁打的江山，谁都无法把它推翻。可是，它终于被推翻啦，盖推翻它的不是敌人，所有的敌人都砍下了尊头矣，而是皇帝老爷自己下手，代敌人报仇，谁都阻挡不住。

东汉王朝一进入二世纪，宦官和政府官员（士大夫）之间的夺权斗争，如火如荼，誓不并立。宦官的后台是宫廷，政府官员的后台也是宫廷，政府中夺权斗争，跟宫廷中的夺床斗争，结合在一起，密不可分。

中国小民在这两种纠缠不分的斗争里，承受刀光血影的无尽灾难。公元184年，钜鹿（河北宁晋）张角先生在民间崛起，发动一场全国性的抗暴民变，这些抗暴的变民，以头上裹的黄巾作为标识。站在统治阶级立场的人，顺理成章地詈之为"黄巾之乱"。

正当全国沸腾、千万人头落地之际，宫廷中的夺床斗争，进行得同样惨烈。王灵怀女士只不过悲剧中的小人物，真正的主角是何灵思。

何灵思女士跟两百年前公元前一世纪八十年代的赵飞燕、赵合德姐妹，有三项共同之点：第一，她们都是从卑贱的地位，爬上皇后宝座的。第二，她们都是妒大王，满口毒牙，对同是女性而被皇帝奸淫怀孕的其他小老婆，一律无情地扑杀。第三，她们当权时所做的一连串错误的决定，为自己带来悲惨的毁灭。

何灵思女士的出身，比赵飞燕姐妹，更是差劲。她是南阳宛县（河南南阳）人，父亲何真先生是个杀猪的。纵然二十世纪八十年代，理论上职业平等，但人们心里仍会觉得"杀猪的"不是滋味。呜呼，更何况一千八百年前，绝对封建的社会，一个屠夫，天还没有亮，摸黑爬将起来，汗流浃背地把猪老爷掀翻到案子之上，手提牛耳刀，一刀下去，鲜血直冒，猪老爷发出哀号，声震四野。——做一位杀猪朋友的邻居，可是一种天灾。怪不得孟轲先生的老娘搬家，就是柏杨先生的老娘，也得搬家。不要说日夜长相厮守的邻居啦，就是不当邻居，也得有点修养，一想起他阁下每天都要"恨从心头起，恶向胆边生"，眼睛眨都不眨，恐怕忍不住都要打个冷战。

——古人不云乎："相由心转"，心里常想善事，尊脸上就会一团祥和。总是背后计算人，暗下毒手，尊脸上准冒出奇异棱角。"恨从心头起，恶向胆边生"的日子一久，面部铁定地要逐渐变得狰狞。

然而，何屠夫却有一个沉鱼落雁、闭月羞花的女儿。这是不是上帝故意安排，或开开何家的玩笑，我们不知道。只知道任何人家，有一位标致的女儿，都乐不可支。老爹老娘开始编织起美丽的远景，那远景就在皇宫。以当时的封建制度，屠夫之女想进皇宫，比柏杨先生想到西班牙当国王，还要荒唐。

然而，机会倒是有的，东汉王朝政府有一项蹂躏人权的规定，每年八月，都要在民间挑选一批美貌姑娘，到皇宫当宫女。宫女的意义就是奴隶，外表富丽堂皇、庄严肃穆的皇宫，里面却关着一个凶暴的淫棍，一个随时吞噬弱小的大老婆和一群畏上欺下的小老婆，以及一堆畸形的男人，这些都是蛇蝎。一个女孩子一旦进入宫廷，就等于掉到蛇蝎窟里，不如一只蚂蚁，生命、自由、身体，全部暴露在赤裸权力之下。她们唯一的任务是供别人，包括皇帝、皇后、妃妾、有权的宦官等等，支使娱乐，然后惨死或忧郁以终。最后的结局是在年华老去时，被逐出皇宫，落到另外一批同性质的主子之手。

●谋杀

政府选拔宫女，每次都引起民间的惊恐和骚动，没有一个神经正常的人愿意把自己女儿投到蛇蝎窟里。可是，野心家却不是这种想法，他们把女儿当作赌注，输啦不过断送了一个孩子（注意，野心家往往是狠心家），而赢啦，可就天降奇福，金碧辉煌。二世纪七十年代的某一年，东汉政府为皇帝刘宏先生选拔宫女的时候，屠夫何真先生，不但没有忧心忡忡，反而用尽心机搭上宦官内线，施用压力，使地方政府一定要把何家女儿选进去。所以，所有女孩子离家前往首都洛阳，起程时都是一片哭声的，只有何家，老老少少，喜气洋洋。

上帝有时候也很喜欢跟野心家合作，作为人性中冒险部分的鼓励。何灵思女士的花容玉貌，在千万个花容玉貌中，更夺目光彩。史书形容她：身长七尺一寸，肌肤莹艳，骨肉婷匀。刘宏先生只看了她一眼，就魂不守舍。如果是柏杨先生之类臭男人，魂不守舍只好魂不守舍，最快的起步不过撒丫子猛追。而皇帝老爷魂不守舍的结果，可是直截了当地上了床。

皇帝和宫女上床，稀松平常。然而，上了床之后仍爱得发紧，就不平常啦。何灵思女士的肚子更是争气，竟然一天天膨胀，于公元173年，生下一个又白又胖的娃儿——刘辩。这一年，刘宏先生事实上还是一个大小子，才十七岁，依普通情形推测，何灵思女士不过也在十六七岁之间，名符其实的小母亲。这个适时而来的刘辩娃儿，给这位小母亲，带来辉煌锦绣的前程。因为刘宏虽然美女如云，却一直没有儿子，不是老奶们根本不怀孕，就是一生下来即行夭折，所以刘辩娃儿立刻被当作活宝。中国民间有一种传说，富贵人家的儿子往往早夭，贫苦人家的儿子却长得像头蛮牛。为了避免早死，也为了盼望长得像头蛮牛，就把刘辩娃儿送到一个名叫史子眇先生的道士那里抚养，不敢叫娃儿"皇子"，恐怕过往鬼神把皇子魂魄勾去，只敢叫他"史侯"。

刘宏先生回报小妻子何灵思女士生子之功，从卑贱的宫女，立刻擢升她当小老婆群第一级的"贵人"，并且于公元180年，更正式册立她当皇后，这一年她不过二十三四岁。

跟大多数女人一样，何灵思女士忌妒心奇重，她不能忍受丈夫对其他老奶的宠爱。在宫廷中，任何有权力和有魅力的千娇百媚，都不可能阻止皇帝喜欢别的女人，以赵合德女士的法力无边，老家伙都要偷情，何况何灵思女士的法力又差一截乎哉。明知道忌妒是没有用的，却偏要忌妒，这是人性的弱点，呜呼。

就在她阁下当皇后的次年(181)，小老婆群第二级"美人"王灵怀女士出场。

王灵怀女士是赵国人(河北邯郸)，她拥有声势煊赫的家庭——她是前任皇城军警卫司令官(五官中郎将)王苞先生的孙女。如果仅就娘家的社会地位来说，何屠夫每天给王司令官的官邸送猪肉时，连正门都不敢进，见了王苞先生的马车夫，都得哈腰请安曰："二爷，您早！"然而，屠夫之女蹿升到皇后宝座，将军孙女却仍屈居小老婆群第二级，形势就倒转过来。刘宏先生不会放过任何一位美女的，王灵怀女士不久就身怀六甲。面对着熊熊妒火，恐怖抓住了她，她生活在皇后的魔爪下，怀孕的事实足够证明她"勾引皇帝"，其贱可诛；假如也生下一个儿子，更成了"夺嫡"阴谋；宫廷中因妒而残杀的往事，使她毛骨悚然。她不生在二十世纪，如生在二十世纪，堕胎易如反掌。但她生在二世纪，只好服用大量的中国古老草药，希望流产。可是，不知道什么缘故，胎儿硬是安稳不动，以致十月期满，不得不呱呱坠地。这个不受欢迎的刘协娃儿，在他小母亲怀里莽撞地找寻乳头的时候，还不知道他的降生为小母亲带来杀身之祸。

何灵思女士一听说王灵怀女士生了娃儿，怒不可遏，无名之火，直冲霄汉。她训令御厨房，趁着王灵怀女士口渴要喝水的时候，把毒药悄悄下到茶杯里。王灵怀喝下那杯水之后，浑身变成一块青铁，辗转呼号，腹痛如绞，留下她那命运不卜的可怜刘协娃儿，死在产床上面。

这桩谋杀案做得太笨拙而且太大胆，何灵思女士显然还没有赵合德女士那样巩固的地位，刘宏先生得到消息，暴跳如雷，吼曰："反啦，反啦。"他要为王灵怀女士复仇，下令逮捕何灵思，送到宫廷特别监狱（暴室）审讯。何灵思这时候才发现她不但要从宝座上栽下来，而且还要受到凌辱，命丧黄泉。她已见不到刘宏先生的面，无法施展媚功，只好向宦官们求救。

◉裸游馆

何灵思女士由于宦官的力量，一步登天；自进宫后，察言观色，知道宦官的权力，无微不至。形式上皇帝是宦官的主子，实质上，宦官用他们特有的手段，像用一条看不见的缰绳，拴着皇帝的鼻子，教他喝水他喝水，教他吃草他吃草。何灵思女士对宦官就更曲意结纳，她不但是他们的主母，并且是他们的朋友；宦官们也正希望跟皇后建立这种亲密关系。

当时最当权的宦官，是两位新崛起的张让先生和赵忠先生，当他们受到抨击时，刘宏先生洋洋得意曰："张让是俺爹，赵忠是俺娘。"皇帝老爷竟然说出这种无耻的话，可说明他们对刘宏先生有多大的控制力。

何灵思女士向他们求援，虽然她是主母，更是相依为命的同党，她仍用出了无数稀世珠宝作贿赂。（写到这里，我老人家真不明白，宦官终身不能脱离宫廷，要那么多稀世珍宝干啥？）就在共同利害跟稀世珍宝双重诱惑下，张让、赵忠出面，带领一些有头有脸的宦官，跪在刘宏先生面前，为他们的主母何灵思女士，苦苦哀求。哀求时说了些啥话，史书上没有记载，但只要一想，也就可想个大概差不多矣，不外是皇后老奶冤枉呀，她一向很爱王灵怀女士的呀，绝不会下毒手呀，这是王灵怀女士吃错了药呀。或者是皇后老奶还年轻，她只不过吓吓王女士，想不到分量用多了一点呀。皇后老奶只是为了争取你的爱罢啦，以后再也不犯了呀，如果把她干掉，哎呀，你陛下刚杀了一个老婆（宋孝灵女士），现在又杀一个，人们怎么评论你呀。是不是这些，或许还有其他奇妙功夫，也说不定。反正到了后来，刘宏先生点了点头，不再追究。一场有惊无险的风浪，才算平息，王灵怀女士白白毒死，何灵思不但没有恶有恶报，反而仍当她的皇后。但刘宏先生对王灵怀女士生的刘协娃儿，却放心不下，为了预防何灵思女士再下毒手，就把刘协抱到永乐宫（皇太后宫），交给刘宏亲娘皇太后董孝仁女士抚养。这位祖母对自幼丧母的孙儿，又怜又爱，称他为"董侯"，严密保护。

刘宏先生对何灵思女士虽然心有芥蒂，可是何氏家族都已经大富大贵，老爹何真先生早死，追封侯爵（舞阳侯），老娘封女侯爵（舞阳君），老哥何进先生担任全国武装部队总司令（大将军）。东汉政府大权，集中在何家班之手。

——何家只因有一位美丽绝伦的女儿，从卑贱的屠户之家，爬上国家最高政治阶层，不过只十年时间，跟核子试爆后上喷天际的菌状云一样，使人目瞪口呆。广东民间有句谚语曰："不要小看女人！"呜呼，女人比男人具有更多的变数。然而，李耳先生有言曰："祸兮福之所倚，福兮祸之所伏。"何家这项得来太易的荣华富贵，不久就付出代价。

刘宏先生是东汉王朝最荒淫腐烂的皇帝之一，他像超级市场老板，把政府各级官员跟青菜萝卜一样，标价出售。公爵价钱一千万，部长级（卿）价钱五百万。更高的官，价钱就更吓人。宰相级（二千石）二千万，而县长级（四百石）则只四百万就行啦。

除了贪污，就是淫乱。何灵思女士虽然仍保持皇后地位，刘宏对她已不再有兴趣照顾，却在皇宫里大搞特搞，兴建"裸游馆"，顾名思义，那是他跟如云美女脱光衣服，追逐嬉笑，冲锋陷阵的地方，《拾遗记》上记载曰：

"刘宏先生在西苑（皇家花园），盖了千余间'裸游馆'，馆外台阶，铺满了新鲜绿草，用人工开凿无数小溪，回曲围绕，清澈可以见底。他阁下坐着小船，在溪上徜徉。特别挑选肌肤细腻像玉石样的宫女，负责摇桨。水那么静，宫女玉肌又那么冰滑，于是龙心大悦。盛暑之时，又教其他漂亮的宫女，演奏流行歌曲，宣称那可以招来凉意。歌曰：'凉风徐来，每天笼罩着小河。荷花晚上开展，荷叶白天卷卧。白天是那么短促，享受不尽这么多欢乐。琴弦笛管，唱出鸳鸯情歌。千年万岁，再没有这种喜悦。'

"小溪中的莲叶很特别，大如车轮，高有一丈，是南方进贡来的。晚上自动展开，白天却卷起来，一个茎上能生出四朵莲花，名叫'夜舒荷'，也称之为'望舒荷'，盖一到月亮东升，它就会自动展开。"

●黄巾民变

《拾遗记》对"裸游馆"续介绍曰:

"刘宏先生每年盛夏,都到'裸游馆'避暑,摆下酒席,一闹就是一个通宵。这自然舒服兼安逸,于是他阁下叹曰:'使万年都过这种日子,真是头等神仙。'凡十四岁以上,十八岁以下的宫女,都打扮得美艳夺目,脱去上衣,露出丰满的双乳(柏老按: 现在流行的"上空装",中国"古已有之"矣,在这方面,欧美诸夷,落后一千八百年)。下半截只穿内裤(柏老按: 是三角裤或四角裤,书上没有说明,遗憾)。有时候,一男数女,或一男数十女,共挤到一个浴池里(柏老按: 猪八戒先生大闹盘丝洞,表演的就是这种节目),西域(中国新疆及中亚西亚诸国)进贡的一种'菌墀香',用水煮沸,沐浴过后,浑身一股幽香。煮过的渣汁倾到小溪里,香闻数里,因称之为'流香渠'。又在'裸游馆'附近兴建'驴鸣堂',教小宦官们居住,不时地发出驴子叫声,用以取乐。再兴建'鸡鸣堂',弄一群公鸡到里面,每逢酣饮达旦,刘宏先生醉得像猪一样,于是小宦官驴叫,真公鸡高啼,好不热闹。如果刘宏先生再不苏醒,就在他面前燃起火把一样的巨烛,他陛下这才大吃一惊。"

不但兴建等等之"馆",还在宫廷中兴建街道,完全仿效首都洛阳街市,教宫女宦官们去做生意,有的当老板,有的当伙计(店员),有的当顾客。刘宏先生则换上小民们穿的青衣小帽,自己经营一家店铺,宫女宦官们前去买东西,他阁下就手拿算盘,跟那些他随时可以杀之辱之、淫之贵之的顾客们,讨价还价,争执不休。(柏老按: 那些扮演顾客的老奶老爷,面对毒牙,心里是啥滋味乎哉?)

他阁下店里的货物，被买被偷，不久就一扫而光。那些宫女宦官，还为了得多得少，分赃不均，明争暗斗，大打出手。只刘宏先生自鸣得意，白天做生意，晚上杀奔"裸游馆"挑灯夜战，把皇后何灵思女士，以及国家大事，全部抛到脑后。东汉王朝到了这个地步，如果再不覆灭，简直是没有天理矣。

公元184年，钜鹿（河北宁晋）小民张角先生发动一项广大的反抗暴政的民变，把全国划分为三十六"方"（地区），用黄巾裹头，作为标志。不到一个月，全国就杀声震天，伏尸千里，陷于混战，首都洛阳岌岌可危。腐败的东汉政府只好精神胜利，宣称他们是"黄巾贼"，发兵进击。可是当皇帝的刘宏先生却不信任政府军队，而只信任宦官。每一支政府军队，都派一个宦官做"监军"。监军可以直接上奏皇帝，既迅速而又有效，权力大过司令官百倍。北部军区司令官（北中郎将）卢植先生，曾一度把变民领袖张角先生团团围在广宗（河北威县），眼看就要破城，监军左丰先生向他索取金银财宝，卢植先生是一员律己很严的将军，哪里有金银财宝。左丰先生一想，你瞧不起我呀，一个小报告递上去，刘宏先生就像被踩了尾巴的狗一样叫起来，把卢植先生免职逮捕，装到囚车，押回首都洛阳，投入大牢。豫州（安徽亳州）州长（刺史）王允先生，曾经在一场击败黄巾兵团之役中，查获到张让先生密友写给变民领袖们的信件，王允先生呈报中央政府，张让先生吓出一身冷汗，立刻反扑，诬陷王允先生罪大恶极（史书上没有具体地列出罪状，但张让先生当然有一番使皇帝怦然心动的说辞），王允先生就跟卢植先生同一命运，免职逮捕，装入囚车，押回首都洛阳，投入大牢。

然而，百足之虫，死而不僵。政府军最后仍把黄巾变民集团扑灭。问题是，扑灭黄巾变民集团，并不等于恢复东汉政府统治权威，新兴的军阀像雨后春笋般地纷纷盘踞要津，他们亲眼看到高级将领卢植、王允等效忠政府的下场，就拥兵自卫，对皇帝老爷敬鬼神而远之。被扑灭的黄巾集团，在总崩溃后，漏网的和残余的变民，仍布满各地，有的仍坚持原来的反抗暴政宗旨，有的则堕落成杀人劫舍的匪徒盗贼。

这是一个已点燃了引火线的炸药库，东汉王朝已到末路。可是，以刘宏先生为首的宫廷和政府官员，却以为已恢复黄巾民变以前的原状，屁股底下坐的是稳如泰山的安乐椅哩。刘宏先生每天仍到他的"裸游馆"跟宫女们大家一齐脱光，认为这才是有意义的生活。可是，女人纵欲过度，对身体的伤害不大，男人纵欲过度，一定缩短寿命。公元189年，刘宏才三十四岁，以现代眼光来看，不过一个刚刚在社会上站定脚跟的青年，却一病不起。

◉母子两个糊涂虫

刘宏先生卧病在床时，皇太子还没有确定。他有两个儿子，何灵思女士生下刘辩，王灵怀女士生下刘协。政府官员们眼看刘宏先生大限要到，而帝位继承人还在空悬，万一他阁下先行伸腿瞪眼，恐怕引起不能预测的混乱，不断请求早日确定皇储。可是，不知道什么原因，可能刘宏先生觉得自己离死还远得很哩，也可能对挑选谁一直犹豫。依照宗法规定，"嫡长子"刘辩小娃，天经地义地是皇太子，但刘宏先生对他娘何灵思女士谋杀王灵怀女士的往事，耿耿于怀，恐怕刘辩继承帝位后，老娘再对刘协小娃下毒手。而且，负责养育刘协小娃的祖母董孝仁女士，对孙儿怜爱，对媳妇厌恶，一心盼望刘协小娃能成为合法继承人。不过，刘宏老爹考虑到，刘协不但是"庶子"，而且年龄也比刘辩小，如果硬立他当皇太子，欺兄夺嫡，可能引起强烈的政治反应。

刘宏先生不但没有确定谁当皇太子，而他自卧床那天起，跟政府官员们几乎完全隔绝。除了女人外，只有高级宦官（中常侍）兼首都中央军团司令官（上军校尉）蹇硕先生可以自由出入。蹇硕先生跟皇太后董孝仁女士是一党，左说右劝，刘宏先生终于决定立刘协小娃当皇太子。可是，还没有发布诏书，他阁下就断了御气，结束了他混账的一生。蹇硕先生无法拿出证据证明皇帝的决定，只好乞灵于诡计，打算把皇后何灵思女士的哥哥，掌握兵权的全国武装部队总司令（大将军）何进先生，诱到皇宫干掉，先除去对头的爪牙，然后再把刘协小娃抱上金銮殿。

想不到，事情仍失败在同类宦官之手，已走到宫门的何进先生得到暗示，扭头就跑，结集部队应变。蹇硕先生一瞧大势已去，立即改变计划，拥护嫡长子刘辩小娃继位。继位后，何灵思女士高升皇太后，大权陡增，兄妹联合，进行报复，蹇硕先生斩首，太皇太后董孝仁女士跟弟弟陆军元帅（骠骑将军）董重先生，先后自杀。

经过情形，在董孝仁女士篇幅里，已经介绍，不再啰嗦费唾沫矣。我接着叙述董孝仁女士死后的事。

董孝仁女士死后，东汉王朝的腐败政权，全部落到何家班掌握，妹妹何灵思女士像权力网里的蜘蛛一样，高踞皇宫，手里的魔杖就是十七岁的儿子皇帝刘辩。哥哥何进先生和弟弟何苗先生，控制全国军队。专制政府永远是建立在枪杆上的，权力中心遂稳固得像一块茅厕里的石头，又臭又硬。然而权力中心只是高阶层建筑，东汉王朝一连串经刘志、刘宏两位皇帝和无数宦官同心合力地挖墙脚掘坟墓，已到了尾声。

稍微对国家有点爱心和稍微有点见识的人，都忧心忡忡。他们庆幸终于有一位新皇帝出现，新皇帝的年龄还不能够为非作歹，大权在何家班之手，如果能使何家班改变心意，把宦官们一网打尽，东汉王朝还有得救的可能。禁卫军司令官（虎贲中郎将）袁绍先生——他拥有当时中国社会最崇拜的煊赫家世，向何进先生秘密建议曰："从前窦武先生打算扫除宦官，反而失败，是因为密谋泄露之故。而且禁卫军在心理上，对宦官一向畏惧，窦家班却倚靠他们，怎不灭亡？而今，你们何家兄弟，掌握着野战部队，无论将领或参谋幕僚，都是一代豪杰，对宦官的殃民误国，恨入骨髓，愿意贡献生命。这正是天赐良机，你应该为天下铲除百年来的灾害，使你留名万世。"

何进先生采纳了这个意见，进宫跟妹妹商量，希望把包括中常侍在内的所有兼差的宦官，全部免职，使宦官们恢复本来面目，只在宫廷服务，不再统领武装部队和享受特权，而由男性侍卫官（三署郎）接替他们的遗缺。如果这项建议实行的话，东汉王朝的寿命，可能延长。可是具有决定权力的何灵思女士，不过三十岁左右，跟一个无期徒刑的囚犯一样，一生都关闭在宫廷之中，所接触的除了宫女，就是宦官，十年之内，只跟三个真正男人见过面，一个是死鬼丈夫刘宏，一个就是哥哥何进，另一个则是弟弟何苗。现在一听说要对她最习惯的生活环境，作天翻地覆的改变，跟她的前辈窦妙女士一样，立刻一百个摇头，她曰："宦官负责保卫宫廷，是古代留下来的传统制度，怎么可以随便把它取消？而且刘宏死掉没有几个月，我一个小寡妇，就跟一些陌生男人面面相对，那算啥？"

犹如窦武先生无法违抗女儿的决定一样，何进先生也无法违抗妹妹的决定。退而求其次，何进先生想先杀几个恶名特别昭彰的宦官，以平民愤，但袁绍先生认为毫无意义，他曰："这是制度问题，不是某几个人的问题。宦官以及宦官的亲属党羽，都位居要津，只杀掉几个，剩下来的其他坏蛋，岂肯善罢甘休，一旦有变，后患无穷。"

就在这时候，宦官们已得到风声，大起恐慌。他们向何灵思女士的娘——女侯爵舞阳君、弟弟何苗先生，潮水般地送上名贵礼物，母子两个糊涂虫就跟他们站到一条线上，向何灵思女士打小报告曰："何进那小子，作威作福，已危害到国家的安全。"

——钱能通神，竟把何进孤立起来，连亲娘亲弟都往他头上罩"危害国家安全"大帽，如果何进是圈外之人，早砍下尊头矣。

◉引狼入室的妙计

一方面，何灵思女士以皇太后之尊，不同意何进先生的主张。另一方面，何进先生本身也欠缺创造历史的能力。读者老爷都知道，何进先生出身卑微的屠夫之家，靠着巴结奉承宦官，才爬到 今天的高峰。虽然已雄踞国家领导人地位，随时可以把某些宦官处决，但他爬得太快，潜意识里对宦官的敬畏，仍然存在，以致他不敢在没有皇太后妹妹的支持下，采取行动。他希望为国家建立功业，也希望名垂青史，但他一直下不了决心，事情就拖了下来。

于是，袁绍先生想出了一个典型的引狼入室的妙计，他建议既然问题出在何灵思女士一人身上，则如果秘密调遣外地驻军，向首都洛阳进发，扬言何灵思女士如果不排斥宦官的话，他们就得攻击，这是威胁何灵思女士听从何进先生的一项有效手段。何进先生一听，拍腿称赞曰："好主意，好主意。"

第一个强烈反对的是武装部队总司令部（大将军府）秘书（主簿）陈琳先生，他向何进先生警告曰：

"有句讥讽傻瓜的谚语：'掩住眼睛捉麻雀'，小小的麻雀，人们尚且不能不把它们看到眼里，不能一厢情愿去胡搞，更何况国家大事，怎能像儿戏一样，用诈术去达到目的？你阁下身拥大权，手握重兵，威镇全国，想干啥就干啥，除掉宦官，就跟用火炉去烧头发一样。只要迅雷不及掩耳地发动全面逮捕，天心人心，无不称快。现在反而抛弃自己的利器，去外边求援。一旦大军云集，谁的兵力强大，谁就成了老板，谁就可以控制中央政府。这才是把刀柄塞到别人手里，不但不能成功，恐怕还要天下大乱。"

呜呼，袁绍先生这个天下最愚蠢的妙计，真是天上少有，地下一双——另一件同样最愚蠢的妙计发生在一千年前的公元前八世纪二十年代，周王朝第十二任国王姬宫涅先生认为放放烽火没有关系（本书《姑苏响鞋》褒姒女士的篇幅里，已有报道）。现在，袁绍先生出了同样的馊主意，而何进先生这个白痴，跟姬宫涅先生一样，竟然也采纳这种馊主意，使人叹息。悲夫，太多的聪明绝顶人士，往往做出任何人都知道非砸锅不可的傻事。袁绍、何进，他们都为这项错误的决策，付出代价。中国历史发展到这里，又要血流成河地改朝换代矣。

何进先生这头蠢猪听了陈琳先生的真知灼见，反而笑曰："你真是个懦夫。"意思是再多的兵马向首都进发，我是全国武装部队总司令，他们敢逞强呀，我只要小拇指一动，就能要他们的命。他的另一位部属曹操先生，附和陈琳先生的意见，插嘴曰："宦官灾祸，自古都有。皇帝不应该教他们掌权，一掌权就不可收拾。如果要惩罚他们，只要找出首脑，交给一个法官就行啦，何必大张旗鼓，去召外兵？而今看你之意，竟要全部杀掉，打击面太广，机密一定泄露，我敢预料结局稀里哗啦，不可收拾。"何进先生的智力商数使他无法了解更高层面的智慧，于是，他用"塞嘴术"反击，号曰："曹同志，他也怀私心呀。"这种塞嘴术其灵无比，曹操先生果然不敢再说话，但他心里不服，出门之后，叹曰："乱天下者，必是何进。"

天上确实有一种糨糊货色，就是用电钻去钻，都不能使他开窍。——从袁绍的这件馊主意上看，天老爷早就注定袁绍不是曹操的对手，十年后的本世纪最后一年，公元200年，袁绍兵团和曹操兵团，在官渡（河南中牟北）决战，袁绍以数倍于曹操的兵力，一败涂地，活活气死。

何进先生既相信袁绍的妙计万无一失，就依计行事。三星上将（前将军）、封为侯爵（鳌乡侯）的凉州（甘肃武威）州长（刺史）董卓先生，他阁下的头脑比何进先生还要简单，而且性情又十分凶暴，在内战中总是被黄巾变民击败，东汉政府要军法审判他，但他向当时最当权的十位高级宦官（赫赫有名的"十常侍"）厚厚贿赂，不但没有治他的罪，反而升了他的官，他现在正率领约二十万人的庞大凉州兵团，驻在河东（山西）。何进先生就近取材，下令他向首都洛阳进兵。又教东郡（河南濮阳）郡长（太守）桥瑁先生，率军驻屯成皋（河南荥阳汜水镇），复派遣将领丁原先生，到孟津（河南洛阳孟津区）纵火焚烧渡船，火光上冲云霄，直照洛阳。各路兵马纷纷发表文告，宣称要入都兵谏，杀尽宦官。

且说即将在稍后四年中扮演重要角色的董卓先生，得到何进先生的秘密诏书，大喜若狂，纵然他白天做梦，也梦不到会有这种使他可以插足中央政权的机会。立刻下令全军开拔，一面进发，一面向皇帝上了一份奏章，表明他忠心耿耿，同时也使他的行动获得舆论支持——确定他可不是擅自犯阙的。

◉密谋全盘泄露

董卓先生的奏章没有提到何进先生，完全以主动兵谏的角色自居，奏章曰：

"全国人都知道，天下所以大乱，一直不能安定的缘故，都由于宦官张让等几个家伙，违反皇帝命令。与其扬汤止沸，不如从炉灶里把火弄灭。红肿虽然疼痛，总比生砍杀尔好。所以我下令凉州兵团全军动员，战鼓怒鸣，战马长嘶，直向首都洛阳进发。请你陛下马上把张让等恶名在外的一些宦官，砍头示众，不但是政府之福，也是国家之福。"

何进先生看到这份奏章，蠢心大悦，董卓真是善体人意呀，盖这正是何进先生所需要的也。何进先生把奏章交给文武百官们传阅，掩饰不住他的兴奋曰："在这种强烈反应下，不怕皇太后不准我动手。"但稍微有点头脑的官员，却发现事态严重，监察部资深委员（侍御史）郑泰先生提醒何进先生曰："从过去的记录查考，董卓这家伙可是豺狼之辈，把他弄到京师，他会把我们吃掉。"曾经战败黄巾，被宦官诬陷下狱，稍后经人营救又官复原职的大将卢植先生，也提出警告曰："我跟董卓在一起共过事，深知他表面十分和善，内心却非常毒辣，一旦进入京师，保管后患无穷。"

——事实上这不是董卓先生个人问题，而是国家领导人智力商数问题。重金礼聘江洋大盗，明火执仗地到自己金库里捉蟑螂老鼠，即令来者不是董卓先生，而是柏杨先生，你也别想我大功告成之后，会趴下来磕头，领你一块钱赏金，就谢恩而退。

人生最沮丧的事，莫过于为愚人划策。何进先生看来，反对他引狼入室的任何理由，不但没有价值，而且统统是"别有居心"的"反调"。反调者，当权派不愿听兼听不进耳朵的话也。但他的弟弟何苗先生，也向他说话啦，何苗先生曰："老哥，请冷静地想想，当初咱们从南阳护送姐姐到洛阳，可是既贫穷，又卑贱，举目四顾，谁是我们的亲？谁又是我们的友？完全靠宦官的提拔，才有今天的一人之下，万人之上。宦官固然罪大恶极，可是他们如果不坏，哪有我们今天。而且国家大事，谈何容易，一旦发动，就跟泼出去的水一样，再也收不回矣，应该三思。依我看来，我们不但不应排斥宦官，反而应跟宦官结合一起，共享荣华富贵。"

这一段话抵得住政府官员千百段话，因为何苗先生是自己窝里人，把何家班利益摆到第一线。何进先生开始动摇，怀疑那些出身煊赫的家伙们，如袁绍先生诛杀宦官的主张，是不是明智。当董卓先生的凉州兵团已渡过黄河，抵达洛阳西方六十五公里的渑池时，何进先生决定改变主意，就以新皇帝刘辩小子的名义，训令董卓先生停止前进。董卓先生这时还不敢公开违抗中央政府，只好暂时按兵不动，但他的斥候部队已进抵距洛阳不过四十公里的夕阳亭。

袁绍先生看出何进先生的变化，向他恐吓曰："事情已到了这种地步，势不两立的局面已经公开，你还等啥？等宦官一夜之间死光？还是等宦官饶了你？如果不能迅速决断，恐怕窦家班的灭门大祸，在你们何家班头上重演矣。"几句话又把何进先生搞得慌了手脚，于是再改变主意，任命袁绍先生当首都洛阳卫戍司令官（司隶校尉），教他采取行动。袁绍这个天下第一号蠢货，他到差后第一件事不是展开大规模逮捕——恐怕他也不敢，一旦发动大规模逮捕，何灵思女士不支持他，等宦官们反击，他可要惹祸上身矣。— 而是派遣秘密使节通知董卓，要董卓先生再上一份措辞更强烈的奏章，并挥军继续东进。

这是由中央政府发动的一场反对中央政府的兵变，董卓先生成了中央政府的杀手兼救星，他当然乐意登上政治舞台，一切照办。这时候，可怜的皇太后何灵思女士才发现情势不妙——当然她还不知道是她哥哥何进先生耍的危险把戏，只好下令把所有当权派宦官，包括她丈夫刘宏的"爹""娘"张让、赵忠在内，全部逐出皇宫，使他们各人回到各人在宫外建立的家舍，而只留下跟何进先生关系最密切的一小撮。那些当初何进先生向他们拍马奉承，见了他们连坐都不敢坐的高级宦官群，都跑到何进先生官邸，乞求宽大处理。何进先生曰："全国靡烂，都由你们而起，而今董卓大军转眼就到，恐怕对你们不利。你们一个个身封侯爵，为啥不早日回到你们的采邑享福乎哉？"袁绍先生劝何进先生，就在他们晋见的时候，捉住杀掉，一了百了。可是何进先生认为既然剥夺了他们的权，就等于去了爪牙，而又远离皇帝，没有魔杖可玩，也就再不会有权，所以袁绍先生要求了几次，何进先生都不肯听从。袁绍先生忍耐不住，索性直接秘密通知各州各郡，教州长（刺史）郡长（太守）们逮捕宦官的亲属。大批呼冤求救的专人和函件，拥向洛阳已失势的宦官群，使他们浑身发抖。

在这么大的打击面下，密谋全盘泄露，宦官们终于明白原来是这么回事，受过宦官重恩的何家班，要反过来消灭恩主啦。一霎时恐怖与愤怒并发，他们不能束手待毙，即令死，也要在死前反击。

◉埋伏下刀斧手

宦官们的反击是困难的，他们已赤手空拳，一无所有，不但挡不住董卓先生的凉州兵团，即令对袁绍先生手下的卫戍部队，也只有干瞪眼。他们了解，要想翻身自救，并进一步争取胜利，唯一的办法是重新掌握权力魔杖，把新皇帝刘辩小子弄到手心。问题是，他们连皇宫的大门都进不去，又怎么能掌握那魔杖乎哉？

然而，这个困难不久就行解决，他们的钥匙是裙带关系。当初何家班巴结宦官的时候，无所不用其极，就把何灵思女士的妹妹（也是何进先生的妹妹），嫁给张让先生的儿子。

——这就怪啦，宦官们是割掉生殖器的朋友，根本没有生殖能力，哪里来的儿子？史书上既这么说，我们就只好这么写。可能张让先生跟柏杨先生写杂文一样，是半路出家的，在出家前先有了儿子。不过这个可能性比较小，盖绝大多数宦官，都是从小就被阉割掉的也。所以，儿子也者，可能是义子或侄子。宦官们既有权有钱，又有爵位，往往收一两个干儿子过瘾，生前既可享受家庭天伦之乐，死后财产爵位又有人继承，一举两得。

张让先生施出了苦肉计，也向儿媳跪下磕头（这是中国传统中最尊敬的礼节），用滴出蜜的舌头哀告曰："贤媳呀，我一个人有罪，使我们全家累，你知道我心里多么难过。翁媳们自然要回到我们的家乡，安享余年，只因为我受皇家的恩典太重，而今远离，势将一去不返，心里无限依恋，难割难舍，唯一的愿望是再叩见皇太后一面，仕启程之前，多侍奉几天，承望皇太后颜色，然后出宫，虽死也无遗憾矣。"

这一段说辞文情并茂，而且无懈可击。儿媳妇即刻回家，转告老娘女侯爵舞阳君，老太婆当下进宫，转告女儿何灵思女士。

何灵思女士大大地感动，也不通知哥哥何进先生，直接下令教十位高级宦官进宫值班。好啦，他们一进皇宫，不但如鱼得水，而且猛虎入山。一场宫廷屠杀，立刻爆发。

我们且抄《三国演义》中关于这场宫廷屠杀的报道。

《三国演义》曰：

(张让等宦官)先伏刀斧手五十人于长乐宫(皇太后宫)嘉德门内，入告何太后曰："今大将军矫诏召外兵至京师，欲灭臣等，望娘娘垂怜赐救。"太后曰："汝等可诣大将军府谢罪。"张让曰："若到相府，骨肉齑粉矣。望娘娘宣大将军入宫，谕命止之。如其不从，臣等只就娘娘面前请死。"太后乃降诏宣进。进得诏，便行，主簿(秘书)陈琳谏曰："太后此诏，必是十常侍之谋，切不可去，去必有祸。"何进曰："太后诏我，有何祸事？"袁绍曰："今谋已泄，事已露，将军尚欲入宫耶？"曹操曰："先召十常侍出，然后可入。"进笑曰："此小儿之见也。吾掌天下之权，十常侍敢待如何？"

——何进先生真是一头猪猡，一刀砍下，便要了老命，掌握天下兵权，远水岂救得了近火乎哉？正常情形之下，对方恐惧后患，当然不敢动手，现在是穷寇反扑，反扑失败，不过一死，反扑成功，还有扭转大局的可能性。不要说掌握天下兵权，纵然家里有座原子炮，他们也是拼啦。何进先生自己才是小儿之见，却倒转过来嘲笑别人是小儿之见，天下这类移情朋友，固多的是也。

《三国演义》续曰：

绍曰："公必欲去，我等引甲士护从，以防不测。"于是袁绍、曹操，各选精兵五百，命袁绍之弟袁术领之。袁术全身披挂，引兵布列青琐门外。绍与操带剑护送何进至长乐宫前。黄门（宦官）传懿旨云："太后特宣大将军，余人不许辄入。"将袁绍、曹操都阻住宫门外。何进昂然直入，至嘉德殿门，张让、段珪迎出，左右围住。进大惊，让厉声责进曰："董后（董孝仁女士）何罪，竟以鸩死？国母丧葬，托疾不出。汝本屠沽小辈，我等荐之天子，以致荣贵，不思报效，欲相谋害。汝言我等甚浊，其清者是谁？"

——张让先生责备何进先生的话，正史是这样的焉：

"让等诘进曰：'天下愦愦，亦非独我曹罪也。先帝（刘宏）尝与太后不快（指毒死王灵怀女士），几至成败，我曹涕泣救解，各出家财千万为礼，和悦上意，但欲托卿门户耳。今乃欲灭我曹种族，不亦太甚乎。'"

这段话，较《三国演义》上的话沉痛而真实，如果仅就何家班私人利益而言，何进先生有负宦官矣。

《三国演义》续曰：

进慌急，欲寻出路，宫门尽闭，伏甲齐出，将何进砍为两段。后人有诗叹之曰："汉室倾危天数终，无谋何进作三公。几番不听忠臣谏，难免宫中受剑锋。"

——宦官如果采取软功，当着何灵思女士的面，向何进先生苦求，以他阁下狐疑寡断的性格，可能三度改变主意。问题是，宦官们不敢冒这个险，万一他不三度改变主意怎么办？而且，宦官们还多少希望杀掉何进先生后，能产生阻吓作用，扭转狂澜。却不知道他们已按下包括自己在内，千万人头落地，九十余年的全国大混战的电钮。

◉杀将·焚宫·皇帝逃亡

大屠杀是这样开始的，《三国演义》曰：

让等既杀何进，袁绍久不见何进出，乃于宫门外大叫曰："请将军上车。"让等将何进首级从墙上掷出，宣谕曰："何进谋反，已伏诛矣，其余胁从，尽皆赦宥。"(柏老按："诬以谋反"节目又出了笼，可惜这玩意儿这次不灵。)袁绍厉声大叫："阉宦谋杀大臣，诛恶党者，前来助战。"

事情急转直下，《三国演义》曰：

何进部将吴匡，便于青琐门外放起火来。袁术引兵突入宫廷，但见阉宦，不论大小，尽皆杀之。袁绍、曹操，斩关入内。赵忠、程旷、夏恽、郭胜四人，被赶至翠花楼前，剁为肉泥(柏老按：赵忠先生乃死皇帝刘宏喊"娘"的人物，威震天下)，宫中火焰冲天。张让、段珪、曹节、侯览，将太后及太子(刘辩)并陈留王(刘协小娃)劫去内省，从后道走北宫。时卢植辞官未去，见宫中事变，擐甲持戈，立于阁下。遥见段珪拥逼何后过来，植大呼曰："段珪逆贼，安敢劫太后！"段珪回身便走，太后从窗中跳出，卢植急救得免。吴匡杀入内廷，见何苗亦提剑出，吴匡大呼曰："何苗同谋害兄，当共杀之。"众人俱曰："愿斩谋兄之贼。"苗欲走，四面围定，砍为齑粉。袁绍复令军士分头来杀十常侍家属，不分大小，尽皆诛绝(柏老按：家属何辜？宦官固然可恨，反宦官的一些家伙，嘴巴喊着"罪不及妻孥"，下手时却眼红如火，跟宦官同样惨无人道），多有无须者误被杀死。曹操一面救灭宫中之火，请何太后权摄大事，一面遣兵追袭张让等，寻觅少帝（刘辩）。

皇宫里血流成河，伏尸如山，共屠杀了两千余人，还不包括那些没胡子的倒霉朋友。柏杨先生叹曰："有胡子的有福啦。"接着是一幅皇帝逃亡图。

《三国演义》曰：

且说张让、段珪劫拥少帝（刘辩）及陈留王（刘协），冒烟突火，连夜奔走至北邙山。约二更时分，后面喊声大震，人马赶至，当前河南中部掾吏（洛阳郡中区高级官员）闵贡，大呼："逆贼休走。"张让见事急，遂投河而死（柏老按：权力魔杖固然法力无边，但必须在特定的条件之下，也就是在拥有效忠的军队时，才法力无边。如果赤手空拳，啥把戏都耍不出，法力就有边矣）。帝与陈留王未知虚实，不敢高声，伏于河边乱草之内。军马四散去赶，不知帝之所在。帝与王伏至四更，露水又下，腹中饥馁，相抱而哭。又怕人知觉，吞声草莽之中。陈留王曰："此间不可久恋，须别寻活路。"于是二人以衣相结，爬上岸边，满地荆棘，黑暗之中，不见行路。正无奈何，忽有流萤千百成群，光芒照耀，只在帝前飞转（柏老按：对一个马上就要完蛋的末梢帝王，仍忍不住往外乱冒鬼话）。陈留王曰："此天助我兄弟也。"遂随萤火而行，渐渐见路。行至五更，足痛不能行。山冈边见一草堆，帝与王卧于草堆之畔。草堆前面是一所庄院，庄主是夜，梦两红日坠于庄后（柏老按：鬼话最难启齿，但只要胡乱冒出一句，以后就状如泻肚，用萝卜塞都塞不住），惊觉，披衣出户，四下观望，见庄后草堆上红光冲天（柏老按：梦还有可能，我老人家昨晚就梦见敞肚脐眼里跳出一个太阳；但是一口咬定活生生亲眼瞧见，就他妈的离谱太远矣)，慌忙往视，却是二人卧于草畔(柏老按：实际上只不过两个乳臭未干的小娃，刘辩十四岁，刘协九岁)。庄主问曰："二少年谁家之子？"帝不敢应。陈留王指帝曰："此是当今皇帝，遭十常侍之乱，逃难到此。吾乃皇弟陈留王也。"庄主大惊(柏老按：换了我，我也大惊)，再拜曰："臣先朝(刘宏先生当皇帝时代)司徒(宰相之一)崔烈之弟崔毅也，因见十常侍卖官嫉贤，故隐居在此。"遂扶帝入庄，跪进饮食。

被列为"正史"的《资治通鉴》，对这一桩大屠杀的经过，叙述得更为动人，恭抄于后，以便读者老爷对照参考，文曰：

> 尚方监(宦官)渠穆，拔剑斩进于嘉德殿前。让、珪等为诏，以故太尉(宰相之一)樊陵为司隶校尉(首都洛阳卫戍司令官)，少府许相为河南尹。尚书(宫廷秘书)得诏版，疑之，曰："请大将军出共议。"中黄门(宫廷侍卫)以进头掷与尚书曰："何进谋反，已伏诛矣。"进部曲将吴匡、张璋，在外闻进被害，欲引兵入宫，宫门闭。虎贲中郎将(禁卫军司令官)袁术与匡共斫攻之，中黄门持兵守阁。会日暮，术因烧南宫青琐门，欲以胁出让等。

◉恶棍的介入

事情到了这个地步，张让等也不是呆瓜，怎么会允许何灵思女士把他们交出？而何灵思女士失去何进先生，也没有力量把张让先生交出，结果当然一团糟。

《资治通鉴》曰：

让（张让）等入白太后，言："大将军兵反，烧宫，攻尚书阙。"因将太后、少帝（刘辩）及陈留王（刘协），劫省内（宫内）官属，从复道走北宫。尚书卢植，执戈于阁道窗下，仰数段珪，珪惧，乃释太后，太后投阁，得免。袁绍与叔父隗（袁隗），矫诏召樊陵、许相，斩之。绍及何苗引兵屯朱雀阙下，捕得赵忠等，斩之。吴匡等素怨苗不与进同心，又疑其与宦官通谋，乃令军中曰："杀大将军（何进）者，即车骑（何苗）也，吏士能为报仇乎？"皆流涕曰："愿致死。"匡遂引兵与董卓弟奉车都尉（陆军上校）旻，攻杀苗，弃其尸于苑中。绍遂闭北宫门，勒兵捕诸宦官，无少长，皆杀之，凡二千余人，或有无须而误死者。绍因进兵排宫，或上端门屋，以攻省内。庚午，张让、段珪等困迫，遂将帝与陈留王数十人，步出毂门（洛阳城北门），夜至小平津（河南巩义西北），六玺（皇帝皇后政府等印信）不自随，公卿无得从者。唯尚书卢植、河南中部掾（洛阳郡中区高级官员）闵贡，夜至河上（黄河南岸）。贡厉声质责让等，且曰："今不速死，吾将杀汝。"因手剑斩数人。让等惶怖，又手再拜叩头，向帝辞曰："臣等死，陛下自爱。"遂投河而死。

——有件事弄不懂，闵贡先生既乱砍乱杀，干掉了几个，为啥不向张让先生直接下手？是不敢也乎？如果张让先生不跳黄河，又该怎么办？直接下手和逼他自杀，后果是一样的，不知道他阁下为啥采逼死之法。

经过内外一阵屠杀，宦官绝种，中国历史上第一个宦官时代，到此结束，宦官们付出他们为非作歹的代价。可是，政府、皇帝、官员，以及全国人民，不但不能恢复原状，反而从此陷入更大的灾难。死者已矣，一死百了，活人的苦，却只开端。

《资治通鉴》续曰：

(闵)贡扶帝与陈留王，夜步逐萤光南行，欲还宫。行数里，得民家露车（农夫普通载货的平板牛车，既没有顶篷，也没有栏杆），**共乘之，至洛舍**（地名，在邙山北麓）**止。**

在洛舍住了一夜，第二天：

帝独乘一马，陈留王与贡，共乘一马，从洛舍南行，公卿稍有至者。

接着，董卓先生——这个头脑简单、四体发达的恶棍，以电影上的大场面镜头出现。原来他阁下接到袁绍先生的命令，立即率领他的凉州兵团，向东进发，抵达洛阳城西的皇家显阳花园（显阳苑）。只见洛阳火光冲天，一片血红，那正是袁绍先生攻击皇宫，焚烧青琐门的时候。董卓先生知道事情发生变化，下令紧急行军，抵达西门时，探马报说，皇帝正在邙山，他阁下立刻北上，径到邙山。

刘辩小子折腾了两天一夜，惊魂甫定，忽然号角频传，鼓鸣马嘶，大军云集，吓得面无人色，也顾不得皇帝天纵英明的学说啦，不客气地浑身发抖，涕泪直流。随从的政府高级官员们只好派出使节，告董卓先生曰："皇帝有诏，大军停止前进。"

"诏"是政府的最高权威，而且是绝对权威。可是，没有权力支持，诏书就成了软面条。董卓先生迫不及待地露出凶暴面目，回答曰："你们这些饭桶，身为国家领导人，不能使政府和皇家固若金汤，连皇帝都被搞得逃命，现在又要命大军停止前进，什么皇帝有诏，有诏个屁。"那些高级官员们面面相觑，口呆目瞪，只好任凭摆布。董卓先生一马当先，依照正常仪式参拜刘辩小子，问一些有关事变的经过情形，刘辩小子这时候虽然已弄清楚这些兵老爷不是强盗，而是来保护自己的，但心里仍十分害怕，尤其董卓先生彪形大汉，杀气腾腾，他陛下舌头就好像打了个结，跟鼓儿词的唱本一样："他问一句俺答一语，他说一字俺应一声。"支支吾吾，结结巴巴。董卓先生问了半天也没问出来龙去脉。他一辈子没见过皇帝，脑海里的皇帝形象可不是这种德行，这如果就是"天子圣明"，老董简直可称活神仙啦。他又跟刘协说话，别瞧这个九岁娃儿，却跟柏杨先生小时候一样，口齿伶俐，头脑清楚，不但不害怕，对事变经过，叙述得清清楚楚，更以亲王的身份，对董卓先生起兵勤王，千甲保驾，表示嘉许。董卓先生不由点头赞叹，这才称得上国家领袖呀。尤其是，刘协小娃是由太皇太后董孝仁女士抱养大的，一笔写不出两个"董"字，俺跟她都姓董，五百年前还是一家人哩。董孝仁女士要立刘协小娃当皇帝的企图失败，得罪了现任皇太后何灵思女士，以致全家惨死，现在瞧俺老董为你老姐出口气吧。一个莽撞的，关系着我们女主角何灵思女士生死的大事，就在这一刹那，全盘决定。

◉同囚永安宫

十四岁的刘辩少年皇帝，在凉州兵团前呼后拥中，战战兢兢，返回他的宫廷，跟他娘亲皇太后何灵思女士见面，母子抱在一起，庆幸他们终于脱离危险，马上可以恢复皇家权威啦。虽然何进、何苗，和她手下的那些宦官，刹那间全从眼前消失，有一种恍如隔世、孤独无依的伤感，但魔杖无恙，体制也无恙，仍可很快建立起新的国家领导中心和新的摇尾系统。

然而，前已言之，跌成碎片的瓷器，谁都无法使它恢复原状，即令何进先生仍活着都没有用。正如那些反对征调外兵的人士所料，形势已发生基本变化。凉州兵团控制洛阳，中央政府陷于瘫痪，董卓先生成了唯一有本钱发号施令的最高头目。中国历史上，谁掌握兵权，谁就是大爷。董卓先生本来只不过一个兵团司令官，现在一步登天，小人得志，烧得他简直不知道怎么折腾才好。他每天带着铁甲卫士，出入被视为尊严神圣的宫廷，好像出入厕所一样，政府官员以及一些兵力脆弱的中央军将领们，包括袁绍、曹操在内，一个个口呆目瞪，怒发冲冠，可是他们束手无策。

这些事情——全国武装部队总司令被杀，皇太后跳楼，小皇帝逃亡，以及法纪荡然，军队横暴，都发生在189年八月。用不着我老人家自作聪明地向贵阁下指出，贵阁下就会发现，东汉王朝政府已成了一个火药库。

到了九月，董卓先生把这个火药库燃爆。他阁下是一个毫无政治细胞的土佬，只当了一个月权，就头昏眼花，认为可以想干啥就干啥。他大张旗鼓召集中央政府全体高级官员，宣布废立。为了先声夺人，他板起谁欠一块钱而又三年不还的面孔，曰："大者是天地，其次是君臣，而今皇帝既呆又弱，怎能主持国家大事？我现在要效法霍光前辈的往事，要立刘协当皇帝，各位以为如何？"一言既出，好像晴天霹雳，那些平常誓以忠贞自吹自擂的衮衮诸公，用艾克斯光眼睛一瞧，董卓先生背后站着杀气腾腾的凉州兵团，就像吃了哑巴药，谁都不敢吭声。但董卓先生仍不满意，因为他没听见欢呼雷动，显然他们还多少有点不服，于是喝曰："从前霍光决定大事时，田延年拔剑对付那些反调分子，如今谁敢阻挠这项决策，一律交付军法审判。"只有那位拒绝向宦官屈膝的宫廷秘书（尚书）卢植先生抗议曰："从前刘贺皇帝被废，仅只公布的罪状，就有一千多条。而现在皇帝才十四岁，即位不到半年，有啥过失？这两件事似乎不能相提并论。"

董卓先生简直不相信天下竟有不怕死的硬汉，他跳起来，就要下令把卢植先生拖出干掉，但他仍是忍了又忍，大踏步离开会场。他有点扫兴，这点扫兴当然不能改变主意，于是再不征求别人同意啦，决定蛮干。教刘辩小子升殿，由他的智囊李儒先生宣读早已拟好的废立文告，文告曰：

> 孝灵皇帝(刘宏)，早弃臣民。皇帝(刘辩)承嗣，海内侧望。而帝(刘辩)天资轻佻，威仪不恪，居丧慢惰，否德既彰，有忝大位。皇太后(何灵思)教无母仪，统政荒乱。永乐太后(董孝仁)暴崩，众论惑焉。三纲之道，天地之纪，毋乃有缺？陈留王协，圣德伟懋(柏老按：九岁的娃儿，有屁圣德)，规矩肃然，居丧哀戚，言不以邪，休声美誉，天下所闻(柏老按：不知道哪里找来这么多优美的形容词)。宜承洪业，为万世统。兹废皇帝为弘农王，皇太后(何灵思)还政。请奉陈留王为皇帝，应天顺人，以慰生灵之望。

宣读文告已毕，首席宰相(太傅)袁隗先生把刘辩小子扶下金銮宝殿，何灵思女士看到这场面，一句话也不敢说，只脸色苍白，掩面流涕，呜咽出声，高级官员们也陪着悲戚，没有人敢表示不满。其实表示不满又有啥用乎哉，徒招杀身之祸。

董卓先生不会放过何灵思女士，他曰："何太后逼迫永乐宫(董孝仁女士)，至今不得其死，完全丧失做媳妇的本性，这笔账不能不算。"

算账的结果在意料之中，《三国演义》曰：

> 卓请陈留王登殿，群臣朝贺毕，卓命扶何太后并弘农王，及帝妃唐氏于永安宫闲住，封锁宫门，禁群臣无得擅入。可怜少帝四月登极，至九月即被废。董卓为相国，赞拜不名，入朝不趋，剑履上殿，威福莫比。

失去权势的帝王皇太后，没有自卫能力。何灵思女士母子已成了瓮中之鳖，走到生命尽头，没有人能阻止下一步的发展。

●美女恶棍俱尘土

"正史"上对何灵思女士之死，只寥寥数语，《后汉书》曰："迁于永安宫，遂以弑崩。"《资治通鉴》曰："乃迁何太后于永安宫，鸩杀之。""鸩杀之"比"弑崩"要具体，而《三国演义》则更详尽，呈现给读者老爷面前的是一项生动的黑社会谋杀镜头：

却说少帝（刘辩）与何太后、唐妃（刘辩的姬妾），困于永安宫中，衣服饮食，渐渐缺少，少帝泪不曾干。一日，偶见双燕飞于庭中，遂吟诗一首，其诗曰："嫩草绿凝烟，袅袅双飞燕。洛水一条青，陌上人称羡。远望碧云深，是吾旧宫殿。何人仗忠义，泄我心中怨。"董卓时常使人探听，是日获得此诗，来呈董卓，卓曰："怨望作诗，杀之有名矣。"遂命李儒带武士十人，入宫弑帝。帝与后（何灵思）、妃（唐妃）正在楼上，宫女报李儒至，帝大惊。儒以鸩酒奉帝，帝问何故。儒曰："春日融和，董相国（董卓）特上寿酒。"（董卓先生屁股上好像绑了火箭，一炮就冲到了最高峰的"相国"。不能再高啦，再高就是皇帝啦。）太后（何灵思）曰："既云寿酒，汝可先饮。"儒怒曰："汝不饮耶？"呼左右持短刀白练于前曰："寿酒不饮，可领此二物。"唐妃跪告曰："妾愿代帝饮酒，愿公存母子性命。"儒叱曰："汝何人，可代王死？"乃举酒与何太后曰："汝可先饮。"太后大骂何进无谋，引贼入京（洛阳），致有今日之祸。儒催逼帝，帝曰："容我与太后作别。"乃大恸而歌。其歌曰："天地易兮日月翻，弃万乘兮退守藩。为臣逼兮命不久，大势去兮空泪潸。"唐妃亦作歌曰："皇天将崩兮后土颓，身为帝姬兮恨不随，生死异路兮从此别，奈何荧速兮心中悲。"歌罢，相抱而哭。李儒叱曰："相国立等回报，汝等俄延，望谁救耶？"太后大骂："董贼逼我母子，皇天不佑，汝等助恶，必当灭族。"儒大怒，双手扯住太后，直撺下楼。叱武士绞死唐妃，以鸩酒灌杀少帝。

三部书的记载，至少有三点不同，事实是：一、何灵思女士并非摔死楼台，而是被鸩酒毒死。二、刘辩小子延到次年（190）才被谋杀，多活了一年。三、唐妃并没有同时毙命，这位可怜的少女，在刘辩小子死后，回到她娘家颍川（河南禹州），老爹唐瑁先生要再为她物色夫婿，她坚持不允。不久天下更乱，董卓先生的残余部队大掠关东（函谷关以东地区，包括河南、山东诸省），把她也俘虏到手，将领之一的李催先生，要娶她当老婆，她更不答应，但她也不肯透露她跟前任皇帝（刘辩）的关系。后来宫廷秘书（尚书）贾诩先生得到消息，报告刘协先生，刘协无限感伤，特派钦差大臣封她弘农王妃，迎接到刘辩陵园安居。她这段遭遇，就是一幕凄艳的传奇，有待文学家为她谱出可歌可泣的篇章。

何灵思女士到底是摔死或是毒死，不必细去追究，反正死啦。死啦之后，董卓先生又把她弟弟何苗先生的尸体，从墓中掘出，乱刀砍成碎块，抛到路旁喂狗。至于老娘女侯爵舞阳君，白发苍苍，也被杀掉，把尸体扔到乱草中，何姓家族于是满门诛灭。这个屠夫之家，自公元180年何灵思女士当上皇后，到公元189年全家被屠，整整十年，享尽人间尊荣。何灵思女士七十年代初入宫时，如果十六七岁，则死时不过三十岁左右，不知道她有没有懊悔过不如仍当一个屠家之女？或许她懊悔过，但也只会在最后时刻才懊悔。何灵思女士一生不全是快乐的，她得宠的日子不多，而付出的代价却不少，不比她的前辈们少。

何灵思女士既满身罪状被处决，从前被她毒死的少女王灵怀女士，在沉冤十年之后，得到平反。形势已变，现在是她亲生的儿子刘协先生登上宝座矣。公元191年，刘协下令访求母家的亲人，找到王灵怀女士的哥哥王斌先生，王斌先生由一个罪犯的家属，忽然成了皇帝的舅父，真是天降奇福，带着妻子到首都长安（那时，董卓先生强迫迁都），由皇家赏赐给高楼大厦和田产，封官"奉车都尉"（上校）。公元194年，追尊亲娘灵怀皇后（她本是姬妾第二级的"美人"），把棺木迁到丈夫刘宏先生墓旁陪葬。这位糊里糊涂怀孕，糊里糊涂生下娃儿，再糊里糊涂被谋杀的少女，靠着儿子的运气，死后总算得到荣耀。虽然死后的荣耀不过一场虚幻，但总比没有好。她在地下看见她的仇人何灵思女士狼狈而至时，不知道她将大笑耶，抑或充满同情？——她应了解，杀她的凶手是中国传统文化中的多妻文化。

王灵怀女士的哥哥王斌先生，不久就被派担任皇家警卫队司令官（执金吾），封三等侯爵（都亭侯）。

两位皇后都度过了各人的一场春梦，本文也告一结束。董卓先生不久也被他的部下宰掉。美女恶棍，都化尘土，留下来兵荒马乱，英雄割据，草莽并起，小民们的灾难，更没完没了。悲夫。

董贵人·伏寿

时代：二世纪九十年代至三世纪初

其夫：东汉王朝第十四任皇帝

汉献帝刘协

遭遇：父女同死，全族屠灭

●按下第一个电钮

　　董贵人女士，河间（河北献县）人，是董孝仁女士的侄孙女，她爹董承先生是董孝仁女士的侄儿，所以她跟东汉王朝第十四任，也是最后一任皇帝刘协，是表兄妹——也可能是表姐弟关系。她啥时候被选入皇宫，做刘协先生小老婆群第一级"贵人"的，史书上没有记载。但她之获得进宫，是可以理解的：一则，刘协先生从小被董孝仁女士养大，有先天的感激之情。二则，在二世纪九十年代长期的混战和逃亡中，董承先生曾率领一支私人军队，对刘协先生保护备至。我们推断她进宫之时，可能在公元196年迁都许县（河南许昌）之后一二年间，刘协先生已十六七岁矣。伏寿女士，琅邪东武（山东诸城）人，她的八世祖伏湛先生，曾当过次席宰相（大司徒），老爹伏完先生，是一位侯爵（不其侯），娶第十一任皇帝刘志先生的女儿阳安公主，生下伏寿女士。她的门第世家，和皇家的关系，远比董贵人女士更近一层，所以她当上皇后。史书上说，伏寿女士于公元190年被送进皇宫，即被封小老婆群第一级"贵人"，那年刘协小子才十岁，伏寿女士恐怕总在十五六岁以上，依照中国传统习惯，是小丈夫制的——这传统直在二十世纪，还在农村盛行。十岁的小丈夫，不可能要一位十岁以下的小妻子，因为他需要一位母亲型的妻子照顾。公元195年，刘协小子十五岁时，才正式把伏寿女士封为皇后，大概二十岁左右。

　　这是她们的简单经历，那么样的平凡，可是大混战时代使她们的一生充满戏剧性苦难。在这场纵跨二世纪、三世纪，中国人民悲惨的岁月中，她们虽都扮演一项使人垂泪的角色，可是，董贵人女士默默无闻，伏寿女士却在史书上占重要一页，环绕在她身畔的人物，因为《三国演义》家喻户晓的缘故，也跟着家喻户晓。

大混战时代是头脑简单的董卓先生按下第一个电钮的，他不知道政治的复杂性，认为仅靠他手下的武装部队，就可以干啥都行。公元190年，也就是刘协小娃当皇帝的次年，董卓强迫迁都——从洛阳西迁到四百公里外西汉王朝的故都长安。盖各地勤王大军云集，董卓先生的凉州兵团防线太长，有陷于重围的危险。这个莽汉一声令下，即行启程，不但皇帝迁，大小官也跟着迁；不但大小官迁，洛阳数百万小民也得跟着迁，为了断绝小民的希望，他下令纵火，数百年经营的宫殿和繁华的市区，在火海中变成一片焦土。海盗般的军队，把可怜的洛阳军民，像猪羊一样地，用刀枪逼着上道，而就在道上，凉州兵纵马踏践，再加上饥饿和疾病，四百公里道路上堆满了尸体。史书上说，这一次迁都浩劫，有数百万人死亡，当时世界第一繁华的都市——女儿如花、牡丹如火的洛阳，一百公里以内，不见人烟。

报应来得很快，这笔血债，只两年便行偿还。公元192年三月，刘协小子病初愈，在未央宫接见政府高级官员。董卓先生穿着正式礼服，坐上马车入朝。不知道怎么搞的，马忽然受了惊吓，扬起双蹄蹦跳，竟把他阁下颠了下来，弄得满身泥浆，不得不爬起来回到他的太师府，换新的礼服（他阁下的新官位"太师"，是介于皇帝跟宰相之间的巨头，在中国历史上，太师往往是夺取皇位的阶梯，再往上一蹿，屁股就可以坐上宝座矣）。他的一位美丽小老婆，认为这是一个不祥的预兆，劝他不要出门。董卓先生对这种妇人之见，当然嗤之以鼻。俺老董百战英雄，大江大海经多少，谁敢碰我？虽然他不听劝告，但他仍下令加强戒备。从他的太师府到皇宫，军警夹道林立，箭上弦，刀出鞘，精锐强悍的骑兵卫队，把他乘坐的座车团团围住，他最宠信的心腹将领吕布先生，骑马执戈，前后巡逻护卫。这真是铁桶般的保护网，即令二十世纪，恐怕机关枪都打不透。

而就在这时候，董卓先生另一位宠信的心腹将领，骑兵司令（骑都尉）李肃先生，带着他的贴身勇士，在皇宫的北掖门布防。董卓先生座车刚到，马又忽然惊叫，不肯前进。董卓先生这才有点心神不宁，决定回头。可是吕布先生坚持不可，他的坚持是有道理的，如果只因为马惊就吓成这个样子，以后就没有威信啦，怎么能再统率大军乎哉。董卓先生采纳了这项意见，继续前进。就在这一阵对话的当儿，李肃先生举起铁戟，迅雷不及掩耳地向董卓先生当胸刺去，谁晓得董卓先生早就防着这一招，他虽外穿锦袍，却内着铠甲。李肃先生一戟下去，竟没有刺进去，立刻慌了手脚，急忙再刺第二戟，只刺中董卓先生的手臂，董卓先生一头撞到车下。

◉肚脐眼里燃油灯

董卓先生栽下座车，急忙叫曰："吕布何在？"呜呼，吕布何在，吕布就在身旁。吕布先生举起铁矛曰："有诏讨贼。"董卓先生这才恍然大悟，誓死效忠他的两个奴才，全背弃了他。董卓先生不像恺撒先生，恺撒先生发现布鲁克斯先生背弃他时，失望地叹曰："怎么，还有你？"而董卓先生不过一个暴徒，说不出这种感伤的话。他的反应是破口大骂，骂吕布先生："你这条狗，敢如是耶？"吕布先生当然"敢如是耶"，一矛下去，前胸进去，后胸出来，董卓先生就完了蛋。

董卓先生一死，接着是可怕的报复。长安城一片欢腾，把他阁下肥胖的尸体拖到大街上，就在他肚脐眼里燃起油灯，一天一夜不熄。然后政府军在将领皇甫嵩先生率领下，攻击有三十年存粮的郿坞，把董卓的全家，包括老娘、妻妾（那位劝董卓先生不要出门的美丽少妇，也应在内）、儿女、全部杀光。老娘九十岁高龄，逃到郿坞门口，向政府军跪下哀告曰："请饶我一命。"话还没有说完，大刀一挥，已身首异处。她活得太久了，如果几个月以前死掉，她会享到人间最大的荣耀。人生，有时候活得太久，并不是福。

——吕布先生所以背弃他的恩主董卓先生，《三国演义》有一段香艳的爱情故事。次席宰相（司徒）王允先生有一位义女，就是中国历史上四大美女之一的貂蝉女士，王允先生最初把她许配给吕布先生，接着再把她献给董卓先生，作为他的姬妾。然后向吕布先生垂泪，告诉他他的未婚妻被董老贼抢去啦。这个挑拨离间的计谋获得空前成功，吕布先生终于向"老贼"报了夺妻的一箭之仇。

——貂蝉女士的故事，在民间流传了一千八百年，直到二十世纪，仍有她的电影故事上演，卖座奇好。不过，因为"正史"上没有关于她的记载，以致很多人疑心有没有这么一位重要角色。两性间的关系，是促使历史发展或改变方向的动力之一，至少在我们所报道的皇后之死篇幅中，可得到证明，读者老爷千万不要忽视。有貂蝉这位美女也罢，没有貂蝉这位美女也罢，有一件事可是确定的，吕布先生是老董最最亲信的心腹将领，任何恶棍头目，所以能成为恶棍头目，都是靠这种最最亲信的将领支持他。所以在最危急时，董卓先生还喊："吕布何在？"想不到最最亲信的将领却来一个反戈一击。孟轲先生称恶棍头目为"独夫"，形容他是多么孤单，满怀恐惧的孤单。

董卓先生死后，东汉王朝政府的大权，落到王允先生手上，真是狼崽子下兔崽子，一窝不如一窝。大概像道家学派的理论，东汉王朝，气数已尽。对本文而言，也就是董贵人女士和伏寿女士，已命中注定了要被全家处决矣。呜呼，王允先生是一个跟董卓先生同类型人物，虽然他仅只是一个文人，手里没有兵权，但其蠢如猪则一。东汉王朝因董卓之死，呈现可能复兴的契机，被王允活活扼杀。

董卓先生死后，东汉政府颁下大赦令，对董卓的凉州兵团和将领们的罪恶，一律不再追究。这时董卓先生的女婿牛辅先生（比董卓还要昏暴的家伙），正率领一部分凉州兵团，驻屯陕州（河南三门峡陕州区），拒绝投降。吕布先生派李肃先生率军前往征讨，大败而归。吕布先生跳高曰："你怎么如此脓包？"把李肃推出辕门，就地正法。

——李肃先生跟吕布先生是同乡挚友（同是九原郡人，九原，今内蒙古五原），又同谋刺杀董卓先生，感情至笃，想不到却只因一场败仗，竟然翻脸无情。一则吕布先生本质是一个忘恩负义之徒，朋友算老几？二则吕布先生显然企图独霸"杀董"之功。吕布先生于六年后，为他的行为付出代价，公元198年，被曹操先生的兖州兵团捉住，绞死。

牛辅先生虽然战胜，但他却是一个庸才，战场上的一次胜利，不但没有带来兴奋，反而带来恐慌。董卓已死，大家知道陷于孤立，随时会再受到中央政府更强大的攻击，这种压力造成精神过度紧张。于是，有天晚上，军营夜惊，士兵们无缘无故地，从梦中号叫而起，疯狂般互相屠杀，等到好容易清醒，已死伤狼藉，使气氛更加恐怖。牛辅先生目睹惨状，想想前途，忽然壮志全消，把他所抢掠的金银珠宝，打一个小包袱，带着最最亲信的卫士胡赤儿先生，抛下大军，跳城溜他娘的啦（天下竟有这种鼠辈将军，也算一奇）。走到中途，胡赤儿先生脑筋一动，牛辅这个威风凛凛的家伙，现在成了落汤鸡，而且是一个政府缉拿的要犯，跟着他还有啥苗头，不如干掉他，一则可把金银珠宝全下腰包，二则还可向政府领赏邀功，不但有银子可拿，还可能封官侯哩。越想越对，就把牛辅先生的尊头砍下，持往政府军献宝，却被吕布先生毫不客气地拉出处斩，命财两空。

——即令是忘恩负义的人，也厌恶人忘恩负义。吕布先生之杀胡赤儿先生，正是此也。生在乱世，人性的弱点更容易暴露，杀杀砍砍，缠到最后，连是非都难分辨矣。

牛辅先生一溜，军中失去了主帅，西凉兵团乱成一窝蚂蚁，不但不能再战，眼看就要一哄而散。牛辅先生的部将李傕、郭汜、张济，大起恐慌，商量的结果是，他们派人到长安，请求政府赦免他们这次抗命的行动。这是一个关键，关键握在宰相王允先生之手。

◉血溅后衣

西凉兵团请求赦免的专使到了首都长安，宰相王允先生一口拒绝，他的理由比敲锣还要响亮，曰："国家大事，岂是儿戏？在法律上，叛乱就是叛乱，政府已经宽大为怀，大赦了一次，他们不知悔改，现在招架不住啦，再哀哀讨饶，既有今日，何必当初。"有人提醒他，宰相跟法官不同，法官钻到条文里过日子，宰相总揽全局，眼观四面，耳听八方，必须考虑到政治影响，选择最大利益。王允先生凛然曰："一年之中，颁发两次大赦令，政府还有啥尊严？我这样决定，正是为了国家千秋万世的最大利益。"

西凉兵团既得不到赦免，他们只有两种选择：一是放下武器，被绳捆索绑，拖到军事法庭上，砍掉尊头；一是索性蛮干到底，即令失败，不过跟没蛮干一样，反正是死定啦，万一闯出了点万儿，那就贵不可言矣。他们选择了后者，向长安挺进。政府派出阻击的军队节节溃败，吕布先生几乎被生擒活捉，落荒而逃。长安不久就告陷落，王允先生陪着皇帝刘协小子逃到东城宣平门楼上，吓得浑身发抖。西凉兵团把他们团团围住，这时候，王允先生的凛然嘴脸没有啦，把自己所说出的理由全部吞回去，他以皇帝的名义，下令大赦。

西凉兵团这时候已不在乎什么大赦不大赦，他们指名要王允先生下来跟他们对话。王允先生无可奈何，只好下来，被押解到西凉兵团军营，现在轮到他请求大赦矣，西凉兵团当然不会"一年之中，三次大赦"，羁押了几天，受尽了凌辱之后，被刽子手处决。

——前已言之，不懂政治的人，偏偏坐在非懂政治才可以坐的座位上，是中国历史反复重演的悲剧，使中国人因一个蠢货的错误决策，付出流血屠戮的代价。王允先生拒绝大赦，不过是一个比芝麻还小的例证，但他却按下东汉王朝灭亡的第二个电钮，加速了长期内战。

西凉兵团是一群暴徒，夺取长安后，皇帝刘协小子落在他们手里，将领们纷纷当权，士兵们除了奸淫妇女，就是抢劫杀人。首都成了匪窟，物资缺乏，粮食比黄金还贵，大街上堆满尸体。而西凉兵团又发生内讧，李傕、郭汜互相攻击，李傕先生把皇帝刘协小子掳到他军营，郭汜不甘示弱，把全体政府高级官员也掳到他军营。几个月下来，数万人战死，长安成了鬼城。一直到另一位将领张济先生，从陕州前来调解，两个混蛋发现这样搞无法善后，也就同意各交出人质，允许皇帝还都洛阳。

可是，当皇帝刘协小子刚逃出长安，李傕、郭汜忽然大吃一惊，怎么糊里糊涂把权力魔杖放走了呀，这简直是天下第一大笨蛋。于是，两人重新结合，联军追击，一直追到弘农涧（河南灵宝西南，黄河小支流），本文女主角之一董贵人女士的老爹董承先生，他是皇帝刘协小子的舅父，率领他的一支脆弱的警卫队迎战，抵挡不住西凉兵团，全军崩溃。刘协小子和本文另一位女主角伏寿女士——她已是皇后啦，向东逃命，逃到曹阳（河南灵宝东），追兵已至。大家成了瓮中之鳖，小皇帝夫妇日夜哭泣。董承先生一面使缓兵计，派专使去西凉兵团，要求和解，扬言愿把皇帝交出来；一面派专使到河东，向黄巾变民的残余部队首领，请求援助勤王。黄巾部队连夜赶到，大破西凉兵团，但西凉兵团卷土重来，黄巾部队失利。刘协小子困在陕州，一筹莫展，事实上已不可能到达洛阳，董承先生于是计划北渡黄河，逃向河东，只有如此才能摆脱西凉兵团的纠缠。

《后汉书》上对这一段渡河，有悲凉的报道，曰：

使李乐（黄巾部队将领）先渡，具舟舡，举火为应。帝（刘协）步出营，临河（黄河）欲济，岸高十余丈，乃以绢缒而下，余人或匍匐岸侧，或从上自投，死亡伤残，不复相知。争赴舡者，不可禁制。董承以戈击披之，断手指于舟中者可掬（柏老按：这些人都是忠于皇帝、誓死不贰的男女，却如此下场），同济唯皇后（伏寿）、宋贵人（柏老按：董贵人女士还没登场）、杨彪、董承，及后父执金吾伏完等数十人。

这是《后汉书·董卓传》上写的。《后汉书·伏皇后纪》上，特别指出，这次悲惨的渡河之役，人人性命不保，更不要说身外之物啦。只伏寿女士，却一手扶着哥哥伏德先生，一手挟着十匹绸缎。董承先生教她扔掉，她不肯，这是她的唯一财产矣。董承先生教宫廷印信官（符节令）孙徽先生强制执行，伏寿女士挟着不放，孙徽先生用刀向她身旁的侍卫砍去，那个可怜的侍卫大叫一声，栽倒在地，鲜血溅满了伏寿女士的衣裳，伏寿女士吓出冷汗，才算抛弃。

——董承先生看起来一脸凶恶，史书上没有说明他为啥有这种举动。柏杨先生想，可能是伏寿女士因挟着绸缎缘故，行动不便。咦，伏寿女士不过十几岁小女孩，似乎不知道，如果被俘，万事皆空，如果再登宝座，要啥有啥，几块绸缎算屁乎哉。

◉皇帝第一次夺权

渡过黄河，暂往安邑（山西夏县），这时已是公元196年正月，到了七月，才算还都洛阳，而洛阳早已成为一片焦土。州郡各拥强兵，形成半独立王国，没有几人还记得这个破落的中央政府和娃儿皇帝。史书曰："是时，宫室烧尽，百官披荆棘，依墙壁间，州郡各拥强兵，而委输不至，群僚饥乏，尚书郎（科长级）以下，自出采稆，或饥死墙壁间，或为士兵所杀。"然而，在这样穷困的环境中，仍然内斗。黄巾部队首领之一，现在官居全国武装部队总司令（大将军）的韩暹先生，又走上董卓先生的覆辙，横行霸道，不可一世。董承先生无力跟他抗衡，听说兖州（治今山东巨野）州长（牧）曹操先生，兵强将广，而且距洛阳最近，只六百公里，就派出密使，邀请他带兵前来首都保驾。这跟当年何进先生邀请董卓先生，完全一样，读者老爷如果不是白痴，一定可以预测到它的结局，只要兖州兵团踏进首都一步，中央政府大权，便天经地义地滑到曹操先生之手，除非兖州兵团不够强大，偏偏兖州兵团够强大。尤其是，曹操先生不但是一个成功的军事将领，而且是一个有谋略的政治家。

曹操先生一到洛阳，立刻发现这座古城残破穷困得不能立足，就于当年(196)九月，迁都许县(河南许昌)，东汉王朝政府这时才开始有一个强有力的领导中心。

——一群军阀恶棍的结局是：韩暹先生一听兖州兵团逼近洛阳，拔腿就跑，在逃向并州(治今山西太原)途中，被地方民兵首领杨宣先生击斩。李乐先生是最幸运的，害病死掉。张济先生受饥馑逼迫，进攻南阳(河南南阳)，战死。郭汜先生被他的部将伍习先生翻脸一刀，报销了老命。李傕先生最惨，以曹操先生为首的中央政府，下令讨伐，被屠灭三族。

早期的军阀恶棍消灭的同时，曹操先生重组迁都后的东汉王朝中央政府，委派皇后伏寿女士老爹伏完先生当"辅国将军"。伏完先生头脑清醒，他知道政府大权在谁手里，不可能允许他插一脚，坚决辞职，于是改派文职"中散大夫"，类似政府顾问之类的官，名义好听，没有实权。大概就在这时候，董承先生的女儿董贵人女士被送进皇宫，当刘协小子小老婆群第一级"贵人"。

曹操先生重组中央政府的工作，遇到层出不穷的阻力。曹家班控制中央政府，已成定局，是曹操先生把这群高级乞丐从饿死边缘拯救出来的，没有曹操先生，中央政府困在洛阳，即令不被韩暹先生扼杀，官员们也终于会陆续倒毙墙壁之间。任何伸出援手的军事将领，都不会不染指政权，东汉王朝政府也好，皇帝也好，要想恢复原状，就跟一个行将抬到太平间要断气的老汉，要想恢复青春年华一样，简直是叫花子三更半夜咧嘴，乱做春梦罢啦。

然而，做春梦的朋友不断兴起，他们向往太平盛世皇帝的威风，包括刘协小子在内，他想当一个拥有绝对权力的皇帝，不甘心当曹操先生的橡皮图章。问题是，宰相将军的权力如果来自皇帝赐予，皇帝当然是主子大爷，宰相将军的权力如果来自自己建立的武装部队支持，皇帝就非成橡皮图章不可。任何踢腾挣扎，只有使套到颈上的绳索收缩更紧。这是定律，权力一旦从皇帝手中滑出，就像生命一旦滑出身体一样，再也收不回矣。

刘协小子却想收回。

公元199年，刘协十九岁，可以称他为先生啦。刘协先生刚刚过了三年饱暖日子，就想恢复皇权。他当初靠曹操先生的保护，对曹操先生感激涕零。现在，为了夺权，决心要曹操先生的命。他没有军队，只好使用阴谋。从前，他可效法他的前辈，利用宦官，如今连残留的宦官也都全部在曹家班控制之下。于是，他利用岳父大人董承先生。

——在皇帝老爷眼里，从没有岳父大人观念，谁见了他都得下跪，都是他的臣民。何况姬妾宫女的老爹，比鸡毛更没有分量，不过事到紧急关头，有点亲情，总比萍水相逢的好。

刘协先生的阴谋是，要董承先生集结忠臣义士，除掉曹操。

——呜呼，再重复一遍，权力一旦丧失，不可再得。无论是啥模样的"忠臣义士"，于除掉曹操后，能拍巴掌走路，凭你刘协先生在金銮殿上吆五喝六乎哉？再起来的保管又是一个董卓，又是一个曹操，这是上天注定专制政治的命运。

●血诏

《三国演义》对刘协先生夺权密谋和布置,有生动的叙述,文曰:

帝(刘协)乃自作一密诏,咬破指尖,以血写之,暗令伏皇后(伏寿)缝于玉带紫锦衬内,却自穿锦袍,自系此带,令内史(宫廷秘书长)宣董承入。承见帝礼毕,帝曰:"朕夜来与后说霸河之苦(霸河,逃亡途中地名),念国舅大功,故特宣入慰劳。"承顿首谢。帝引承出殿,到太庙,转上功臣阁内。帝焚香礼毕,引承观画像。中间画汉高祖(西汉王朝第一任皇帝刘邦)容像,帝曰:"吾高祖皇帝(刘邦)起身何地?如何创业?"承大惊曰:"陛下戏臣耳,圣祖之事(柏老按:这是政治马屁,刘邦不过流氓,圣他妈的祖),何为不知?高皇帝起自泗上亭长,提三尺剑,斩蛇起义,纵横四海,三载亡秦,五年灭楚,遂有天下,立万世之基业。"帝曰:"祖宗如此英雄,子孙如此懦弱,岂不可叹!"因指左右二辅之像曰:"此二人非留侯张良、酇侯萧何耶?"承曰:"然也,高祖开基创业,实赖二人之力。"

——另外还有贡献更大的韩信先生,不但没有画像,反而一字不提,盖被该"祖宗""高皇帝"杀啦,于是连历史都要篡改。

帝回顾左右较远,乃密谓承曰:"卿亦当如此二人,立于朕侧。"承曰:"臣无寸功,何以当此?"帝曰:"朕想卿西都(长安)救驾之功,未尝少忘,无可为赐。"因指所着袍带曰:"卿当衣朕此袍,系朕此带,常如在朕左右也。"承顿首谢。帝解袍带赐承,密语曰:"卿可细视之,勿负朕意。"承会意,穿袍系带,辞帝下阁。

接着是一幕惊险镜头:

早有人报知曹操曰："帝与董承登功臣阁说话。"操即入朝来看。董承出阁，才过宫门，恰遇操来，急无躲避处，只得立于路侧施礼。操问曰："国舅何来？"承曰："适蒙天子宣召，赐以锦袍玉带。"操问曰："何故见赐？"承曰："因念某旧日西都(长安)救驾之功，故有此赐。"操曰："解带我看。"承心知衣带中必有密诏，恐操看破，迟延不解。操叱左右急解下来，看了半晌，笑曰："果然是条好玉带，再脱下锦袍借看。"承心中畏惧，不敢不从，遂脱袍献上。操亲自以手提起，对日影中细细详看。看毕，自己穿在身上，系了玉带，回顾左右曰："长短如何？"左右称美，操谓承曰："国舅即以此袍转赐于吾，何如？"承告曰："君恩所赐，不敢转赠，容某别制奉献。"操曰："国舅受此衣带，莫非其中有谋乎？"承惊曰："某焉敢？丞相如要，便当留下。"操曰："公受君赐，吾何相夺？聊为戏耳。"遂脱袍带还承。

有一点要说明的，正史上说董承先生是把女儿献给皇帝刘协先生的，《三国演义》却说献给刘协先生的是妹妹。如果献的是女儿，就应该称"国丈"矣，《三国演义》既认为他献的是妹妹，当然称他"国舅"。不过，就事论事，"国丈"也好，"国舅"也好，都不可能落到董承先生头上。正宫皇后伏寿女士老爹伏完先生才是"国丈"，老哥伏德先生才是"国舅"，董承先生不过小老婆群之一的父兄，距"国丈""国舅"远得很哩。

《三国演义》续曰：

承辞操归家，至夜独坐书院中，将袍仔细反复看了，并无一物。承思曰："天子赐我袍带，命我细观，必非无意，今不见甚踪迹，何也？"随又取玉带检看，乃白玉玲珑，碾成小龙穿花，背用紫锦为衬，缝缀端整，亦并无一物。承心疑，放于桌上，反复寻之。良久，倦甚，正欲伏几而寝，忽然灯花落于带上，烧着背衬。承惊拭之，已烧破一处，微露素绢，隐见血迹，急取刀拆开视之，乃天子手书血字密诏也。

手书血字诏曰：

朕闻人伦之大，父子为先。尊卑之殊，君臣为重。近日操贼弄权，欺压君父，结连党伍，败坏朝纲。敕赏封罚，不由朕主。朕夙夜忧思，恐天下将危。卿乃国之大臣，朕之至戚，当念高帝(刘邦)创业之艰难，纠合忠义两全之烈士，殄灭奸党，复安社稷(王朝政权)，祖宗幸甚。破指洒血，书诏付卿，再四慎之，勿负朕意。建安四年(199)春三月诏。

《三国演义》是十六世纪明王朝时代的作品，所以密诏里有"君父""奸党"等明王朝的习惯用语。作者罗贯中先生强调该诏书是刘协先生"咬破指尖"用血写的，想象力未免太丰富，理解力未免太贫乏矣。呜呼，罗贯中先生把指尖流出的血，当成钢笔尖流出的墨水啦，可以源源不断供应，让刘协先生洋洋洒洒，大做文章，忽略了一个事实，血液本身含有一种凝结力，仅靠指尖的一点血，恐怕连半个字还没有写完，它就自动收了口。柏杨先生在狱中也曾写过血书，有此宝贵经验，罗贯中先生可是从没有面临过这种惨境也。

"正史"上说，董承先生是自称"受帝(刘协)密诏"的，连到底有没有这个用笔写的诏书，我们都怀疑，更别说用血写的诏书啦。

◉一条白绢

董承先生当时集结的"忠义之士",一个是被软禁在首都许州(河南许昌)的西凉郡(甘肃武威)郡长(太守)马腾先生,他似乎是阿拉伯裔的伊斯兰教徒。一个是被曹操先生俘虏过来的豫州(安徽亳州)前任州长刘备先生。

——读者老爷请记住刘备先生,东汉王朝在二十年后的公元220年,即行完蛋,中国历史进入三国时代,他阁下是三国之一的蜀汉帝国第一任皇帝。

除了上述二位,《三国演义》上还有皇帝的御医吉平先生、副部长(侍郎)王子服先生、政府参议(议郎)吴硕先生、长水驻屯军司令官(长水校尉)种辑先生、陆军将领(将军)吴子兰先生。可是不久马腾先生释回西凉,刘备先生也逃离首都许州,阴谋集团,已经瓦解。可是,事情却仍然败露。次年(200)春天,吉平先生的家奴秦庆堂先生,跟吉平先生的一位小老婆偷情,吉平先生勃然大怒,一对男女各打了四十大棍,把秦庆堂先生囚禁到黑屋子里。秦庆童先生就来一个越狱大逃亡,跑到丞相府,向曹操先生告密。

曹操先生立刻采取行动,把董承等五位先生跟他们的眷属,全部逮捕处斩,七百余人的老少尸体,横陈法场。大屠杀之后,刀尖指向女主角董贵人女士。

《三国演义》曰:

曹操既杀了董承等人众,怒气未消,遂带剑入宫,来弑董贵妃(董贵人女士)。贵妃乃董承之妹,帝幸之(皇帝要女人上床,竟谓之"幸",乃该女人三生有幸之意，酱缸里保镖护院型文化人的嘴脸，完全呈现)，已怀孕五月。当日帝在后宫，正与伏皇后私论董承之事，至今尚无音耗。忽见曹操带剑入宫，面有怒容，帝大惊失色。操曰："董承谋反，陛下知否？"帝曰："董卓已诛矣。"操大声曰："不是董卓，是董承。"帝战栗曰："朕实不知。"操曰："忘了破指修诏耶？"帝不能答。操叱武士擒董妃至，帝告曰："董妃有五月身孕，望丞相见怜。"操曰："若非天败，吾已被害，岂得复留此女，为吾后患！"伏后告曰："贬于冷宫，待分娩了，杀之未迟。"操曰："欲留此逆种，为母报仇乎？"董妃泣告曰："乞全尸而死，勿令彰露。"操令取白绢至面前，帝泣谓妃曰："卿于九泉之下，勿怨朕躬。"言讫，泪如雨下，伏后亦大哭。操怒曰："犹作儿女态耶？"叱武士牵董妃出，勒死于宫门之外。

后人有诗叹董贵人女士之死——她死时不过二十岁左右，诗曰：

春殿承恩亦枉然　伤哉龙种并时捐

堂堂帝王难相救　掩面徒看泪涌泉

——"承恩""龙种"，仍是奴才惯性。

董贵人女士是公元200年死的，十四年后的公元214年，刘协先生第二度企图夺权。这时曹家班的势力更固若金汤，在意料中地，他再度失败，而厄运遂抓住皇后伏寿女士，这时她已三十五六岁，不再是夜渡黄河手持绸缎不放的小女孩矣。

《三国演义》曰：

一日，曹操带剑入宫，献帝(刘协)正与伏后共坐，伏后见操来，慌忙起身。帝见曹操，战栗不已。操曰："孙权、刘备，各霸一方,不尊朝廷,当如之何。"帝曰:"尽在魏公(曹操)裁处。"操怒曰:"陛下出此言,外人闻名,只道吾欺君也。"帝曰:"君若肯相辅则幸甚,不尔,愿垂恩相舍。"操闻言,怒目视帝,恨恨而出。左右或奏帝曰:"近闻魏公欲自立为王,不久必将篡位。"帝与伏后大哭。后曰:"妾父伏完,常有杀操之心,妾今当修书一封,密与父图之。"帝曰:"昔董承为事不密,反遭大祸,今又恐泄漏,朕与汝皆休矣。"后曰:"旦夕如坐针毡,似此为人,不如早亡。妾看宦官中忠义可托者,莫如穆顺,当令寄此书。"乃即召穆顺入屏后,退去左右近侍,帝、后大哭,告顺曰:"操贼欲为魏王,早晚必行篡夺之事。朕欲令后父伏完,密图此贼,而左右之人,俱贼心腹,无可托者,欲汝将皇后密书,寄与伏完。量汝忠义,必不负朕。"顺泣曰:"臣感陛下大恩,敢不以死报。臣即请行。"后乃修书付顺。顺藏书于发中,潜出宫禁,径至伏完宅,将书呈上。完见是伏后亲笔,乃谓穆顺曰:"操贼心腹甚众,不可遽图。除非江东孙权、西川刘备,二处起兵于外,操必自往,此时却求在朝忠义之臣,一同谋之,内外夹攻,庶可有济。"顺曰:"皇丈可作书复帝后,求密诏,暗遣人往吴、蜀二处,令约会起兵,讨贼救主。"伏完即取纸写书付顺,顺乃藏于发髻内,辞完回宫。

◉挽救王朝

三世纪初叶的东汉王朝政府,大权紧握在曹家班之手。这个曹家班跟过去的霍家班、梁家班等等家族,有根本上的不同。过去那些家族，权力来自皇帝，只要皇帝老爷变脸，家族即行瓦解。而曹家班的权力来自他们自己私人的武装部队。这些武装部队只效忠曹家班，而不效忠皇帝，只效忠曹操先生个人，而不效忠中央政府。中央政府形式虽然依旧，文武官员虽然依旧，却早已脱胎换骨矣。曹家班不但拥有军队，更拥有无所不至的特务系统。所以，连皇后贴身宦官晋见国丈这件鸡毛蒜皮样的小事，曹操先生也立刻得到情报。

《三国演义》曰：

早有人报知曹操。操先于宫门等候，穆顺回遇曹操，操问："哪里去来？"顺答曰："皇后有病，命去求医。"操曰："召得医人何在？"顺曰："还未召至。"操喝左右，遍搜身上，并无夹带，放行。忽然风吹落其帽。操又唤回，取帽视之，遍观无物，还帽令戴。穆顺双手倒戴其帽，操心疑，令左右搜其头发中，搜出伏完书来。操看时，书中言语，欲结连孙、刘为外应。操大怒，执下穆顺，于密室问之，顺不肯招。操连夜点起甲兵三千，围住伏完私宅，老幼并皆拿下，搜出伏后亲笔之书，遂将伏氏三族，尽皆下狱。平明，使御林将军郄虑，持节入宫，先收皇后玺绶。是日，帝在外殿，见郄虑引三百甲兵直入。帝问曰："有何事？"虑曰："奉魏公命，收皇后玺。"帝知事泄，心胆俱碎。虑至后宫，伏后方起，虑便唤管玺绶人索取玉玺而出。伏后情知事发，便于殿后椒房内夹缝中藏躲。少顷，尚书令华歆，引五百甲兵入到后殿，问宫人："伏后何在？"宫人皆推不知，歆教甲兵打开朱户，寻觅不见。料在壁中，便喝甲士破壁搜寻，歆亲自动手揪后发髻拖出。后曰：

"望免我一命。"歆叱曰："汝自见魏公诉去。"后披发跣足（光脚），二甲士推拥而出。

············

且说华歆将伏后拥至外殿，帝望见后，乃下殿抱后而哭，歆曰："魏公有命，可速行。"后哭谓帝曰："不能复相活耶？"帝曰："我命亦不知在何时也。"甲士拥后而去，帝捶胸大恸，见郗虑在侧，曰："郗公，天下宁有是事耶？"哭倒在地，郗虑令左右扶帝入宫。华歆拿伏后见操，操骂曰："吾以诚心待汝等，汝等反欲害我耶？吾不杀汝，汝必杀我。"喝令左右乱棒打死。随即入宫，将伏后所生二子，皆鸩杀之，当晚将伏完、穆顺等宗族二百余口，皆斩于市。

京戏《逍遥津》演出的就是伏寿女士之死的场景。不过戏里忽然间教伏寿女士的两个孩子，喊曹操先生"外公"，好像伏寿女士是曹操先生女儿似的，大概为了强调曹操先生的罪恶，硬栽上他杀女杀孙一段，才有此鬼来之笔。有人说曹操先生女儿也嫁给刘协先生的呀，称老家伙外公，也可以说得通。但曹操先生女儿嫁给刘协先生，只是一位"贵人"，在宗法制度下，嫡子从没有把庶子的舅舅家人当人的。遇到势利眼的庶子，连自己都不把亲舅舅瞧到眼里。《红楼梦》中的贾探春女士，就是一个活例证，看看她对自己亲舅舅的嘴脸，就知道啦。大概二位皇子人穷志短，只好降贵纡尊，唤几声"外公"，企图打动曹操先生的亲情矣。

正史上对事情的经过，记载略有不同。《后汉书》说，伏寿女士确实有信给老爹伏完先生的，可是老爹是个温柔敦厚、畏势如虎的传统型的高级知识分子，目的只在荣华富贵。有了荣华富贵，早就心满意足，绝不理会这荣华富贵是哪里来的。他当然不满意曹操先生的专权，但也仅限于不满意而已，却不敢反抗，女儿的信只有使他浑身发抖。公元209年，伏完先生一命归阴，这件事也就成为过去，万万想不到，六年后的公元214年，密谋泄露。史书上没有说明是怎么泄露的，依常情推测，老爹绝不可能保留女儿那封足可招来杀身灭族的密函。但事情既然泄露，曹操先生不会不做反应，他当时就教刘协先生颁发一道废后诏书，诏书曰：

皇后寿（伏寿），**得由卑贱**（前已言之，她并不卑贱），**登显尊极，自处椒房**（皇后宫），**二纪**（二十年）**于兹。既无任姒徽音之美**（任，太任，周文王姬昌的娘；姒，太姒，周武王姬发的娘）**，又乏谨身养己之福，而阴怀妒害，苞藏祸心，弗可以承天命，奉祖宗。今使御史大夫郗虑，持节策诏，其上**（缴出）**皇后玺绶，退避中宫，迁于他馆。呜呼伤哉，自寿取之，未致于理**（理，军法审判）**，为幸多焉。**

其实审判不审判结局是一样的，在正史上，伏寿女士毒死于暴室，二子同归于尽。兄弟宗族一百余人，全部处决，只剩下老娘伏盈女士，几个老弱妇女，流窜到涿郡（河北涿州）。

伏寿女士是东汉王朝最后一位死于非命的皇后，她不是为了自己的利益，而是为了抢救她丈夫的工朝。她的牺牲对王朝没有帮助，死后十一年，东汉王朝终于灭亡，历史进入另一个新的天地。留在世间的，只剩下上述的《逍遥津》一出京戏，供后人唏嘘。

甄洛

时代: 三国时代·三世纪二十年代

其夫: 曹魏帝国第一任皇帝

魏文帝曹丕

遭遇: 毒死·披发于面·以糠塞口

●初嫁袁熙

甄洛女士是中国历史上最工于心计的美女之一，拥有传奇的身世和结局。她是中山无极（河北无极）人，东汉王朝宰相（太保）甄邯先生的后裔。老爹甄逸先生，担任过上蔡（河南上蔡）县长（县令），生有三男五女。三男的顺序是甄豫、甄俨、甄尧。五女的顺序是：甄姜、甄脱、甄道、甄荣、甄洛。甄洛女士是甄家最幼的女儿。

史书上对甄洛女士，搞出来不少鬼话。她阁下生于公元182年，生时大概太过于仓促，天上神仙没来得及表演，所以直延到生了之后，才开始忙碌。甄洛小女娃睡到摇篮里，小腿乱踢，有时候把小棉被踢掉，露出肚皮。这本是一件比拉稀屎还平常的事，但她的家人却仿佛看见，冥冥中似乎有人牵起锦衣，给她盖上，于是大为惊奇。——不但甄家的人大为惊奇，连我这个柏家的人也大为惊奇。然而使人惊奇的事还在后面。三岁的时候，老爹去世，铁嘴大学堂相面学博士刘良先生，应邀到甄家，为甄家子女看相，他阁下看了其他的人，都不开口，等看到甄洛女士，不禁脱帽："这个女孩，贵不可言。"

甄洛女士果然贵不可言，从小就与众不同。八岁时，正是小学堂二年级蹦蹦跳跳、爬高爬低的顽皮年龄，有一天，门外锣鼓喧天玩马戏，姐姐们兴高采烈地跑到阁楼上去看，只有甄洛不跟着跑。姐姐们大感不解，问她为啥，她曰："这种抛头露面的事，岂是我们好人家女儿做的耶？"把姐姐们顶撞得目瞪口呆。九岁时，就喜欢读书，在三世纪，正是"女子无才便是德"的兴旺时代，而这个"才"，专指读书。儒家学派的"大儒"们认为，女子们最崇高的道德行为，就是不读书不识字，必须这样，对大男人沙文主义，才不产生反抗思想；即令产生反抗思想，也没有反抗能力。所以当甄洛女孩向哥哥索取笔墨纸砚，要学习写字的时候，哥哥们吃惊曰："你这个娃儿，应该学针线才对。偏去写字读书，怎么，打算当女博士呀。"

——中国古代"博士"，跟二十世纪的"打狗脱"(doctor——编者注)不同。古代"博士"，有时专指大学堂教习，有时泛指一些饱学之士，有时还指茶馆酒楼跑堂的。

二世纪最后十年的九十年代，正是东汉王朝末年，天下大乱，到处饥馑，小民们不得不卖掉家产和珍藏的金银财宝，换取果腹的粮食。甄家是富家，就借机会用低价大量收购。年才十岁的甄洛女士，发现苗头不对，警告老娘曰："现在不是太平盛世啦，兵马四起，饥民逐渐增多，社会秩序已无法维持，而我们却大量买入稀世宝物。古人云：'匹夫无罪，怀璧其罪'，势必引起别人的杀机。况且人人贫寒饥乏，我们一家在怒涛骇浪中，岂能独存乎耶？依女儿之见，最好是动用仓库里的存粮，救济亲戚朋友和左右邻居，广结善缘，一旦有变，可能避免灾难。"

十岁女娃有如此洞察人生的见解，令人佩服。但也正因为太洞察人生啦，柏杨先生便不相信会出自一个十岁女娃之口，因为她没有经过艰难的人生历程，所以应纳入鬼话之列，属于"异于群儿"类型。史书上说她的家人听啦，大梦初醒，采纳了她的建议。她大哥甄豫先生很早死掉，甄洛女娃十四岁时，二哥甄俨先生也死掉，姑嫂间感情最笃，她就跟二位寡嫂同住，照抚侄儿们，无微不至。这些事使这位美女的聪明贤淑品德，传播乡里。

读者老爷一定还记得袁绍先生，这位给全国武装部队总司令（大将军）何进先生出馊主意，引董卓先生向首都洛阳进兵，用以胁迫皇太后何灵思女士的脓包，在董卓先生控制了中央政府之后，逃之夭夭。他袭取冀州（河北中部南部），当了冀州特级州长（牧），管辖黄河以北大平原上所有的州，拥有当时全中国最强大的军事力量——比手中掌握着皇帝（刘协）的曹操先生，还要强大。他正在招兵买马，跟曹操先生对抗。曹操先生以东汉王朝宰相立场，指摘袁绍是逞兵作乱的叛徒；袁绍先生以勤王义师的立场，指摘曹操是欺君罔上的奸贼。双方严阵对峙，战事随时可以爆发。在战争胜负未揭晓前，谁都不敢预料鹿死谁手。不过袁绍先生兵强将广的声势，使人有深刻印象，一致认为袁绍先生成功的可能性最大。

袁绍先生有三个儿子，老大袁谭、老二袁熙、老三袁尚。袁绍先生不断听人提起甄洛女士的美貌和贤淑，更听人说她自幼种种大贵异象，就娶给老二袁熙先生为妻。

●邺城陷落

家家有本难念的经，袁绍先生家也不例外，老三袁尚先生是袁绍继室妻子刘老娘所生，她唯一的愿望就是让袁尚当老爹的合法继承人。问题是，宗法制度下，"废嫡立庶"是一项禁忌，太多的宫廷惨剧，都由"夺嫡"而起，戚姬女士因夺嫡失败，而身遭"人猪"惨刑，任凭谁想起来都会冒汗。袁绍先生也知道事体严重，不敢贸然宣布。于是他采取渐进手段，任命老大袁谭先生去青州（治今山东淄博临淄区）当州长（刺史），智囊之一的沮授先生抗议曰："大帅呀，请听一个故事：野地里发现一只狡兔，几万人追逐，等到有一个人捉住啦，大家就都停止行动。这是为啥？为的是所有权已定，名分已定故也。袁谭是你老人家的大儿子，而且是嫡长子，天经地义应该是你的合法继承人，如果把他放逐到两百公里外的青州，恐怕是祸不是福。"袁绍先生嘴硬曰："你怎么往这上胡思乱想？我只是教孩子们各自治理一州，考察他们的能力罢啦。"为了表示确实是这个意思，接着派老二袁熙先生，也就是甄洛女士的丈夫，去四百五十公里外的幽州（治今北京）当州长（刺史）。袁熙先生走马上任，留下娇妻甄洛女士，在邺城（河北临漳）陪伴婆婆刘老娘。当时习惯如此，婆婆比丈夫重要，不能随往。史书上虽没有他们小夫妻离别的记载，但缠绵悱恻，难舍难分，应不在话下。

然而，轮到老三袁尚，老爹却不再把他派出去，而留在邺城。事情发展到此，已很明白，老家伙要老三当他的接班人矣。呜呼，强兄在外，各据州郡，握有重兵，小弟的屁股怎么坐得稳耶。袁绍先生的智慧连十岁的甄洛都不如，他从前给何进先生出馊主意，害了何进；现在给自己出馊主意，害了自己。

公元200年，袁绍跟曹操间的战事爆发，在官渡（河南中牟）会战，袁绍先生全军覆没，狼狈逃回邺城，又气又悲，一病不起，拖到公元202年，翘了辫子。老家伙一死，老三袁尚先生立刻坐上冀州特级州长（牧）的宝座，发号施令。于是，在意料中地，内斗开始。老大袁谭先生率大军进屯黎阳(河南浚县)，向袁尚先生要求增派部队，扬言用以抵抗曹操。袁尚先生不是傻子，怎肯派兵出去教老大吃掉，转过来反攻自己耶？当然拒绝。

袁谭先生阴谋失败，就在公元203年初，大举进攻邺城。想不到他阁下跟他老爹一样不成才，竟被袁尚兵团杀了个落花流水，只好放弃黎阳，退守平原(山东平原)。老三袁尚先生认为斩草除根、歼灭老哥的时机已经成熟，用大军团团围住，强行攻城，陷落就在旦夕。

袁谭先生现在只有两条路可走：一是城破被擒，死于老弟之手；一是认贼作父，向仇人曹操先生投降。他选择第二条路，派遣专使到首都许县(河南许昌)，请曹操先生救援。曹操先生大喜过望，几乎跳起来唱山歌。盖如果袁家兄弟团结无间，他们所属的广大河北平原，包括现在的河北、山东、山西三省，短期内不可能征服。现在袁家弟兄内斗，而且内斗到要引外兵入援的程度，是天亡姓袁的。此时不取，是违天也。

公元204年，曹操先生亲率大军北上，攻击邺城。袁尚先生急撤围还救，与曹操的政府军决战。他当然不是对手，霎时崩溃，袁尚先生只好逃向幽州，投奔老二袁熙。

——在本文中，袁家兄弟的故事到此结束，不再出场。但为了故事完整，对他们应做一个交代。老大袁谭先生不久又叛离曹操，跟政府军会战时阵亡。曹操先生继续进军幽州，老二袁熙、老三袁尚抵挡不住，弃城逃亡，投奔辽东郡(治今辽宁辽阳)郡长(太守)公孙康先生。公孙康把兄弟二人的头砍下来，献给曹操，了却了一桩公案。

——写到这里，感慨系之。呜呼，人人都知团结好，人人都知团结妙，可是却偏偏不能团结，非聪明不够，而是团结不易。团结有团结之道，必须同时站在合情合理的平等基础上，你让一寸，我让一尺，或我让一寸，你让一尺。如果非要对手彻头彻尾投降屈膝，才算团结，恐怕是团结不了。袁尚先生坐上他不该坐的座位，已先破坏了团结的基础。在击败大哥之余，还要赶尽杀绝，不肯怀之柔之，逼他走上绝路，更杜绝了团结的唯一契机。团结是一种艺术，没有高度政治修养的人，只会伤害团结，不能完成团结。

曹操的政府军以征服者的姿态，进入邺城，纵兵大掠，幸亏曹操先生念及跟袁绍先生是多年老友，下令对袁家不得有任何侵犯，这才使袁家没有受到蹂躏。可是，当曹操先生的儿子曹丕，手提利剑，闯入袁绍先生官邸时，袁绍先生那位惹下滔天大祸的妻子刘老娘，跟本文的女主角甄洛女士，吓得紧紧地抱在一起，哭成一团。

●美貌的威力

依照老爹曹操跟袁绍的关系，曹丕先生应该称呼刘老娘为"伯母"的，可是时换星移，现在风光不同。曹丕先生是以征服者的身份出现，所以对尊贵的袁绍夫人，却像是对一普通俘虏。他看到一位弱不禁风的少妇伏到刘老娘膝上，长发披肩，浑身发抖，刘老娘用双手怜惜地护着她，眼睛充满恐惧。曹丕先生问曰："这位老奶是谁呀？"刘老娘紧张曰："她是俺儿媳妇。"曹丕先生对曰："教她抬头瞧瞧。"这句话既轻浮又傲慢，不像是对贵夫人说的，而像是对妓女说的。刘老娘虽然不是滋味，但怎敢计较，赶快把媳妇的头捧起来，让曹丕先生仔细欣赏。曹丕先生撩起她的秀发，用手帕为她拭去泪痕，那年甄洛女士才二十一岁，牡丹初放，像一颗光艳的明星，照得曹丕先生刹那间一佛出世，二佛升天，刚才那股随时要剑起头落的凶狠之气，不知道跑到哪里去啦，只听"当啷"一声，利剑掉到地上。神魂颠倒了半晌，说了些赞美安慰的话，晕晕乎乎，起身告辞。临走时告诉警卫，要他们严密保护。其实这吩咐是多余的，他们既奉曹操先生命令于先，又看他阁下丑态毕露于后，还敢不尽忠职守乎哉。刘老娘这才喘一口气曰："放心吧，我们不会死矣。"

——英雄难过美人关，这正是一幅绝妙的油画：一位伏在老太婆膝上的美女，被老太婆双手捧头，脸上流着泪，诚惶诚恐，向站在身旁的一位全副武装、杀气腾腾的青年凝望，那青年已举起的利剑却忽然脱手坠地。咦，女人的美貌真能办到千军万马都办不到的事。

曹操先生听到禀报后，就把甄洛女士迎接过来，作为曹丕的妻子。她阁下过门之后，先后生下一男一女。男孩名曹叡，女孩名字没有记载，但在稍后建立的曹魏帝国里，被封东乡公主。

甄洛女士不但漂亮绝伦，更聪明绝伦，她知道她的身世畸零，有很严重的缺陷，容易受人攻击，盖她不但是曹家仇人之媳，而且是再嫁之妇，几乎没有资格跟曹丕先生其他小老婆竞争，唯一支持自己的是自身的美貌。可是，哪个小老婆不美貌如天仙乎耶？必须除了美貌之外，再寻觅更强大的后台。于是，她在曹丕先生母亲卞老娘身上下了功夫。公元211年，曹操先生率军西征，进击凉州（甘肃武威）民兵首领马超，卞老娘随行。曹丕跟甄洛留下来镇守邺城。卞老娘中途害病，在孟津（河南洛阳孟津区）休养。甄洛女士虽小小年纪，却立刻掌握这个展示她"纯孝"的机会，要求亲自前往侍奉汤药。邺城距孟津直线三百七十公里，中间又隔一条黄河，军情惨急，当然不允许她去。史书说她就"日夜泣涕"，痛不欲生。这可苦了左右伺候她的一些男女，后来听说卞老娘病好啦，急急禀报，甄洛女士拒不相信曰："从前老娘在家，身体偶尔不舒服，总要拖一段时间。而今刚害病就痊愈，不可能有这么快，你们不过怕我过度担心，空言安慰我罢啦。"直到卞老娘写信回来，她才转悲为喜。次年（212），大军班师，甄洛女士迎接卞老娘，还没有看见人哩，只望见了轿子，就流下眼泪。她的孝心和诚恳，使卞老娘左右的人，都深深感动，卞老娘也泣曰："你说我这次害病定跟从前一样，要相当时间，可是我这次只不过小感冒，十几天就好啦，你可看看我的气色呀。"然后叹曰："她真是孝顺的媳妇。"

四年后的公元216年，曹操先生再率大军南下，进击孙权，一家大小都随军出发，包括卞老娘、曹丕、孙儿曹叡、孙女东乡公主（那时候还不是公主）。偏偏甄洛女士有病，只好独自留在邺城。次年，大军班师，卞老娘看见甄洛女士又白又嫩，容光焕发，诧曰："你跟两个小娃儿分离了这么久日子，难道不思念他们呀？看你这般丰润，好像没事人一样，这可怪啦。"甄洛女士笑曰："他们随着奶奶，我还担心啥？"这话听到卞老娘耳朵里，当然舒服。

从这一连串小故事，可看出甄洛女士用尽心机，刻意在家庭中为自己树立形象。

公元220年，是中国历史上重要的一年，无数重要的政治大事，同时挤在这一年发生。曹操先生在洛阳逝世，做儿子的曹丕先生，迫不及待地把东汉王朝第十四任，也是最后一任皇帝，已四十一岁的刘协先生，赶下宝座。一百九十六年之久的东汉王朝，就这样静悄悄结束，没有引起任何涟漪。曹丕先生坐上龙墩后，称他建立的政权曹魏帝国——我们不称它为曹魏王朝的原因，是它并没有能控制全中国，它所控制的地区只限于长江以北的北中国地区。在长江上游现在的四川省，刘备先生建立蜀汉帝国。在长江以南，孙权先生也接着建立东吴帝国。中国分裂成三个国家。大统一时代结束，三国时代开始。

◉长发披面·以糠塞口

曹丕先生既成了皇帝，当然乐不可支，而更乐不可支的，还有甄洛女士，以她跟丈夫的恩爱和婆母卞老娘对她的印象，皇后的宝座，她自信非她莫属。

然而曹丕先生却没有行动。

稍微有点人生嗅觉的人，都会嗅出事情有点不对劲。事实上正是如此，在四海欢腾、万民称庆歌颂改朝换代的升平外貌之下，一场宫廷夺床斗争，突然白热化，而甄洛女士一开始就处于不利地位。

首先，当曹丕先生在洛阳，夺取东汉王朝政权，自建帝国时，邺城在洛阳东北三百公里之外。古人云："见面三分情。"厮守在一起还有进言或示意的可能，对于阴谋或中伤，也有阻止或解释的机会。而现在甄洛女士远在天涯，无论多么离谱的小报告，她都没有分辩余地。

更可怕的是，古中国是多妻制的，甄洛女士仅是曹丕先生的老婆之一，史书上可查考出来的，那时曹丕先生至少已有六位妻子：甄洛女士、郭女王女士、李贵人女士、阴贵人女士，及亡国之君东汉王朝最后一任皇帝刘协先生的两位女儿。李、阴以及两位刘姓女儿，地位并不重要，重要的是郭女士，她比甄洛女士更年轻、更漂亮、更智慧。老爹曹操先生晚年要指定合法继承人（世子）时，儿子们之间曾发生八仙过海、各显神通的节目，最后曹丕先生获胜，其中一部分功劳，得力于郭女王的谋略。而曹丕先生在夺取政权时，郭女王女士跟在身旁，说明郭女王第一回合已占绝对优势。

曹丕先生让皇后宝座虚悬，迟迟不决定人选，对甄洛女士来讲，她应该警觉到已亮起了红灯。如果要她当皇后的话，早宣布了矣。所以没有宣布，正是另外有人——那就是郭女王，她已经十拿九稳，只多了甄洛女士挡住她的路。

郭女王用了啥恶毒的手段，我们不知道。《三国演义》中说，她跟摇尾系统张韬先生合谋，由张韬先生出面，义正词严地检举在邺城宫里，掘出甄洛女士所埋藏的木偶，木偶上写着曹丕先生的生辰八字。读者老爷对大闹西汉王朝的一些"巫蛊"事件，一定还有印象，现在重新出现。曹丕听啦，"大怒"。《三国志》比较含蓄，只说甄洛女士因为不能马上当皇后，口有怨言，曹丕听啦，"大怒"。

两件事都有可能，"诬以谋反"是中国传统文化中最拿手的合法屠杀，甄洛女士温柔机警的性格，不可能口出怨言——她了解当时妇女的地位，更了解自己是再嫁之身，她很能克制自己，所以史书上特别强调她从不忌妒。但人性的变数太多，面临皇后的关键，也可能忍不住失望和抱怨。问题是，即令失望抱怨，也不至于激起丈夫的杀机。何况我们压根儿不相信她会形诸颜色。不过，只要小报告坚持她"有怨言"，她就非"有怨言"不可，有郭女王在，甄洛注定要死。反正不管怎么样吧，曹丕先生既然"大怒"，就忘了昔日"痴立落剑"的恩情，立刻派出专使，逼甄洛女士服毒自杀。

曹丕先生是在公元220年十月当上皇帝的，翌年六月，就把甄洛女士处死，假如曹丕先生不当皇帝，她会好好活着。甄洛女士在九个月中，经过狂欢、失望、疑惧等等折磨，但她绝想不到最后站在她面前的竟是丈夫派来的杀手。然而郭女王女士仍恐惧她死后向阎罗王控告，所以下令把甄洛女士中毒的尸体，特别处置，头发披到脸上，用糠塞住她生前动人心魄的樱桃小口。盖教她的灵魂，既无脸见人，又有口难言。

写到这里，再介绍一篇关于甄洛之死的记载，内容恰恰相反。

《魏书》曰：

有司（有关单位）**奏建长秋宫**（娶皇后），**帝**（曹丕）**玺书迎后**（甄洛）**诣行在所**（皇帝住的地方），**后上表曰："妾闻先代之兴，所以飨国久长，垂祚后嗣，无不由后妃焉。故必审选其人，以兴内教。今践祚之初**（刚当上皇帝），**诚宜登进贤淑，统理六宫。妾自省愚陋，不任粢盛之事，加以寝疾，敢守微志。"玺书三至，而后三让，言甚恳切，时盛暑，帝欲须秋凉，乃更迎后。**

会后疾遂笃，夏六月丁卯，崩于邺，帝哀痛咨嗟，策赠皇后玺绶。

一个史学家把一场血淋淋的谋杀，妻子惨死，丈夫翻脸下手，另一个女人在旁帮凶，竟形容得像诗一样的美丽。丈夫多么恩重如山呀，再三再四迎迓；妻子多么敦厚呀，硬要推辞，而即时寿终正寝；帮凶却根本没有出现。中国竟有这种无耻的高级知识分子，以为一支笔就可以把丑恶化为圣洁，真是中国人的羞辱，未免太低估中国人的智慧矣。

◉《洛神赋》

甄洛女士死时四十岁，正是内在美和外在美都同趋成熟，最有魅力的迷人年龄，现在成为一缕冤魂。但文学史上，却为这位冤魂，留下佳话，那就是她跟她丈夫的弟弟曹植先生的一段爱情。文学史上没有详细叙述他们叔嫂怎么相识和怎么幽会，但我们可以想象，这位弟弟初睹嫂嫂容颜时，跟他哥哥一样，也会同样神魂飘荡。而曹植先生文学方面的造诣，跟气质潇洒，远超过浑身流氓气息的哥哥曹丕。真正的爱情是不认识权势的，叔嫂之间，遂存在着灵和肉的爱慕。

这桩奇异的宫廷型亲昵，因曹植先生的一篇赋，而流传下来。在这篇文学作品中，曹植先生当然不敢明目张胆指出跟他相恋的人就是他的嫂嫂，但他用洛水女神"宓妃"代替她，命名为《洛神赋》，赤裸裸地写出嫂嫂的绝伦美艳和二人的缠绵缱绻。写赋的时间是公元222年，甄洛女士已死一年矣，生既不能再见，只有寄望于冥冥中相会。《昭明文选》特别介绍说，邺城陷落时，甄洛女士被不解风情、只知道肉欲的曹丕先生霸占，曹植先生"殊不能平，昼思夜想，废寝忘食"，我们不能不感到命运对人的作弄。假如当初第一个闯进袁家的不是曹丕，而是曹植，甄洛女士成为曹植夫人矣。公元222年，曹植先生去洛阳朝见老哥，曹丕先生大概要吃老弟的豆腐，或者为了报复老弟的荒唐，就把甄洛女士生前所用的枕头（玉缕金带枕）教他瞧，曹植先生看啦，流下眼泪。曹丕先生索性把枕头送给他，曹植先生辞朝回国（曹植先生当时的封号是鄄城王，鄄城，今山东鄄城县），在洛水过夜，思念甄洛女士，《昭明文选》曰："忽见女来，自云：'我本托心君王（曹植），其心不遂。此枕是我在家时从嫁，前与五官中郎将（曹丕），今与君王（曹植）。遂用荐枕席，欢情交集，岂常辞能具。为郭后以糠塞口，令披发掩面，羞将此形貌，重睹君王（曹植）尔。'言讫遂不复见所在。遣人献珠与王（曹植），王（曹植）答以玉佩，悲喜不能自胜，遂作《感甄赋》，后明帝（曹叡——甄洛女士的儿子）见之，改为《洛神赋》。"

曹叡先生是曹魏帝国第二任皇帝，他把男女幽会的《宓妃赋》《感甄赋》，改为《洛神赋》，显然他不知道那位风情万种的女郎，就是他娘亲。否则，曹植先生纵是叔父，也要人头落地矣。在这篇赋中，可看出曹植先生跟漂亮嫂嫂之间一段秘密的恋情。

赋曰：

余从京域（洛阳），言归东藩（封国鄄城在洛阳之东），背伊阙（洛阳南郊关隘），越轘辕（洛阳东南关隘）。经通谷（洛阳南十八里），陵景山（河南洛阳偃师区南八公里缑氏镇）。日既西倾，车殆马烦。尔乃税驾乎蘅皋，秣驷乎芝田。容与乎阳林，流眄乎洛川。于是精移神骇，忽焉思散。俯则未察，仰以殊观。睹一丽人，于岩之畔。乃援御者而告之曰："尔有觌于彼者乎？彼何人斯，若此之艳也。"御者对曰："臣闻河洛之神，名曰宓妃，然则君王（曹植）之所见，无乃是乎？其状若何，臣愿闻之。"余告之曰："其形也，翩若惊鸿，婉若游龙。荣曜秋菊，华茂春松。仿佛兮若轻云之蔽月，飘摇兮若流风之回雪。远而望之，皎若太阳升朝霞。迫而察之，灼若芙蕖出渌波。秾纤得衷，修短合度。肩若削成，腰如约素。延颈秀项，皓质呈露。芳泽无加，铅华弗御。云髻峨峨，修眉联娟。丹唇外朗，皓齿内鲜。明眸善睐，靥辅承权。瑰姿艳逸，仪静体闲。柔情绰态，媚于语言。奇服旷世，骨像应图。披罗衣之璀璨兮，珥瑶碧之华琚。戴金翠之首饰，缀明珠以耀躯。践远游之文履，曳雾绡之轻裾。微幽兰之芳蔼兮，步踟蹰于山隅。"于是忽焉纵体，以遨以嬉。左倚采旄，右荫桂旗。攘皓腕于神浒兮，采湍濑之玄芝。余情悦其淑美兮，心振荡而不怡。无良媒以接欢兮，托微波而通辞。愿诚素之先达兮，解玉佩以要之。嗟佳人之信修兮，羌习礼而明诗。抗琼珶以和予兮，指潜渊而为期。执眷眷之款实兮，惧斯灵之我欺。感交甫之弃言兮，怅犹豫而狐疑。收和颜而静志兮，申礼防以自持。于是洛灵感焉，徙倚彷徨。神光离合，乍阴乍阳。竦轻躯以鹤立，若将飞而未翔。践椒涂之郁烈，步蘅薄而流芳。超长吟以永慕兮，声哀厉而弥长。尔乃众灵杂遝，命俦啸侣。或戏清流，或翔神渚。或采明珠，或拾翠羽。从南湘之二妃，携汉滨之游女。叹匏瓜之无匹兮，咏牵牛之独处。扬轻袿之猗靡兮，翳修袖以延伫。体迅飞凫，飘忽若神。凌波微步，罗袜生尘。动无常则，若危若安。进止难期，若往若还。转眄流精，光润玉颜。含辞未吐，气若幽兰。华容婀娜，令我忘餐。于是屏翳收风，川后静波。冯夷（水神）鸣鼓，女娲（天神）清歌。腾文鱼以警乘，鸣玉鸾以偕逝。六龙俨其齐首，载云车之容裔。鲸鲵踊而夹毂，水禽翔而为卫。于是越北沚（北海），过南冈。纡素领，回清扬。动朱唇以徐言，陈交接之大纲。恨人神之道殊兮，怨盛年之莫当。抗罗袂以掩涕兮，泪流襟之浪浪。悼良会之永绝兮，哀一逝而异乡。无微情以效爱兮，献江南之明珰。虽潜处于太阴，长寄心于君王。忽不悟其所舍，怅神宵而蔽光。于是背下陵高，足往神留。遗情想像，顾望怀愁。冀灵体之复形，御轻舟而上溯。浮长川而忘返，思绵绵而增慕。夜耿耿而不寐，沾繁霜而至曙。命仆夫而就驾，吾将归乎东路。揽䯠辔以抗策，怅盘桓而不能去。

●携手上床

《洛神赋》写于距今一千八百年前，古字怪句，深奥艰涩，堆满了互不相关的形容词，恐怕没有几个人看得懂。

——努力反对汉字拼音化的朋友，常捶胸猛号曰："世界上只有中国人可以看得懂两千年前的古书呀，英国人能乎哉？法国人能乎哉？"英国人、法国人当然不能乎哉，事实上，中国人也不能乎哉，日本人更不能乎哉。贵阁下如果有此项本领，别说其他更古的书啦，就说这篇《洛神赋》吧，你懂得几句？

为了普度众生——瞧瞧甄洛女士在她情人眼中千娇百媚的模样，且冒险译成白话。可不是说我懂，只是说我胆大如斗，服务心切，所以，一切以原文为准。曰：

"我从洛阳，东归家园。离开伊阙，越过辕辕。道经通谷，翻过景山。太阳已经西下，车马又疲又烦。暂时停在平坦的草地上休息，使马匹轻松去吃长在田原上的芝草。这时树林一抹斜阳，看到脚下粼粼洛川。霎时间意乱情迷，思绪消散。最初什么都见不到，稍后发现动人景观。一位艳丽夺目的女子，站在河上岩石旁边。惊疑不定，问车夫曰：'你看见什么啦？她是什么人，这样地绝伦美艳？'车夫对曰：'我听说洛川有位女神，名叫宓妃，你所看见的，莫非就是这位神仙？她长得模样如何，可肯述说一遍？'我曰：'她轻盈像受惊的飞鸿，柔软像天上飞舞的游龙。丰满像秋天盛开的菊，庄严像一棵古老的松。隐隐约约，像薄云偶尔遮蔽的明月。飘飘摇摇，像大风吹卷下的雪。远远看起来，光彩四射，像初升的朝霞。走近仔细欣赏，细腻分明，像芙蓉刚伸出水涯。胖瘦恰到好处，高低更是适度。双肩下倾，像刀削一样，小腰身紧紧地和细细地裹束。长长的秀发披下来，雪白的玉颜，被密密掩住。没有施一点脂粉。头上高高梳着一个圆髻，双眉弯弯修长。可爱的红唇噘着，贝壳般的皓齿微露白光。大眼睛水汪汪的，面庞瘦削得从颧骨下降。风姿绰约，仪态万千。柔情媚意，小口说话像往外滴蜜。华贵衣裳，人间称奇。娇嫩模样，更使人入迷。走动时衣裳发出窸窣声音，摇摆着名贵的琼瑶宝玉。戴着翡翠首饰，悬挂着明珠，照亮她纤小的身躯。穿着出远门的绣花鞋，摇曳着轻俏的裙裾。幽香随着她渐渐逼近，那细细的脚步，踟蹰在山隅。'我对车夫的话，刚说到这里，而她已走到面前，亲密地挨到她的玉体。看见她衣襟上绣着彩色的图案，右臂上覆着锦旗。就在这清爽的水滨，她卷起袖子，露出玉手，蹲在沙上戏弄着水草。我多么喜欢她的美丽啊，心头震荡，像小鹿一样乱跳。却没有人代我传递心声啊，只托付给眼前清澈的涟漪。但愿这份真情能感动她啊，送给她一个玉佩为记。可是她的品德是何等地高贵啊，既知书而又明礼。她也还报我一个玉佩啊，指着河水相许。抚着那仍有余温的宝物啊，却恐怕她只是一时嬉戏。对她的柔情虽然深深感动啊，可是仍免不了忐忑狐疑。我急忙收敛我放肆的念头啊，想到我一向受的道德教育。然而，她已经察觉到我心情的变化，徘徊彷徨。天空光线闪动，忽然浓阴，忽然又见太阳。她的玉体像白鹤一样地站在那里，好像正要振翅飞翔。她脚下的土地发出幽味，每一步都洋溢着芳香。我长长地叹息着，表达我的爱慕啊，声音充满了哀厉凄凉。你是一位神仙，自然和神仙相配鸾凰。你们游戏在清流，飞翔在河上。有的采取明珠，有的摘取桃浆。像汉水边无邪的游女，又像南游的两位妃子——女英和娥皇。恨牛郎星不能过天河啊，让织女星独守空房。风轻轻地扬起飘荡的衣襟啊，她用长袖把它遮住。小身躯好像水鸟，摇动飘忽。轻得好像可以在水面上行走，玻璃丝袜却沾染上尘土。她的举动柔和得难以捉摸，似乎很危险，却似乎又很安全。不知道她是前进或是后退，既像是去，又像是还。双目流转，玉容光艳。有话要说却又止住，只闻到气息幽兰。婉转婀娜，使我忘记进餐。这时候忽然天际风停，河川浪静。水神鸣鼓收军，女娲唱出歌声。鲤鱼跳出水面，凤鸟发出清鸣。六条龙并出天际，神仙乘的云车，奔驰凌空。巨鱼跳跃在云车两旁，水禽们护卫着担任哨警。看啊，越过北海，越过南冈。转过玉颈，回顾哀伤。她微启朱唇，告诉我怎么携手上床。只恨人神是两个世界，只怨没有早日相将。举罗袖掩住眼泪，眼泪却盈满眼眶。哀悼我们这幽会是永诀了啊，转瞬间各奔异乡。没有更多的言语表达我的爱啊，送给她一对耳珰。虽住在冥冥中的太虚幻境，却永远记着情如长江。忽然间不知道身在何处，从云霄降下一道白光。什么都不见了，我走下高冈。遗留下的情怀，四顾张望。盼望她再显现人形，乘小舟逆流而上。在河上乐而不返，相思绵绵，更增难忘。夜漫漫而不能入睡，霜露不断，直到天亮。教车夫整装上道，将踏上归途还乡。手执缰辔拉马，不忍就去；涌上无限惆怅。"

除了这篇赋，甄洛女士还为现代人们留下一部《洛神》电影。然而，往事一一都化云烟，使我们难忘的不是她的花容月貌，而是她被灌下毒药时的凄凉感受，悲夫。

图书在版编目（CIP）数据

皇后之死 / 柏杨著 . —北京：东方出版社，2024.1
ISBN 978-7-5207-3471-4

Ⅰ . ①皇… Ⅱ . ①柏… Ⅲ . ①皇后－生平事迹－中国－古代
Ⅳ . ① K827=2

中国国家版本馆 CIP 数据核字 (2023) 第 092584 号
著作权登记号：01-2023-1924

皇后之死（HUANGHOUZHISI）

作　　者：柏　杨
策 划 人：王莉莉
责任编辑：王莉莉　张　伟
产品经理：张　伟
书籍设计：潘振宇
出　　版：东方出版社
发　　行：人民东方出版传媒有限公司
地　　址：北京市东城区朝阳门内大街 166 号
邮　　编：100010
印　　刷：北京汇瑞嘉合文化发展有限公司
版　　次：2024 年 1 月第 1 版
印　　次：2024 年 1 月第 1 次印刷
印　　数：1—8000 册
开　　本：889 毫米 ×1194 毫米　1/32
印　　张：18.75
字　　数：400 千字
书　　号：ISBN 978-7-5207-3471-4
定　　价：89.00 元
发行电话：(010) 85924663　85924644　85924641